# Petit enfant deviendra grand

Robert Bargoin

# Petit enfant deviendra grand

*Préface du Père Yannick Bonnet*

VIA ROMANA

5, rue du Maréchal Joffre, 78000 Versailles
Tél.: 06.87.53.96.45 – via.romana@yahoo.fr

Diffusion – distribution : Salvator

ISBN 978-2-916727-85-1

*« Et que le monde ancien prévienne ses enfants. »*

Francisco de Quevedo (1580-1645)

À Ivan, Lucas, Amélie, Nina, Pierre,
Martin, Rémy, Amandine,
Alice, Étienne,
Elias…

Les dessins sont de Sylvie Defrenne. Le texte est de quelqu'un qui s'exprime suivant sa personnalité, son lieu, son époque et en fonction de l'interprétation qu'il peut faire de sa propre expérience. Je prie qu'on s'en souvienne. Comment faire autrement, sauf à nier le JE et à se résoudre à l'absence.

Il est d'usage de remercier ceux qui vous ont aidé à élaborer un document.

Alors je remercierai ceux qui m'ont appris des morceaux de vie, à leur manière : parents, amis, collègues, rencontres d'une semaine ou de cinq ans, inconnus sitôt apparus sitôt disparus, auteurs que je citerai et ceux dont j'ai oublié le nom.

Que les auteurs vivants m'excusent si, malgré mon soin, j'ai prêté à l'un ce qui viendrait d'un autre. J'espère aussi n'avoir trahi la pensée de personne en situant sa citation en mon contexte.

D'ailleurs, ce qu'on attribue à Aristote ou à Chateaubriand vient peut-être du prophète Isaïe, de saint Augustin ou de Spinoza lesquels tenaient ces idées de prédécesseurs inconnus ou de la nuit des temps et les ont reprises avec le petit plus personnel qu'ils ont apporté suivant leur époque et leur ressenti. Cela a peu d'importance.

Reconnaissons seulement qu'on n'a pas trouvé tout seul même ce qu'on a cru pressentir.

D'ailleurs, en élargissant, on ne trouve rien tout seul, au moins au commencement.

Nous sommes tous les débiteurs d'autrui bien au-delà des emprunts et des citations. D'autres le deviendront de nous – tout cela est de l'ordre de l'indispensable transmission.

« *L'un sème, l'autre moissonne* » (Évangiles).

# PRÉFACE

Je salue avec joie la publication de l'ouvrage de Robert Bargoin, *Petit enfant deviendra grand*, qui s'adresse à notre jeunesse. C'est, à mon avis, un devoir grave de la part des "anciens" que de transmettre aux générations futures le fruit de leur expérience de la vie. Certes les conditions de vie et l'environnement politique, social et économique changent au fil des années et des siècles mais, fondamentalement, la nature humaine reste la même. En dépit du discours des idéologues de tout poil, les sociologues scientifiques le confirment, tout n'est pas culturel, il y a un "mode d'emploi" de la personne humaine que l'on ne saurait transgresser sans dommage. Les copieuses études réalisées par ces sociologues montrent que notre époque est trop souvent le théâtre de ces transgressions, qui provoquent une accumulation de violences, de détresses, de déprimes, d'addictions multiples et de suicides.

Et pourtant le bonheur reste une quête universelle mais il semble que nos contemporains en aient perdu le chemin. Robert Bargoin aborde les thèmes universels qui ont toujours jalonné cette quête, le développement de la personne, être unique, la capacité à nouer des relations harmonieuses avec l'autre, la poursuite inlassable du sens de la vie et ce besoin de transcendance qui s'impose face aux questions incontournables posées par la présence du mal, dans le monde et en chacun de nous, et celle de la mort, qui se rappelle à tous malgré le silence pesant de la culture moderne à son endroit. Robert en traite avec réalisme, bon sens et pragmatisme, dans un langage accessible à tous. Je l'en remercie personnellement au nom de mes vingt-huit petits enfants, qui, j'espère, en feront leur profit.

Habitant désormais une région de marins, je souhaite bon vent à ce « petit enfant qui deviendra grand » et à tous ceux qui en feront la lecture.

Yannik Bonnet
veuf et prêtre depuis 1999
grand-père de vingt-huit petits-enfants

le 30 mars 2011

# PROLOGUE

Je suggère aux jeunes gens, mes lecteurs privilégiés (mais non exclusifs), de ne pas se précipiter sur ce texte, dans la mesure où ils en déborderaient d'envie ! Rien ne presse, abordez-le pas à pas, rubrique par rubrique. C'est moins saturant, on comprend mieux, on retient mieux, on se lasse moins.

Quand il n'y a pas d'urgence il est souvent fructueux de laisser dormir un peu ses projets, ses envies jusqu'à ce qu'on ait le temps, le désir, une période désœuvrée, de les réaliser, de les satisfaire.

Il faut apprendre à savoir attendre. C'est une nécessité de la vie, mais aussi une condition du plaisir – ce qui n'implique nullement que ce terme s'applique à la lecture de ce document.

Gardez-vous du désir immédiat, dominant dans la société actuelle : *Je veux tout et tout de suite – Ce que je veux quand je veux.* Vous ne goûteriez rien, ne trouveriez rien, ne retiendriez rien, ni fruit ni plaisir – ou déplaisir – et rebondiriez de frustration en frustration.

La première partie est d'intérêt immédiat pour des jeunes gens.

La deuxième, nettement plus subjective, plus intellectuelle (qu'on me pardonne ce terme) et moins comportementale, présente certes un intérêt pour comprendre le monde (selon moi), mais son utilité opérationnelle immédiate est moindre – encore que !

***

Le fond, et peut-être parfois la forme de ce document, dépassent souvent les préoccupations et – permettez-moi de le dire – la compréhension de grands adolescents même de vingt ans. J'ai pris cette option pour privilégier ce qui pour vous sera demain.

La maturité ne commence vraiment que lorsqu'on est entré dans la vie professionnelle. Si vous reprenez ce document vers vos vingt-cinq ans, vous y trouverez plus. Même si, dès maintenant, vous pouvez y découvrir des éléments utiles pour votre construction personnelle, ne serait-ce qu'en consultant les intitulés de la table des matières et les premiers paragraphes de chaque rubrique qui, bien souvent, la résument.

Si vous voulez en savoir plus sur ce que je veux dire, sur la façon dont j'ai ordonné cette matière, soit sur la progression que j'ai adoptée, sur vos priorités, lisez d'abord, dans l'épilogue, le paragraphe dans lequel il est question des points cardinaux, puis la première section de la dernière rubrique Terminus, et allez dormir tranquillement.

Tout jeune, on avance souvent qu'on mènera sa vie comme l'on veut. Certains ont pu approcher cet objectif. Mais depuis Adam et Ève personne ne l'a jamais atteint entièrement.

Des années après, on est toujours amené à concéder qu'on l'a aussi menée comme on pouvait.

L'objectif de ce que je dirai n'est que d'augmenter, modestement, la part voulue et de diminuer corrélativement la part subie.

Au long de ces pages, vous vous rappellerez que la réalité est plus belle que l'illusion ; qu'il est donc mieux de *« voir les choses comme elles sont et non comme on voudrait qu'elles soient »* affirmait déjà le grand prédicateur Bossuet il y a presque quatre siècles[1].

Si vous vous situez dans le monde des faits, sans essayer de vous évader du monde où vous êtes placé, vous pénètrerez dans un monde de limites ; et ce monde est rassurant. La réalité nous est donnée, elle est à comprendre, à modifier légèrement par notre effort, elle n'est pas à construire abstraitement. *« Les faits sont têtus »*, ils résisteront toujours à nos imprécations, comme les pieds de lit auxquels on cogne ses orteils.

Plus encore, soyons attentifs au fait que même la réalité des choses ne coïncide pas forcément avec la conscience que nous en avons.

***

Cet ouvrage vous paraîtra sérieux ; écrit par un ancien, il l'est en effet – au moins presque toujours.

La jeunesse est un heureux temps de disponibilité, de vide (sans aucun sens péjoratif) dans lequel tous les courants d'air s'engouffrent à la fois dans une certaine cacophonie. Mon objectif est de le remplir un peu, de poser des balises pour l'avenir, car vous serez rapidement embarqué dans l'histoire, celle du monde qui vous entoure combinée avec celle que vous vous construirez.

À l'approche de la maturité il s'agira peu à peu d'harmoniser, et de concilier en vous, les facultés qui ordonnent, qui considèrent le réel (mon sujet principal), et celles qui renouvellent : l'imagination, la contemplation, l'invention, l'enthousiasme, l'audace, le rêve même parfois (dont je vous parlerai fort peu car on ne peut – et on ne doit pas – parler à autrui de ce qui constitue *sa personne* intime).

Donc maîtrisez mais ne laissez cependant pas perdre vos qualités et vos rêves de jeunesse. Un être privé de tout rêve est un être abstrait, dévitalisé, d'où toute sève s'est retirée.

Malgré le ton raisonnable de ce document (ton qui est de mon rôle et de ma distance) n'hésitez pas trop à prendre des risques, à déranger le monde. Ce qui impliquera d'abord que vous vous dérangiez vous-même ; soit de savoir renoncer à des habitudes, rythmes... trop confortables.

Aucun homme ou femme n'est devenu tel ou telle dans la pratique persévérante du *cocooning*.

*« Un jeune homme constamment judicieux ne vaut pas grand-chose »* reconnaît un des frères Karamazov (célèbre roman de Dostoïevski). Ce qui ne suppose pas forcément de monter une expédition de routard en Ouzbékistan ; l'aventure peut être à votre porte, se trouver latente dans la démarche de demain qui vous semble ordinaire.

Plus loin, j'évoquerai la nécessité de la transmission d'expérience, celle dont je veux vous communiquer des parcelles.

Cependant, je comprends, maintenant (à mon âge qui n'est pas le vôtre), une phrase de Jacques Chardonne : *« L'homme n'est pas fait pour vivre longtemps ; l'expérience le corrompt. Le monde n'a besoin que de jeunesse et de poètes »*.

Entre le nécessaire ancrage au réel d'une part et son dépassement d'autre part, découvrez que nous et le monde où nous vivons sommes remplis de contradictions – dont le contenu de ce document vous fournira maints exemples ; les éluder eût été vous tromper.

Il faut vivre le monde avec celles-ci – en jouir et parfois en souffrir avec légèreté.

Si un verbe est rarement utilisé dans ce document : OSER, il est présent, tel un fantôme, dans beaucoup de rubriques.

*« Rien n'est plus horripilant que de n'avoir pas osé, alors même qu'on savait qu'on pouvait. »* (François Taillandier)

Un écrivain, grand voyageur (à l'époque où voyager pouvait encore être une découverte, une aventure et une esthétique), Paul Morand, résumait la savante alchimie entre audace et réalisme par un savoureux souvenir d'enfance.

*« Maman, puis-je aller aux Indes ? Vas-y, mon petit, répondait la mère, mais n'oublie pas ton goûter*[2]*. »*

***

NOTES

[1] Par son foisonnement et son mouvement perpétuel la réalité est mille fois plus riche que le monde des rêves ; et si elle nous appartient peu, elle est quand même plus à la portée de notre vouloir.

Il existe une incompatibilité fondamentale entre le réel et l'idyllique (ce qui est idéal, naïf). Céder – au sens de se livrer sans réserve – à la facilité qu'implique la dernière vision mène individuellement à de graves mécomptes, collectivement à des catastrophes.

Savoir concilier ces deux dimensions – toujours privilégier la première sans jamais détruire l'autre – c'est dire la grandeur humaine.

[2] Sur le thème du routard-intelligent je vous suggérerais un livre délicieux : *L'usage du monde* de Nicolas Bouvier et Thierry Vernet.

En plus de son charme léger et de sa remarquable puissance d'évocation, il vous racontera un monde (balkanique et moyen-oriental) qui n'existe plus, définitivement perdu, et qui pourtant était il y a quelque cinquante ans. Très indirectement, vous pourrez extrapoler sur le monde de vos grands-parents, sinon sur celui de vos parents.

Même si le passé n'a aucune valeur opérationnelle (à plus forte raison quand il n'est ni le nôtre ni celui de nos pays) son approche, fugitive, par ci, par là, permet de relativiser, de se distancer du relatif de notre espace et de l'hystérie du présent, d'acquérir consistance de soi par des apports trouvés hors de son lieu et de son temps.

Néanmoins, et je m'exprime là pour bien plus tard laissez tomber le culte du voyage dans des « *paradis artificiels* » fabriqués par la société marchande (Bali et compagnie) afin que le troisième âge puisse se prouver sa jeunesse disparue. Tel est parti, tel revient – or ce n'est pas le but d'un voyage.

Roulez votre bosse, mais hors des *promos* des marchands, et pas forcément en cherchant ce qui subsiste d'exotisme, le soleil, le whisky à un dollar et un accueil forcément factice.

On peut aussi connaître la vie sans avoir parcouru le monde (là au sens des cinq continents), sans avoir continuellement cédé à cette calamité écologique et culturelle qu'est le tourisme mondial. Il y a d'autres voyages, dans d'autres paradis, parfois à notre porte.

*« Les autres sont nos voyages. »* (Michel de Certeau)

# I

# EN SELLE

*« Je n'ai pas envie d'avoir pour lecteurs des gens dont je ne voudrais pas pour amis. »* (Jacques Chardonne)

Ce document a été écrit d'abord pour être remis à mes petits-enfants par moi-même ou par leurs parents quand les premiers approcheront de vingt ans, âge précédant la maturité, moment où il devient indispensable de s'apprêter à entrer dans le monde.

Si je suis encore là alors je pense que c'est moi qui le leur remettrai et leur en parlerai, mais cette hypothèse est infiniment peu vraisemblable, au moins pour la plupart d'entre eux. J'ignore même, si étant encore ici, j'aurai le courage, la force et la lucidité nécessaires, ne serai pas gâteux, aussi mieux vaut faire tant qu'il est temps. C'est pourquoi j'écris maintenant, sans attendre.

C'est même là le premier avis que je formule : ne pas remettre au lendemain. Si telle est la règle générale qu'il faut suivre pour être efficace et se libérer l'esprit, comme toute règle elle peut parfois souffrir des exceptions. Je les évoquerai quand j'aborderai des sujets où il est souvent souhaitable de différer un peu.

Document destiné à tous et à toutes (j'ai onze petits-enfants aujourd'hui) il est forcément général. Des parties sont plus juvéniles, d'autres plus adultes.

Chacun a tout à fait le droit de ne pas être d'accord avec moi sur certains points que j'aborde. Il en est de même pour les parents. Le jugement de ceux-ci, comme celui de proches bienveillants, doit l'emporter sur le mien. Ils sont mieux informés sur les jeunes gens auxquels je m'adresse, ils les connaissent et ils les aiment. Ils sont aussi plus avertis de leur époque présente et à venir.

D'ailleurs, en ce qui concerne ma famille, ce document ne sera remis à mes petits-enfants qu'après que leurs parents auront manifesté leur accord. En toute affaire, il est malsain de sauter des générations.

***

Il s'agit d'une suite de recommandations, qui sont plutôt des informations, des avis. Qu'on les prenne donc en bonne part, comme émanant de quelqu'un, moi :

– qui s'exprime tel qu'en lui-même.

– qui n'est pas un modèle, tout au plus un témoin (et même parfois partial).

– qui n'est pas chargé de l'éducation de quiconque, mais qui a seulement essayé de transmettre aux siens.

– qui souhaite seulement leur laisser un petit quelque chose de ce que la vie lui a appris (car on a tous dû apprendre).

– qui estime ses lecteurs et pense qu'ils sont assez intelligents pour comprendre peu à peu ces avis, accepter et retenir ce qui leur convient, négliger, ou même rejeter, ce qui ne leur convient pas.

Si je ne les considérais pas comme tels, je ne prendrais pas le risque de les *braquer* inutilement et de me faire considérer par eux comme un radoteur, qui a vécu aujourd'hui un peu plus de 76 ans, avec ses réussites, ses échecs (comme tout le monde), dont la vie (comme celle de tout le monde) est à la fois plus riche et plus pauvre que celle qu'on peut percevoir de l'extérieur, et qui, on s'en apercevra dans ce document, a lui aussi ses contradictions.

*« La moitié de moi se moque de l'autre. »* (Joseph Joubert)

Gardez ces avis en mémoire (certains dans votre subconscient), vous les comprendrez au fur et à mesure, quelques-uns peut-être alors que vous atteindrez les trente et cinquante ans… C'est une échéance assez lointaine pour des jeunes gens, certes, mais tout passera si vite, vu d'après.

*« Je ne suis pas chargée de vous le faire croire, mais seulement de vous le transmettre »* a dit sainte Bernadette Soubirous (celle de Lourdes) divulguant ce que lui avait confié la Vierge apparue. Vous voudrez bien entendre que je m'adresse ainsi à vous dans ces domaines profanes.

***

Si, au fil du texte, j'ai beaucoup usé de citations qui me sont revenues ce n'est pas par pédanterie[1]. C'est parce que d'autres se sont exprimés bien mieux que je ne saurais le faire. Autant s'en servir, mais sans s'attribuer le mérite de l'idée, de l'expérience et de sa formulation. Car il est malhonnête de faire siennes les trouvailles des autres.

Si elles abondent c'est aussi parce que j'ai voulu procéder parfois de façon moins personnelle. Il ne faut pas les passer en haussant ou en fronçant les sourcils d'ennui ou d'impatience. Il convient de laisser décanter (une heure, un mois, quinze ans...) avant d'en découvrir le sens profond.

Seulement il faut faire effort, de curiosité et d'humilité d'abord, le reste est donné par surcroît.

C'est alors une grande satisfaction pour l'esprit que de finir par saisir, à travers quelques mots (qui ont parfois traversé des siècles), de trouver confirmation par plus expérimenté de ce que l'on pressentait vaguement ou même de ce qu'on n'aurait jamais réalisé autrement en toute une vie.

Chaque citation nous révèle une scène du spectacle infini du monde. Elles nous apprennent aussi que nous ne sommes pas seuls – dans notre bulle – à sentir, penser, éprouver des impressions, idées, identiques ou proches... Il y a là un lien fort avec la communauté humaine (entendre dans le temps, bien plus encore que dans l'espace) dont nous sommes part. Rien n'est plus confortant que de rencontrer chez un inconnu, un ancêtre, une personnalité d'envergure, l'idée que l'on croyait – fièrement et bien à tort – être le seul à avoir découverte un soir sous la lune ou devant un comptoir.

Cette prise de conscience de la cohésion humaine s'appelle aussi la culture. Puisse l'usage que je fais des citations vous donner le goût de la lecture.

Mais les idées que j'énonce ne découlent jamais d'une citation, celles-ci viennent seulement en renfort de ce que j'ai appris, laborieusement. Leur abondance présente aussi l'avantage formel de rompre la monotonie de mon discours, de me divertir – et, j'espère, de vous divertir.

Gardez à l'esprit que les mots changent de sens, perdent ou gagnent en force suivant les époques, exemples : utilisé dans un sens abstrait, moral, le mot *habileté* au XVIIe siècle (citation de La Rochefoucauld à la rubrique sur l'Ambition) est élogieux alors qu'aujourd'hui il est presque péjoratif – à l'époque de Descartes (citation à la rubrique sur l'Estime de soi) le terme *honnêtes gens* s'appliquait à des personnes cultivées, civilisées, de bonne compagnie...

***

Je n'ignore pas que l'expérience ne se transmet pas et qu'à bien des égards c'est fort heureux. Mais comme nous sommes tous conduits à refaire les expériences des hommes qui nous ont précédés, rien n'interdit d'essayer d'en communiquer quelques bribes, qui serviront ou non. Il serait fat de reprendre le slogan éculé du *« croyez-en ma vieille expérience »*, mais vous découvrirez forcément plus tard qu'il exprimait quelque vérité.

*« C'est comme novice qu'on aborde chaque âge de la vie »* ( ? [*]) ; c'est vrai encore à mon âge.

Comme je vais vous abreuver de nombreux dictons, car j'affectionne leur profonde sagesse, voici le premier : *« Si jeunesse savait, si vieillesse pouvait »*. Mais mieux vaut encore pouvoir que savoir. Quand on peut il ne reste plus qu'à apprendre, quand cela n'est plus le cas tout ce qu'on peut savoir devient assez vain[2]. Donc, ne tirez de cette transmission que ce qui peut vous être utile.

Il m'aurait été utile de recevoir à votre âge le genre de suggestions qui vont suivre, ou d'autres, même s'il est fort possible que sur l'instant je les aurais passablement négligées. Des amis m'ont dit qu'ils auraient apprécié de recevoir ce type d'héritage, ne serait-ce qu'en considération de l'estime que leur auraient accordée ainsi leurs *vieux*.

C'est le rôle d'un grand-parent, par définition plus lointain et plus distancé qu'un père ou une mère. Ce peut être le rôle d'un étranger.

Je sais que, sur beaucoup de points, je ne vous apprendrai rien que vous ne commenciez déjà à connaître ou au moins à pressentir, qu'importe !

De plus certaines recommandations vous paraîtront sans doute superflues (je pense surtout aux rubriques sur le Langage, sur les Gestes et aux variétés regroupées sous le titre de Bazar), mais si on trie trop on se censure constamment et on finit par ne plus rien dire.

Plusieurs fois je vous recommanderai de faire de même ; soit de vous positionner, vous, indépendamment de ce que vous pensez que pense votre auditoire[3].

Dans la deuxième partie surtout, mais aussi par-ci par-là, je me suis laissé allé à introduire des considérations historico-philosophiques, parfois sur un mode qui se veut plaisant – traitement qui n'a jamais restreint le sérieux d'un sujet. Négligez-les si vous voulez, elles sont là pour mon plaisir aussi, même si ce n'est pas, et de loin, l'unique raison. En effet, faire sans au moins un minimum de plaisir est mortellement ennuyeux et j aurais risqué de me lasser. Sans doute d'ailleurs aurais-je renoncé.

Mais l'agrément de l'un n'est pas incompatible avec l'utilité pour l'autre.

L'utilité pour vous est dans la formation de votre jugement – ce qui ne veut pas dire que vous devez adopter mes points de vue ! Simplement, ap-

---

[*] Indiquons que *(?)* en fin de citation signifie que l'auteur de la citation nous est malheureusement inconnu.

prendre à évaluer (quitte à se tromper), apprendre à raisonner, *apprendre à voir* – le plus tôt possible – ne peut que vous être d'un grand bénéfice personnel et apparaître comme une qualité que les autres sentiront.

Il y a donc dans ce document des morceaux brefs et des parties plus longues qui s'apparentent à ce qu'on pourrait appeler une sorte de *testament intellectuel.* Dans la transmission, nul ne sait exactement où est la limite utile entre la recommandation froide et objective et la considération subjective.

***

Je me suis tenu au minimum que me permettait mon naturel que je n'allais pas censurer totalement pas plus là que pour des constatations bénignes. Chacun est tout à fait libre de désapprouver certaines de ces considérations. Mais il ne faut pas isoler des mots ou des phrases de leur contexte[4], de la rubrique qui les contient, faire abstraction de l'intention d'initiation bienveillante de l'auteur qui ne s'exprime qu'en son nom et sans la moindre directivité.

Si dans la première partie on est le plus souvent dans les recommandations, dans la deuxième on est bien plus dans les constatations.

Donc, considérant l'âge de mes lecteurs prioritaires, j'aurais souvent pu me limiter, être plus simple. Je ne l'ai pas fait pour deux raisons qui complètent celles que j'ai cité à la section précédente.

La première est une marque d'estime pour eux aujourd'hui et plus tard.

La seconde est (je pense là à mes petits-enfants) qu'il se trouve que je n'aurai pas l'occasion de faire une version pour leurs vingt ans, une autre pour leurs trente ans, une autre pour leurs quarante... Mon objectif était donc autant demain qu'aujourd'hui.

C'est consciemment que je me suis exprimé d'adulte à adulte et que j'ai mis un bon paquet. Je parlerai du monde tel qu'il est (ou du moins tel que je le vois) et non pas tel qu'il devrait être – et au fond quand on le connaît et le comprend il n'est pas si mal –, de celui que vous fréquenterez, pas du monde des contes de fées.

Adopter un ton mièvre ou rester trop simpliste sur le fond aurait été vous mésestimer, vous diminuer. C'est par principe que j'ai refusé de vous infantiliser, de jouer au jeunot ; de vous engluer dans la guimauve des bons sentiments (facile, on peut tartiner dix pages à l'heure). Même si j'ai tenu compte que beaucoup seront tout jeunes quand ils liront ce texte je ne situerai personne au jardin d'enfants.

Tricher avec la réalité, qu'on suive de bonnes intentions ou par bêtise, c'est toujours tricher. Loin de moi l'idée de refroidir votre élan juvénile. J'ai voulu, au contraire, le renforcer en le canalisant, en l'orientant vers du *Plus* pour vous, vous faire gagner du temps, vous éviter quelques erreurs.

Ce serait trahir que de vous décrire un monde imaginaire. Le monde qui vous attend sera rude. Il aura aussi ses beautés.

En traitant de certains détails dans quelques rubriques, j'ai visé plutôt haut que bas ; car autrement je serais entré moi-même en contradiction avec l'ambition (au sens large) que je vous suggère et recommande un peu partout dans ce texte. Ce qui peut ne pas vous apparaître clairement aujourd'hui, s'éclaircira demain, à l'usage.

Me répétant, c'est pour cette dernière raison que beaucoup de remarques ici et là, dans la deuxième partie, dépassent probablement les soucis de votre âge. Je ne les ai jugées ni hors de votre portée ni superflues, à terme.

Si, parfois, dans certaines rubriques, vous estimez que je décolle (bien lire avec deux L !), ce n'est pas pour faire le malin ; c'est parce que vous ne trouverez pas ces quelques notions psychologiques ou sociologiques à la TV, dans les journaux, auprès de camarades de votre âge et que des adultes les exprimeront rarement, au moins devant vous. Un jour, plus tard sans doute, quand vous pourrez les rattacher à quelque expérience, cela accélérera votre compréhension de celle-ci et vous vous féliciterez peut-être de les avoir entendues (une fois).

*« L'aventure que traverse n'importe quel enfant, c'est d'être poussé sur un théâtre, sans l'avoir demandé, sans savoir quel rôle il doit jouer, ni comment le jouer… L'enfant observe les adultes… Il se demande qui ils sont. Parce qu'ils ne le disent pas très volontiers. »* (F. Taillandier)

J'ai essayé d'en dire un peu plus – en me limitant à ce qui est présentable.

Comme, quand le premier d'entre mes petits-enfants recevra ce texte, j'aurai dépassé 76 ans (si c'est moi qui le lui remets), on comprendra qu'à cet âge on devient suffisamment détaché des conventions pour garder encore le besoin de se censurer et, qu'à l'inverse, on éprouve plus l'impérative nécessité de transmettre sans trop filtrer. À défaut d'une aisance corporelle perdue, l'âge confère plus de liberté d'esprit. Il n'y a rien pour rien.

Pour l'essentiel, tout au long, j'ai gardé conscience – le plus souvent – d'exprimer ce que j'appellerai l'universel, vrai aujourd'hui, hier et demain, vrai où que l'on se trouve un jour, à Saint-Flour, à Bandol, à Tozeur, à Kôh-samu, à Bénarès… et quels que soient les bouleversements possibles, les formes de vie[5].

À chacun de se rappeler les idées qui lui apportent dans une situation donnée. Celles-ci étaient valables dans les siècles passés, elles l'étaient de mon temps, elles le seront du vôtre.

*« Le monde ne cesse de changer. Et il ne cesse de rester le même. »* (Jean d'Ormesson)

***

Ce texte peut parfois sembler verbeux pour certains. On gardera à l'esprit que, m'adressant en priorité à de tout jeunes gens, certaines notions, certains termes nécessitent un minimum d'explications.

Je sais aussi que ce *catalogue* est abondant, que j'ai un peu vidé les armoires. Mais les lecteurs ont tant d'années devant eux pour mettre en œuvre, à leur gré, ce qu'ils auront trouvé pertinent et utile. Que chacun y voie et y trouve ce qu'il veut.

Ils trieront ce qui leur parle, retrouveront peut-être un jour ce qui leur parlera, en se rappelant bien que quelqu'un de parfait n'existe pas, qu'un tel phénomène en plus serait parfaitement ennuyeux, qu'il faut aussi commettre ses erreurs et les assumer lucidement, courageusement.

Chez les Orientaux, la perfection est le signe avant-coureur de la décadence. Quand les Occidentaux avaient conscience de leurs limites, donc jadis, ils introduisaient volontairement des erreurs dans leurs réalisations (œuvres d'art, peintures, cathédrales…) pour manifester symboliquement que la perfection n'est pas de ce monde. Nos ancêtres donnaient là un bel exemple d'humilité, de conscience de leur condition et surtout de sain réalisme.

Croyez bien, en dépit d'un ton que je ne peux éviter, que je ne donne pas de leçons, que je n'ai pas suivi, et de fort loin, toutes les recommandations que j'énonce de mon fauteuil à 76 ans ! qu'aujourd'hui encore, si j'en sais l'importance, je suis bien incapable d'appliquer toutes celles qui feraient encore sens à mon âge. D'ailleurs, ne voyez là ni leçons ni conseils. J'espère juste fournir un peu d'équipement.

« *À compétence égale, un septuagénaire se sera trompé plus souvent. Il se trouve donc mieux placé pour reconnaître une erreur et douter d'une vérité que l'on croit établie.* » (Christian Combaz)

Et aussi « *La vie est un pays que les vieillards ont vu et habité. Ceux qui doivent le parcourir… peuvent leur demander les routes* » (J. Joubert). Sachant que, s'il est utile de regarder les poteaux indicateurs, on n'est pas obligé de suivre ce qu'ils signalent.

Vous trouverez chacun ce qui vous convient (et vous êtes, et serez même de plus en plus, tous différents les uns des autres autant que placés dans des situations diverses), ce qui vous convient à vous, et pas à un autre, à telle époque précise, alors que ceci ne l'était pas encore auparavant et ne le sera déjà plus après.

Quand je dis : ce qui vous convient, cela signifie ce qui est adapté, satisfaisant pour vous et dans votre situation ; mais également ce qui est à votre portée, ce que vous pouvez atteindre sans trop forcer et vous forcer – même s'il est bien de se rappeler que l'effort n'a jamais tué personne.

Plusieurs fois, sur certains points, je vous rappellerai la nécessité de rester vous-même. Cette précaution vaut aussi pour la considération que vous pouvez accorder à ce qui peut être dit dans ce document, qui ne reflète que mon expérience et mon point de vue à moi.

Expérience signifie que si, la plupart du temps, je partirai de la mienne il arrivera cependant que quelque idée provienne du souvenir théorique d'une rencontre ou d'une lecture, sachant toutefois que, si je la reprends, c'est que sa valeur est confortée par mon acquis.

***

Il n'y a pas exactement d'ordre de priorité dans ces recommandations.

Il existe pourtant bien une hiérarchie d'importance relative entre certaines d'entre elles. Je vous fais confiance pour discerner ce qui peut être essentiel et ce qui ne l'est pas.

Les idées qui me sont venues à l'esprit sont regroupées par thèmes, autant que possible. Mais elles me sont venues peu à peu, une remarque en amène une autre, ranime un souvenir, et ainsi de suite… après j'ai essayé de classer tant bien que mal. Pour cette raison certaines rubriques, successives par souci de cohérence, sont proches par certains de leurs côtés : Isolement et Maîtres – Suractivité, Initiatives et Choix – Exception et Prêt-à-Penser. Pour cette même raison vous pouvez retrouver des idées voisines dans des rubriques différentes.

Appliquez une technique similaire quand vous commencez à mettre sur le papier les éléments d'un plan de rédaction, d'une lettre délicate, quand vous alignez des idées… Ne vous censurez pas d'entrée – le moins possible – notez vos idées de 5 en 5, ou de 10 en 10 pour pouvoir en insérer de nouvelles à leur place, ou à peu près.

Quand vous aurez une vue d'ensemble de ce que vous avez à dire, vous compléterez, éliminerez et enfin classerez définitivement en modifiant simplement la numérotation (crayon et gomme sont fort utiles). Comme tout, on me l'a appris.

Petit avis, en passant : c'est ainsi que je vous encourage à travailler, et pas seulement à rédiger, cela vaut aussi pour le travail manuel. Commencez, puis l'inspiration et l'ordre viendront d'eux-mêmes… si vous leur laissez le temps de venir. Si on ne commence pas, quitte à ce que ce soit d'abord dans quelque confusion, rien ne viendra jamais.

*« Au commencement, il n'y a pas de chemin, il faut marcher. C'est en marchant que se fait le chemin »* (saint Jean de la Croix s'exprimant dans le do-

maine spirituel, mais c'était également un remarquable travailleur manuel, un excellent peintre, un poète de grand talent ; il devait savoir ce qu'il disait).

Vous prendrez ensuite le temps de clarifier ce que vous auront appris ces premières tentatives, de mettre en ordre vos idées, votre réflexion, vos gestes, de vous procurer les outils, l'aide, les conseils nécessaires, éventuellement de décider de renoncer – ce à quoi il faut savoir se résoudre allégrement. Suivant l'œuvre, cela peut prendre trois heures sur deux jours (accrocher un tableau...) ou bien des décennies (penser, écrire, ordonner un nouvel ouvrage tel *La recherche du temps perdu*, l'œuvre gigantesque de Marcel Proust, ou une théorie originale de la Relativité...).

Vous pouvez vous douter que le document que vous avez sous les yeux ne résulte pas d'un premier et unique jet entrepris le vendredi soir et terminé le lundi matin d'un week-end pluvieux. Il résulte d'une longue maturation qui peut expliquer aussi quelques changements de ton (tout change, on change). Une œuvre, aussi modeste soit-elle, n'est pas plus figée que son auteur, elle peut même comporter des contradictions, comme vous en trouverez dans celle-ci.

En tout domaine, le processus de création, d'élaboration est toujours le même : méthode plus sueur = résultat – méthode sans sueur = néant – sueur sans méthode = énorme transpiration pour aboutir à quelque fatras informe (j'espère que tel n'est pas le cas de ce document).

***

Même si ce document n'a rien d'une biographie, dans certains exemples je me réfère à ma propre existence, expérience (quand elle peut servir)[6]. Ce n'est pas pour me glorifier, évoquer certaines de ses erreurs (aspect fréquemment abordé) n'est guère valorisant.

« *L'expérience est le mot par lequel les hommes désignent leurs erreurs.* » ( ?)

Ne considérez pas non plus ces souvenirs comme des anecdotes superflues. C'est pour être concret, à votre âge on a encore besoin d'exemples accessibles, on en a d'ailleurs toujours besoin, au mien comme au vôtre. Or, ces exemples je ne peux les prendre que dans ce que je connais, et donc le plus souvent dans du vécu. S'il m'arrive de parler de moi, c'est sans excès de complaisance, seulement pour être clair et peut-être utile.

En veillant des personnes touchant à leur fin, j'ai appris, contrairement à l'ambiance psy, anonyme et feutrée, que si on n'ouvrait pas d'abord son col (image), l'autre, au fond du lit, ne dirait rien et vous verrait partir, avec soulagement, mais en encaissant une frustration indicible. C'est ce que j'essaye de faire avec vous, à cette occasion, pour apparaître comme un être réel.

La fameuse communication dont on nous rebat les oreilles implique un peu de dévoilement, discret et sans tricherie, d'un peu de soi-même, des parties montrables – et seulement de celles-ci.

Autrement dit, si vous voulez qu'on vous écoute et qu'on vous parle, soyez visible, saisissable, dites quelque chose, montrez le bout du nez, tel ou telle que vous êtes, en étant vrai (on dit authentique), mais toutefois en gardant mesure, en refusant les épanchements déplacés.

Si vous voulez que l'autre existe à côté ou en face de vous, commencez par exister vous-même, ne vous contentez pas de montrer votre vitrine, ouvrez votre magasin mais laissez l'arrière-boutique bien fermée, c'est votre chez-vous et, de plus, elle n'intéresse personne.

*« Pour tirer quelque chose d'un homme il faut parfois l'encourager par quelque confidence, rien n'est plus propre à faire parler les autres que de parler de soi-même. »* (Machiavel)

Ne vous méprenez pas. Je n'ai pas l'intention de *tirer* quelque chose de vous, de vous faire parler… comment ferais-je ? J'évoque ce qui vous sera utile. Je cite qui peut vous être utile.

D'ailleurs, j'ai déjà dit que les mots n'avaient pas exactement le même sens suivant les époques. Machiavel, qui n'était nullement le cynique qu'on présente mais un grand connaisseur de l'âme humaine, voulait simplement dire : pour entrer en relation, en confiance avec autrui.

Si on se contente de regarder l'autre et de l'interroger à travers des volets cadenassés (voyeurisme), il se ferme comme une huître et vous ressent comme importun et arrogant, comme vous plaçant en position de supériorité.

Si à l'inverse on se raconte en occupant tout le trottoir (exhibitionnisme) l'autre n'a plus de place et traverse de l'autre côté en vous laissant à votre monologue solitaire.

Plus loin je dirai que toute conversation est une alternance de monologues.

Pondérez cependant d'une réalité humaine souvent négligée : livrez un peu de vous certes, mais n'oubliez pas que l'autre aime parler de lui, combien il apprécie qu'on l'entretienne de sa personne.

Le juste positionnement se dit : garder la juste distance. Elle conditionne toute relation vraie et durable. C'est important, ce n'est jamais facile, il ne faut pas en faire un exercice d'équilibre, surtout ne pas brider à l'excès son tempérament.

Le risque serait de fonctionner comme une machine, d'être faux, ce qui se sent – simplement faire attention à garder mesure dans un sens et dans l'autre.

***

Pour en revenir à ces quelques exemples personnels, comprenez que je n'explique rien. Je me permets de dire que vous ne pourriez pas comprendre des époques si différentes, à âge comparable, que la vôtre et la mienne, car personne ne peut connaître ce qu'il n'a pas touché.

Alexandre Sanguinetti a dit que l'Europe était sortie du Moyen Âge dans les années 1950. Ceux d'alors comprennent. Puissiez-vous ne pas y retourner en sachant bien que rien n'est jamais acquis. Au plan des conditions matérielles, des mondes séparent l'environnement dans lequel se sont déroulées mon adolescence et la vôtre, ce, non en raison de quelque contexte familial, mais de par l'état de la société alors et d'une longue période chaotique et aride[7].

Infime et innocent exemple des conditions matérielles de vie : cependant plutôt privilégié, hors de la maison de mon enfance, de dix-huit à vingt-sept ans, je n'ai pas disposé d'un téléphone – quant à la voiture !

Je ne peux qu'espérer que vous n'aurez pas à connaître un jour l'extrême inconfort qui consiste à se retrouver à cheval entre deux mondes (encore que ce fut du moins au plus sur le plan matériel – mais on partait de si peu par rapport à aujourd'hui – que ma génération passa).

Au moment où j'écris je n'ai pas non plus la naïveté de croire, ou de faire semblant de croire, que l'environnement de demain sera similaire à celui d'aujourd'hui.

« *Tous les trente ans le monde laisse tomber une peau.* » (P. Morand)

Néanmoins et quoi qu'il en soit les avis que je souhaite vous transmettre garderont leur sens.

Au plan intellectuel, moral, de la construction progressive et laborieuse d'un Soi, du comportement, des rapports interpersonnels et collectifs, il n'y a jamais eu et il n'y aura jamais d'écart sensible. Or c'est sur ces plans que je m'adresse à vous. Sauf que, quand vous me lirez, quelques-unes des considérations sociologiques contenues dans la deuxième partie auront peut-être perdu un peu de leur pertinence, alors que d'autres seront apparues.

Vous garderez à l'esprit que ce document est daté (comme tout, comme vous et moi) ; terminé en été 2010.

À propos des exemples personnels qui suivront et aussi pour traiter vos souvenirs bien plus tard, rappelez-vous qu'un brillant linguiste (Ferdinand de Saussure) justifiait ses théories en disant que la connaissance des causes n'avait pas d'intérêt pour l'action. Comme un autre personnage rajoutait qu'à supposer qu'on les trouve ce n'est pas cela qui fournirait les solutions.

D'où, malgré les quelques réflexions ci-dessus, l'inutilité de perdre temps et énergie en regardant par dessus son épaule.

Et surtout, mon existence n'est pas votre affaire. Donc matière brute, à considérer dans son seul état brut.

Ce, d'autant plus que vous vous rappellerez utilement que la vie d'autrui n'intéresse profondément personne et qu'il s'en crée et s'en termine maintenant près d'un milliard chaque décennie sans que la face du monde en soit changée, heureusement ; ce qui nous ramène à quelque distanciation apaisante et bienfaisante.

§ Ce n'est même plus mon affaire, ce qui est fait est fait et on ne revient pas sur ses pas.

Il ne le faut pas, pas même à mon âge, alors au vôtre à plus forte raison !

Évitez le piège (ou l'abri pour les faibles) qui consiste à regarder en ARRIÈRE.

Personne n'est jamais revenu en arrière. Qui a jamais vu un fleuve remonter, se mettre à couler vers sa source ? Le passé est derrière, déjà écrit, irrattrapable, on vit toujours pour L'AVENIR, en regardant devant soi.

***

NOTES

[1] Même si j'accepte pour moi ce qu'a dit un écrivain anglais : « *La faculté de citer est un substitut commode à l'intelligence* » (Somerset Maugham).

[2] « *Les vieillards aiment à donner de bons préceptes, pour se consoler de n'être plus en état de donner de mauvais exemples* » (La Rochefoucauld, un grand démystificateur).

[3] Je me suis volontairement abstrait de la représentation (peut-être fausse d'ailleurs) que je me faisais de tel ou tel de mes petits-enfants. Si j'avais tenu compte de ce qui pourra plaire à X, déplaire à Y (autant que je puisse le deviner) je n'avais plus qu'à fermer boutique.

[4] Ce sont des procédés qu'utilisent les journalistes et politiciens malhonnêtes.

[5] Il s'agit de lieux quelque peu évocateurs pour mes petits-enfants.

[6] Je prendrai d'autres exemples dans l'Histoire car c'est une donnée commune – même si nos appréciations sur elle peuvent diverger jusqu'à s'opposer. Vous devrez extrapoler ces exemples généraux à des situations particulières, à vos comportements individuels.

Je sais cependant que les quelques fois où j'évoquerai l'histoire européenne, je me référerai à une histoire qui n'est plus la vôtre, laquelle se joue maintenant bien plus loin, mondialement.

Sur certains commentaires historiques, je dois remercier René Grousset, très grand historien du début du XX^e^ siècle pour son œuvre magistrale : *Figures de proue.*

Je ne le cite pas dans le texte, mais il m'a beaucoup apporté.

[7] Je pense incidemment bien moins aux années de guerre (celles de mon enfance abritée), qu'à l'ambiance de quasi guerre civile, délétère, misérabiliste, revancharde et arrogante des années 1944 – 50…

Ces jeunes prisonniers allemands squelettiques que, pendant des années, gamins, nous avons vus travailler durement dans nos rues, (et à la mine d'uranium voisine) parfois brutalisés et traités comme des bêtes par quelques salauds (comme il en existe partout).

Nous étions trop jeunes pour éprouver un sentiment de honte, mais plutôt de gêne sur un fond de tristesse, amorces d'une compassion qui ne comprenait.

Ces aussi jeunes Vietnamiens – requis depuis des années mais heureusement, eux, correctement traités – dont une trentaine avait osé défiler dans notre petite ville avec le drapeau vietminh, non tellement contre la guerre d'Indochine mais pour demander ainsi leur retour au pays ; ce à la stupéfaction effrayée de la population locale, mais avec quelque indulgence prudente de la part de la très modeste police du lieu.

Le mépris affiché dans lequel on tenait les nord-africains qui alors travaillaient durement.

Pour reprendre une expression d'aujourd'hui : l'atmosphère était glauque, guerrière, et ridiculement fanfaronne, même si *ados* et petits-bourgeois on s'amusait bien dans mon collège mixte.

Les Français (pas tous !) se vengeaient sur de plus faibles de la raclée qu'ils avaient prise en 1940. Ainsi va la petitesse.

Comprenez bien que je ne parle pas des soldats opérant au loin et abandonnés, mais des politiques et de l'opinion publique qui aime tant qu'on la mette *en chaleur.*

Ces souvenirs n'ont pas d'intérêt par eux-mêmes. Mais vous pourrez les relier à certaines des considérations sociologiques de la deuxième partie pour vous entraîner à comprendre, non pas une époque passée, mais vos époques à venir – en essayant de pénétrer leur ambiance.

Il est certes plus facile d'observer, de s'y retrouver, d'apprendre à voir, dans une petite ville (sans télévision, où donc les gens parlent et se montrent) que dans des mégapoles ou dans le fameux *village mondial* agité, bruyant et conditionné.

# II

# REGARDEZ DEVANT

Les quelques lignes du paragraphe noté § à la fin de la rubrique précédente représentent la deuxième suggestion, recommandation.

– Regardez **devant** vous.

L'aube recommence sans cesse le monde. Si le soleil s'attardait sur les journées écoulées ou avait des troubles de conscience peut-être refuserait-il un jour de se lever le matin. Ce serait ennuyeux.

Si, à la fin de l'hiver, un arbre se concentrait sur la nostalgie de l'été passé et sur ses feuilles perdues il n'aurait plus suffisamment d'énergie et ne nous présenterait plus que du bois mort. Ce serait peu réjouissant.

Si mes ancêtres s'étaient abîmés dans la contemplation inactive de leur *Moi* je ne serais pas là et donc ma descendance non plus. Ce serait grandement dommage.

La vie est devant, en aval, jamais en amont. L'avenir n'est pas fils du passé. Quelques expériences montrent qu'il faut être bien imprudent pour revenir sur ses pas. En dehors même des risques inhérents à cette démarche, la déception est probable.

Les feuilles des calendriers-blocs sont faites pour être détachables et donc jetables. La signification est très forte. La durée est irréversible.

Celui qui importe n'est pas celui qui a été, mais celui qui est devenu ou est en train de devenir.

Pour les personnes, comme pour les sociétés humaines, le passé n'est qu'à connaître et à respecter, sans plus. Il peut être source de leçons, jamais objet de contemplation stérilisante. Il n'a aucune valeur opérationnelle. Une société ou une personne qui s'y attarde trop reflète à l'évidence sa crispation et sa peur de l'avenir. Une telle position démontre son peu de vitalité, son manque d'appétit, d'ambition, de confiance en elle, en quelque sorte une défaillance du sujet.

*« Avant de s'intéresser à la genèse de quelque chose, il faut s'intéresser à ce quelque chose. »* (Emmanuel Berl)

Tout élément du passé est définitivement figé. C'est un lieu d'où est exclue la liberté. La considération du passé, le regard jeté sur lui, reste le domaine réservé des vieux isolés dans leur passé (visitez une maison de retraite et vous comprendrez – un tout petit peu).

Pour une société, une telle attitude est symptomatique de ce qu'on pourrait appeler au mieux décadence, au pire mort clinique. Une société, comme une personne, obsédée par son histoire révèle son incapacité à générer une autre histoire, à vivre un présent, à se penser un avenir.

Si elles se souviennent du passé et en font mémoire, les sociétés dynamiques ne perdent pas leur temps et leur énergie en commémorations continuelles et futiles, tour à tour triomphales ou éplorées, pas plus qu'en ridicules journées annuelles honorant les dernières modes (365 jours, sera-ce suffisant ?)[1].

Pour les personnes comme pour les collectivités le passé peut s'avérer un endroit trop dangereux pour s'y promener sans risque. Désertant l'allant, ceux qui s'attardent sur le souvenir (avant l'extrême vieillesse, j'entends) maquilleront systématiquement l'histoire, ne retiendront fréquemment de l'héritage que les dettes et leurs griefs ou leurs exploits, pour n'évoquer que leur bonne conscience à eux.

La vie vous apprendra plus tard que le passé c'est ce qu'on en fait. On peut s'en servir pour se paralyser soi-même, souffrir et faire souffrir les autres ou l'utiliser pour devenir plus fort.

Devant = espérance, projets – Derrière = vaine autosatisfaction ou regrets superflus, nostalgie, sclérose, règlements de comptes.

Les gens qui existent vraiment, qui veulent aller et sur lesquels on peut compter regardent devant. Ils adoptent la sagesse de la plaisanterie de Woody Allen : *« J'aime beaucoup l'avenir, car c'est là que je compte passer mes prochaines années. »*

La qualité d'un être raisonnable et social ne se trouve pas dans ce qu'il éprouve, mais dans ce qu'il accomplit : *« Agir en homme de pensée et penser en homme d'action. »* (Henri Bergson)

La seule vision qui nous est vraiment utile, indispensable – en plus de l'agrément qu'on y trouve – la seule attitude sensée dont nous disposons repose sur la seule considération de : Ici et Maintenant[2].

À ces deux adverbes, j'ajouterais volontiers le pronom *Je* comme acteur.

Le Je actif, extroverti, fort, qui marche et non le Moi passif, introverti, faible, qui se regarde et piétine. Le *Moi* c'est l'individu. Le *Je* c'est la personne. L'écart est considérable.

*« La seule manière que nous ayons d'honorer la vie est d'oser l'aborder de neuf chaque jour sans la grever de nos attentes... »* (Christiane Singer) – ni de nos regrets.

***

Ce qui ne dispense pas de savoir comment on fonctionne et d'en tenir compte au mieux, de se connaître avec ses atouts et ses lacunes, de savoir d'expérience, ce dont on peut tirer parti, par exemple, ses qualités relationnelles, et ce dont il faut se méfier, toujours par exemple, un enthousiasme trop fonceur, irréfléchi.

En effet, on fait toujours des erreurs du même genre, dues à des causes internes identiques, ce même dans des domaines sensiblement différents.

C'est simplement dû à soi et, si on peut et doit s'améliorer, se corriger, on ne se refait pas. Si on y parvient ce n'est en tout cas que lentement et partiellement. C'est d'ailleurs mieux ainsi, on risquerait trop de se déséquilibrer, de se perdre ou de n'arriver nulle part. On se contrôle et veille, c'est moins ambitieux, moins perturbant et plus sûr.

Pour rire : un moraliste de grand talent et grinçant, Léon Bloy, ajoutait à l'évidence du *« On ne se refait pas »* le plaisant complément « *qu'on refait seulement les autres* » (le verbe *refaire* signifie aussi *rouler*).

D'où l'importance de connaître ses forces et ses faiblesses, ses qualités et ses défauts.

Non pas au sens introspection qui n'est que contemplation de soi-même, poursuite aussi épuisante qu'inutile de causes sans intérêt et fréquemment fausses, retour en arrière paralysant ou stagnation, mais au sens de la simple connaissance de ses limites et de la vigilance à exercer sur son naturel tel qu'il se trouve constitué ici et maintenant.

En effet, toute rumination du type : *J'aurais dû, il aurait dû...* est nocive, dévalorisante pour soi ou pour l'autre, décourageante et, du reste, fondamentalement infructueuse. Néanmoins, s'il faut avoir le courage de dire stop à ce baratin mental, ce qu'on appelle la *relecture* ponctuelle et détachée des événements peut s'avérer bénéfique.

Soit, se demander – brièvement et froidement – une heure, une semaine, six mois ou cinq ans après, pourquoi on a fait ou on n'a pas fait telle chose, adopté tel comportement... sans considérer s'il y a eu faute ou prétexte à glorification mais en constatant simplement les faits qui nous révèlent comment on a fonctionné alors, comment on peut, ou risque, d'encore fonctionner.

C'est là un exercice pratique pour approcher le : « *Connais-toi toi-même* » de Socrate et du Bouddha qui initièrent la civilisation de la Personne différemment mais quasi simultanément (V^e siècle avant J.-C.).

***

Il n'existe pas de permanence, tout est en devenir. On dit que l'avenir dévore sans cesse le présent pour l'immobiliser en passé définitivement figé.

« *Le temps est une porte qui claque derrière notre dos.* » (F. Taillandier)

La vie n'est qu'une continuelle métamorphose. Nous serons toujours *en route*. Considérez un sablier : le tas inférieur (passé) est sans intérêt, nul ne peut l'alimenter, il s'alimente tout seul. On peut modifier la composition du tas supérieur (avenir). Mais ce qui importe, ce qui bouge, ce qui vit, est ce qui passe au col (présent).

Ne vous mettez pas en retard sur le flux du temps, sur aujourd'hui, sur demain. « *La vie, comme l'univers sont des machines à transformer l'avenir, et le présent, cet instant fugitif, en passé.* » ( ?)

Le Créateur ne nous a pas donné des yeux derrière la tête, ne nous en rajoutons pas.

Dans la Bible (quand même l'ouvrage le plus lu dans le monde), dès le début il est raconté l'histoire d'une dame qui fut changée en statue de sel pour s'être retournée et avoir regardé en arrière. La littérature est remplie de ces retours en arrière catastrophiques – parfois simples regards : Orphée qui était allé chercher Eurydice aux enfers la perd en se retournant vers elle.

Jésus dira que « *qui met la main à la charrue et regarde en arrière est impropre au Royaume de Dieu* » (en matière profane simplifiée, ce dernier terme équivaudrait à grandir).

Prosaïquement, retenez-en qu'après avoir réfléchi allez-y, pas à l'aveuglette certes, mais carrément.

Quand elles concernent autrui, souvent des proches, autant qu'infructueuses et nocives nos appréciations à retardement sur leurs comportements sont en plus souvent fausses et parfois même à inverser (erreur sur la cible).

Les plus lucides et les plus courageux peuvent mettre trente ans à effectuer cette conversion d'appréciation, soit à réaliser que le Bon n'était pas vraiment le bon, la Brute n'était pas telle et le Truand n'était pas celui qu'on pensait (j'emprunte au titre d'un excellent western).

Quand, par inévitables ricochets, ces appréciations nous concernent on découvrira sans doute également qu'on n'était pas alors celui qu'on avait longtemps cru être. Dans tous les cas, surprise et confusion de s'être égaré si longtemps. Et puis, est-il bon de tout savoir ? Plus exactement de croire qu'on sait tout alors qu'aucune vie n'est transparente.

Aujourd'hui, laissez tomber cet enchaînement trompeur des souvenirs. Peut-être surviendra-t-il beaucoup plus tard, quand vous le dominerez en vous en étant détaché et parce que vous aurez appris à voir.

***

Regarder devant c'est bien, prévoir, voir loin, c'est très souhaitable. Mais c'est dans le présent qu'on passe son temps (dans le col du sablier). Dans l'action quotidienne, il est bien préférable de se concentrer sur l'ici et le maintenant, sur le pas à pas. On ne peut pas vivre dans les trois dimensions à la fois[3].

En effet, rien ne se passera jamais comme prévu, comme imaginé[4].

Restez ouvert, attentif, ancré dans le présent, là sont les occasions, là sont les écueils. Surtout ne projetez pas d'avenir négatif – ce qui est forcément la tendance si on a pris l'habitude de s'attarder sur ses erreurs passées.

Je m'inspire d'un récit du romancier russe Tolstoï.

– Le seul moment important, c'est maintenant.

– La personne la plus importante est celle avec laquelle on est maintenant.

– La tâche la plus importante est de bien se conduire, harmonieusement, avec cette personne.

Ce que je fais aujourd'hui est important car j'échange un jour de ma vie contre cela.

« *Aujourd'hui est une passerelle qu'il ne faut pas charger des regrets d'hier ni des soucis de demain sous peine de la voir s'écrouler et nous de perdre pied. Hier ne m'appartient plus, demain ne m'appartient pas.* » (prière trouvée sur une religieuse, Odette P., assassinée dans les années 90 en Algérie)

Gardez cette distance en tête, mais vous, comme vous êtes du monde profane et que vous commencez seulement votre vie, je vous parlerai quand même souvent de demain, afin que vous ne négligiez pas cette dimension.

***

Cette rubrique, comme la fin de la précédente, sentait fortement la psychologie, dont je ne suis guère adepte.

Néanmoins quelques principes de psychologie – dite moderne – sont utiles. À condition de rejeter la nocivité de l'ancienne, de celle qui nous tord le cou en arrière afin de nous castrer abusivement et indéfiniment avec le passé que quelques professionnels amortis de cette technique agitent sans fin – ou sans fins autres que lucratives.

On entre en psychanalyse. Encore faudrait-il pouvoir dire aussi qu'on en sort.

*« Mille ans de guerre consolidèrent l'Occident ; un siècle de psychologie l'a réduit aux abois. »* (Emil Cioran)

La première proposition est discutable, je partage la deuxième.

Les rubriques suivantes seraient inutiles s'il n'y avait pas d'abord un peu d'ordre dans nos têtes. Quatre petits conseils pour cette hygiène mentale, émanant d'un psy contemporain (il s'en trouve aussi des bons).

– Ne pas passer des années à essayer de comprendre le pourquoi du comment ; à un certain moment il faut faire avec. *« Le soleil ne peut rien contre ce qui n'est plus. »* (Paul Valéry)

– Se poser souvent la question : qu'est-ce qui est indispensable ou superflu, profitable ou nuisible, utile ou inutile ?

– Ne pas contrarier, et même parfois faciliter, une de nos précieuses facultés, celle d'oubli.

– Ne pas penser le soir.

Et aussi : *« Garde-toi de toi-même, tu auras fait bonne garde »* (Maître Eckhart, XIIIe siècle, un grand mystique, et donc, accessoirement mais très souvent, profond psychologue).

J'espère ne pas le trahir en développant ainsi ce qu'il voulait dire : ne t'emballe pas, défie-toi de tes impulsions, ne te contemple pas, maîtrise-toi, adhère au réel, à l'actuel, accepte qu'ils te résistent, observe-les avec ta tête, ton cœur aussi – pas avec tes tripes.

***

NOTES

[1] J'ai même entendu à la télévision qu'on célébrait une *journée internationale de la protection des données.* Le bistrot tout entier s'est écroulé de rire, ce qui en ce lieu est préférable à s'écrouler autrement.

[2] Je reviendrai parfois sur les mots. Ils ont un sens derrière leur banalité d'usage.

*Main-tenant* : étymologiquement la seule durée qu'une main puisse tenir, que nous puissions saisir.

[3] Le maître Zen répondait au jeune novice qui lui posait des questions profondes : « *Va laver ton bol* ». Sous-entendu : occupe-toi de tes affaires, ceci fait, quand tu auras fait ce que tu avais à faire, parfois bien plus tard, tu pourras aller plus loin et plus haut, ne serait-ce que par ce que ces petites tâches t'auront peu à peu enseigné.

« *Commence par faire ce que tu as à faire, et tu sauras vite ce que tu es* » (Goethe).

[4] Heureusement, la vie serait insupportable si nous connaissions l'avenir. Si nous atteignons des buts, ils sont rarement ceux que nous nous sommes fixés. Christophe Colomb partait pour découvrir une nouvelle route pour les Indes. Il l'a ratée. Il a découvert l'Amérique.

« *L'homme est celui qui avance dans le brouillard* » (Milan Kundera).

Avec cette belle expression « *jamais un coup de dés n'abolira le hasard* », Mallarmé (poète du XIXe siècle) voulait dire que jamais une décision humaine ne supprimerait la part d'impondérable – heureusement.

Il ne faut pas se moquer des poètes – des vrais, des talentueux – leurs sens sont parfois autrement aiguisés que les nôtres. Ils s'expriment dans un autre registre, celui de l'imaginaire.

Rajouté au réel sans jamais l'effacer ni prendre sa place, celui-ci fait aussi partie de nous et du monde.

« *Les deux voies, celle des poètes et celle des savants, conduisent au même but, une meilleure compréhension de l'homme et du monde, et une plus grande sagesse.* » ( ?)

# III
# AMBITION

Soyez **ambitieux**.

Que cela plaise ou non, l'existence se présente aussi comme une compétition. J'éprouve le besoin de le dire car votre âge méconnaît parfois cet aspect compétitif. Ce n'est pas du tout être contre les autres, c'est simplement se valoriser soi-même. C'est choisir de se réaliser, d'appartenir à ce monde, et aussi de lui apporter. Il n'y a pas d'Être sans Faire. Il ne suffit pas de penser. Un jour il faut agir (et de l'action naîtront d'autres pensées).

C'est aussi une sorte de course dans laquelle il faut savoir accélérer, souffler, oser, se retenir… Cette perspective est enthousiasmante si on n'en fait pas son unique raison de vivre.

Ni le monde ni la civilisation ne vont d'eux-mêmes. Pour les perpétuer il faut que chacun y investisse sa volonté, son courage, sa force et y engage sa part de responsabilité.

C'est cela devenir adulte, autonome. Rejetez de votre esprit la hantise de l'échec et de la faute, elle est l'éteignoir de nos cerveaux, la castration de notre élan vital de jeunesse.

*« Devenir adulte c'est gérer l'imparfait. »* (Père Denis Sonet)

L'écrivain Charles Péguy disait de ceux qui contemplent le monde d'un œil critique mais sans y participer, sans mettre la main à la pâte : *« Ils ont les mains propres, mais ils n'ont pas de mains »*. Ayez des mains et essayez cependant de ne pas trop les salir.

Un certain Ponce Pilate, un ambitieux pourtant, a cru garder les mains propres en s'abstenant, en se planquant, d'ailleurs pour s'en assurer il les a symboliquement lavées. L'Histoire a retenu son nom péjorativement.

En tout, ayez de l'ambition, mais sans cependant trop l'afficher. Munissez-vous de petites dents de loup, mais ne les montrez que ce qu'il faut pour être à votre juste place, respecté, sollicité, désiré... Trop d'affectation serait prétentieuse et surtout vous nuirait. « *C'est une grande habileté que de savoir cacher son habileté.* » (La Rochefoucauld)

Ne vous glorifiez pas non plus de quelques succès passagers, cela vous ferait du tort de même et surtout risquerait fort de vous arrêter net dans votre élan. Vous vous mettriez à faire du surplace. C'est ce qu'on appelle s'endormir sur ses lauriers.

Persévérez dans une ambition raisonnée, de toujours un peu plus, un pas de plus. On s'aperçoit rapidement que ce sont les petits pas qui ont fait les grandes enjambées et celles-ci les grands parcours.

Les Évangiles disent qu'on confiera de grandes choses à celui qui accomplit de petites choses : « *Tu as été fidèle en peu, je te confierai beaucoup* ». Le monde profane fonctionne de même, fort heureusement.

Ne vous situez pas dans la moyenne, là est la médiocrité assurée, garantie. Il pourra arriver que vous vous y retrouviez peut-être un jour, alors sans aucune gêne, mais on ne commence pas sa vie avec des perspectives aussi tièdes.

Si vous pouvez sauter 1m30, essayez 1m40, vous vous casserez peut-être la figure mais vous aurez essayé et vous serez donc fier de vous. Si telle personne vous plaît, sa faveur ne vous est pas obligatoirement acquise mais elle n'est pas non plus forcément réservée aux autres, elle peut être pour vous.

*« Il faut partir de l'absolu dans la pensée pour réaliser le relatif dans l'action. Celui qui, au départ, ne croirait qu'au relatif n'aboutirait qu'à fort peu. L'écart entre l'idéal et l'action étant un fait inéluctable, il faut que l'idéal soit très haut. L'idéal joue le rôle de hausse : tous ceux qui ont manié des armes à feu savent que, pour tirer loin sur la terre, il faut viser haut dans le ciel. »*

L'auteur de ces lignes, Gustave Thibon, pensait plus à la spiritualité qu'à l'ambition matérielle. Mais sa pensée s'applique tout autant à ce dernier domaine : visez haut, quand bien même il convient de se garder d'excessive prétention irréaliste.

L'ambition, et donc la réussite, ne vont pas sans fierté de soi. Attention, à ce propos, ne confondons pas fierté et orgueil. Cette qualité est estime de soi, elle entraîne l'indispensable respect de soi-même (et donc aussi de ses actions, quelqu'un de fier ne peut pas faire n'importe quoi). Ce défaut est surestimation de soi et mépris des autres, il est malsain et rapidement nuisible pour soi-même (car les autres le voient vite et ne sont pas décidés à le supporter longtemps).

On voit toujours les *Grands* quand ils sont arrivés[1]. Mais ils ont été bébés, enfants, adolescents, adultes débutants dans leurs milieux et commençant à jouer des coudes pour se tailler leur chemin (plus ou moins élégamment mais bien certainement). On ne débute pas sur le devant de la scène, même sur celle de son village. Si on veut y apparaître, il faut y monter, marche par marche, se montrer, ne pas se contenter de *faire tapisserie* (l'expression évoquait les pauvres filles qui restaient assises au bal car personne ne les invitait à danser).

Sur la ligne de départ, mieux vaut se situer dans la peau du gagnant. Si on ne se voit pas et ne se place pas ainsi on est assuré de ne jamais l'être et de perdre. Si on ne réussit pas, tant pis, mais il ne faut pas se dire d'entrée qu'on n'y arrivera pas, c'est une attitude de faible, de perdant certain, et, de plus, c'est presque toujours faux.

***

On est toujours surpris, agréablement, de ses propres capacités si on veut les développer et les utiliser correctement. Elles sont normalement presque toujours bien supérieures à ce qu'on pense.

Il faut aussi savoir tirer les leçons de ses échecs inévitables. Il y a en effet une fécondité de l'échec – même s'il vaut mieux ne pas cultiver cette sorte de fertilité. Il faut accepter d'échouer ; qui n'essaie pas n'échoue jamais[2]. Ce qui implique de passer à l'action – raisonnablement – et ne pas se contenter d'imaginer qu'on serait capable de... C'est en faisant qu'on devient compétent et qu'on existe.

La restriction *raisonnablement* avertit de deux dangers opposés. Celui du "toujours plus" : on n'est jamais satisfait de ce qui a été réussi, obtenu, et on insiste de façon de moins en moins justifiée jusqu'à la chute. Celui du "cela me suffit" : on se satisfait de peu et on interrompt prématurément son effort.

Développer ses talents et les faire fructifier n'est pas une simple option, c'est une obligation pour soi, pour les autres, pour le monde. Le fait qu'on regrette toujours, un jour, de ne pas y avoir satisfait constitue une preuve indirecte de cette exigence.

En passant, je vous signale que dans la parabole dite des talents racontée dans les Évangiles, Jésus nous dit exactement ce que je répète là ; c'est quand même une certaine référence.

*« À l'intérieur de moi, je trouve plus que moi »*, le grand saint Augustin entendait par là qu'il y découvrait la notion, la présence, de Dieu.

De façon plus terre à terre, vous trouverez en vous bien plus de facultés que vous ne pensez. Estimez-vous, ne vous mésestimez pas, mais rappelez-vous qu'il n'y a pas de succès sans volonté, préparation et constance. Un peu d'intelligence et de réflexion en plus ne gâte rien. *« L'homme est raison et main »* (saint Thomas d'Aquin), soit réflexion et action.

Observons aussi que la réussite dépend de l'harmonie du couple goût et don. Les deux vont souvent ensemble ; au moins avec le temps. C'est cependant toujours à vérifier même si le goût peut suivre le don mais rarement l'inverse.

– On peut être doué pour le dessin sans aimer vraiment tenir un crayon. On pourra peut-être devenir quand même peintre, artiste.

– On peut aimer cuisiner sans jamais bien réussir un gratin. On ne sera jamais un bon cuisinier.

Il vaut mieux s'utiliser dans un cadre où cette cohérence est assurée ou peut se construire. Tout bon dirigeant, tout entraîneur sportif sait cela.

Cette concordance entre goût (attrait) et don (imagination, forme d'intelligence, habileté manuelle…) constitue votre axe. Il faut essayer de le circonscrire (cela peut demander dix ans ! à partir de vingt ans !). Le contact avec les autres et avec les choses vous sera indispensable pour le découvrir progressivement, pour le valider, le mettre en place et l'assurer ensuite.

Sachez aussi qu'il est plus facile – et plus agréable – de renforcer ses qualités que de rectifier ses défauts. Ceux-ci étant souvent l'envers exagéré de celles-là, on peut essayer de positiver ses faiblesses pour les transformer peu à peu et tant bien que mal en atouts ; par exemple ramener un entêtement excessif et destructeur à une ténacité plus ouverte et plus souple.

***

Ne vous laissez pas réduire, déformer par le prétendu égalitarisme érigé en dogme par la société.

J'insiste sur cette notion en raison de l'adhésion, louable, qu'elle rencontre toujours chez de tout jeunes gens et parce que cette illusion – qui reste théoriquement nécessaire comme valeur, donc par définition inatteignable concrètement – est paralysante pour l'éclosion de toute personnalité ; au moins si on la poursuit aveuglément. C'est un piège, une mascarade, tendu à tous par et au profit de quelques-uns – et certainement pas des moindres – tendant à faire croire aux grenouilles qu'elles sont aussi grosses que les bœufs, c'est une fiction[3].

Une célèbre boutade : « *Nous sommes tous égaux, mais certains sont* (de par leur milieu, leur histoire, la chance) *plus égaux que d'autres.* »

L'égalitarisme obligatoire c'est l'assurance de l'immobilisme, de la stagnation. De plus, historiquement (on ne le dit pas) l'égalitarisme forcené a toujours joué en fait contre les faibles, contre les classes populaires.

« *Il n'est pas de pire injustice que de traiter également des choses inégales.* » (Aristote)

À tel point qu'on parle maintenant de discrimination positive ! Ce qui est aussi stupide et nocif que le nivellement par le bas opéré par l'obsession de l'égalitarisme. Nous naissons tous différents et tous respectables mais non semblables, fort heureusement.

Pratiqué mollement, il tend à nier toute différence, à refuser toute liberté vraie et toute autonomie, à annihiler toute contestation, à désarmer toute ambition, à laminer toute personnalité, à fabriquer des troupeaux de moutons partageant le même conformisme.

Poussé à son extrême, sa conséquence est d'exacerber un individualisme aveugle (la seule issue pour échapper au carcan est de ruer dans les brancards avec les dégâts induits), de mener à une violence incontrôlée des gens dépouillés de leur identité, de leurs racines, des repères les plus élémentaires, de références et de valeurs qui leur soient propres, qui ne savent plus qui ils sont ni où et par rapport à qui (au-dessus et au-dessous d'eux) ils peuvent se situer.

« *C'est l'identité et non l'altérité qui crée les conflits les plus violents* » et « *Dans une société égalitaire, le sentiment dominant devient l'envie* » (Alexis de Tocqueville) – altérité : caractère de ce qui est autre.

Ce n'est pas faire œuvre prophétique que de prédire l'avenir d'un type de mondialisation qui serait poussé à l'extrême de l'uniformisation, soit où, tout le monde désirant les mêmes choses, l'envie n'aurait plus de limites[4].

La perte des différences par la prétention à un égalitarisme de façade mène toujours à l'envie débridée, à la dictature des *grandes gueules,* à la réciprocité des coups.

Même dans une petite collectivité, un petit groupe, il ne peut exister de solidarité qu'entre personnes identifiées et s'identifiants elles-mêmes, se situant en tant que telles, autonomes, individuellement libres et responsables de leurs affinités et de leurs différences, de leurs préférences et de leurs rejets, assumant leur être personnel et donc capables de comprendre et d'accepter d'autres personnes, d'autres êtres différents. C'est cela la véritable égalité, la vraie liberté.

« *La fraternité n'a pas de pire ennemi que l'égalité.* » (Gustave Thibon)

C'est la différence avec l'Autre qui me permet d'exister – et réciproquement – ce qu'on appelle la *vertu humanisante* de l'altérité. On ne se construit pas, et on ne construit rien, à tous marcher à la file dans le même sentier. Le dos du voisin n'est une perspective ni suffisante ni satisfaisante.

Heureusement que l'inventeur du premier marteau, Socrate, Descartes, Newton, Mozart, Darwin, Goethe, Pasteur, Proust… ne se sont pas satisfaits d'une vision aussi limitée. Les grandes réalisations sont faites à l'écart des autres, parfois malgré eux.

*« Notre volonté, mise en régie sous la surveillance de tous, verrait nos facultés tomber en désuétude »* (Chateaubriand traitant du rêve fou de l'égalité absolue… prédisant ce que deviendrait l'Occident).

L'égalitarisme (si on y croit) mène à l'enflure sans limite. La femme de ménage a-t-elle beaucoup gagné en devenant technicienne de surface ? Le directeur du personnel s'est-il transformé en s'appelant DRH ? Le clochard s'est-il ennobli en se métamorphosant en SDF ? (terme propre, neuf, aseptisé, incolore et inodore).

L'égalitariste *« cherche à se frotter aux idoles pour que la dorure lui en reste aux doigts. Il chante l'égalité mais le cœur n'y est pas : ce qu'il voudrait, c'est d'être plus égal que les autres, ce qu'il aimerait, ce serait d'être roi… Il veut des records, des stars, des personnages mythiques… On valorise le rien ; c'est une façon de multiplier les rois. On appelle le collège lycée, collège l'école complémentaire. On donne du galon au néant. »* (Alexandre Vialatte)

On érige des minables au rang de célébrités pour pouvoir s'assimiler dérisoirement à eux. L'Être universel n'a ni ossature ni chair, il n'existe pas. Il n'a pas d'existence réelle, de valeur propre, il est transparent, il n'est qu'un zombie, un fantôme.

Il n'existe que des personnes, distinctes, différentes, avec leurs qualités et leurs défauts. Entre clones il ne peut exister que rivalité féroce menant, inéluctablement, aux pires extrémités. Ne soyez pas un clone, soyez vous-même, capable et désireux de vous imposer raisonnablement.

Ayez une identité personnelle, à vous, déterminée, reconnaissable, cohérente, si possible sympathique mais clairement affirmée. On n'existe qu'en ayant émergé de l'indétermination, en assumant son être propre – qui n'est pas celui de ses congénères.

***

Où que ce soit, une hiérarchie est nécessaire. Sans hiérarchie personne n'est responsable de rien. La hiérarchie situe chacun et établit la nature des relations entre les uns et les autres. Je sais qui s'adresse à moi et à qui je m'adresse – à quel titre, lui et moi – quel est le rôle de chacun. Nul ne peut se situer dans une structure où personne ne sait qui fait quoi (et où d'ailleurs en général personne ne fait rien et n'est responsable de rien).

Hors toute structure, l'homme est perdu, l'imprévisibilité, donc l'angoisse, sont permanentes ; hiérarchie, structure procurent la sécurité indispensable. Aucune collectivité n'a pu s'en passer plus de quelques années, et à quel prix, celui du chaos, du désarroi et de la discorde suivis de l'inéluctable et rude reprise en mains[5].

L'indifférenciation conduit toujours au désordre. La rupture de toute hiérarchie, de toute segmentation sociale, plonge l'homme dans l'imitation qui tend à devenir antagoniste, dans l'envie sans frein, dans les oscillations du désir et de la haine, pour finir dans la violence réciproque après avoir commencé dans la fausse fraternité libertaire.

Là où il n'y a pas d'autorité déclarée et reconnue, fût-elle discutée, il y a des pouvoirs invisibles, irresponsables et incontrôlables qui tirent les ficelles. La nature a horreur du vide. Bien mieux est un pape visible que ne le sont des manipulateurs cachés.

Commentaire pour votre âge et afin de juger un peu sainement de cette notion de hiérarchie. Tous vos aînés savent d'expérience que, quelle que soit sa position, on peut récolter beaucoup plus d'ennuis, sérieux, des gens placés au-dessous de soi que de ceux placés au-dessus.

Pour rire : n'adoptez pas le slogan, plaisant mais trompeur, des années 1968 : *« La hiérarchie, c'est comme les étagères, plus c'est haut moins ça sert. »*

***

*« Ce n'est pas parce que les choses sont difficiles que nous n'osons pas, c'est parce que nous n'osons pas qu'elles sont difficiles. »* (Sénèque, philosophe latin)

Si vous êtes vraiment persuadé (et cela se voit) après avoir réfléchi et travaillé la question,

– d'avoir raison, on vous écoutera, on vous croira et on vous suivra.

– de pouvoir assumer une fonction, on vous confiera le poste et les responsabilités.

– de pouvoir mener à bien un projet, on vous l'accordera.

– de vouloir plaire, vous plairez (probablement ! et sinon tant pis, allez voir ailleurs)...

Si vous n'êtes pas vraiment persuadé (et cela se verra tout autant) vous pouvez adjoindre une négation à chacun des seconds termes. Vous passerez alors de la position de gagnant probable à celle de perdant certain.

Si vous ne vous mettez pas en avant personne ne vous y mettra[6]. D'autres, souvent moins capables, s'y mettront, à la place que vous aurez laissé libre par votre abstention. Et, une semaine, un mois, un ou deux ans après, vous constaterez avec quelque dépit mais trop tard qu'Alphonse ou Yvonne, dont vous savez qu'il, elle, ne vous vaut pas, vous est passé(e) devant, qu'ils occupent des places que vous avez hésité à demander par peur de ne pas les obtenir et que, pire peut-être, vous devez leur obéir.

Vous risquez fort d'en concevoir pas mal d'irritation et de découragement – les deux très nocifs pour vous – de vous reprocher d'avoir laissé faire, de ne pas avoir tenté votre chance.

Qu'est-ce que la jalousie, sinon le reflet de ses propres échecs ? « *Rien n'est humiliant que de voir les sots réussir dans les entreprises où l'on échoue* » (Gustave Flaubert) ; surtout quand l'échec vient de soi, de sa propre démission.

Estimez, mais ne surestimez pas les autres, ils sont aussi faits de chair et de sang, leur quantité de matière grise ne dépasse pas forcément la vôtre. Ils ne sont pas plus bêtes mais pas plus malins que vous.

Surtout, reconnaissez chez l'un une qualité, suspectez chez l'autre un défaut, mais ne vous comparez jamais aux autres ni en surestimation ni en dévaluation soit de l'autre soit de vous-même, quand bien même il s'agirait de personnalités extrêmes, supérieures, telles qu'évoquées deux rubriques plus loin. De telles comparaisons ne peuvent conduire qu'à l'orgueil ou à la mésestime de soi.

Comparaison égale poison. Lui, elle, c'est lui, c'est elle, et moi c'est moi.

***

Malgré le titre de cette rubrique situez-vous plutôt dans la compétition du jour que dans l'ambition à terme, soit ne vous centrez pas sur le résultat final, visez l'étape et peut-être finirez-vous maillot jaune à Paris, mais l'objectif de ce jour n'est que l'étape, demain vous préparerez la suivante.

Quand vous poursuivrez un objectif, un but à atteindre, inspirez-vous du tennis. Concentrez-vous sur l'objectif de marquer le point suivant (pour vous, pas contre l'autre), la partie devenant ainsi une succession de victoires limitées plutôt que de vous représenter le match comme une guerre globale qu'il s'agit de remporter à tout prix.

On assure mieux sa marche en montagne et on parvient au sommet sans tomber en soignant chaque pas plutôt que de s'obnubiler sur le drapeau qu'on plantera à la cime. Dans un cours d'eau rapide, en canoë, kayak, surtout dans les passages difficiles, on ne se préoccupe que de l'immédiat, du tourbillon à la proue, du rocher juste devant…

Un dicton populaire dit que « *à chaque jour suffit sa peine, son effort* ».

La réussite se construit pas à pas, la chute peut survenir lors de chacun et alors adieu le rêve (du match, du sommet, de la plage, du poste de PDG, du grade de général, d'idole de la jet-set…).

Un faux mouvement et la pyramide de cube en cours de patiente édification est par terre. Si Pierrette avait fait attention à sa marche, elle aurait eu veau, vache, cochon, couvée (La Fontaine : *La laitière et le pot au lait*).

Attention à l'obsession sur un objectif comme sur la manière de l'atteindre (coup par coup au tennis, toute frappe est nouvelle). À trop garder le regard fixé sur l'horizon on peut facilement se prendre les pieds dans le tapis dont on n'avait pas vu un traître pli.

Cependant, pas à pas dans la continuité ne signifie pas pilotage automatique, sans visibilité. Foncez, mais pas aveuglément. Le résultat se construit toujours par des stratégies, des attitudes qu'on peut améliorer par l'expérience, même celle tirée de l'échec – simplement il se construit chaque jour.

Apprenez aussi à digérer vos succès, consolidez l'étape franchie avant de vous précipiter sur la suivante[7].

N'hésitez pas à demander conseil (l'importance de ne pas être isolé, d'avoir des amis fiables). Sans être dépendant de ces avis externes, vous récolterez peut-être quelque opinion précieuse.

Avant d'affronter un escarpement difficile (entretien, examen, réunion...), relaxez-vous, oubliez le fond (ce que vous avez à faire, à dire...), sentez le concret qui vous attend, les têtes des gens, les lieux... imaginez-vous là où vous serez et nagez là-dedans. Passez-vous le film de ce que vous aimeriez qu'il advienne, puis oubliez-le. Car la réalité sera différente – souvent plus accueillante, plus confortable que vous ne l'imaginiez.

Mais vous vous serez concentré puis décontracté, vous serez plus ouvert et attentif aux événements, votre esprit de repartie sera plus aiguisé, vous vous laisserez moins déstabiliser par l'imprévu qui sera forcément présent.

*« Faire d'avance un plan exact et détaillé, c'est ôter à son esprit tous les plaisirs de la rencontre et de la nouveauté dans l'exécution de l'ouvrage. »* (J. Joubert) C'est aussi s'enfermer dans un plan rigide, lequel ignore forcément les aléas de la situation réelle à venir.

Surtout ménagez-vous de temps en temps de courtes pauses de réflexion, hors de vos préoccupations, fréquentations et lieux habituels si possible.

Est-ce la bonne voie ? La bonne méthode ? Est-ce que je fonce au bon endroit ? Au bon moment ? De la meilleure façon ? Avec les meilleurs atouts ? Où sont les obstacles ?

À la fin de la rubrique traitant de la Suractivité et de la Dispersion, vous trouverez une technique toute simple pour vous déconcentrer un moment et laisser surgir de nouveaux points de vue, des aspects inaperçus, des écueils imprévus, d'autres idées, impressions ou perceptions.

Foncez, mais avant prenez l'air, le nez au vent.

En cas d'échec douloureux, arrêtez-vous sur ces deux pensées, elles vous serviront au coup suivant :

– « *Un des plus grands défauts des hommes est qu'ils cherchent presque toujours, dans les malheurs qui leur arrivent par leurs fautes, des excuses devant que d'y chercher des remèdes ; ce qui fait qu'ils y trouvent trop souvent trop tard les remèdes qu'ils n'y cherchent pas d'assez bonne heure.* »

– « *Il ne faut pas se fâcher contre les choses, parce que cela ne leur fait rien du tout.* »

Elles émanent de deux experts en matière d'ambition, le cardinal de Retz et Talleyrand.

Je vous parlerai souvent de votre intérêt (au sens large, pas uniquement matériel). N'en soyez pas obsédé mais ne le sacrifiez pas. Raisonnablement modulés, le souci de son intérêt, le soin de soi-même ne sont pas malsains.

L'intérêt c'est ce qui, se tenant entre les êtres, « *Les rassemble mais aussi les empêche, pour ainsi dire, de tomber les uns sur les autres. Vivre ensemble dans le monde, c'est dire essentiellement qu'un monde d'objets se tient entre ceux qui l'ont en commun, comme une table est située entre ceux qui s'assoient autour d'elle ; le monde, comme tout entre-deux, relie et sépare en même temps les hommes.* » (Hannah Arendt)

C'est là, du moins, une raison morale de ne pas mépriser le monde des objets (au sens large), du matériel – sans jamais cependant en surestimer la valeur ni y chercher le sens d'une vie.

***

Exemple : j'ai accompli 27 mois de service militaire (1956-58). J'ai refusé de suivre l'école d'officier, par juvénile sottise idéologique et méconnaissance du rôle de la hiérarchie. Ce fut une erreur existentielle et psychologique.

Bien plus tard je sais que j'aurais pu assez facilement devenir député ou un personnage plus discret et plus important si j'avais tiré profit alors de quelque ascendant occasionnel, cultivé mes relations et suivi les filières toutes tracées qui m'étaient ouvertes à une certaine époque.

N'importe, je n'en serais pas plus avancé, sauf au plan des avantages matériels exorbitants. Là, par contre, ne voyez aucun regret, pas même au plan du prestige dont je sais la vanité, seulement parfois un peu de nostalgie de n'avoir pas réalisé une possibilité. À l'époque, j'avais d'autres soucis plus pressants. Néanmoins, je n'ai pas vu l'ouverture et donc si je l'ai négligée ce n'est pas consciemment. Restez clairvoyant. Ensuite vous déciderez, mais alors en connaissance de cause.

Dans ces deux exemples, comme dans d'autres qui suivront (ou dans certaines remarques), il pourrait vous sembler que je reviens sur le passé et, donc, me contredis moi-même par rapport à ce que j'ai dit à la rubrique précédente. Ce n'est pas la dernière contradiction. L'idée de vous les donner, leur rappel à ma mémoire un bref instant, ne m'est venu que lors de la rédaction de ce document, pour l'unique raison citée dans deux phrases de l'introduction que je rappelle : c'est pour être concret, à votre âge on a encore besoin d'exemples accessibles, on en a d'ailleurs toujours besoin, au mien comme au vôtre. Or, ces exemples, je ne peux les prendre que dans ce que je connais (et avais complètement oublié, ce que je vais continuer à faire).

***

Essayez de grimper, ou au minimum d'accomplir ce que vous permet votre niveau.

Cherchez votre axe, appuyez-vous sur celui-ci, au début au moins.

Connaissez vos capacités. Vous en avez plus que vous ne pensez. Ne les minorez pas.

Évaluez les autres ; à leur niveau, ni plus ni moins.

Percevez les occasions, examinez-les, saisissez-les ou rejetez-les, mais consciemment si possible, en analysant la situation, en éclaircissant vos motivations, vos vrais désirs, votre intérêt (pour aujourd'hui mais aussi et surtout pour demain). Et gardez à l'esprit que les occasions ne se représentent pas – au moins les bonnes.

Obtenez des succès, ils vous valoriseront et en entraîneront d'autres. Mais prenez le temps de les consolider, de les digérer.

Ne redoutez pas l'échec, qu'il ne vous effondre pas ; réfléchissez à ses causes. L'échec n'est ni catastrophique ni définitif ni ridicule. Il est ennuyeux, c'est une étape. Il remet peut-être en cause nos méthodes, nullement notre être (en tout cas moins que si nous nous étions planqués).

Il faut d'abord l'accepter, se le dissimuler revient à n'en tirer aucun profit donc à recommencer les mêmes erreurs. Ensuite il convient de faire franchement son deuil du projet, de l'objectif manqué afin qu'il n'en reste pas de traces plus ou moins conscientes qui nous tireraient inévitablement en arrière alors que c'est justement en ces moments qu'il convient de regarder devant.

Si vous tombez de cheval (si vous vous êtes "planté"), remontez vite sur la bête et essayez à nouveau – mais en examinant avant si c'est la bonne bête, si vous êtes bon cavalier, si le parcours était adéquat et si vous teniez les rênes correctement (afin de moins tomber).

N'hésitez pas à frapper à des portes, apparemment fermées, elles s'ouvrent plus facilement qu'on ne le pense[8].

Si vous entrez dans un milieu nouveau pour vous, observez sa composition dominante, l'origine et la culture de ses leaders (paysanne, ouvrière, bourgeoise, aristocratique, universitaire…), et montrez-vous discret et précautionneux d'abord avant de l'avoir comprise et de vous y être adapté tant bien que mal. Vous risqueriez de vous conduire comme un éléphant dans un magasin de porcelaine et vos erreurs de comportement pourraient vous handicaper par la suite[9].

***

NOTES

[1] En contrepartie ils ont dû parfois subir la contrainte qu'énonçait La Bruyère, soit : *« L'ambitieux a autant de maîtres qu'il y a de gens utiles à sa fortune »*.

[2] À propos d'échec, remarquez incidemment une curiosité.

Lorsque celui-ci est probable, on n'en a pas peur et paradoxalement on devient capable de tout, de beaucoup d'audace. Inversement, dans une situation où c'est le succès qui est probable, normal, on a peur d'échouer et on risque de faire d'énormes bêtises. Les footballeurs savent bien que lors d'un tir au but le vainqueur normal, attendu, le tireur, est le plus angoissé.

[3] Prôner l'égalité dans l'espace, c'est bien. Mais alors, il est inégalitaire, injuste, de ne pas exiger l'égalité dans le temps !

Pour élargir votre point de vue sur ce sujet, demandez-vous s'il était optimum pour un petit garçon de naître vers la fin du XIXe siècle en France, en Allemagne… (20 ans en 1914), ce comme pour une petite fille également (future vieille fille), ou bien d'aller à l'école à Hiroshima le matin du 6 août 1945, de vivre aux temps de la peste noire ou du choléra.

De plus il est contraire au principe d'égalité que certains aient une bonne santé et d'autres non, que les uns soient victimes d'accidents, subissent des handicaps, que nous ne gagnions pas tous au loto, que nous ne mourions ni tous au même âge ni dans les mêmes conditions… Insupportables discriminations, qu'attendent nos élus pour y mettre un terme ?

[4] C'est contre l'uniformisation de la mondialisation que resurgissent les crispations identitaires qu'on peut comprendre – et souvent approuver. Plus on se ressemble, moins on s'assemble. Voir les surenchères identitaires partout dans le monde, le retour à la tribu (Afrique, Balkans, ex-URSS, minorités de toutes sortes…).

Pour arriver à faire coexister les peuples, les ethnies, on s'aperçoit maintenant qu'il faut les séparer, (exemples entre autres : la séparation entre l'Inde et le Pakistan, l'éclatement de l'ex-Yougoslavie à la jonction des XXe et XXIe siècles…) – beau résultat du délire égalitaire.

Si tous les hommes sont égaux, alors tout est égal dit le discours démocratique – quand il devient exclusif – qui engendre le relativisme (lequel dit précisément que tout est égal, que tout se vaut). Ce nihilisme, cette horizontalité sont insupportables.

Les hommes refusent d'être réduits à n'être que des numéros matricule, des individus interchangeables, simples parties de la fameuse espèce humaine, car ils se sentent des personnalités ainsi que des héritiers (d'un temps passé, d'un peuple précis, de coutumes, d'un lieu et d'un milieu…). S'il est peut-être fait pour le contempler l'homme n'est pas fait pour vivre dans l'infini, et encore moins dans une surface plane.

*« Le jour à perpétuité : telle est la peine infligée au genre humain par les croisés de l'égalitarisme radical. »* (Alain Finkielkraut)

[5] Sans mettre le premier sur le même plan, Napoléon, Staline ou Hitler sont les héritiers, qui furent bienvenus dans un premier temps, du chaos, de la disparition d'une autorité légitime, de la déstructuration inconsidérée de la société ; comme les historiens s'accordent pour penser que la révolution de 1789 n'aurait pas eu lieu sans l'abaissement opéré par Louis XIV des corps intermédiaires (parlements, états généraux…) et de la noblesse réduite à un rôle de courtisanerie et tenue éloignée des campagnes qu'elle avait en charge.

Une collectivité livrée à l'égalitarisme forcené, privée de hiérarchie acceptée et de modèles, sombre dans la violence et résout cette situation insupportable par l'expulsion violente d'un élément, bouc émissaire du désordre (personne, groupe, classe…), et l'instauration d'une nouvelle idole (personne ou idéologie aussi trompeuse que faussement réconciliatrice…).

Un grand érudit du début du XIXe siècle (Tocqueville) l'avait prédit. Le siècle suivant a confirmé ses analyses. Pour le siècle actuel, vous verrez.

*NOTES*

[6] Après une intervention de ma part sur une question délicate, dans un milieu où d'habitude je jugeais devoir me montrer discret, une connaissance (lointaine, mais de vingt ans quand même !) m'a dit qu'on ne me soupçonnait pas tant de réflexion, de sagesse et de profondeur (ce sont ses termes).

N'exagérons rien s'il vous plaît ; j'avais simplement plus d'expérience et plus de distance sur les problèmes internes de cette collectivité que les personnes directement concernées.

En annexe, vous pouvez retenir que si la remarque de cet ami était aimable et élogieuse c'était une façon de dire que jusqu'alors on m'avait pris pour pas très brillant – ou tout au moins aurais-je pu la recevoir comme telle si j'avais eu l'esprit tordu. Maladresse tout à fait involontaire, mais maladresse pourtant – qui m'a fait rire intérieurement.

En certains milieux sûrs d'eux-mêmes, trop de discrétion, fût-elle justifiée, peut vous faire passer pour autre – aux yeux des gens, jeunes, qui n'ont pas encore appris à voir.

[7] L'Europe à six était un grand succès, à douze une réussite, à vingt-sept (et demain à ?), c'est devenu un magma informe où chaque pays tire la couverture à lui.

Beaucoup de grands conquérants (Alexandre, Napoléon, Hitler même un temps) ont voulu aller trop loin, trop vite. Les visionnaires réussissent souvent leur premier coup. Ensuite emportés par leur élan, rendus ivres par leurs premiers succès, ils négligent de plus en plus le réel et c'est la chute.

[8] Les gens de qualité ne craignent pas qu'on force leur porte (si on est sûr de soi et de sa cause).

Rachida Dati appelle le système de cooptation entre gens du même milieu *« le plafond de verre »*, soit *« l'interdit, non ici vous ne pouvez pas passer. Ce n'est pas pour vous. Votre compétence, votre courage ne comptent pas. Désolé, cela ne sera pas possible… »*

Comme elle – et quoi qu'on pense d'elle – brisez cette clôture ; c'est plus facile qu'on ne le croit communément. Ces gens de qualité existeront toujours – mais il faut apprendre à les distinguer et se montrer soi-même à la hauteur.

[9] Je me souviens d'un camarade brillant mais d'origine modeste qui, transplanté dans un milieu de haute bourgeoisie, a cumulé les fautes de comportement par ses initiatives précipitées. Heureusement pour lui l'entourage était charitable et bienveillant, néanmoins…

# IV
# ISOLEMENT

Ne restez pas **isolé**.

Restant seul avec soi-même on n'a aucune chance de savoir qui on est, ce qu'on vaut, quels sont ses possibilités, ses atouts, ses limites, ses lacunes… de trouver son axe, celui où l'on réussit, où on se plaît, quel est celui où il convient de se placer pour utiliser au mieux ses capacités, réduire éventuellement ses faiblesses et éviter qu'elles ne paralysent, valoriser les aspects de soi susceptibles d'attirer les autres.

Seul le miroir que nous renvoie autrui nous le révèle peu à peu, dans l'action le plus souvent. Isolé, il est quasi impossible d'acquérir une saine assurance, fondée. On ne se trouve et ne se situe pas seul, mais en rencontrant les autres. Pensez à cette boutade : *« Un homme seul est toujours en mauvaise compagnie. »* (P. Valéry)

Participez, impliquez-vous dans des groupes humains : sportifs, humanitaires, professionnels, culturels, artistiques, folkloriques, religieux, politiques… ou dans de simples cercles d'amis (à condition qu'ils aient un but autre que boire des pots et conter ses exploits).

Un groupe n'existe vraiment que s'il a ou une activité commune ou une sensibilité commune, d'ailleurs l'une entraîne l'autre et vice versa. Un groupe, comme un couple d'ailleurs, ne fonctionne et ne dure que s'il a un projet commun.

Vous éprouverez là votre valeur propre – elle ne s'établit que par le contact, parfois la confrontation, avec autrui, avec le monde. De plus, on s'entend avec autrui parce qu'on fait des choses ensemble, ne serait-ce que jouer. Quel appauvrissement que d'être toujours entre soi (comme entre quatre murs).

« *On est bien à l'étroit quand on se renferme au-dedans de soi.* » (Fénelon)

Comme pour l'enfant qui commence à marcher, c'est dans nos aventures que le monde se dévoile d'abord à nous. Goethe disait qu'on ne pouvait comprendre que ce à quoi on participait.

On n'étalonne rien sans instrument de mesure. On ne situe pas sa position sans carte. Notre instrument de mesure, notre carte, nous les trouvons dans le rapport à autrui. Il n'y a pas de connaissance de soi sans interaction avec les autres. On ne reçoit confirmation de son existence qu'à travers autrui. On a pu aller jusqu'à dire qu'on ne commençait rien, qu'on répondait toujours.

On ne pense que par relation : exemples philosophiques classiques : l'idée (attribut de l'Être) ne peut être solitaire ; je ne peux penser le noir si j'ignore toute autre couleur, un endroit hors de l'espace où il se situe, un moment indépendamment d'un temps plus long.

On ne saurait se penser en vérité, s'évaluer, se situer sans contacts approfondis et diversifiés. Or, ceux-ci s'acquièrent rarement par hasard. Il faut aller à leur rencontre et un groupe dont on se sent proche est encore le meilleur lieu.

« *La relation sociale est le miracle de la sortie de soi.* » (A. Finkielkraut)

Un groupe, tel que je l'ai dépeint, fournit certes l'activité (physique et/ou intellectuelle), comme, généralement et c'est souhaitable, un apport affectif (sous cet aspect et pour des raisons d'environnement alors devenu plus riche cette relation au groupe est moins nécessaire quand on est entré dans la vie professionnelle et/ou quand on a fondé une famille).

Il facilite l'abandon ou la réduction de l'égocentrisme de naissance, il développe notre estime de nous-même par la reconnaissance sociale qu'il implique, il permet d'intégrer l'idée de règles (et il y en a toujours dans la vie).

Aussi et surtout il permet de construire sa personnalité, d'établir d'abord, d'asseoir ensuite peu à peu, ce que j'appellerais son rang (sans idée de classement), soit la manière dont on est perçu par les autres (et on est perçu de même façon en milieu professionnel, dans les relations plus personnelles…). Il nous procure une identité. Voir le petit Jeu à la fin de cette rubrique.

***

Le contact nous apprend aussi qu'on ne dépend pas que de soi-même. Et, contrairement aux apparences, c'est très rassurant ; l'idée de la liberté totale[1] étant une folle illusion qui aboutit souvent à la servitude culpabilisante absolue. En effet, seul, sans limites, sans contraintes, sans soutiens, sans encouragements, sans points de repères, la responsabilité est insupportable (d'où les comportements aberrants pour tenter d'y échapper).

« *Partant de la liberté illimitée, j'aboutis au despotisme sans limites* » (un personnage d'un roman de Dostoïevski).

Rien ne serait plus effrayant que de vivre sans limites. Qu'on y songe, leur absence nous priverait même des joies de la désobéissance, du plaisir de la transgression. Quel ennui ! Qui défier ? À quoi s'opposer ? Contre qui ou quoi se révolter (ou faire semblant) ?

La solitude – même à deux – confère une certitude redoutable, celle de disposer d'un pouvoir infini qui n'a besoin d'aucune preuve puisqu'il ne se heurte à rien, qui dédaigne de se réaliser puisqu'il n'entreprend rien, qui nous enferme dans un *Moi* purement virtuel.

Le mot *être* n'est pas un substantif. C'est un verbe, il implique un agir. Tout se tient, tout marche ensemble, droit ou de travers. L'Être est un système dans lequel toute composante réagit sur les autres.

Pour nous, *Êtres-Étant*, seule la confrontation au monde constitue notre instrument de mesure. Il est bon de se mesurer au monde, aux autres (sans prétention mais avec assurance) car alors il et ils n'impressionnent plus, on se sent en phase, en confiance avec soi-même. De plus, chacun a besoin de relations *stables* et accordées, ce qu'on appelle un réseau relationnel, amical… Nul ne s'en passe.

À ce sujet il faut savoir que la qualité des personnes composant ce réseau dépend largement : de notre ambition (rubrique n° 3), de notre culture (n° 6), de notre personnalité qui relève de beaucoup d'éléments dont deux sont traités ici et au point suivant (n° 5) et de facteurs secondaires évoqués aux rubriques n° 10, 11, 12, comme de ce que nous sommes (n° 13) et apportons autour de nous (n° 14). Il faut prendre la peine d'établir ce réseau, cela suppose d'exister et avec régularité, fidélité et loyauté, soit la capacité et la volonté d'apporter ainsi que celle de tenir ses engagements.

Mais le groupe n'est, normalement, pas fait pour nous assister. Une forêt n'est belle que si chacun des arbres se tient droit.Il faut s'y situer correctement, y tenir sa place, son rang, ni moins ni plus ; éventuellement accepter les responsabilités qu'on se sent capable d'assumer, surtout ne pas les fuir. Une saine ambition peut se développer là aussi.

Également, on fait partie d'un groupe, on ne lui appartient pas. Je veux dire qu'on s'y sent bien (sinon mieux vaut partir) mais qu'on n'en est pas dépendant au point de ne guère pouvoir s'en passer ou d'endosser des conduites ou des décisions qu'on désapprouve. Attention à ce point, si faire partie d'un groupe implique qu'on adhère à ses règles de fonctionnement et qu'on les respecte, tout groupe tend à se montrer grégaire et à imposer à ses membres des conduites uniformes qu'il peut être parfois psychologiquement difficile de contester[2].

Bien sûr la relation à un groupe n'est, le plus souvent, valable que pour une période de la vie. On en change, comme en traversant un ruisseau on saute de pierre en pierre pour s'aider à se stabiliser et à progresser. Même si une *bulle* est confortable, il faut savoir en changer (et peut-être même le faut-il si elle l'est trop). Accessoirement, en cas de changement de lieu, l'adhésion, fût-elle temporaire, à quelque groupe dont on peut se sentir proche facilite énormément l'intégration au nouvel environnement.

Cependant, quand même, ne vous précipitez pas n'importe où par simple anxiété (le discernement nécessaire sera évoqué à la fin de la rubrique suivante sur les Personnes signifiantes), rien n'est si urgent, simplement réfléchissez un peu à ce qui peut vous convenir au moment présent, puis goûtez l'ambiance avant de vous engager. L'Être est fait pour *« être avec »* – expression des philosophes. Mais aucun n'a jamais dit : avec n'importe qui, n'importe où, n'importe quand et n'importe comment. Ce groupe m'apporte-t-il quelque chose ? Quoi ? (ne vous attendez pas forcément à ce qu'il vous aide à grimper au sommet de l'Annapurna ou à sauter en élastique du viaduc de Millau, ce peut être de simples et saines joies tout simplement).

Comme il est bon de participer à des groupes, il faut aussi savoir en sortir : quand leur apport pour vous s'amoindrit, si l'ambiance se détériore… ou simplement par envie d'aller voir ailleurs.

Plus haut, à propos de groupes, j'ai utilisé les termes d'activités, sensibilité, projets communs, d'apports physiques, intellectuels, affectifs ; j'aurais aussi pu utiliser celui de camaraderie. Donc, les groupes dont je parle ne sont pas des duos fusionnels (entre personnes de même sexe) comme les aiment tant les tout jeunes gens, surtout les filles, ni des bandes, plus appréciées des garçons, agglomérées autour d'un leader qui impose sa loi et dans lesquelles le fonctionnement interne et les activités externes ne sont régis que par les pulsions de ce personnage. Toujours, mais surtout dans ce dernier cas de figure, pensez à la maxime d'Épictète (un sage de l'Antiquité) : *« Si ton voisin se salit, tu ne peux pas te frotter à lui sans nécessairement te salir. »*

***

Exemple : pendant mes années d'étudiant (1951 à 56) je me suis tenu à l'écart de tout groupe structuré ayant une vocation commune suivie (il est vrai qu'à l'époque, il existait mille fois moins de possibilités de ce côté, néanmoins qui cherche trouve).

J'ai eu des copains, des tas de copains, et même bien plus, des amis fidèles et solides. Mais ainsi je n'ai guère acquis de structuration, d'étalonnement de ma valeur relative ; ce par manque d'action collective dans laquelle j'aurais trouvé un embryon de statut, étalonné mes capacités, découvert mon axe.

Par individualisme excessif j'ai ignoré qu'il existait des partages d'activités collectives poursuivant quelque objectif, des gens de valeur que j'aurais pu rencontrer et qui m'auraient aidé à me construire en me révélant mes propres talents si je m'étais bougé pour aller les chercher là où ils pouvaient être. Ce fut également une lacune existentielle.

Comme pour le manque d'ambition que j'ai traité précédemment, cette lacune provenait assez largement du milieu, de l'époque, du manque de conseils (plus on est isolé, plus on aurait besoin de conseils et plus on en manque – tout se tient) mais, en définitive, de moi-même.

J'ai perdu un temps précieux, dont il est illusoire de croire qu'il se rattrape autrement qu'au prix de temps que je souhaite vous faire gagner et d'efforts que j'espère vous épargner quelque peu. Pour vous, tout le sens du document que j'écris aujourd'hui tient dans la deuxième partie de cette dernière phrase. Le temps n'attend personne. Si vous vous jetez avec retard dans le fleuve, il vous faudra nager vigoureusement, pour rattraper les plus vifs certainement, mais surtout pour atteindre votre satisfaction personnelle, laquelle est essentielle.

***

Je veux dire un mot d'un phénomène récent, l'importance prise par l'univers virtuel. J'ai utilisé une messagerie, qu'en interne on appelait intranet, bien avant que cette facilité n'émerge au public. J'ai vu des gens craintifs dans leur expression verbale ou écrite s'y libérer – bravo et merci à l'outil. L'écran n'intimide plus comme le face-à-face ou la page blanche. La communication triomphe de l'inhibition – et c'est tant mieux ; le vocabulaire, l'orthographe et la grammaire, le sens même disparaissent dans une bouillie spontanée – et là c'est tant pis.

Au-delà de son intérêt économique, j'en sais l'apport nouveau ; notamment celui de moindre ennui, de moindre solitude, d'un minimum d'activité (de ce point de vue mieux vaut l'interactivité avec un écran internet que la passivité d'un écran de télé) mais aussi la rupture de l'exigence et de la valorisation réciproque de la communication directe, en face à face.

Mes réserves ne visent pas les messageries, les facilités de réservation de…, les possibilités d'accès à des connaissances multiples (merci à wikipedia), certains jeux de logique, stratégie qui sont de qualité et entraînent utilement à raisonner et à réagir intelligemment, mais les élucubrations (blogs, groupes de *chatting, facebook,* miroirs pour exhibitionnistes), les fictions pures éloignées de toute réalité, ainsi que le côté poubelle à ragots et les facilités de racolage[3]. Jouez à vous raconter si cela vous chante, mais sans excès, sachez vous en passer. La vie fait obligatoirement sortir de cette forme douce et atténuée d'autisme (fermeture sur soi-même) doublée là, en plus, d'asservissement à des inconnus. Pour en rester au plan de ces réserves, soyez toujours persuadé qu'internet ne remplace pas le monde réel. Tout est possible dans le cybermonde, dans l'imaginaire, mais pas dans la réalité.

Tout comme trop d'imaginaire, le virtuel induit la perte du sens du vrai et du faux par l'illusion d'une communication universelle et immédiate avec n'importe qui, n'importe comment. Il entraîne la déréalisation des rapports, la dépersonnalisation des locuteurs, l'inflation du verbiage et l'abus du *masque.*

L'immédiateté du dire, de l'expression, qu'implique l'outil ne garantit pas sa pertinence, bien au contraire. Si en communication directe on peut pressentir la valeur d'une affirmation (au sens de sa qualité, probabilité, sincérité, vérité...) suivant l'émetteur, tel n'est pas le cas dans l'abstraction et l'anonymat de l'univers virtuel. Il est donc potentiellement dangereux par cela même.

Ce que fournit cet univers est dépourvu de lieu (la terre vue tel un *village-global*), comme il est dépourvu de temps (de par son immédiateté théorique) et de personnalisation (anonymat et *pseudos*). Il est hors référence objective (donc aussi sujet à toutes les manipulations).

Il peut devenir un exil, un circuit fermé *à côté de ses pompes*, un décrochage par rapport au réel. Or, c'est dans le monde réel que nous sommes placés. Il nous rattrapera toujours. Ne pensez d'ailleurs pas que le dangereux attrait pour la fiction soit vraiment nouveau. Don Quichotte a été victime des romans de chevalerie du Moyen Âge comme Emma Bovary l'a été des œuvres d'amour romantique du XIX^e^ siècle – deux grandes figures littéraires classiques et toujours éloquentes, ce qui est justement le propre d'une grande figure.

Si les moyens diffèrent, les conséquences du décrochage avec la réalité dû à l'isolement dans l'abstraction, dans la fiction, dans l'intoxication, dans le rêve, sont toujours identiques.

Substituer à nos facultés vivantes et multiples tout un appareillage de prothèses (gadgets électroniques, télévision, vidéos...) nous fait entrer dans un moule castrateur de notre créativité, qui devrait être toujours personnelle. N'empruntons pas les vêtements que nous imposent les *marchands.* La vie ne passe pas par l'intermédiaire des écrans.

Jacques Gautrand a écrit un livre titré : *L'empire des écrans.* D'autres ont évoqué la communication et la culture *en chambre.* Ces expressions sont assez claires pour permettre de deviner au moins l'intention – et le péril.

Néanmoins, et toujours à propos d'internet, mon opinion est plus nuancée que mes propos précédents pourraient le laisser penser (voir fin de la note n° 3).

***

L'impératif du non-isolement dépasse même le développement, l'ancrage de la personnalité et son juste positionnement qu'offrent des contacts correctement choisis. Isolé, le chemin est dépourvu de barrières (au sens garde-fou), de signalisation, d'indications directionnelles, de personnes susceptibles de nous renseigner. La plaine est vaste mais uniforme, où aller, où ne pas aller ?

*« C'est de la folie que de vouloir être sage tout seul. »* ( ?)

Si on sent qu'on prend quelque chemin un peu trop obsessionnel (de révolte par exemple, ce qui arrive parfois provisoirement à l'adolescence et peut persister chez des attardés nostalgiques de cette période) ou qu'on fonctionne trop exclusivement sur un mode dominant et dominateur (arrivisme forcené ou au contraire passivité exagérée, matérialisme ou à l'inverse idéalisme exacerbé, revendications systématiques, sentiment dépressif, décrochage de la réalité, sexe, toute forme de drogue bien évidemment, avidité ou état *d'accro* en tout genre ne fût-ce que d'internet…), il faut examiner la situation par rapport à soi et aux autres possibilités de fonctionnement plus équilibrées, et ce sans trop d'indulgence ou d'étroitesse[4].

Mais comme nul ne saurait y voir clair tout seul – je cite une phrase que vous retrouverez à la rubrique consacrée aux Choix : il est quasi impossible d'y voir clair tout seul et cela pourtant est essentiel, vital – il faut aller voir ailleurs, consulter, se faire aider, distraire (pris au sens étymologique de l'action d'écarter). C'est là, notamment, que peuvent intervenir utilement des personnes signifiantes que j'évoquerai à la rubrique suivante *(plus la nuit est noire, plus les étoiles sont brillantes)*, ou de simples amis, vrais et solides, méritant votre confiance. Et on ne les rencontre pas, ou si exceptionnellement, par hasard chanceux dans la personne de son voisin de palier, au bureau, à l'atelier ou à la supérette du quartier… Il est bien préférable de les avoir sous la main au bon moment et cela ne s'improvise pas.

L'aide que j'évoque peut aussi s'entendre sur un mode plus passif.

S'il arrive de prendre une voie un peu pernicieuse, nocive, et si on se trouve dans un certain isolement, même relatif – simple manque de vraie proximité avec quelqu'un, avec d'autres – il ne se trouvera personne pour crier casse-cou en dehors des proches (qui sont ceux qu'on écoute souvent en dernier).

Même sans qu'il soit question de voie nuisible, il peut tout aussi bien s'agir de conduite tout à fait innocente, mais simplement trop ou pas assez absolue, unilatérale, fermée sur elle-même et à terme bouclée en impasse, d'un mode de fonctionnement qui empêche simplement de regarder et de percevoir ce qui se passe en soi et aux alentours.

Dans ces hypothèses malencontreuses, pour en sortir gardez une visée raisonnée, accessible, à la portée de quiconque et pas à celle d'un héros mythique. L'idéal est bien sûr d'anéantir ses démons, mais les maîtriser, les tenir en laisse serrée, est déjà un commencement méritoire et aboutit à un résultat fructueux.

Accessoirement, dans ces situations, rappelez-vous que modifier son comportement commence le plus souvent par une exigence simple, ce qui ne veut pas dire facile, mais à laquelle on songe rarement, qui est de d'abord penser autrement, ce qui commence par consentir à l'effort de se penser autrement. Une autre version de soi est toujours accessible. Il est rarissime qu'on la perçoive et l'atteigne tout seul, de son fauteuil.

Par leur côté qui intéresse et s'intéresse à l'existentiel, contribuer, aider à faire ce ménage est une des vocations et un des rôles des religions (j'ai bien dit religions et non pas sectes pour paumés ou groupuscules ésotériques pour allumés, tous généralement dépendants de quelque gourou plus ou moins dérangé et d'influence dangereuse).

Je viens donc d'évoquer l'aspect éventuellement curatif, d'aide, du non-isolement via les groupes et amitiés qu'ils peuvent générer. Même si ces éléments ne sont pas là pour assister qui que ce soit, comme à toute règle il peut y avoir des exceptions, au moins temporairement.

Mais ce n'est pas cet aspect second que je voudrais que vous reteniez. Ce sont les premiers paragraphes de cette rubrique qui importent, leur aspect positif de construction d'une personnalité cohérente se situant par rapport à elle-même, aux autres et à son environnement (ces deux derniers constituant l'ensemble de ce que, dans ce texte, j'appelle le monde).

***

Enfin il est un autre apport du non-isolement, dont vous prendrez peut-être conscience plus tardivement. J'ai assez fréquenté de gens, y inclus ma propre personne, pour savoir que se préoccuper des autres (je ne pense guère au caritatif, à l'humanitaire, activités sur lesquelles aujourd'hui je suis assez réservé[5]), se frotter aux autres, constitue un excellent frein à une excessive préoccupation de soi-même qui finit toujours par tourner en boucle (voir la section sur le narcissisme en fin de rubrique).

Je m'explique. Sans occupations, préoccupations autres que celles de soi et de ses petites affaires on finit très vite par ressasser ses soucis, ses ennuis, ses difficultés et quelquefois son passé (l'horreur déjà dite) avant de finir sur le tard par les interminables discours sur sa santé.

Quelqu'un qui ne se soucie que de lui (qui regarde le monde sans y participer à la mesure de ses moyens et de ses goûts, sans s'impliquer ici ou là, alors qu'il en a la capacité) se condamne à ruminer ses problèmes et, bien plus tard, ses maux inéluctables. Ce qui est mauvais pour le moral et désastreux pour la sociabilité. Au terme d'une heure de conversation avec quelque inconnu vous sentirez très bien s'il a à apporter autre chose que lui-même, que ses petits soucis ou questionnements – qui n'intéressent personne – ou pire encore ses obsessions[6]. Si on se fatigue de n'être que soi, à plus forte raison en fatigue-t-on les autres. Un bon critère de jugement : *Untel* m'ennuie rapidement.

Cette dernière considération sur le non-isolement a clairement son importance pour les questions traitées aux rubriques sur l'Estime de soi et le Bonheur ainsi qu'avec celle sur l'Amitié et l'Amour.

***

J'ai entamé cette rubrique en disant qu'on ne découvrait qui on était, ce qu'on valait, qu'on ne s'évaluait, que dans le contact et si possible l'action commune avec autrui. J'ai dit aussi qu'on devait s'efforcer de ne pas devenir dépendant d'un groupe, trop dépendant. Pour trouver l'autonomie, sa vraie personnalité et à terme approcher le bonheur, il faut rajouter une exigence de fond. Considérez le regard d'autrui mais détachez-vous en, peu à peu. Il vous renverra certes des vérités utiles sur vous-même, mais il ne doit pas vous conditionner au point de vous rendre autre que vous n'êtes, que vous n'avez envie, ne pouvez et ne voulez.

Par exemple, si vous n'avez ni le tempérament ni l'envie ni la vocation d'être un leader ou, à l'inverse, un suiveur ou bien un confident… ne laissez pas autrui vous investir dans ces rôles, au moins ni trop ni longtemps.

Comme pour l'ambition, suivez le goût et le don, sauf que les autres nous aident à trouver ceux que nous possédons – mais sans nous imposer leur vision. L'autre est indispensable pour que nous arrivions à nous situer, mais il ne doit pas se trouver en position (le plus souvent avec notre complicité inconsciente) de prendre une place abusive : celle d'un dictateur, d'un modèle, d'un rival, d'un obstacle…

À votre âge, tenez grand compte du regard d'autrui – mais n'en soyez pas dépendant. Votre raison d'être ne dépend que de vous. C'est quand et parce que le regard que nous portons sur nous est hésitant, peu assuré, que nous accordons une importance exagérée au regard des autres.

La conscience de soi, qu'on pourrait aussi appeler la confiance en soi, dépend de la conscience que l'on a de notre être réel, soit de la distance à prendre avec les apparences, les habitudes, les rôles… qu'on se donne ou qu'on nous donne[7].

On ne peut être vraiment soi que si l'on n'a rien à prouver aux autres ; bien sûr, ce n'est pas à vingt ans qu'on y arrive, dans la mesure où on y parviendrait jamais complètement. Il faut arriver à faire ce qu'on a à faire sans se soucier du *« qu'en dira-t-on »* (qu'on apprécie souvent mal d'ailleurs). Ne plus avoir à se soucier de l'approbation d'autrui, ne plus songer à la quémander mène à plus de liberté, plus d'estime de soi. Et si on vous traite de nul rassurez-vous avec Courteline : *« Être traité d'idiot par un imbécile est un délice de gourmet. »*

Ajoutons quelques petites recommandations assez proches :

– Abandonnez vos rêves de perfection, nul n'y atteint et on se déforme.

– Libérez-vous des fausses images de réussite (réussir par ruse outrancière, tricherie, prendre l'ascendant sur un faible…).

– N'ayez pas peur de vos erreurs (c'est comme ça, et alors ?)[8]

***

Petit Jeu promis plus haut, pratiqué de mon temps dans certains séminaires d'entreprise.

Après quelques jours passés ensemble à méditer intensément sur les arcanes du marketing ou autres procédés de sorcellerie, les membres du petit groupe, qui se connaissaient alors, désignaient parmi eux sans se consulter, à bulletins secrets, l'équipage fictif d'un bateau imaginaire voguant vers des terres de même nature. Qui serait le capitaine, le second, le pilote-navigateur, la vigie (vision lointaine), le mécanicien, le cuisinier, le maître d'équipage (chef des matelots), le prisonnier (pas forcément l'insupportable, aussi le marginal, celui des idées originales, au comportement différent, l'exotique… à chacun de se l'imaginer). J'en oublie certainement.

Ce, bien sûr, sans qu'il soit fourni de définitions de poste telles que je viens de les indiquer pour certains de ceux-ci et seulement pour votre compréhension à vous. Mais les titres des fonctions évoquaient suffisamment les qualités requises.

Même si le milieu était homogène (cadres un peu moulés, aseptisés, pasteurisés, climatisés, pas encore tous dénicotinisés, mais loin d'être transparents) la concordance et la pertinence des résultats étaient étonnantes. On en aurait presque cru aux vertus de la démocratie.

Attention : il vaut mieux ne jouer à ce jeu que dans un groupe cohérent de vrais adultes, solides, sans complexes et fonctionnant en bonne entente et amicale complicité et, peut-être bien de même sexe pour des raisons évidentes d'objectivité, de détachement, de rejet d'encombrante courtoisie (sans compter le risque de tomber dans la prétentieuse nullité qu'on nomme *parité* ou *diversité*). Il peut entraîner pas mal de jalousie, de rancœur ainsi que des frustrations certaines ; surtout chez les oubliés, ceux non pourvus de fonction.

Suivez mon regard en ce qui concerne les adolescents, encore peu assurés et parfois assez susceptibles, ce tout à fait normalement.

Celui ou celle d'entre vous qui récitera par cœur à ses parents toutes les recommandations de ce document sera nommé vice-amiral. Celui ou celle qui les appliquera sera nommé amiral[9].

***

Je place ici une remarque qui s'applique à cette rubrique comme également à la suivante. D'ailleurs, ces deux rubriques sont cousines, la première traite plus de non-isolement, de groupes, la deuxième de personnalités qu'on peut là, notamment mais pas seulement, y rencontrer. Bien évidemment, ces deux éléments s'enchevêtrent fréquemment.

La première de nos prisons est notre Moi. Le *Je* n'advient que dans la mesure où le *Moi* diminue. Je simplifie et considère là le *Moi* comme notre partie animale (certes respectable) et le *Je* comme l'aboutissement de l'édification volontariste de la personne. Le premier est instinctif, émotionnel, passablement égoïste, le second réfléchi, raisonnable (au sens de guidé par la raison), moins porté sur son petit lui-même.

Il faut dépasser, peu à peu et très progressivement (effort d'années), le simple déploiement élémentaire et solitaire de notre moi dans lequel se cantonnent tant de gens toute leur vie et qui n'apporte rien de plus que ce que l'on sait déjà. L'homme a été créé (au moins par son père et sa mère), il ne saurait s'auto-créer, soit trouver en lui-même son principe et sa fin (ce qui est vrai pour l'homme l'est aussi pour les sociétés). *« L'autre est ce qui me permet de ne pas me répéter à l'infini »* (Jean Baudrillard).

La légende de Narcisse raconte qu'il s'est noyé en se mirant dans l'étang où il avait l'habitude de se contempler et dans lequel il a fini par tomber. Son sens signifie que la contemplation de soi n'apporte rien, rien d'autre que soi-même, rien qu'on ne sache et à son aboutissement rien que la constatation désespérante du vide et de la solitude. *« La recherche de soi ne vise que le même ; soit rien d'autre. »* (Georges Bastide)

En termes ordinaires, cette sorte d'isolement dit *narcissique* s'appelle : tourner en rond. Il entraîne d'abord une vision subjective, donc atrophiée et sans issue, de la réalité externe, du monde, ensuite la confrontation avec l'impasse que constitue la contemplation figée de soi pour finir par la constatation de son propre néant. Nul ne peut imaginer vivre sans un minimum de nourriture. La mort est au bout (il y a des morts intellectuelles).

Pour prendre un exemple de cette répétitivité lassante et définitivement stérile. En modernité médiatique, les images identiques de certains événements spectaculaires, répétées en boucles sans fin sur les télévisions illustrent bien cette attitude, fictive, virtuelle, stagnante sur laquelle le spectateur finit par se demander puis requérir : *On s'ennuie, et alors ! Vite, demain ! Quoi d'autre ! Un peu d'action, de suspense !*

Narcisse fonctionne en boucle. Rien ne rentre ni ne sort dans et d'une boucle par définition fermée sur elle-même. Beaucoup de gens fonctionnent en boucle, s'accrochent à leur image, à leurs idées – qui sont d'ailleurs rarement les leurs, mais bien plus souvent dictées par d'autres. Vous les reconnaîtrez au profond ennui qu'ils diffusent (voir *Untel* plus haut).

Il faut s'aimer soi-même, c'est très important, vital, mais sans s'y enfermer, s'y complaire, sans adopter cette posture castratrice qu'on appelle *narcissisme* ou, en un terme moins poétique, *nombrilisme*, laquelle nous prive de repères extérieurs à nous-même pour nous livrer sans défense à la dictature de nos sentiments changeants, à l'éphémère, à l'illusoire de la subjectivité… pour finir dans le vide de Narcisse qui révèle combien l'excès d'individualisme s'accompagne, tôt ou tard, de la fatigue d'être soi et de n'être que soi.

Un individu isolé, dépourvu de règles, est livré à son pire tyran, lui-même.

*« Si je ne suis pas pour moi qui le sera ? Mais si je ne suis que pour moi, qui suis-je ? »* (exégèse d'une remarque du Talmud, très ancien écrit juif).

Aucune personnalité ne se construit dans l'anéantissement de la fusion complète – illusion – mais aucune ne se construit purement individuellement, dans le retrait, l'isolement. Dans le milieu religieux on traduit cette évidence en disant qu'il n'y a pas de salut individuel. Le principe s'applique parfaitement au milieu profane. Sous couvert de liberté, l'individualisme contemporain forcené (il faut se faire plaisir, on doit s'occuper de soi, tout le monde s'éclate, se réalise, s'épanouit…) suscite d'ailleurs des dépendances qui sont autant de servitudes immédiates et de promesses de frustrations.

*« On ne peut se croire libre quand on se retrouve toujours avec soi, devant soi, devant le même. »* (E. Cioran)

Dépasser son moi par l'ambition concrète (laquelle implique de se confronter avec l'environnement et, parfois même de se colleter avec), par la participation à quelque collectif et par la rencontre de personnes vous apportant, c'est le construire, le nourrir, l'enrichir (y compris dans la connaissance de ses limites inévitables) et le retrouver plus fort, plus consistant, plus assuré qu'avant et surtout tellement plus riche et plus plaisant. Et ce supplément d'être saute aux yeux des gens de l'extérieur, même à celui d'un borgne !

***

NOTES

[1] Que cela plaise ou non, les limites objectives de notre liberté sont assez étroites. Nous pouvons – et devons – agir certes, mais nous subissons la condition humaine.

– Nous sommes soumis au temps (naissance, mort, notre époque, l'état du monde alors...)

– Nous sommes soumis à l'espace (notre lieu, l'état du monde ici).

– Nous-même : hérédité, corps, esprit, tempérament, qualités, faiblesses...

– Les interactions entre notre milieu et nous : famille, éducation, hasard, expériences...

Autre exemple, l'attention que je peux porter à quelque vision externe (personne, objet, paysage...). Je suis assurément libre de voir cet *objet* comme je l'entends, mais je ne peux pas faire (sauf à délirer) que la réalité que je vois, son apparence, sa structure propre ne s'imposent à moi. L'interdit est le premier facteur de la structuration de l'enfant.

*« Il est la première condition de l'existence de liens sociaux, et c'est également le premier signe culturel. »* (René Girard)

Nul ne parle d'interdits fantaisistes, abusifs, mais d'interdits fondés, raisonnables... Pensez au commandement *« Tu ne tueras point »*, à la prohibition de l'inceste qui se rencontre toujours et partout, pas par moralité mais parce que toutes les sociétés ont toujours su le résultat néfaste sur la progéniture et sur l'indispensable cohésion de la cellule sociale. L'interdit constitue le facteur essentiel de notre propre structuration autant que la protection de la société contre l'escalade de la violence qui naît de l'envie sans frein. D'ailleurs, *« être libre n'est pas faire ce qu'on veut, mais ce qu'on a jugé meilleur et plus convenable. »* (J. Joubert)

[2] Dans des questions un peu complexes la sagesse n'est pas toujours du côté du plus grand nombre – c'est une illusion, parfois une manipulation, engendrée par le postulat égalitaire.

*« D'où cent qui veulent un maître ont-ils le droit de décider pour dix qui n'en veulent point ? »* (J. J. Rousseau)

L'appel à la forme démocratique sert trop souvent d'alibi à l'absence de réflexion normative – et de réflexion tout court – de jugement éthique, de perception des conséquences lointaines. Une majorité fait peut-être une majorité de gouvernement (il en faut bien un), elle ne fait pas la vérité. L'opinion du plus fort (d'un moment) n'est pas toujours la meilleure. Le gouvernement du nombre relève plus souvent de la faiblesse que du génie. Il n'équivaut pas de lui-même au gouvernement du droit et de la justice, encore moins de l'efficacité. Le slogan *« Nous avons raison parce que nous sommes les plus forts, ou les plus nombreux »* relève de la meute animale, pas de l'humain.

[3] Dois-je souligner l'énorme gâchis de temps passé à se raconter ou à consulter les racontars des autres, alors qu'on pourrait lire tranquillement des gens qui ont, ou ont eu, quelque chose à dire – ou simplement apprendre à se poser soi-même. Internet génère l'idée que les jeunes s'éduquent entre eux. C'est une illusion.

Dois-je évoquer le côté passéiste et narcissique (voir explications sur ce terme en fin de rubrique) des blogs et autres facebook ? Jadis les demoiselles tenaient un journal intime. Rien n'est changé sauf que cette aimable occupation se prolonge un peu trop tardivement et que tout ne relève pas du domaine public. L'ami, comme l'enfant comme l'épouse ou l'époux, ont besoin d'entendre des choses uniquement pour eux.

Si j'ai des réticences à l'égard de l'empire d'internet, je reconnais aussi des avantages à cet outil. Comprenez que je ne vise pas l'accès à la connaissance – encore faut-il ne pas se contenter d'y découvrir que c'est Tartempion qui a écrit telle œuvre, ou qu'elle est due à Tartempion, encore est-il bon et instructif de savoir ce qu'il a voulu dire et pour cela de la connaître.

Internet joue le même rôle d'excitateur de curiosité que les dictionnaires d'antan, sauf qu'on y trouve bien plus – peut-être trop pour se soucier d'aller plus loin en prenant son temps.

Je ne vise pas – et parfois même apprécie globalement – l'expression spontanée d'opinions (réactions à chaud d'internautes sur un événement) qui s'avèrent, souvent, plus sages que celles des personnes censées être responsables (politiques, gens des médias, dirigeants de fédérations, associations, syndicats, entreprises, partis...).

Sachez que je reconnais à internet l'avantage de permettre de se tenir informé rapidement en consultant les titres d'un journal sans avoir à *se farcir* toutes les élucubrations de journalistes incultes et sans tomber dans l'abomination qui consiste à se laisser tétaniser par l'hallucinant journal télévisé.

De même qu'il permet de se faire connaître (et sans aller fouiller dans les recoins) :

– à certaines publications dont le ton *à l'écart du sens du vent* les ferait écarter de toute diffusion.

– à certaines personnes (du genre éditorialistes) qui – disant des choses qu'il ne faut pas dire dans notre pays soumis – ne trouveraient jamais leur place au sein de la petite mafia qu'on voit et entend partout.

Sous ces deux angles, sociologiquement et politiquement informatifs, internet est un moyen d'échapper à la féroce censure de la pensée unique qui pourrit nos cervelles et notre pays.

[4] En plus de leur danger intrinsèque, ces modes de fonctionnement dominants vous empêcheraient de considérer calmement l'ensemble de votre environnement, de pressentir les décisions à prendre, de faire les bons choix au bon moment... Vous vous en rendriez compte plus tard, trop tard.

[5] Ma réserve principale provient de l'extraordinaire pression culpabilisante sur la société qu'exercent certaines de ces associations. La culpabilisation, c'est toujours l'horreur, individuelle d'abord, collective ensuite. C'est toujours le maniement d'un outil pervers et parfois pour atteindre des objectifs tordus.

[6] Si vous êtes confronté à ce qu'on appelle couramment un *problème*, il est fait pour être soit résolu, soit enterré, soit négligé (vivre avec), mais certainement pas pour vous faire claudiquer comme si vous aviez constamment un caillou dans votre chaussure et imposer votre infirmité à votre entourage. Alfred Jarry, un bouffon, disait avec sagesse que : *« S'il n'y avait pas de Pologne, il n'y aurait pas de Polonais »* (alors persécutés). Laissez tomber vos « Pologne ».

[7] Un philosophe médiocre, un pantin à oublier (c'est heureusement déjà fait), J.-P. Sartre, a dit : *« L'enfer c'est les autres »* – certes dans une acception un peu différente de notre sujet. Toute cette rubrique clame le contraire de cette affirmation. Néanmoins ils peuvent, malgré eux, se révéler des boulets s'ils nous imposent de fausses images de nous-même ou, ce qui est plus fréquent, nous maintiennent dans des images dépassées.

[8] Prenez-les en charge. Soit, ne les imputez pas à autrui, à un malheureux hasard...

[9] Quant à mes petits-enfants, ils peuvent essayer de deviner dans quelle case ses collègues mettaient leur grand-père.

# V
# MAITRES

Tout homme a besoin de rencontrer un **maître**, des maîtres successifs. On dit aujourd'hui des **personnes signifiantes**. C'est pareil, les mots évoluent, la nature humaine reste.

Un bon livre : *Siddharta* (de Herman Hesse), même s'il décrit un contexte, une civilisation, une époque et des comportements autres que les nôtres.

Un maître est celui qui nous fait découvrir, et accepter, une face du monde ou un potentiel d'être jusqu'alors dissimulé en nous-même, une valeur, des facultés insoupçonnées, parfois nos lacunes… qui nous révèle d'autres possibilités, une direction, un sens… comme le feraient une boussole ou un guide. Ce par la parole, mais tout autant par l'attitude, le comportement, le geste.

Un maître, au sens où je le dis, peut être rude d'apparence. Il est un maître, ne fût-ce pour nous que d'un instant, si sa rencontre ne nous a pas laissé sur place, nous a bougé, dans le bon sens bien sûr. Ce même si son influence est rarement immédiate, ne se sent qu'à terme, parfois fort longtemps après.

Notre monde d'individus agités et médiatiquement dépendants garde encore des maîtres.

Mais ils sont cachés, il faut les chercher, apprendre à voir pour moins se tromper (il y a de faux maîtres ; ceux-ci étant en général beaucoup moins cachés), fréquenter des milieux hors du commun, un peu à la périphérie du monde habituel mais sains et équilibrés de préférence – d'exigence conviendrait mieux[1]. En effet, il y a des chemins qui ne mènent nulle part, ou au pire.

N'hésitez surtout pas à aller rencontrer une élite, une vraie, il en restera toujours une, mais elle sera toujours discrète, à l'écart des sons et lumières, sinon d'ailleurs elle ne serait pas une élite. Si elle l'est vraiment, vous le saurez car vous serez surpris (ébloui ?) et le souvenir perdurera, au moins un temps. C'est à la fois sain et profondément agréable, même si parfois la rencontre, ou son occasion, aura pu se révéler comme une dure leçon.

Ce sont souvent les leçons qui apprennent le plus. On n'apprend guère en se dorlotant, en cocoonant, bien plus en acceptant d'être dérangé, bousculé.

Exemple : là j'ai su, à partir d'un certain moment, trouver cette sorte de gens. C'est dans des monastères que j'ai trouvé (1979 à Saint-Wandrille...), entre quelques errances (même chez Krishna !), des Êtres dont on se dit d'emblée en sachant qu'on ne se trompe pas : ce moine m'est supérieur de cent coudées et pourtant, par cela même, je suis en totale estime et confiance et je le suivrais sans hésiter.

Cherchez et vous trouverez, dans des lieux hors du tumulte, pas forcément des monastères. On vous y accueillera si vous vous conduisez comme des adultes, soit notamment, si vous acceptez d'écouter, si vous consentez à vous comporter comme les débutants que vous êtes là et à ce moment.

En bref, si vous savez rester à votre place : *« À Rome, fais comme les Romains »*. Gardez aussi les yeux grands ouverts, le monde a ses pièges, si on vous force un tant soit peu (vous saurez très bien si c'est justifié ou non en contexte), partez.

***

Si je recense, j'ai rencontré une bonne douzaine de maîtres, des gens que j'ai pu considérer comme tels à un moment – c'est beaucoup – des gens qui ont fait le poids à une époque, des gens qui m'ont permis, bien des années plus tard, de comprendre ce que signifiait le terme d'élite.

Certains que je vais citer n'étaient pas des maîtres à proprement parler, néanmoins ils ont été importants. Je ne les cite que pour préciser ma pensée, en restant dans le monde du quotidien, et parce que je leur dois.

Chaque âge a ses besoins, c'est au vôtre que s'adressent ces exemples. Les vrais maîtres rencontrés ensuite doivent rester dans l'ombre.

Le premier était mon prof de gym au collège. Il payait de sa personne physiquement et intellectuellement, il nous traînait dans le froid, il nous bottait les fesses mais savait aussi nous motiver individuellement, exigeait qu'on se dépasse, nous enseignait la technique au tableau noir... De sa faible position enseignante, il nous soutenait contre les profs de lettres et maths empesés, et il l'emportait parce que c'était un bon dans son domaine et aussi bien au-delà, un solide, un vrai, et que ses collègues plus rigides le sentaient et s'inclinaient quand, en conseil, il émettait un avis d'ensemble rachetant un élève contesté (moi par exemple en seconde, d'autres aussi). Nous sentions, et ses collègues savaient, qu'il éduquait des jambes, mais en tenant précautionneusement compte des têtes, du milieu... un homme – donc respecté.

Le deuxième était un professeur de philosophie en Sorbonne fort connu, V. Jankélévitch. À un oral, suite à mes préliminaires que j'estimais naïvement honorables, en une minute, après avoir donné deux légers coups de pioche pour sonder plus amplement le terrain, il a identifié le hâbleur, discerné ma vacuité et d'une courte phrase lucide, cinglante et légèrement ironique, mais non déplacée ni méchante, il a dissipé ma faconde et m'a suggéré d'employer mes vacances à lire. Bien joué, merci. J'ai appris, sans tout à fait le réaliser alors, qu'il existait des types forts. Il m'a montré que le pipeau ne marche pas avec les bons.

Le troisième était un adjudant-chef alsacien, rugueux, que je connaissais bien dans la vie militaire, d'habitude assez terne, grande gueule, exigeant, mais estimé car droit, clair et net, possédant vraiment une culture de baroudeur et de meneur d'hommes, car c'en est une. Je l'ai côtoyé dans des circonstances tendues. J'ai grandement apprécié alors son souci de professionnel économe pour le petit groupe que j'avais en charge ; comme une autre fois sa maîtrise et son ascendant en ambiance redoutablement hostile – boulot d'homme, vigilant, sûr, les pieds sur terre et quelque chose dans la tête, prompt et efficace. Je le suivrais encore dans une ruelle de Bagdad by night. En serrant le derrière quand même. Sans sa rigueur (et un tout petit peu de moi, disons-le) les choses auraient très mal tourné. Un professionnel rigoureux, comme les deux précédents, ce que vous devez devenir.

Le quatrième était un homme politique, un ancien ministre alors en disgrâce de de Gaulle. En trois minutes, en juin 1968 (ce n'est pas une date historique), dans une arrière-salle de bistrot, à propos d'un événement surprenant qui avait fait grand bruit alors et engendré stupéfaction et inquiétude dans le public, il a soulevé le capot et dévoilé la mécanique qui se trouvait dessous. Il nous a fait comprendre que dans l'univers politique, prodigue en poudre aux yeux et coups tordus en tout genre, beaucoup consistait en théâtre, intox, dissimulation et manipulation à l'usage des innombrables *gogos*[2] qui confondent la vitrine avec la cuisine sans daigner savoir que celle-ci ne se trouve qu'au fond de la boutique, dans un recoin plutôt obscur, mais que c'est là qu'on prépare les plats, qui, étourdis par le bruit fabriqué et orchestré, ne voient que les vagues sur lesquelles on les presse de surfer sans même qu'ils veuillent bien se faire la moindre idée du vent qui les cause.

Ce dernier personnage était loin d'être un maître – au sens noble du terme – néanmoins c'était un professionnel dans son domaine (la politique), il était clair et net, il m'a appris et donc je lui dois. Surprise, découverte de la lune... des talents de prestidigitateur-manipulateur des hommes publics. J'avais 35 ans, un certain niveau, mais je restais à regarder les vitrines sans approfondir.

J'ignorais l'importance des cuisines que les couches populaires devinent mieux que les *bobos* qui se prétendent informés. J'ignorais des évidences (les *combines* humaines) que l'existence comme les très rares marxistes intelligents que j'ai rencontrés après et les aussi rares chrétiens conséquents restés vraiment attachés à la certitude implacable du péché originel[3] m'ont ensuite sans cesse rappelées.

***

Après, j'ai connu (je ne suis ni voyeur ni quémandeur ni suceur d'énergie) des personnalités devant lesquelles je sais combien je suis à la fois éloigné par la pratique et proche par la compréhension que j'ai d'eux, de vrais maîtres, huit ou dix, c'est surabondant et d'un autre niveau, domaine plutôt, que ce qui précède. Là on était souvent un peu hors du monde habituel.

Nous ne sommes égaux qu'en théorie ; théorie qu'il faut préserver sans surtout y croire. Les uns sont au-delà et d'autres en deçà ; tout au moins à un moment donné, car cela peut varier au fil du temps – rien n'est jamais définitivement figé. Sinon, d'ailleurs, le monde serait désespérément vide, uniforme, plat et morne, désespérant.

Ceux-ci c'est pour beaucoup dans le milieu religieux que je les ai rencontrés. À chacun son expérience, mais il y a des milieux plus propices que d'autres à vous apprendre, à vous élever. Le groupe de copains ou le bistrot du coin peut avoir son charme d'habitude, sa convivialité. N'ignorez pas qu'il y a aussi d'autres univers, plus riches ou différemment riches.

Vous découvrirez ensuite, avec l'indulgence de l'homme pour l'homme, que même ces individualités, pourtant hors du commun, ont leurs lacunes, leurs petites faiblesses humaines – heureusement. En effet, il n'existe pas de surhomme, rien que des hommes, seulement de rares plus avancés et qui sont donc capables de vous faire passer (au sens transmettre) un plus que vous n'arriveriez pas à découvrir seul en toute une vie si elle restait abusivement centrée sur elle-même.

J'ai dit à la rubrique précédente qu'on faisait partie d'un groupe sans lui appartenir. Ainsi aussi pour ce que j'appelle un maître : on l'écoute, le regarde, le suit et l'aime, un temps, et on reste soi sans aliéner sa personnalité.

Un maître vous désigne ce qui vous dépasse, ou simplement ce que vous n'aviez pas vu. Regardez ce qu'il vous dévoile plus que lui-même et surtout plus que vous-même.

*« Le doigt montrait la lune, le sot regardait le doigt. »* (Confucius)

***

Quand vous serez formé, entré dans la vie active, et quand vous serez aussi un peu lassé de l'agitation, de ce qui meuble, que vous aurez besoin de prendre du recul, de goûter un autre air, de changer un peu votre jeu, vous pourrez aller voir hors de votre univers usuel : associations humanitaires vraiment de qualité[4] (ces dernières sont assez rares) ou de secourisme, pompier bénévole (à la campagne), groupes d'études, clubs ayant quelque vocation intéressante, chorales (si vous êtes un peu doué), monastères (sans devenir moine ou moniale), loges maçonniques même… je prends là deux extrêmes radicalement opposés. J'ai déjà parlé de ces entités sous l'appellation de groupes à la rubrique précédente.

C'est plus dépaysant, plus surprenant, bien moins cher que le Club Med et ça peut rapporter gros. Vous y rencontrerez d'autres classes sociales, des gens d'un autre âge, d'origine, de statut et de destin différents, porteurs d'autres expériences et d'autres ambitions, fonctionnant suivant d'autres principes, d'autres règles[5]. Ce sont dans ces milieux, entre autres, que vous avez le plus de chances de rencontrer ce que j'appelle des *élites*.

Ne vous attendez à aucun miracle, à aucun feu d'artifice. Apprentissage, culture, compréhension, assimilation, impression de changer, de progresser, de ne pas perdre son temps, familiarité avec… goût de… agrément enfin, sont des processus lents qu'on ne force pas. Je dirai plus loin qu'il faut *apprendre à voir*, qu'il faut laisser du temps au temps, sachant quand même que si on n'est pas un peu séduit d'emblée ou rapidement, mieux vaut laisser tomber – ou s'accrocher.

Ensuite si vous persistez et dans certains cas, vous serez surpris rétrospectivement de votre candeur, du peu que vous aurez perçu de prime abord et cela sera une preuve de l'intérêt du milieu et de sa fréquentation.

La diversité est une des richesses du monde et c'est aussi une façon de répondre à l'exigence de la rubrique précédente sur la nécessité du non-isolement. D'ailleurs cette section de rubrique concerne également celle qui précède.

Il vous faudra quelque patience, accepter les non-réponses, les déceptions… Il vous faudra aussi un peu d'humilité au début. Celle-ci n'a jamais tué personne. Pour croître, il faut toujours d'abord un peu d'humilité. Rappelez-vous en, en tout domaine. Sans humilité – j'entends justifiée en temps et lieu, raisonnable par rapport à l'environnement et à soi – on n'apprend rien, on sort tel qu'on est entré, autant rester chez soi et laisser son sac dans l'armoire.

D'une part si on entre sans ôter ses bottes, on ne trouve rien, on sera toujours dans les mêmes bottes. Comme pour toutes les observations que je cite on peut étendre celle de saint Augustin : *« Si vous ne croyez pas vous ne comprendrez pas »* bien au delà du domaine pour lequel elle a été émise[6]. Je veux dire par là qu'il faut entrer franchement, ne pas rester sur le pas de la porte à regarder.

D'autre part pas d'angélisme, il faut garder l'œil ouvert, les belles vitrines et les vendeurs habiles ne font pas forcément les bonnes marchandises et les affaires dont on se félicite ensuite. Je dirais même, qu'à l'inverse, la retenue et la discrétion du *vendeur* garantissent déjà pour partie une marchandise non frelatée.

En effet si, avec le temps, vous détectez là quelque autoritarisme exagéré, injustifié et systématique ou, ce qui va de pair, des manifestations démesurées de culte de la personnalité, des déséquilibres outranciers tels que le dédain apparent et revendiqué des contingences matérielles ou, à l'inverse, un souci exagéré de celles-ci (demandes trop insistantes de mettre la main à la poche), un excès émotionnel qui interdit l'expression mesurée de toute réflexion critique saine (autre déséquilibre) ou bien encore d'insupportables luttes de pouvoir faussant complètement l'amitié de façade (telles qu'il s'en pratique presque toujours dans les partis politiques et trop souvent hélas aussi dans les associations dites bénévoles) partez, sauf si dans ce dernier cas vous êtes consciemment là pour arriver – ce qui peut parfaitement s'admettre – ou simplement pour apprendre pendant un temps ; ce milieu est au mieux sans intérêt, au pire nocif.

Une bonne question à se poser de temps en temps : est-ce que je conserve à chaque instant l'entière faculté de juger de ma démarche d'adhésion à ce groupe, à cette personne ?

***

Dans un groupe, au contact d'un maître, ne laissez pas l'infantilisme se parer du beau nom d'obéissance. Celle-ci c'est le sens du service, l'ardeur à tenir sa place, toute sa place et rien que sa place. Ce n'est pas la docilité lamentable du caniche de la mère Michu, ce n'est ni le conformisme ni l'unanimisme obligés ni surtout la niaiserie et la servilité toujours si répandues.

« *La subordination n'est pas la servitude, pas plus que la tyrannie n'est l'autorité.* » (Charles Maurras)

Si un prétendu maître peut tout vous dire sur vos choix de vie, méfiance, nul ne peut se mettre dans votre peau comme nul ne sait tout sur tout. De même s'il fait pression pour vous imposer une direction, pour vous attirer *quelque part* – ce même si vous vous montrez enthousiaste. C'est à sa mesure, à sa discrétion, à son respect pour vous tel que vous êtes actuellement, et pour reprendre un terme cité plus haut à son humilité, que vous reconnaîtrez un vrai maître ; au fait qu'il lui suffit de montrer et dire sans exercer un pouvoir dont il ne se soucie pas. Ce, au moins dans les questions intellectuelles d'un certain niveau ou spirituelles, soit autres que le domaine terre à terre dans lequel j'ai choisi mes quatre exemples du début de cette rubrique.

Également et dans ces questions notamment, une doctrine vraie ne prétend pas se dissimuler, se réserver à un petit groupe, à des disciples privilégiés ; on est alors dans ou proche d'une secte.

Les vrais maîtres ne se fondent pas dans la multitude où ils se perdraient mais ils veillent à ne pas s'en couper. Aucun enseignement n'a à rester secret, n'a vocation à demeurer confidentiel. Dans ce cas il s'agirait alors en termes philosophiques ou religieux d'ésotérisme ou de gnose, généralement pratiqués pour le plus grand profit, probablement matériel, d'un prétendu maître (quelque gourou de Prisunic) ou de prétendus *élus*. Il ne s'agirait nullement de culture, de philosophie ou de religion, encore moins d'humanisme (au sens de considération pour les autres).

Une distinction vous aidera à vous y retrouver, partout – pas seulement dans votre quête de maîtres – celle entre pouvoir et autorité. Les deux ne vont pas forcément de pair.

– Le pouvoir se conquiert, il est légal (on est élu, nommé, parfois on l'a pris). Il se qualifie par son origine (souvent l'élection), il offre rarement, il aurait plus souvent tendance à prendre.

– L'autorité s'acquiert, elle se fait reconnaître et accepter, elle est légitime, méritée. Elle se qualifie par sa fin, ses résultats (exemple élémentaire : un bon technicien fait autorité dans son domaine), elle donne (autorité : augmentation de…, influence, conseil, adhésion et aussi venant d'un mot grec signifiant *qui émane de soi*). L'autorité est une force qui sort directement de quelqu'un et non de la fonction qu'il exerce. La véritable autorité est conçue et pratiquée comme un service.

Sachez distinguer l'autorité, souvent discrète, et honorez-la, au moins dans le domaine où elle vaut. Le pouvoir lui mérite toujours respect, mais il ne mérite honneur que s'il se conjugue avec l'autorité. Vous reconnaîtrez aisément l'une et l'autre. L'empereur Charles Quint a donné un bel exemple d'humilité, soit de son autorité naturelle (au sens que j'évoque), quand, dit-on, il a ramassé le pinceau du Titien (un grand peintre d'alors), comme le roi barbare Totila quand il est allé s'incliner devant le pauvre ermite saint Benoît, pourtant un adversaire potentiel quant à son pouvoir et à son influence.

Enfin s'il a été dit plus haut que le groupe n'était pas fait pour vous assister, n'en attendez pas plus d'un maître – y inclus les religieux de toute obédience. Ni maître ni groupe n'ont la vocation de vous dispenser beaucoup de sollicitude pratique ou affective.

L'agrément, certain, qui consiste à partager quelque affectivité ne peut devenir qu'un supplément agréable émanant ultérieurement de relations personnelles établies sur des bases solides et éprouvées, c'est-à-dire qui ne soient pas totalement déséquilibrées ou fugitives. On ne reçoit un kilo que si on est capable d'apporter au moins un gramme et si on fait l'effort de l'apporter.

Mais quoi qu'il en soit de cette évolution, si, en plus de l'estime, vous ressentez d'emblée quelque affection raisonnable, réfléchie, tempérée, pour ce maître, il y a des chances qu'il puisse vous dévoiler une partie encore cachée de votre identité, vous aider à la construire.

Il est possible qu'une part de lui-même vous corresponde, qu'il puisse donc vous révéler une part de vous-même, pour la raison que ce que vous pressentez mystérieusement en lui est caché depuis longtemps au fond de vous. Mystère des affinités, des modèles, des attirances[7]...

Plus généralement, vous reconnaîtrez un maître, presque sur l'instant, fût-il pour vous celui d'un bref moment de vie, à ce qu'il vous prendra où vous en êtes sans vous déphaser et surtout à ce qu'il répondra de fait et souvent implicitement (parfois sèchement) à votre recherche de sens, même informulée de votre part.

Vous saurez ensuite qu'il s'agissait d'un vrai maître, si vous êtes sorti de cette rencontre *touché à la hanche* (image biblique, la lutte de Jacob avec l'Ange, symbolisant la rude confrontation de l'homme avec Dieu – dans la sphère profane on pourrait dire de l'homme reticent à abandonner ses tendances restrictives, ses habitudes mentales, ses préjugés...). Si vous êtes sorti un peu autre, si vous êtes, fût-ce sans le savoir sur-le-champ, reparti d'un autre pas, au début d'un autre chemin, si, même à défaut de les partager ou de les suivre, vous avez entrevu des possibilités, un sens, une direction de vie, que vous ignoriez.

À la rubrique précédente, il a été dit que la relation à un groupe n'était, souvent, valable que pour une période de la vie. Ainsi aussi d'une relation à un maître, laquelle peut n'être qu'un aperçu fugitif, d'un instant.

*« Il y a des hommes n'ayant pour mission parmi les autres que de servir d'intermédiaires ; on les franchit comme des ponts, et l'on va plus loin. »* (G. Flaubert)

***

On rencontre des gens qui sont revenus de tout avant même d'y être allés. Ne soyez pas de ceux-ci. Mais n'allez pas voir par curiosité, vous brûleriez des cartouches qui ensuite vous manqueraient (une troupe qui tire sans nécessité impérative est une troupe qui a peur et dont nul en face n'a peur – elle est battue d'avance – réalité militaire). Notre énergie est limitée. *« Pour atteindre la source il faut passer par la soif. »* ( ?)

N'importe qui distingue très vite quelqu'un qui cherche et s'intéresse d'un curieux, à plus forte raison d'un voyeur.

Il ne s'agit pas de faire du tourisme, vous vous lasseriez et vous déconsidéreriez. En admettant que vous ne soyez pas poliment écarté, vous ne seriez pas du tout crédible, vous ne comprendriez rien et, en conséquence, en voudriez ensuite au monde entier. Vous auriez manqué votre entrée dans le sens. À chaque besoin et à chaque époque son effort. On pourrait dire que les vingt ans bien passés, accomplis et assumés, représentent une base pour y aller voir. Mais simple approximation, là, tout dépend de votre maturité, de l'occasion.

Vous n'irez y voir que quand vous en aurez vraiment envie et besoin. Également que quand vous vous y sentirez prêt, quand vous serez susceptible de recevoir d'abord sans légèreté ni murmures, de comprendre, puis ensuite capable d'apporter, ou au contraire de vous retirer en cas de doute sur la qualité ou simplement d'insatisfaction.

Comme aussi quand votre confiance en vous et votre assurance vous permettront d'encaisser de possibles déceptions avec sérénité, sourire et humaine indulgence. On ne récolte pas avant d'avoir labouré son propre terrain, au moins défriché un peu.

Aussi, s'il vous arrive un jour de quitter pour des raisons de mécontentement un groupe, un maître, des amitiés dans lesquels vous aviez investi fortement, ne laissez pas d'inexpliqué. Dites pourquoi, posément, sans acrimonie, en veillant bien à ne pas mettre le feu derrière vous.

*On ne m'a pas trompé* (cette expression reflète la faiblesse, le refus d'avoir été ferme en un moment passé, pire, la volonté de culpabilisation de l'autre). *Je me suis trompé*, c'est tout.

En restant sur le plan étroitement utilitaire, « *On ne sait pas de qui on peut avoir besoin demain* » disait mon père. Mieux vaut ne pas laisser trop d'ennemis derrière soi.

***

En plus des quatre personnes que j'ai citées plus haut comme des personnes signifiantes plus que comme des maîtres, je serais oublieux, ingrat même, si je ne citais pas Jeannette, chronologiquement la première, l'employée de maison qui m'a élevé. Et puis cette section est une bonne transition avec la rubrique suivante quant à certaines formes de culture.

Je n'évoque pas là son affection qui serait hors sujet, mais ce que je sais maintenant que je lui dois. Car elle m'a appris. J'ai mis longtemps à le savoir.

Sa sagesse paysanne l'empêchait de prendre des vessies pour des lanternes, de confondre un beau parleur avec une personne de qualité. Avec ses proverbes populaires, ses réflexions, ses brèves remarques, elle m'a beaucoup appris sur le monde et le clinquant de ses paillettes, à juger au-delà des apparences et de la rumeur, qu'elle soit complaisante ou malveillante, à rester sceptique sur la valeur de certaines réputations locales aussi bien établies que bruyamment claironnées.

En ces exercices verbaux qui se passaient à la cuisine elle était souvent drôle, s'exprimait de façon lapidaire, comme pour elle-même, incidemment. Elle n'insistait jamais. Mais elle mesurait certainement toujours ses dires à l'aune de ce que je pouvais entendre.

J'essaie de procéder ainsi avec vous, sans sa sagesse ni son talent.

J'étais alors bien trop petit pour discerner la valeur de ce qu'elle m'apportait. Je devinais néanmoins un savoir personnel, acquis, pas inculqué. Maintenant je confirme. On est toujours trop petit pour certaines personnes, mais leur bienveillance ne trompe guère.

Cette qualité, si elle sait rester lucide, ferme et rude si besoin, constitue le premier critère pour juger d'un maître.

***

NOTES

[1] Les vrais maîtres sont d'autant plus cachés et difficiles à trouver que nos sociétés prétendument égalitaires – soit, où il n'y a plus personne à admirer, plus de modèles reconnus, plus d'aristocratie (au sens noble qu'avait ce terme) – ne peuvent que verser dans l'adulation temporaire de faux maîtres, de modèles et d'idéaux grotesques, aussi changeants que *bidons,* issus de l'envie généralisé de tous, de l'arrivisme forcené de certains, promus par l'hystérie médiatique et permis par la crédulité générale.

[2] *Gogo* : voir explication du terme à la note n° 2 de la rubrique sur le Prêt-à-Penser où elle est plus à sa place.

[3] Dont le sens exprime le fait que notre pesanteur ne cessera jamais de nous tirer vers le bas, comme le fait qu'il existe toujours une part d'ombre en chacun de nous et au sein de toutes les collectivités et institutions. Surtout à ne pas prendre au sens d'une faute personnelle, mais au sens d'un état de fait conséquence d'une *chute initiale* qui aurait marqué l'humanité, notion présente explicitement ou implicitement dans toute religion, toute mythologie, toute philosophie, comme dans l'esprit le plus simple.

*« L'homme le plus ignorant sait en regardant la terre qu'il a perdu le ciel. »* (G.K. Chesterton)

[4] Associations humanitaires de qualité, soit menant une action de cette nature dans la discrétion et par des gens dévoués et désintéressés. J'ai précisé que ces associations étaient assez rares. Dans beaucoup, *« on n'y aime guère les hommes, on aime à s'occuper d'eux... La solidarité prend la forme d'un immense maternage... Sur le plan intellectuel au moins, cette morale de l'extrême urgence est une morale de l'extrême confort. »* (A. Finkielkraut)

La prolifération d'associations est en proportion inverse de leur qualité (je ne pense pas aux collectionneurs de timbres, mais à l'humanitaire, au caritatif, au solidaire, aux actions pour les droits de tout et de n'importe quoi, aux exploiteurs professionnels du larmoiement...). Elles ne sont parfois que des groupuscules bruyants de trois frustré(e)s, agité(e)s, arrivistes désireux de faire parler d'eux, de culpabiliser tous les gens normaux et surtout de récolter des subventions publiques et privées (associations du type braillements et *pompes à fric)* en suscitant l'émotion des naïfs, souvent par l'image, plus ou moins trafiquée – les *apparatchiks* de l'humanitaire.

Par le terme qu'affectionnent les médias : *les associations,* entendre quelques dizaines d'excité(e)s qui représentent d'abord leur propre intérêt ou leurs obsessions maladives. Ces associations là ne sont jamais d'accord avec ce qui se fait et peut se faire. Elles hurlent à tout propos, elles exigent toujours plus.

Les pouvoirs nationaux mais encore plus locaux (municipalités) les flattent en les « arrosant » généreusement et en leur attribuant des avantages exorbitants (locaux, presse...) pour se donner bonne conscience, mais surtout bien concrètement pour s'en servir comme relais de propagande (phénomène politique dit du *clientélisme* vieux comme le monde). Nous nous montrons généreux envers vous – soit en fait envers les poches de votre poignée de dirigeant(e)s – mais pour que la distribution de la manne continue nous devons être réélus. Le petit monde des arrivistes qui se proclament dévoués comprend parfaitement ce langage.

Quelques critères de discernement pour distinguer les associations humanitaires de qualité :

– Elles ne chantent pas à tout instant le service qu'il faut rendre au nom de la religion de la solidarité, elles ne dépensent pas leurs moyens en publicité, affiches, destinées à justifier leur existence, à culpabiliser tous les braves gens, à leur ramener des *clients* et surtout des subventions des pouvoirs publics et des *généreux donateurs.*

– Elles ne saturent pas les gens avec de grands show racoleurs mettant l'ensemble des médias à contribution.

– Elles ont autre chose à faire que de monter au créneau médiatique pour se dire « émues, choquées » à la moindre phrase d'un quidam (avec, pour elles, l'idée de se montrer et d'obtenir du fric sous forme de *dommages et intérêts*).

– On ne voit pas leurs représentant(e)s crier au journal télévisé dès qu'on essaye de toucher aux sacro-saints droits de leurs protégés, parader à l'occasion de débats plus ou moins bidons, s'afficher dans la presse, manipuler leurs donateurs et les médias (lesquels ne demandent que cela), s'abriter derrière les *people* milliardaires (idem), passer leur temps dans les salons et dans les antichambres des médias. Leurs membres sont sur le terrain, parfois lointain, pas devant des caméras et des micros. Ils servent et n'ambitionnent pas de devenir ministre (en commençant par se faire élire à n'importe quel poste sur n'importe quelle liste – député européen, conseiller régional… – chacun débutant par le *fromage* à sa portée).

– Respectueuses de la démocratie, elles ne prennent pas de positions politiques et ne consacrent pas leurs efforts à démolir la société tout en prétendant détenir le monopole du cœur.

Dévouez-vous, donnez, mais sachez à qui et pourquoi ; en clair à qui sert votre sueur et où va votre argent. Cependant, hormis la question de dons d'argent sur laquelle il ne faut pas transiger, à votre jeune âge mieux vaut encore entrer (puis sortir) dans une association médiocre que de n'être nulle part. Au moins y apprendrez-vous à discerner – acquis fort utile pour la suite.

[5] Ce dépaysement va plus loin qu'on ne l'imagine.

Il est très surprenant et confortant, pour le jeune comme pour le vieux, de constater qu'en certains milieux – les organismes dont je viens de parler et d'autres, ceux qui ont un but commun – les différences d'âge et de milieu se dissolvent dans l'action et la vocation partagées. Tous apportent et tous reçoivent.

À plus de cinquante ans, j'ai collaboré dans quelques associations (de qualité) avec des gens qui auraient pu être ma fille ou parfois mon petit-fils comme avec de vieux camarades de ma génération et je sais que la réciproque était tout aussi vraie. On trouve rarement une telle cohésion et un tel agrément dans la vie professionnelle.

[6] Les Upanishad (textes sacrés indiens) sont encore plus intransigeants : *« Qui ne croit pas, ne pense pas »*.

[7] Tout ne s'explique pas, tout n'a pas besoin de se justifier.

*« Parce que c'était lui, parce que c'était moi »* ainsi Montaigne commentait-il son amitié avec La Boétie.

# VI
# CULTURE

**Cultivez-vous** (chacun suivant vos possibilités et désirs).

C'est le prix, agréable, à payer et la récompense à recevoir pour se dresser sur deux pattes et y rester, comme pour comprendre le monde, s'y insérer et garder le contact avec lui. La satisfaction de cette exigence entraînera toujours : plaisir, assurance et l'indispensable rigueur.

La plomberie, l'électricité, la menuiserie, la couture sont des cultures. Naviguer ou travailler la terre le sont aussi au même titre que la peinture, la sculpture, le chant, la musique, l'écriture, le théâtre, l'équitation, le judo, le tennis, l'escrime, le jeu des échecs, l'étude des plantes...

D'ailleurs n'importe quel métier ou passion entraîne une culture si on les pousse un peu. Connaître, c'est établir une relation existentielle, avoir l'expérience de... ce n'est pas (sauf en certaines matières, telles ci-dessous) posséder un savoir abstrait. L'astronomie, l'histoire, la passion des dinosaures, comprendre une autre civilisation, la philosophie de Hegel, le sens profond et caché du christianisme, les écrivains Bernanos, Dostoïevski ou bien le bouddhisme sur la permanence du mal en sont d'autres...

Maîtriser, un peu, un sujet c'est se permettre d'en aborder d'autres.

Je n'énonce pas là une échelle de valeur. Toutes les cultures vraies finissent par se rejoindre. J'ai entendu dire jadis qu'un industriel milliardaire, Marcel Dassault, devenu âgé se sentait plus proche d'un de ses vieux ouvriers que de jeunes membres de son milieu ou d'un de ses cadres surdiplômés et piaffant d'impatience. C'est évident, l'entente, les complicités et les solidarités de génération existent. Vous le savez, entre jeunes. Tout âge comporte aussi sa propre culture, inhérente à celui-ci, mais ce n'est pas de cette forme de culture de fait que je veux parler, c'est de la culture gagnée, conquise, non subie. Celle-ci a mille facettes, sauf qu'on ne se passe point d'être compétent en quelque domaine et, j'ajouterai, heureux de l'être.

On ne peut se dispenser de suivre quelque sens, quitte à en changer parfois, de travailler… On ne peut se dispenser de développer ses talents, les siens, ceux qu'on a reçus. Il faut devenir quelqu'un quelque part, c'est un impératif, c'est du travail, tout est travail, rien ne vous sera donné, mais tout vous sera offert, à vous de saisir, de prendre même.

La culture est moyen de l'ambition, question déjà abordée, mais elle n'est pas que cela, elle est également et est d'abord facteur d'assurance, d'épanouissement personnel.

C'est par la culture que s'établit la différence entre un enfant et un homme, entre un sauvage moderne et un vrai civilisé. Les premiers sont dépendants, les seconds sont devenus autonomes car ils ont acquis, à force de travail et de réflexion, une connaissance d'un petit rien, de ceux qui ont contribué à nous sortir de l'âge des cavernes, long effort, jamais terminé, sans cesse à recommencer.

En termes marxistes[1] toute génération a bénéficié de l'accumulation de capital (vous avez été chauffé, nourri, éduqué, transporté… en n'ayant encore rien fait pour cela) édifiée par le labeur de ses ancêtres. À votre âge, vous n'avez encore rien reçu, ou presque, qui ne vous ait été donné. Il est demandé à tous de continuer la tâche, de rendre de quelque façon. À partir d'un certain âge, il convient de cesser d'attendre que le monde nous apporte pour commencer à apporter au monde. Devenir adulte tient dans les deux phrases précédentes.

*« L'homme connaît le monde non point par ce qu'il y dérobe mais par ce qu'il y ajoute. »* (Paul Claudel)

L'autonomie n'est pas un don, une faveur. C'est le résultat d'un labeur, d'une conquête.

***

Exemple : nos récents voisins à la campagne, lui ouvrier charpentier, elle ex-livreuse en alimentation (5h du matin, pendant des années) maintenant en charge d'un petit service public local, gratifiés d'enfants d'une qualité égale à celle des parents. Des seigneurs, sans avoir la moindre idée d'y prétendre – localement des *petits* (locataires, dans un trou de campagne) – mais considérés, par tous et à juste titre, comme une élite, ce qu'ils sont de fait et en l'ignorant.

Autant que l'extérieur puisse savoir – mais à mon âge on sait voir – des gens qui ont réussi leur vie, par discipline personnelle mais d'abord parce que l'un et l'autre sont compétents quelque part, travailleurs, sérieux, rigoureux. Et la rigueur est déjà une culture, comme on pourrait dire aussi valablement que celle-ci fonde celle-là (la poule a fait l'œuf et l'œuf a fait la poule), tout se tient encore une fois.

Je viens de dire qu'à mon âge, mais on commence bien avant, on sait voir. Ce que répétait un de mes maîtres se trouve implicite dans beaucoup de rubriques de ce texte, beaucoup de thèmes abordés : apprendre à voir. Cette faculté vient peu à peu et presque toujours aux gens maîtrisant quelque forme de culture, et quelle que soit celle-ci, mais n'est jamais donnée sans apprentissage. Nul n'a appris à voir dans sa chambre, mais dans le monde ; soit, pour moi, d'abord dans le milieu professionnel, auquel je dois beaucoup, surtout à mes débuts.

Quelque forme de culture vous sera indispensable dans votre construction et pour votre satisfaction. Le raisonnement est le même qu'avec l'ambition : essayez de sauter un peu plus haut, vous ne risquez rien que d'obtenir de grands bénéfices : d'autonomie, de satisfaction personnelle, d'indépendance aussi bien matérielle que d'esprit. D'ailleurs, on ne peut envisager ce qu'on appelle la réalisation de soi (laquelle est un des buts de l'existence et une condition du bonheur) que si on a acquis suffisamment confiance en ses capacités, et donc si on les a exercées, dans un monde qu'on a, peu à peu, compris. La culture fournit la compréhension du monde comme elle en provient (tout se tient, tout est interactif dirait-on aujourd'hui).

Le travail est ce qui permet de passer du rêve à la réalité. Arrivé à un âge certain (35 ans passés, disons), vous constaterez probablement, si vous êtes honnête avec vous-même, que le travail vous a plus enrichi, vous a plus épanoui, qu'il a plus contribué à votre développement et à la connaissance de votre potentiel, qu'il vous a même globalement apporté plus de satisfactions que les loisirs. Étrange prophétie à votre âge, pourtant elle se vérifie si souvent.

« *Tout bien vérifié, travailler est moins ennuyeux que s'amuser.* » Ce n'est pas un vieux barbon grincheux qui l'a dit, c'est Baudelaire, après avoir fait un large tour de la question. Si vous êtes bon dans votre partie (et même un peu au-delà) on vous encensera, au moins un temps. Avant, à vous de devenir crédible et après de naviguer au mieux, ou de lâcher les rames, cela peut arriver à tous, mais à éviter quand même. Une fois abandonnées, il est bien difficile de les reprendre. Il est toujours parfaitement vain de se raconter des histoires. Il peut s'avérer pénible de monter, il l'est bien plus de remonter.

***

Professionnellement, on peut être cultivé en presque n'importe quoi, je viens de le dire. Néanmoins pour ceux que cela tentera, et même si leur métier ne l'impose pas, disposer en plus d'un vocabulaire, d'une syntaxe correcte, savoir s'exprimer, savoir écrire, savoir vraiment lire sera toujours une satisfaction et un atout important, surtout dans une société dont on peut craindre qu'elle n'aille droit à l'inculture (laquelle aussi accompagne toujours la sauvagerie). Cet acquis vous permettra aussi de comprendre le monde, de l'apprécier et, souvent, d'en rire.

Les trois cents mots (je suis généreux) de la conversation courante ne suffisent pas à la compréhension du monde ni à s'y insérer. La langue pratiquée dans la plupart des médias, dans la publicité, dans les lieux publics, sur internet... n'a plus rien à voir avec la belle langue française qui fut celle de l'élite européenne, des diplomates de jadis... Quand on massacre ainsi la forme on peut s'attendre à dégringoler aussi sur le fond. Il n'y a pas de pensée sans langue, et quand on méprise celle-ci, celle-là déserte.

Ne refusez pas d'aborder cet aspect de la culture, par timidité sous prétexte qu'il vous dépasserait, par paresse pour la raison que celle-ci vous arrangerait. La rareté fait la valeur marchande dans n'importe quel milieu professionnel, la valeur tout court dans l'environnement personnel, sachant qu'il y a forcément interaction entre les deux.

Mais cet aspect, disons de maîtrise du langage (base de la culture générale), n'est qu'un supplément qui ne fait sens que s'il repose sur un savoir-faire concret, technique, assuré, un métier en termes usuels, à défaut il n'est que vaine prétention et reste creux. C'est le métier, quel qu'il soit, qui est d'abord l'instrument et le garant de notre insertion dans la société, de notre développement personnel, de la qualité de nos relations, de notre motivation à nous lever le matin.

Le métier ou la profession nous donnent l'assurance d'être de quelque utilité en ce monde – et cette conviction est, non pas nécessaire, mais indispensable à notre estime de nous-même.

***

La culture générale (comme l'adjectif l'indique) n'est pas située ; c'est une ambiance, un climat, l'air que l'on respire. Elle est l'adoption d'un sens, la reconnaissance d'une intelligibilité partageable, elle consacre une façon d'être et de se comporter, une éthique. Elle implique un système de préférences et de hiérarchies.

Si elle se recoupe souvent avec une civilisation il ne faut pas la confondre avec elle. Une civilisation n'est qu'une manière d'organiser la vie matérielle des hommes. La civilisation est liée à une forme de pouvoir, à des rapports sociaux et à des techniques situés dans le temps et dans l'espace. La culture s'échappe de ces limites.

Il y a encore une culture grecque. Il y eut une culture européenne du haut Moyen Âge au XVIIIe siècle. Cette culture disparut avec l'émergence violente des nationalismes. Il y eut une civilisation romaine, une puissance ; on ne peut guère parler d'une culture. Il y a eu pendant des milliers d'années, et il y a toujours, une culture juive, sans qu'on puisse parler de civilisation à son propos.

Par provocation, on peut dire que trop de civilisation étouffe la culture.

Au sujet de cette forme de culture on peut reprendre la distinction de Platon sur la différence qu'il faut tenir entre opinion et réflexion, entre émotion et argumentation. La culture générale relève des termes seconds.

Elle est donc quasiment incompatible avec la tyrannie actuelle de la démocratie d'opinion qui veut que tous les discours se valent sous prétexte qu'ils ont tous le droit de se dire (du moins ceux qui expriment la pensée dominante). Elle en est même exactement à l'opposé[2].

Cette culture, soit la juste appréciation des gens et des choses, la capacité de s'élever du particulier au général (savoir s'extraire de l'anecdote, s'élever au-dessus, en comprendre la portée éventuelle) et de délaisser *« l'écume légère des événements »* (Paul Valéry), s'acquiert et s'enrichit par le travail, la réflexion, l'ouverture d'esprit, l'exercice de la mémoire, la richesse et la diversité des lectures et spectacles, des contacts…

Sans les apports que procurent ces éléments, aucune forme de culture n'émerge, ou bien ensuite celle qu'on a pu recevoir par éducation ou acquérir par soi-même stagne puis s'atrophie.

Ces facteurs expliquent, pour partie, les changements, là tout à fait bénéfiques, de statut social au fil des générations : le statut de telle lignée familiale descend, celui de telle autre monte en fonction de la cohésion de ses membres entre eux, de leur investissement culturel au fil du temps et de la qualité de leurs fréquentations. Sachant que ces derniers changements proviennent aussi des bouleversements sociaux périodiques, eux parfois moins justifiés et moins salutaires (je ne peux m'empêcher là de vous recommander le film magnifique de Visconti *Le Guépard* dont c'est le thème, c'est un chef-d'œuvre, un régal pour les yeux, les oreilles et pour l'intelligence).

Mais en ce qui nous concerne, seule la première explication de ces changements fait sens pour notre statut, car elle est la seule sur laquelle nous ayons un pouvoir donc une possibilité d'action.

La culture générale a pour résultat de susciter une compréhension plus large, de permettre de rapprocher des éléments, des faits, des idées apparemment isolés, de susciter parfois une émotion esthétique – émotion louable car externe au Moi, soit l'élevant au-dessus de lui-même ou le plaçant ailleurs.

Elle n'est pas consommation, elle est intégration en soi, appropriation d'autre, d'inconnu, élaboration d'une vision, façonnement de soi.

Cette forme de culture vous apprendra aussi à apprécier l'intelligence (ce qui vous permettra au moins de mieux percevoir la sottise, ce qui est plus qu'utile, indispensable), ce sans vous sentir obligé de suivre celle d'autrui (l'intelligence), même si elle vous régale un moment.

Considérez également un autre bénéfice dans certaines situations. Cette culture-là facilite énormément l'existence dans une période de solitude s'il arrive que celle-ci nous soit imposée ou si on a besoin de la rechercher temporairement. C'est même le seul outil pratique et efficace à notre disposition pour accepter cette position.

Un bon livre est un compagnon fidèle qu'on retrouve avec plaisir. « *Dans les moments passés avec un livre préféré, on se repose de soi, on ne défend pas son image : la conversation alors est sans calcul, l'amour-propre ne pervertit plus l'amitié.* » (A. Finkielkraut)

Cette culture suppose temps, réflexion, recul, approfondissement, liberté d'esprit... Elle ne s'acquiert pas, ou plutôt ne se construit pas, dans l'agitation, la dispersion, au galop, en papillonnant... Mieux vaut passer quinze jours sur un bon livre qu'en avaler quatre sans rien retenir.

Mieux vaut prendre le temps de visiter un musée – et laisser ensuite mûrir ce qu'on a vu – que d'en parcourir trois pour pouvoir dire qu'on y est allé (comme certains clament qu'ils *ont fait* l'Égypte, la Thaïlande, le Honduras ou la Patagonie).

La culture générale ne se guide pas de l'extérieur. Elle résulte d'un effort, d'un goût, d'un désir, d'une curiosité personnels. Sauf exceptions, elle refuse la pression mondaine et marchande qui clame *qu'il faut avoir vu tel film, tel clip, lu tel livre...* De nos jours tout est devenu culturel (faire du vélo, écouter du rap ou Bernard-Henri Lévy, contempler l'urinoir de Marcel Duchamp – objet provocateur – ou simplement lire le journal...).

La société ne parle jamais autant que de ce qui lui manque.

Aujourd'hui on parle de *marché* culturel, d'incitation à la culture, de diffusion de la culture, de politique culturelle, de consommation culturelle... Pourquoi ne pas oser parler clairement de culture marchandise et de population clientèle ? Il suffit de voir comment on parle, on écrit, et parfois on raisonne (médias, internautes, publicistes...) pour se rendre compte qu'effectivement le dit marché est immense et le puits sans fond.

D'ailleurs il y a bien sûr un ministère de la Culture – pour dire aux foules admiratives quelle est, où est, la bonne culture.

*« Nous appartenons à un temps où la culture risque de mourir des moyens de culture.* » Nietzsche parlait pour son temps, que dirait-il aujourd'hui ?

S'il est assez facile et rapide de se laisser aller et de descendre dans son métier, en matière de culture générale on peut heureusement comparer avec le vélo ou la natation. On peut perdre de l'entraînement, du souffle et du muscle, on sait toujours pédaler ou nager. C'est dire qu'on peut s'y remettre. Néanmoins on joue quand même mieux du piano si on fait des gammes régulièrement. En effet, la biologie – qui est sans pitié – nous apprend que tout ce qui ne sert pas se dessèche et finit par mourir.

***

N'attendez pas tout des enseignements, des formations (à ce propos, n'oubliez pas que l'école, à quelque niveau qu'elle soit, n'est qu'un moyen, jamais un but). Comme nul ne peut faire de la gymnastique à votre place, dès un certain seuil atteint il devient de votre responsabilité de vous étoffer dans telle ou telle matière ou culturellement en général.

À mesure que vous progresserez dans quelque domaine vous ne trouverez de plus en plus dans une formation que des compléments, indispensables et enrichissants (dont vous tirerez alors beaucoup plus de profit), à ce que vous avez déjà commencé à travailler, l'élargissement de vos bases acquises, les rectifications de vos erreurs de débutant ou de compréhension.

Je vais prendre deux exemples simplistes mais de tous les jours :

– Vous avez un nouvel appareil photo, un nouvel ordinateur... Avant de vous précipiter pour demander des conseils lisez d'abord la notice (même incompréhensible), essayez les manipulations élémentaires, essayez à nouveau.

Cela vous permettra ensuite de ne poser que les questions sur lesquelles vous avez buté, qui seront alors sensées et pertinentes, d'assimiler les réponses qui autrement resteraient du chinois. Vous parviendrez plus vite et plus sûrement à une connaissance meilleure, plus satisfaisante et plus solide pour vous comme pour n'importe quel instructeur qui vous saura gré de vos efforts préalables et fera alors de son mieux pour vous aider.

– Vous aurez, un jour, un placement à effectuer (tant mieux), une difficulté avec le Fisc (tant pis). Si vous avez préalablement assimilé au moins quelques rudiments sur ces matières – assez ingrates j'en conviens – vous vous expliquerez mieux, vous comprendrez mieux, vous détecterez plus facilement les conseillers médiocres, vous vous ferez moins piéger et vous gémirez moins par la suite en incriminant quelque administration, Dieu ou le diable.

Si, en quelque matière, on persiste dans l'attitude du "je n'y connais et comprends rien" (sous-entendu : je ne veux pas faire l'effort, une fois pour toutes, de m'y mettre un peu) on reste totalement dépendant, à la merci de n'importe quel *faisan.* À vous de choisir – mais alors épargnez au monde vos pleurs. Si la culture, aussi élémentaire que je l'ai choisie dans ces exemples bas de gamme, procure une dose appréciable d'autonomie de pensée et d'action, on peut penser qu'il en ira ainsi avec un bénéfice nettement plus grand dans des situations autrement plus importantes.

Un jour peut-être serez-vous une étoile dans votre domaine, et alors, là, vous vous trouverez vraiment seul (sans notice et sans instructeur) ou avec de rares collègues dispersés dans le monde comme l'est le chercheur de pointe. Mais, dans la vie courante, ne prenez pas l'habitude d'appeler au secours avant d'être tombé à l'eau et d'avoir essayé de nager.

***

Sur un sujet qui vous concerne ou seulement vous intéresse, ne vous contentez pas de ce qu'on appelle la culture kleenex, celle qu'on emprunte un moment et jette ensuite, pleine de trous, d'approximations, d'irréflexions, d'erreurs de base...

Bien sûr, on lit souvent pour se divertir et alors chacun suivant ses goûts. Mais si, dans n'importe quel domaine, vous lisez pour vous instruire et non pour vous abrutir, lisez peu peut-être mais lisez bien[3]. Je veux dire par là qu'en toute matière il existe quelques ouvrages de base, souvent relativement anciens – en tout cas il s'agit rarement de la dernière œuvre sortie sur la question. Il est certain même que la profusion actuelle d'ouvrages écrits en deux mois va à l'inverse. Comme pour l'ambition (rubrique traitée) et l'activité (rubrique suivante) réservez vos forces pour ce qui durera plus que quelques jours.

*« Le grand inconvénient des livres nouveaux est de nous empêcher de lire les anciens. »* (J. Joubert)

L'actualité, l'immédiateté, l'exhibitionnisme, les règlements de comptes (d'une crapule affairiste, d'un sous-secrétaire d'État provisoire, d'une ex-ministre, d'une bourgeoise frustrée enivrée d'humanitaire, d'une courtisane, de quelque aventurier ou touriste fanfaron devenu brièvement otage, d'un tueur reconverti dans la littérature de bazar, d'un « philosophe » sachant tout sur tout, d'un ex-président ne se résignant pas à se taire, de quelque *people* décidé à tirer toujours profit de son statut...) ne garantissent rien d'autre que leur faire-valoir, leur petitesse et le plus souvent leur cupidité.

Non seulement vous n'y trouverez jamais la moindre qualité, mais vous vous abrutirez en fréquentant les élucubrations d'individus qui n'ont rien à écrire mais beaucoup à raconter, sur leur vie passionnante et leurs espérances de bénéfices futurs. Alfred de Vigny – “planté”, mais fier et donc droit comme on savait l’être alors – disait que « *seul le silence est grand* ».

Cherchez les silencieux – ou au moins fuyez les bruyants et leurs clairons médiatiques.

Renseignez-vous auprès de professionnels sérieux et compétents. J’ai bien dit sérieux, pas les agités avides d’être à la dernière mode : *Mon cher, avez-vous lu le dernier livre de Machin sur la question, remarquable... vu ce film de Truc qui vient de sortir et traite de ce sujet, génial...*

Ce sont les œuvres de base qu’il faut connaître et non les dernières élucubrations d’un personnage connu qui s’est contenté de signer, aux fins d’autopublicité, quelques banalités pondues à grande vitesse par un *nègre* payé à la ligne qui, comme son commanditaire, ignorait tout de la question et ne visait qu’à flatter le public en suivant la dernière mode ou en enfonçant des portes ouvertes. Mais c’est évidemment sur ces derniers livres – qui se vendent en proportion de la célébrité de l’auteur et du tintamarre orchestré par l’éditeur et les copains de l’auteur – que se précipite le public.

Il y a là de la part de certains lecteurs un manque d’ambition qui confine au suivisme. Leur manque de discernement éclate ne serait-ce que par leurs lacunes sur la question ou par leur incompréhension du sujet pour qui le connaît un peu. Il ne s’agit pas pour eux de se former, de s’informer réellement, de se cultiver mais de se comporter comme tout le monde et surtout d’être dans le vent et de le faire savoir.

Un livre qui envahit toutes les vitrines, dont tout le monde parle à l’instigation des médias a des probabilités de ne rien valoir. Il sera d’ailleurs oublié la semaine prochaine au profit d’un autre du même acabit. Ce qui n’implique pas qu’un livre ignoré est un chef-d’œuvre. Un bon livre met du temps à tracer son chemin, il n’a pas besoin de vacarme et d’ailleurs les bons auteurs disposent rarement des trompettes médiatiques. Dans le domaine de l’esprit, le succès (au moins trop rapide) est mauvais signe. « *Ce qui fait le succès de quantité d’ouvrages est le rapport qui se trouve entre la médiocrité des idées de l’auteur et la médiocrité des idées du public* » (encore Chamfort, moraliste du XVIIIe siècle, n’a-t-il pas connu notre époque).

Je n’ai pas d’exemples à vous proposer dans les sujets pouvant concerner votre âge et dans le cadre de vos intérêts (que j’ignore) aussi les deux que je vous donnerai seront peut-être peu parlants pour vous, j’en conviens.

– Dans le domaine des soins palliatifs il existe un ouvrage de base, *Les derniers instants de la vie,* écrit il y a des années par une pionnière, le docteur Elizabeth Kübler-Ross (si elle a cédé parfois à la fantasmagorie, elle connaît la question). Sauf exceptions, il y en a certainement, on perd son temps à lire d'autres ouvrages, au moins avant d'avoir assimilé celui-ci, quand encore on ne se fausse pas l'esprit en rêvant à la suite d'auteurs qui veulent d'abord se faire mousser, se construire une légende, monopoliser les débats à la télé et ne connaissent guère plus la question que les gens avisés que sont mon bistrotier, mon barbier ou mon bottier.

– Dans mes fréquentations du milieu catholique, légitimement friand de formation, j'ai souvent été sidéré par l'engouement pour le dernier ouvrage, certainement excellent, du bon Père Untel alors que sur le même sujet on délaissait ceux d'un cardinal de Lubac – pour me limiter à ce nom – ce, de la part de personnes qui connaissaient son existence bien sûr (vous, si vous l'ignoriez, vous êtes pardonné).

***

La remarque sur les ouvrages fondamentaux en amène une autre – comme souvent. En tout il faut avoir les bons outils, sinon résultat nul ou résultat médiocre, dépense d'énergie inutile, fatigue, énervement, démonstration de refus de prévision, d'organisation, de sens... Tous ceux qui sont contraints de faire du bricolage le savent. On disait qu'on reconnaissait un bon ouvrier à ses outils. On ne le dit plus mais c'est toujours vrai. On reconnaît un bon connaisseur d'une question à sa maîtrise des notions fondamentales, pas à son enthousiasme pour la dernière mode sur le sujet.

J'ai connu des gens qui ont passé une partie de leur vie en maniant une technique sans jamais se préoccuper de se procurer les instruments adéquats (du tournevis au dictionnaire des synonymes en passant par l'ouvrage de base, la marmite adéquate ou le bon logiciel) qui leur auraient fait gagner un temps fou, leur auraient économisé sueur et larmes tout en leur permettant d'obtenir de bien meilleurs résultats. Se refusant à sacrifier une heure et quelques euros pour l'achat ils en ont perdu des centaines et plus en temps et en argent, sans compter la peine superflue qu'ils se sont donnée et la légèreté des résultats auxquels ils sont arrivés. Ce sont souvent les mêmes qui toute leur vie ne se sont guère préoccupés que de détails immédiats, du film qu'ils iraient voir l'après-midi ou du restaurant à choisir pour le soir et qui un jour s'alarment de n'avoir rien prévu, rien organisé...

***

Toujours si on veut sortir de la culture kleenex, c'est par les notions fondamentales que commence tout apprentissage, c'est sur elles que se fonde toute connaissance ultérieure. Partout, il faut les acquérir, sans discuter, sans anticiper, sans disperser son esprit et ses questions, sans errer ici et là, mais en suivant une logique de progression. Tout ce qui est mûr a mûri lentement. On disait jadis : « *N'allez pas plus vite que la musique* ».

Concentrez-vous. Suivez pas à pas, une chose à la fois. On a appris à marcher, à parler, à lire, en recevant sans discuter. Il faut continuer. On ne commence à discuter, et on n'est crédible, que quand on sait quelque chose, pas avant. Il y a de médiocres pédagogues, mais tellement plus d'élèves rétifs, chicaneurs, d'esprits désordonnés, lesquels feront d'ailleurs les mauvais pédagogues de demain.

Également, il n'existe ni science ni technique sans usage de la terminologie qui lui est propre. Quand vous aborderez l'une d'elles adoptez et respectez la précision du langage qu'elle implique. Ne soyez pas de ceux qui s'y refusent par entêtement. Cette attitude bornée vous condamnerait dans son apprentissage comme dans l'esprit de ceux qui tentent de vous l'enseigner.

« *Il n'y a de connaissance qu'à travers le langage. Ce qui n'est pas distingué et ce qui n'est pas nommé ne peut pas être connu.* » (J. d'Ormesson)

Le premier pouvoir que Dieu a confié à l'homme pour l'extraire du chaos originel fut celui de nommer : les animaux, les végétaux… À l'inverse une de ses punitions fut de semer la confusion dans le langage, donc le désordre dans la société qui fut dispersée (la tour de Babel). Le mépris pour le langage adéquat est mépris pour le contenu de l'enseignement, pour l'enseignant et pour soi-même. Il garantit l'échec.

Acceptez le fait que faire comprendre, ce n'est pas seulement simplifier le message et le réduire pour le mettre au niveau des auditeurs. C'est aussi et surtout élever ceux-ci à une perception plus riche, plus juste, plus pleine, en clair plus intelligente. C'est introduire ceux-ci à ce qui les dépasse pour le moment.

L'auditeur n'est pas roi (tyrannie de l'audimat !), il est serf en un premier temps, avant que de prendre la charge – car c'est une charge – de locuteur à son tour. Le locuteur n'a certes pas « *assisté à la création du monde* », mais l'auditeur encore moins.

À une époque où n'importe quel niais croit tout savoir sur tout, cet effort d'élévation demande quelque courage chez ceux qui sont chargés d'enseigner (en plus de la capacité), autant qu'une dose d'humilité chez ceux qui sont là pour être enseignés. Contrairement à ce que l'on clame il n'est pas nécessaire de parler le langage de son auditeur pour être entendu. Un maître n'est pas un caméléon, il est celui qui parle son propre langage en toutes circonstances.

Si c'est vous qui expliquez une question, une procédure, une démarche, une action à un néophyte, soyez bien sûr complet, mais essayez également de commencer par le commencement et de finir par la fin.

Exemple pour les bricoleurs : on n'explique pas et ne montre pas comment percer un trou dans un mur en commençant par s'étendre sur la perceuse qu'on utilisera mais en résumant d'abord les étapes successives du travail puis en commençant par la première, soit en amorçant l'orifice pour que la perceuse morde ensuite sans déraper – et en disant pourquoi. Préalablement même on aura pris soin d'insister sur le soin à apporter à la vérification du bon positionnement vertical et horizontal de l'objet à accrocher, vu de près comme de loin. On trouverait certainement de meilleurs exemples en matière de recettes de cuisine, mais mon incompétence dans ce domaine se verrait bien trop.

Faire les choses dans l'ordre, une fois et une seule fois, complètement. Ce n'est pas valable que dans l'ordre de la culture, mais dans presque tous les domaines de l'apprentissage et de l'action.

***

Ne pensez pas que quiconque puisse se passer de modèles, rejeter toute transmission. « *La transmission est un préalable nécessaire à la liberté. Il faut de l'école pour que le genre humain puisse vivre débarrassé de ses pédagogues.* » ( ?)

On ne peut découvrir par soi-même que si on a reçu préalablement ; ne parlez pas à un enfant et il ne saura jamais parler, un pauvre enfant sourd sera hélas aussi muet. Nous ne pensons que parce que d'autres ont pensé avant nous.

Avant de *Faire* il faut *faire comme, faire semblant* ; imitation et apprentissage sont indissociables. L'enfant le sait d'instinct (son jeu le clame) ; que l'adulte ne s'y refuse pas, par orgueil.

La créativité (soit la capacité de s'extraire du cadre habituel, de rapprocher des éléments apparemment dépourvus de rapports entre eux), se fait en prenant appui sur une culture, soit sur des choses déjà inventées, des concepts déjà établis, des connaissances déjà acquises et transmises par nos prédécesseurs.

Les très grands créateurs sont des gens qui ont eux-mêmes d'abord beaucoup imité, beaucoup copié, les peintres, les écrivains, les bâtisseurs, les scientifiques, les ingénieurs… Peu ont vraiment inventé. Ils ont présenté ou assemblé autrement des idées, des concepts déjà existants. En imitant, on apprend comment l'autre a créé, et, ce faisant, on apprend à créer. Toute filiation commence par une imitation, donc par l'acquisition d'une culture préexistante. « *Qui veut apprendre doit croire* » affirmait Aristote. C'est en comprenant la théorie de Newton qu'Einstein a forgé la sienne. Le second ne nie pas le premier, il fait un pas en plus. Darwin s'est appuyé sur les théories de Lamarck avant de s'en écarter.

« *Chaque homme profite des découvertes de ceux qui sont venus avant lui. Chacun se hisse sur les épaules de ses prédécesseurs.* » (J. d'Ormesson[4])

Accepter un modèle c'est accepter d'apprendre, et vice versa (modèle ici : théorie, doctrine, argumentation, style, procédé, technique...). Nous apprenons par mimétisme, par réception de culture ancestrale. Observez les gens que vous admirez et copiez ce qui vous paraît bon, utile pour vous.

La culture n'est pas destruction, elle est construction, pierre sur pierre. Avant de voler de ses propres ailes et pour ne pas errer à l'aveuglette, il faut suivre, accepter provisoirement, quelque modèle dont on s'inspirera avant de s'en écarter pour suivre sa propre voie.

*« À l'école de Cicéron, on n'apprend pas à être Cicéron mais à être soi-même, disaient déjà les maîtres de la Renaissance. »* (cité par A. Finkielkraut)

Suivant le grand Blaise Pascal : *« C'est la quête et non la prise »* qui nous fait courir. Le parcours importe bien plus qu'une destination rêvée. C'est le voyage qui vous fait ou vous défait.

En matière de culture, souciez-vous de la course, de l'attention que vous portez à l'objet étudié. Le bénéfice viendra – souvent dans un autre domaine et autrement qu'attendu. Le : *À quoi cela va-t-il me servir ?* est secondaire plus souvent qu'on ne le croit. L'utilité se découvre ensuite et souvent de façon inattendue, surprenante, ailleurs qu'on ne l'imaginait sur le moment.

Quand on reconstruit un puzzle, on procède pièce par pièce. Peu à peu se révèle le fait que celle-ci s'emboîte avec celle-là. Puis, viennent des révélations plus étendues, des pans du puzzle. Le parcours est déjà magnifique et enivrant.

*« Dans le monde d'autrefois on s'efforçait de comprendre, maintenant on veut savoir*[5] *»* ( ?). Ne vous contentez pas de cet utilitarisme d'absorption, votre capacité d'attention, votre mécanique de raisonnement importent plus encore que votre savoir du moment. L'enjeu d'une culture véritable n'est pas l'érudition, mais le façonnement laborieux d'une raison qui comprenne mieux la réalité. Considérez l'aspect pratique de ce qu'en disait Spinoza : *« L'accroissement de la puissance de comprendre est aussi l'accroissement de la puissance d'agir ».*

***

Un monde sans culture, soit sans langage commun et respecté, sans modèles, sans idées générales partagées ne génèrera plus une civilisation, mais une jungle. Ce qui est d'abord transmis par la culture est un rapport au monde, des éléments de construction de la personne et la perception de son rôle, l'intégration à la société.

Comme un monde de promiscuité s'avère souvent violent, la culture de base qui permet de partager un minimum de représentations mentales est un effort pour empêcher la violence de se déchaîner, elle est éloignement de la réciprocité immédiate des coups. L'usage des poings révèle le manque de mots.

Et aussi, si la violence découle souvent de l'inculture, la crédulité, aujourd'hui vertigineuse, est sa fille.

***

Attention, pas d'exception culturelle française. « *La vanité est la passion nationale des Français.* » (Stendhal) C'est une prétention de minable. Pas seulement parce que cette fanfaronnade chauvine qui consiste à donner des leçons au monde entier[6] est déplacée, ni tellement parce que notre pays est devenu un étouffoir, une dictature, pour la liberté de pensée et d'expression (le devoir civique étant de répéter ce qu'on vous impose de penser, le *politiquement correct,* avec interdiction de s'en écarter sous peine d'être traîné en justice par un système quasi officiel de délation), mais parce que cette manifestation d'orgueil est insupportable.

Autant que lamentable, cette prétendue exception est nuisible en ayant rendu la France inattentive au monde, notamment en « *enseignant l'histoire de France et non pas celle de la France dans le monde* » (E. Berl) – d'où l'arrogance française. D'ailleurs que pourrait avoir à dire au monde un pays qui interdit la libre expression chez lui, où un troupeau de constipé(e)s se met à hurler et à trépigner de colère sauvage sur commande quand il entend la moindre parole ferme et lucide, où la culture est confiée (en 2010) à un personnage qui ne s'est pas signalé par son éthique personnelle et a même publié ses très médiocres petites aventures ?

Il n'est demandé à personne de comprendre les cultures étrangères (au sens habitudes, traditions, modes de vie, de pensée, d'expression, de relation...), sauf si on vit dans le pays. La tâche serait bien trop vaste, mais ne les négligez, ne les méprisez pas. Au contraire respectez le fait qu'à l'étranger et/ou pour un étranger, il existe des formes de culture différentes éminemment riches et aussi respectables que ceux qui les pratiquent. Écartez-vous du dédain et de l'arrogance qui sont tant reprochés aux Français (et à ceux-ci particulièrement parmi les Occidentaux en général) et qui les rendent souvent odieux. En annexe, je signalerai que notre propension à considérer que tout Français inculpé à l'étranger est un petit saint victime d'un affreux complot local, n'est qu'une extension de cette déplorable divagation.

Néanmoins, élaborez votre culture où vous l'avez reçue, ici, dans votre langue, et gardez-la précieusement même si vous devez vous trouver un jour immergé dans une autre et parler une autre langue[7]. Vous constaterez alors – entre bien d'autres découvertes : attachement aux lieux d'enfance, de jeunesse, à des façons d'être, des coutumes, des manières de sentir, de raisonner, à un *chez-soi* qui subsiste en vous – que « *la langue maternelle est la seule langue qui vous parle quand on la parle.* » ( ?)

La culture est un ciment, elle est ce qui fait le collectif d'un peuple, d'un groupe humain (langue, coutumes, art de vivre, manières de penser…), elle exprime une identité.

Elle ne va pas sans racines, sans traditions. La plupart des coutumes ont une raison d'être, un fondement. Il faut y veiller. De fait – et nul n'y peut rien – on appartient à une famille, à un milieu, à une société, à une époque, à un pays, à une langue, pour certains à une religion. On leur en est redevable. Ne pas les respecter serait se mépriser soi-même et renier son origine et sa civilisation. Les rejeter serait opérer une *castration* – or c'est là une opération qui se paye.

Bien inconséquents sont ceux (individus, pays…) qui négligent leurs traditions et même les éradiquent. Ils ne se trouveront plus que dans la confusion générale, le vide, la déprime… et leurs conséquences alors irréversibles. Tel l'Occidental d'aujourd'hui, qui s'efforce en plus d'anéantir les usages, les coutumes des autres, chez les autres, par jalousie inconsciente encore plus que par prétentieuse stupidité, ce jusqu'à leur imposer son mode de vie, son organisation politique et son gaspillage – parfois sous et par les bombes !

Être moderne ne devrait pas signifier détruire. C'est pourtant la pratique constante de ceux qui n'ont aucun respect pour la sagesse des autres mais, en compensation, font à la leur une confiance sans bornes.

C'est aussi une vieille habitude que nous ont léguée les révolutionnaires de tout acabit, les frustrés, les envieux, les avides, les hystériques, les fanatiques du progrès et les crétins (on peut cumuler tous ces qualificatifs), les prétendus libérateurs qui se transforment toujours en oppresseurs. Leur bassesse commune s'exprime très bien dans ce verset d'un hymne révolutionnaire : « *Du passé faisons table rase » (l'Internationale).*

Si j'ai montré auparavant que je n'étais pas de ceux qui conseillaient de se tourner vers le passé, je ferai une exception en matière culturelle. Le mot *changement* représente en matière politique la formule magique ; on peut se demander quel mal-être, quelle honte de soi et quelle minable peur de l'ennui révèle ou cache cette fascination, cette frénésie d'insatisfaits, cette fuite devant la réalité présente, cette évasion dans l'utopie. Érigé comme une valeur en soi, le terme – son abus – révèle l'absence de vrai projet par l'aveu qu'on ne sait ni d'où l'on vient ni où on est ni où on va, soit en résumé qui on est.

« *Je voulais changer le monde et changer la vie parce que je n'arrivais pas à me changer moi-même.* » ( ?)

***

Dans cette rubrique j'ai évoqué la culture professionnelle (métier) et la culture générale, sans les distinguer toujours très clairement. J'en conviens. N'en concluez pas que l'une est supérieure à l'autre, sauf que la première est vitale (essentielle à la vie). N'en déduisez pas que l'une entraîne systématiquement l'autre ou l'autre l'une – bien que ce soit là le cas général. Il y a des exceptions, même s'il ne faut pas prendre celles-ci pour la règle.

On rencontre des bac + 8 ayant des situations brillantes totalement incultes en dehors de leur job, foncièrement inintelligents sortis de leur bureau, comme on trouve des tâcherons, des autodidactes (qui se sont instruits eux-mêmes), des gens exerçant de petits métiers, étonnamment cultivés, remarquablement intelligents dans leur perception des gens et des choses, aiguisés dans leur réflexion. Dans un petit café où je vais souvent lire le journal j'ai côtoyé un monsieur très courtois et remarquablement cultivé en histoire, géographie, littérature…, s'exprimant parfaitement, sentant très bien le sens des événements et percevant aussi bien les gens, plein d'humour de bon aloi. Il a fallu un an pour que j'apprenne qu'il était balayeur à la ville de Paris[8].

À quoi reconnaît-on quelqu'un de cultivé ? À ce qu'il est capable de s'adresser avec naturel, de se faire comprendre et accepter par l'élite comme par la masse, par les privilégiés comme par les déshérités pour employer des termes économiques, de garder le contact avec sa cuisinière comme avec quelque prince.

***

Il est de fait que je n'ai pas découvert de suite l'importance du sujet traité dans cette rubrique comme celle de ceux abordés dans les trois précédentes. Ceci fait, j'ai alors compris que je valais plus que je ne le pensais, agréable surprise même si la découverte ne mène pas loin.

Dans ces rubriques je voulais accélérer l'indispensable appréciation de votre potentiel. Connaissez-le, estimez-le, ne l'exagérez pas, ne le négligez pas (il ne se passe rien sans travail ni persévérance), apprenez comment se construit peu à peu une personnalité, visible, consciente d'elle-même, de ses qualités et atouts comme aussi de ses limites et, finalement, bien dans sa peau, *à l'aise dans ses baskets* si l'expression est encore utilisée quand vous me lirez.

Après de premiers pas vers quelque ambition, plus de contacts et de relations enrichissantes, d'acquisitions culturelles, quand vous vous retournerez – le temps d'un clin d'œil pas plus, fort peu d'années après, parfois quelques mois seulement – vous constaterez que vous avez sauté une marche vers plus d'entendement et que vous aurez acquis une plus grande confiance en vous.

Une marche en appelle une autre, le plus souvent inattendue. C'est comme un nœud qu'on a commencé à démêler, un fil en libère un autre qu'on n'attendait pas. Vous verrez la distance que vous avez couverte allégrement, sans même vous en apercevoir, ou celle que d'autres ont parcourue pendant que vous dormiez ou que vous vous dispersiez aussi fébrilement qu'inutilement. Et, comme on ne revient pas en arrière, toute distance parcourue l'est une fois pour toutes. Affirmation qu'il faut cependant tempérer en observant que si l'eau d'un fleuve ne remonte pas, elle perd vite de sa qualité dès qu'elle cesse de couler.

Une expérience qui arrive à chacun un jour ou l'autre. Quand vous retrouverez un ami depuis longtemps perdu de vue, vous éprouverez un grand plaisir à constater qu'au fond il est resté le même. Mais après ces années d'éloignement il pourra vous arriver d'être déçu, l'euphorie des retrouvailles passées, en constatant qu'il n'a rien appris et rien de plus à apporter (ou à retrancher), qu'il est resté comme figé sur place. Cette constatation ne devrait rien enlever à l'amitié – peut-être même au contraire – mais elle en enlèvera certainement à la possibilité de reconstituer votre proximité.

Les souvenirs de jeunesse, c'est très euphorisant. Mais, passées deux ou trois heures, regarder en arrière devient ennuyeux et peu constructif.

Un conseil fort (objectif secondaire de ce document) : ne traînez pas. On peut perdre beaucoup de temps – et celui-ci est notre maître, bien plus que l'espace – avant d'intégrer en soi le mot fameux de Freud : *« Où est le ça, le Je adviendra ».*

– Le ça : pulsions, impulsions, dispersions ou obsessions non encore objectivées, pensées non achevées, non suivies, non structurées – prime enfance, incertaine adolescence.

– Le Je : personnalité consciente d'elle-même, réfléchie, posée, avertie, avisée.

Que Freud me pardonne de réduire ainsi sa pensée, bien plus vaste et qui se plaçait sur une autre échelle de temps. Mais cela suffit pour évoquer la progression vers la maturité.

Malgré tout ce que j'ai pu dire précédemment sur l'impérieuse nécessité des contacts (surtout à votre âge, plus récepteur qu'encore émetteur), ne négligez pas le *restez-en-soi* (le restez chez soi). Vous n'intégrerez ce que vous avez acquis en mettant le nez dehors qu'en vous mettant de temps en temps au repos.

Je me réfère là à une section à la fin de la rubrique suivante traitant des plages de temps à se ménager, des flâneries, ainsi qu'à la dernière section de la rubrique sur le Langage évoquant les vertus du silence.

***

NOTES

[1] Avec le terme marxisme, j'évoque l'analyse historico-économique première (réaction matérialiste à l'idéalisme romantique émotionnel du XIXe siècle générateur à terme de conflits stupides : suicide moral et matériel de l'Occident en 1914, répété 25 ans après) pas le communisme, le déplorable et odieux avatar existentiel et illusoire du matérialisme philosophique originel.

Doctrine qui, hélas, n'a pas su rester à sa place, purement intellectuelle, d'où elle aurait pu aider efficacement, sans se déconsidérer, à démonter certaines attitudes de surface assez hypocrites, à démasquer d'autres idéologies (lesquelles sont toujours des masques totalitaires mis sur le réel) et tous les bien-pensants (*bobos* aujourd'hui) soumis à celles qui dominent leur époque.

Le terme *bien-pensant* s'appliquait jadis à la bourgeoisie catholique. Aujourd'hui je l'utilise pour les bourgeois humanitaires au grand cœur qui hurlent dans les médias en surveillant la progression de leur compte en banque.

[2] Une remarque pertinente de Vladimir Volkoff : « *Peut-être l'engouement actuel pour la technique et pour le sport n'est-il qu'une façon de compenser par des certitudes mesurables la bouillie pour les chats dans laquelle nous fait vivre la tolérance culturelle.* »

[3] J'insiste sur l'importance du livre. La capacité de lire et donc l'envie de lire donnent une rigueur de langage et de raisonnement. Quand on a lu, on a des relations beaucoup moins brutales et naïves avec les autres, plus ouvertes et moins centrées sur son petit moi.

« *Tout ce que j'ai lu sur la jalousie, le pouvoir, le désir m'aide à vivre et me rend moins pénible pour les autres. Je mets des mots sur mes pensées, mes sentiments, mes émotions, mes sensations, et je peux les différencier. Cela accroît mon expérience de la vie.* » (?)

La littérature – la vraie – est ce qui se rapproche le plus des sciences humaines, le divertissement en plus (Stendhal, Balzac, Dostoïevski, Flaubert, Proust, Céline… étaient tous de grands connaisseurs de l'âme humaine – laquelle est toujours semblable à elle-même).

« *L'image a un pouvoir de séduction plus ample et un pouvoir de persuasion plus fort que les mots… Elle a gagné sur le concept… Elle prime sur le raisonnement.* » (E. Berl)

Par concept entendre la remontée vers l'idée générale représentative de situations, d'objets… Si avec les possibilités de manipulation qu'offre son choix, sa présentation, son impact émotionnel, sans même compter les trucages, l'image s'adresse aux sens, à l'impression immédiate, donc à l'émotion, le texte parle à l'intelligence, laisse le temps à la réflexion, permet la contradiction argumentée, respecte la liberté sans la forcer.

« *La grandeur des livres, qu'on peut prendre ou laisser, reprendre indéfiniment, consulter, discuter, rejeter et reprendre encore, est de ne pas imposer le spectacle qu'ils proposent… On peut rêver longtemps, un livre sur les genoux.* » (J. d'Ormesson)

Comme un maître, il arrive aussi que le texte vous apprenne sur vous-même des choses que vous ignoriez. La cadence frénétique de beaucoup de présentations visuelles (télé, DVD…) n'autorise ni recul ni réflexion. J'excepte en grande partie de cette critique le cinéma contraint d'avoir une intrigue, un sens. Elle est construite pour annihiler toute pensée – pas d'arrêt sur image : du chanteur à l'amphithéâtre, au public et retour, gros plans, vision décalée, de face, de profil, d'en haut, vacarme, que tout bouge sans cesse. Ne pas laisser le moindre laps de temps au spectateur, comme à l'auditeur de « musique » dite moderne, sans cesse harcelé et content de l'être.

Sur les routes campagnardes quelques odieux automobilistes savent très bien qu'un lapin égaré en travers de la route fuira à la lumière des phares, mais qu'il sera immobilisé, comme tétanisé, si on le paralyse par des codes/phares/veilleuses rapidement alternés et qu'on pourra alors mettre la pauvre bête dans son coffre.

À propos de l'abus actuel d'images, de bruit, je cite ce mot prémonitoire de Georges Bernanos : *« La civilisation moderne est une conspiration contre toute forme de vie intérieure ».* À l'instigation des médias producteurs de ce délire, on finit par préférer quelqu'un qui n'a rien à dire ou qui ment mais qui communique bien – la sacro-sainte communication.

Le livre exige de son lecteur une collaboration active. Celui-ci acquiert à son niveau, à son rythme, il peut s'arrêter, reprendre, rejeter. Il garde sa liberté intérieure. Un spectateur de n'importe quel flux d'images est passif, il est soumis au niveau, au rythme qu'on lui impose. L'image dicte les réponses, alors que ce sont des questions, parfois des réponses à celles-ci, qu'on va chercher dans un livre.

Sur la formation d'une culture il y a un gouffre. Si vous lisez pour vous divertir, n'oubliez pas les grands *cabots* (en contexte le terme est élogieux) représentants de ce que l'esprit français avait de meilleur : Jean Dutourd, Jean d'Ormesson… (auxquels je dois beaucoup de plaisants divertissements), le théâtre et les mots d'un Sacha Guitry, pour ne prendre que des exemples contemporains ou presque.

– Un exemple de cet esprit français de jadis pris chez ce dernier. Un célèbre dandy parisien du début du XX^e siècle, « Boni » de Castellane, issu d'une grande famille alors désargentée, avait épousé une richissime américaine née Gould (certains charmes sont irrésistibles) et la surprenant dans les bras d'un autre s'exclama : *« Oh, vous monsieur, qui n'y êtes pas obligé ! »*

– D'un écrivain du grand siècle : comme on demandait à un personnage important, M. de Fontenelle, sur son lit de mort comment il allait, il répondit *« ça ne va pas, ça s'en va ».*

– De l'orgueilleux mais incomparable Chateaubriand (qu'Hugo lui-même enviait) : *« Il faut être économe de son mépris, étant donné le grand nombre de nécessiteux. »*

C'était du temps où la France avait de l'esprit. Fréquentez celui-ci, il vous réjouira et il vous en apprendra plus sur la vie que beaucoup des donneurs de leçons incultes d'aujourd'hui. Se frotter (par le livre) à ce qu'on appelle la *classe,* vous en conférera à vous-même bien plus que vous ne croirez de prime abord (vous constaterez plus tard).

Convenons aussi que certains romans dits policiers (surtout anglais ou américains) sont également excellents dans leur approche psychologique. Ceci pour vous inciter à vous enchanter de plaisantes et bien moins futiles lectures qu'il pourrait sembler.

Si vous cherchez l'intelligence, soit à vous cultiver, vous pouvez différer la lecture des mémoires de Roger Hanin, des états d'âme de Bernadette Chirac, des aventures de Bernard Tapie, de l'activité altruiste de Lance Armstrong ou de Yannick Noah, des confidences de quelque honorable jeune personne ou grand-mère qui entend apprendre au monde entier comment elle a vaincu à la fois son cancer (comme tous les gens sensés et inspirés) mais, en plus : l'anorexie de sa fille, le dédain de son gendre, l'abandon de son mari, son chômage, son surendettement, l'inondation de sa cuisine, ses tendances à l'alcoolisme, la perte des clefs de sa voiture, la disparition du chien… et, en prime, a réussi à regagner l'amitié et l'estime, méritée, de ses voisins, de son village et même bien au-delà.

[4] Je ne fais rien d'autre quand je m'appuie sur des citations ou quand je reformule des idées. Sachant que, moi, je ne me hisse guère !

[5] On a pu dire que comprendre, c'était pouvoir répéter la même idée avec d'autres mots. C'est aussi savoir relier entre eux des faits apparemment indépendants.

– La France refuse d'extrader un ingénieur iranien suspect vers les États-Unis et, une semaine après, miracle, une de nos compatriotes détenue en Iran est libérée moyennant une amende symbolique (rien d'indécent dans ces échanges de services entre services).

– Des dizaines de millions de travailleurs chinois frappés par la crise retournent dans leurs campagnes en même temps que le gouvernement rappelle à l'armée son devoir d'obéissance.

*NOTES*

Comprendre suppose aussi d'avoir une juste perception des nombres, des ordres de grandeur (voir remarques à la rubrique sur le Prêt-à-Penser et à la dernière, Jeux).

[6] Baudelaire s'ennuyait en France car, disait-il, *« tout le monde y ressemble à Voltaire ».*

Si on tient vraiment à trouver une exception culturelle française retenons la formule de Corinne Maier, ce serait *« la constance avec laquelle notre beau pays se laisse éblouir par des tartuffes »* – entendre certains hommes d'affaires, politiciens, prétendus philosophes ou artistes, sportifs cupides, people en tout genre...

[7] J'ai beaucoup hésité avant d'inclure, non une recommandation, mais ce qui n'est que ma simple opinion d'aujourd'hui – donc sujette à une marge d'erreur considérable – celle due à mon analyse du présent comme à mon anticipation de l'avenir. Je ne désire pas en expliquer les raisons, mais il y en a, de plus concrètes même que celle d'échapper à la bêtise officielle et ainsi de garder ou de retrouver votre liberté d'esprit et de comportement.

Il est très possible que vous deviez plus tard continuer votre vie ailleurs qu'en France. N'écartez pas cette hypothèse, ne la voyez ni comme enthousiasmante ni, à votre âge, comme traumatisante. Elle n'est pas catastrophique. Elle est, c'est tout.

Si une telle migration devait se produire, ne vous conduisez pas comme certains immigrés chez nous (certes quelques très rares personnes, manipulées qui plus est, mais bruyantes). Soit ne clamez pas que tout est mal dans le pays qui vous accueillerait ; ce par correction évidente sinon gratitude, mais aussi parce que les indigènes de là-bas, plus fiers que nous, seraient certainement moins enclins à tolérer ces jérémiades que nous ne le sommes.

[8] Personne ne se définit aussi simplement. Interner les êtres dans leur identité sociale (Petits, Grands, Bretons, Basques, Noirs, Juifs, Maghrébins, Femmes, Fonctionnaires, Chrétiens, Balayeurs...) ce n'est ni du racisme ni de l'antiracisme (dont on nous fatigue), c'est beaucoup plus grave. C'est une régression. C'est couper l'humain en morceaux en collant des étiquettes. C'est enfermer les gens dans nos pauvres cases mentales protectrices et confortables. C'est chanter le vieil air réconfortant des purs et des moins purs, le grand air de la supériorité, celui des bien-pensants de tous bords qui, eux, bien sûr, ne supporteraient pas qu'on les affuble d'écriteaux.

Différemment, une tendance très actuelle est d'attribuer toutes les plumes du paon à un même individu pour la raison qu'il en possède indiscutablement une.

Si des termes variés expriment l'intelligence pure, l'entregent mondain, la sagesse, la maturité affective, l'habileté, la droiture, la rigueur, l'honnêteté... c'est sans doute qu'un individu peut posséder l'une et non les autres – même si certaines sont proches et s'entraînent souvent.

On trouve des couscous dont la semoule est parfaite mais pas la viande et les légumes... D'excellents chanteurs peuvent être de sombres imbéciles doublés même de petites crapules. Cela ne gâche pas leur voix. Mais n'étendons pas nos admirations hors du champ où elles s'appliquent indiscutablement.

Cette tendance des foules finit en *culte de la personnalité*. Quelques qualités n'entraînent pas toutes les autres. A. Hitler était un remarquable orateur, au sens tribun populaire. J. Staline cultivait son aspect terroir, bonhomme, grand-papa, d'où son surnom de *petit père des peuples*.

# VII
# SURACTIVITE – DISPERSION

Prenez garde à la **suractivité**, sœur de la **dispersion**. Il n'y a pas d'aînée, elles sont jumelles, aussi est-il difficile de les distinguer.

Si la dispersion peut être de tout temps, il faut reconnaître que la suractivité est rarement un excès dans lequel tombent les adolescents – au moins les garçons.

Vous feriez tout, tâteriez de tout, essaieriez tout et, au final, n'arriveriez à rien. Ne vous dispersez pas dans des activités, des contacts, des efforts multiples et changeants, au moins continuellement et sur de longues périodes. Le *zapping* permanent n'apporte rien, n'en faites pas votre mode d'activité habituel. *« Il n'y a pas de bon vent pour celui qui ne sait pas dans quel port il veut aller. »* (Sénèque)

Au quotidien ne vous dispersez pas, n'entreprenez pas, ne faites pas deux choses à la fois. Concentrez-vous sur ce que vous avez à faire à l'instant puis passez à une autre occupation, la minute, l'heure, le jour, le mois, l'année d'après. Ce sera beaucoup plus efficace et bien moins fatigant. De plus, se concentrer (ce qui veut dire aussi s'accrocher) est très structurant pour l'intelligence.

Le meilleur outil de la concentration est encore l'élimination, soit de s'interdire (autant que faire se peut) des idées abandonnées aussitôt nées, ce qui évite de multiplier les parenthèses fatigantes de la dispersion, telles que : *Qu'est-ce que je disais ? Où en étais-je donc ?*

On fait du sport, on lit et retient, on prépare un examen ou un entretien, on téléphone à quelqu'un, on rédige une lettre ou un message, on observe un lieu, on réfléchit à une difficulté, à une initiative à prendre ou non, on se relaxe, on mange, on fait la vaisselle, on bricole, on parle à quelqu'un, on prend le temps et on rend son esprit disponible pour écouter, comprendre et ensuite assimiler, ce que dit un proche, un ami ou une simple relation… On consacre prioritairement telle année, ou partie d'année, à préparer un examen essentiel, à emménager ailleurs et à s'intégrer, à débuter joliment dans une profession… en reléguant provisoirement les autres activités au deuxième plan.

Le principe fondamental de la formation Zen (très rude) : être tout entier présent dans ce que l'on fait. Être dans l'acte accompli et non en marge. Seul le moment présent est réel ; sa considération quasi exclusive est ce que les bouddhistes appellent la conscience, ce que les Occidentaux nomment le contrôle cérébral.

*« Quand tu es assis, contente-toi d'être assis. Quand tu marches, contente-toi de marcher. Surtout ne tergiverse pas »* dit le maître Zen à son disciple (cité par Christiane Singer). Relisez le petit extrait tiré du romancier Tolstoï à la rubrique dite Regardez devant.

Il n'y a que des activités distinctes. Certaines sont prioritaires à un moment donné, mais celle que l'on effectue dans l'instant a toujours la plus haute priorité. Elle devrait être la seule présente à l'esprit (pour un esprit idéal qui n'existe pas !).

Si on veut bien les accomplir, c'est l'une après l'autre, en étant tout entier à et dans ce qu'on fait, pas en ayant l'esprit 1/4 dans celle qu'on prétend mener dans l'instant, 1/4 dans l'occupation précédente, 1/4 dans la suivante et 1/4 ailleurs soit, en fait, nulle part. Cette cacophonie mentale ne fait pas de belle musique, elle entraîne un manque de rigueur, elle est cause d'erreur, d'échec et une source importante de stress.

Quand un archer veut atteindre une cible, il ferme un œil pour que l'autre vise plus exactement. Sans vous comparer à des chevaux, on leur met des œillères pour qu'ils aillent droit.

On reconnaît aisément un, une (la précision là s'impose), quelqu'un de brouillon au fait que ce sont aussi les agité(e)s, les dispersé(e)s, qui improvisent à la dernière minute, décommandent leurs rendez-vous, ou au mieux arrivent toujours en retard (merci l'alibi des embouteillages), reviennent sur leurs engagements, habituellement le matin même, dans une grande négligence d'autrui et d'eux-mêmes. À force de vouloir être partout, ils ne sont présents nulle part. *« Ils disent et ne font pas »* (Évangiles[1]). Non content(e)s de se stresser, ils, elles, répandent cette plaie, le stress, sur tous ceux, et celles, qui sont à portée de leurs griffes. Excusez la précision féminine – un peu lourde – j'avoue qu'elle est parfaitement subjective. Elle ne provient que de l'expérience de l'entourage d'une de mes connaissances, et se limite à un contexte et parisien et bien particulier.

***

Disperser sa pensée sur de multiples sujets la plupart du temps sans intérêt immédiat ni urgence, conduit à agir dans une certaine précipitation désordonnée, à réagir plutôt qu'agir, ce qui cause beaucoup de fatigue inutile, joue beaucoup de tours, fait commettre pas mal d'erreurs. Suractivité et dispersion sont épuisantes ; rappelez-vous que notre énergie est limitée, celle que l'on investit d'un côté ne sera plus disponible pour d'autres. Suractivité et dispersion engendrent aussi forcément des manques, des omissions dans l'important.

Un dicton populaire dit que *« à courir deux lièvres à la fois on n'en attrape aucun »*.

Le changement continu et la fluidité entravent l'exercice de la connaissance ; percevoir c'est *« tendre à immobiliser des instants de conscience »* (H. Bergson). Le changement continuel destitue le sens, n'importe quel sens. Il n'y a plus qu'une succession de métamorphoses sans causes ni effets.

Nous sommes devenus trop attentifs à ce qui change, pas assez à ce qui demeure. De plus, si une action doit vous apporter quelque expérience supplémentaire, la qualité de celle-ci dépendra bien plus de la façon dont vous avez réalisé l'acte que du simple fait de l'avoir accompli (si avoir planté un clou est satisfaisant, c'est en le plantant qu'on apprend).

Prenez aussi la saine habitude de finir ce que vous avez commencé, ou alors soit d'y renoncer, soit de mettre consciemment en veilleuse pour y voir plus clair plus tard et disposer d'un peu de recul, ou simplement du temps, de la liberté d'esprit et de l'énergie nécessaires.

Exemple : pour la dispersion, je sais ce dont je parle car j'ai toujours éprouvé des difficultés à me concentrer (excepté cependant sur des tâches précises, de travail ou telles que la rédaction de ce document...), à ne pas disperser ma pensée sur de multiples sujets sans intérêt immédiat ni urgence, ce qui a pu me conduire à agir dans une certaine incohérence donc à subir bien des inconvénients que j'ai cités plus haut.

Quant à la suractivité, à certaines périodes et dans certains domaines aussi distincts que le matériel et l'affectif, je sais les mécomptes que cette propension à l'activisme m'a causés.

*« N'use point ta part de vie à te faire des idées sur ce que font les autres. Que les choses à venir ne te tourmentent point. Tu les affronteras, s'il le faut, muni de la*

*même raison dont maintenant tu te sers dans les choses présentes. Ne te laisse point prendre au tourbillon ; mais, dans tout élan, propose-toi le juste et, dans toute représentation, sauvegarde ta faculté de comprendre. Efface l'imagination. Arrête cette agitation de pantin. Circonscris le moment actuel. Comprends ce qui t'arrive. Distingue et analyse, en l'objet qui t'occupe, sa cause et sa matière.* » Ainsi s'exprimait, il y a 1900 ans, un empereur romain aussi cultivé que sage, Marc-Aurèle.

***

Ne dites pas que vous allez faire : faites. Ne pas remettre au lendemain (sauf exceptions que nous verrons dans les deux rubriques suivantes traitant de certaines Initiatives et des Choix).

Dans les domaines professionnel comme personnel :

**Faire ce qu'on Dit** et **Dire ce qu'on Fait** est essentiel.

L'un comme l'autre sont incompatibles avec la dispersion d'esprit.

Le premier terme veut dire qu'on tient sa parole. J'espère que ce n'est pas une expression vieillie. Mais son respect conditionnera toujours l'estime et la dose de confiance qu'on vous accordera. Le second pourrait qualifier la vertu de clarté ou de franchise.

À cette maxime on pourrait en ajouter une autre, si, pour le premier terme, il ne fallait pas manifester quelque réserve à cause de la vie en société et quelque prudence pour des raisons expliquées plus loin aux rubriques sur l'Exception et le Prêt-à-Penser, le deuxième terme restant, lui, toujours justifié :

**Dire ce qu'on Pense** et **Penser ce qu'on Dit.**

***

Si on s'adresse à quelqu'un qui est ailleurs, qui est totalement déconcentré, qui écoute sans entendre, son absence se voit à 1 km par nuit noire et c'est parfaitement désagréable. Si à l'inverse c'est à vous que l'on s'adresse et que votre esprit est ailleurs vous serez victime de ce que J. J. Rousseau appelait « *l'esprit d'escalier* », soit le fait de vous apercevoir, après, en sortant, trop tard, que vous auriez dû dire ceci, répondre cela, approuver ici, contester là… entretien manqué et frustration subséquente assurée.

Il en va de même si on s'adresse à quelqu'un qui n'a dans le *cerveau que des cases où tout est pris,* ou, à l'inverse, si tel est votre cas.

« *Que peut-on faire entrer dans un esprit qui est plein ?* » (J. Joubert).

S'il vous est demandé de parler devant un auditoire, même peu nombreux, sachez que votre niveau de concentration préalable et présente sur votre sujet vous vaudra conviction – laquelle se sentira.

Pour me concentrer sur la dispersion d'esprit (si je puis dire), remarquez combien le sport de haut niveau réclame cette concentration sur la tâche à accomplir dans l'instant. À tel point que lors des matchs de tennis, lors des compétitions d'athlétisme, le public sait respecter le silence, que même le public plus remuant des matchs de football se calme lors des pénalités ou des phases de jeu importantes.

***

J'ai dit dans la première rubrique (avec : processus de création, méthode plus sueur...) qu'on ne pouvait que tâtonner dans les réalisations quelques peu longues et complexes. Mais, pour les choses simples, les démarches de routine, il vaut mieux les faire, les accomplir, une fois et une seule, bien, complètement, dans l'ordre qui s'impose, après donc y avoir réfléchi. C'est une question de concentration et donc d'ordre mental. C'est beaucoup plus efficace et bien moins fatigant que d'y revenir dix fois, d'agir dans le désordre, l'improvisation, le changement perpétuel, les allers et retours incessants...

Vous gagnerez un temps fou tout en économisant une énergie considérable, pour vous et pour vos interlocuteurs, vos relations, vos professeurs, vos élèves, vos clients, vos fournisseurs... Ils le remarqueront et vous le rendront.

Inversement, vous savez déjà combien les petites erreurs ou approximations commises à votre encontre : règlement mal imputé, renseignement faux ou incomplet, adresse mal écrite... peuvent nous coûter de démarches, de recherches et d'énergie, inutiles et pénibles.

Je vais prendre quatre exemples aussi élémentaires que ceux de la rubrique précédente.

– Si on veut acheter une table, un canapé, un miroir, un matelas pour son lit, faire installer un placard par un menuisier, on pense à prendre les mesures avant de se déplacer (sans oublier pour un meuble encombrant d'évaluer de même les accès à son logis).

– Si on veut se procurer une cartouche d'encre pour son imprimante, on pense à se munir bien sûr de la référence exacte, mais peut-être aussi et si possible, d'une ancienne cartouche pour comparer à l'œil (les vendeurs aussi font des erreurs).

– Si on doit obtenir un document officiel, avant de faire la queue au guichet on se sera renseigné (le téléphone est fait pour cela, bien plus que pour raconter sa vie ou subir celle des autres) sur les papiers dont on doit se munir, sur les heures d'ouverture…

– Vous avez décidé de ranger, classer, les documents que vous devez conserver : factures, quittances, déclarations fiscales, notices et garanties d'appareils… bravo. Avant de procéder à cette utile opération (destinée à économiser votre énergie future) pensez à acquérir un petit meuble adéquat, puis à prendre un quart d'heure pour identifier les rubriques de classement (maison, emploi, banque, fisc, appareils…).

Dans des domaines plus complexes, pour décrire une démarche mal engagée, un projet mal ficelé, une réalisation foireuse, les professionnels américains emploient l'expression un peu vulgaire mais éloquente et concise de *« garbage in, garbage out »* dont la meilleure sinon la plus élégante traduction serait : *Introduisez de la m… à l'entrée et vous récolterez de la m… à la sortie.*

N'essayez pas de mener deux chevaux à la fois, *« on ne peut être à la fois au four et au moulin »* disait un dicton.

Je me souviens de la dépense d'énergie que j'ai un temps consacrée à équilibrer quelque long rapport important, destiné à différents interlocuteurs dont les intérêts étaient divergents. Inutile labeur, stressant, peu réussi ; j'aurais dû privilégier l'interlocuteur principal et oublier les autres, concentrer mon effort sur un unique objectif. Forme de dispersion, mauvais équilibre de l'effort et du résultat, manque de réflexion et de discernement de ma part.

L'existence est compliquée, les démarches (administratives surtout) nombreuses et pénibles, les erreurs foisonnent, mais vous serez surpris de votre efficacité dans ces exercices longs et complexes comme de l'accueil qu'on vous réservera si vous savez : ordonner vos actions, vous présenter, expliquer clairement votre cas (en face à face, au téléphone ou par écrit), rester calme et surtout courtois, continuer à réfléchir tout au long du processus afin de rectifier des erreurs de parcours sur une suggestion, une constatation, devant une impasse…

Un peu de lenteur (calculée) permet souvent d'arriver mieux et plus vite. Talleyrand disait à son cocher : « *Doucement, je suis pressé* » – grande sagesse là.

Vos qualités d'organisation prouveront aussi votre altruisme en évitant de bloquer une ligne téléphonique pendant une heure ou de faire piétiner quinze personnes derrière vous à un guichet en attendant que vous ayez rassemblé votre esprit, vos explications et vos papiers.

Également, et c'est loin d'être négligeable, les agités-dispersés permanents, ne pouvant tout faire, sont souvent – comme leurs contraires, les indolents –

ceux qui négligent de s'occuper de leurs propres affaires. J'y reviendrai à la rubrique sur le comportement gestuel, en disant un mot des conséquences.

***

Remarque pour votre âge : si, à celui-ci, il est assez normal de *refaire le monde* autour d'une table, ne prolongez pas trop en imitant un des travers de *l'intelligentsia* française qui consiste à se mêler de tout, hors de chez soi, en parfaite ignorance, en culpabilisant tout le monde, tout en méprisant superbement les autres et en négligeant ses propres affaires[2]. « *Que chacun s'occupe de ses affaires et les vaches seront bien gardées* » disait un proverbe paysan de mon enfance. Occupez-vous d'abord des vôtres, et, s'il vous reste de l'énergie...

Dans votre vie personnelle, garçons surtout, retenez que si vous devez vous montrer des personnes responsables, soucieuses de vos devoirs (terme assez oublié), vous n'êtes pas, ou plus (cette époque est terminée), responsable de tout... et du reste... Prenez-vous en charge, mais laissez l'autre se prendre aussi en charge pour lui-même, ne serait-ce qu'en marque de respect pour lui et aide à sa propre autonomie.

Rappelez-vous (notamment dans les domaines de l'amitié et de l'amour) que vous n'avez que deux épaules et que ni leur largeur ni leur résistance ne sont infinies, que vous n'êtes responsable que de ce qui vous concerne dans votre domaine d'action raisonnable.

Note sur ce paragraphe : cependant en tenant compte de ces restrictions, garçons souvenez-vous qu'en dernier ressort vous êtes détenteurs de l'autorité et générateurs de l'action, qu'au milieu de l'émotion et de l'imprévisibilité, votre rôle est le maintien d'une certaine stabilité.

Votre entourage, votre épouse ou compagne, vos enfants surtout, attendent que vous remplissiez ces fonctions (j'irais jusqu'à me permettre de suggérer que virilité implique fermeté !). Ils attendent de vous cette autorité d'abord, le rôle de distributeur de bonbons ne vient qu'ensuite.

Plus largement encore c'est cette autorité stable que l'Occident a largement perdue et regrette sans aller jusqu'à oser l'avouer (il faudrait nommer la faute et les coupables de cette entreprise de dévirilisation).

En tout domaine (ambition, action, participation à des groupes, vie familiale et amicale, aide altruiste...) faites le nécessaire et tout le nécessaire ou une once de plus, mais n'en faites pas trop, ne vous mettez pas en *surrégime*. Vous vous fatigueriez, vous décourageriez et finalement échoueriez, en engendrant certainement des dégâts collatéraux et des rancunes[3].

De plus à s'occuper de tout, de l'accessoire, on risque de négliger l'essentiel.

« *Les esprits qui ne se reposent jamais sont sujets à beaucoup d'écarts.* » (J. Joubert)

Vous êtes investi d'un rôle, mais pas d'une mission. Vous êtes tenu de vous montrer présent, pas d'être sublime. Nul ne vous demande de prendre l'habit de Zorro. La *discrétion* (terme monastique à l'origine) consiste, entre autres, à garder cette mesure.

***

Plus tard, bien plus tard sans doute, pensez à cette phrase de Blaise Pascal : « *Le grand malheur de l'homme vient de ce qu'il ne sait pas rester en repos dans une chambre*[4]. » La citation date de quelques siècles, elle garde sa pertinence ; nous sommes toujours les mêmes. Mais, dès maintenant, ne faites pas partie de l'immense troupeau des agités, ceux qui ne savent ni tenir en place ni écouter ni conséquemment réfléchir, donc rester à leur place.

Ne confondez pas le fait d'être actif, fort souhaitable, et l'activisme qui reflète le manque de maîtrise, de stabilité, de recul, de réflexion, de personnalité vraie. On appelle parfois cette incapacité de se poser : fuir en avant.

Une remarque un peu rude : « *Le jeune homme moderne ne changera jamais son milieu ; parce qu'il changera toujours d'idée.* » (G.K. Chesterton)

L'activisme c'est le fait de ne pas savoir refuser, ou différer, les propositions d'action que l'extérieur (publicité, médias, camarades, collègues…) nous propose continuellement ou que nous nous proposons à nous-même par peur du vide. C'est foncer tête baissée à la moindre sollicitation, c'est accourir au premier coup de sifflet – ce qui n'est bien que si on a reconnu un son utile ou justifié ou agréable.

L'activiste considère toujours que tout est à faire ou en voie de se faire, qu'il est indispensable et qu'il doit prêter son concours. Il est celui qui agit trop et pense trop peu. Il est aussi celui qui s'occupera de tout, sauf de répondre aux demandes de ses proches, de ses amis. Pour eux il n'a jamais le temps. Plus les gens lui sont lointains, plus ils le trouvent admirable – et cela le remplit d'aise.

Si on y succombe, le matraquage médiatique actuel réalise la prophétie d'Emmanuel Mounier : « *L'événement sera notre maître intérieur* ».

Gardez vos distances, ne vous laissez pas détourner de vous-même, ne soyez pas mobilisé ni mobilisable en permanence. L'homme *mobilisé* ne s'appartient plus. Les tâches du quotidien sont déjà assez prenantes pour ne pas en rajouter par suivisme, soit par peur d'on ne sait quel vide intérieur.

Une anecdote, plaisante j'espère, sur ce sujet. Il y a des années, un chef d'État, vieux renard opportuniste mais qui savait au moins voir, s'exprimer et se taire, qui tirait vite et souvent juste a répondu à un de ses collaborateurs qui lui demandait ce que faisait son Premier ministre ou bien où il se trouvait : *« Il s'agite »*. C'était bien vu. Tout était dit sur l'individu en question, démagogue invétéré, à l'écoute de n'importe qui, adepte du n'importe quoi, excepté de lucidité, de continuité, de réflexion comme de courage – tout se tient, toujours.

Vos parents reconnaîtraient probablement les deux protagonistes.

L'action, le changement et la réforme très à la mode dans notre monde étourdissant et assourdissant n'ont ni valeur ni vertu par eux-mêmes, seulement si leur but est réfléchi, nécessaire, acceptable, utile pour soi et/ou pour autrui, sinon, souvent, mieux vaut s'abstenir ou au moins différer. Selon Rivarol, expert des temps tumultueux, *« la meilleure loi n'est pas la plus juste mais la plus fixe. »*

De plus les défauts d'une situation présente sont connus. Souvent on sait à peu près comment y remédier ou les atténuer. Quels seront ceux de la nouvelle ? car il y en aura. Il faudra du temps pour les connaître, en acquérir l'expérience et y pallier. Comme, par frénésie, on n'en prendra pas le temps, on préférera tout bouleverser à nouveau.

Note : évidemment, quand par faiblesse confinant parfois à la lâcheté rien n'a été fait pendant des dizaines d'années, il arrive un moment où il est du devoir de quelqu'un de plus courageux de faire et vite (cela est vrai dans la société comme dans les familles).

***

La pratique du pouvoir, la furie de communication médiatique, entraîne deux conséquences. Sachant que pouvoir ne veut pas forcément dire pouvoir à haut niveau. Il peut être celui d'un tout petit chef. Il en va donc pareillement à des niveaux modestes, dans des ensembles humains restreints (entreprises, collectivités, associations ou groupes...).

L'une fait que plus les individus sont saturés, décervelés, assommés d'informations (sans intérêt pour eux), de propositions, de promesses, plus leur capacité de réflexion est diminuée et plus leur abrutissement, leur stress et leur faculté d'oubli progressent.

Si vous avez de bonnes raisons de supposer des habitudes de rétention d'informations, prenez garde. Mais si on vous assomme d'annonces sans intérêt et sur le contenu desquelles vous ne pouvez avoir d'action, soyez aussi méfiants. Ne confondez pas tintamarre, propagande avec renseignement, assurance, sûreté. Les rideaux de fumée servent toujours à masquer l'essentiel et à étouffer les spectateurs.

Soit, usez sobrement des informations dispensées (notamment par tout média) et rejetez tout envahissement de votre esprit, de vos facultés critiques (comme également tout encombrement de votre agenda !). Afin de garder votre faculté de jugement et votre sérénité, gardez vos distances, ce qui peut revenir à fermer ses oreilles. Ne confondez pas information – souvent partielle et parfois biaisée – avec formation de votre raisonnement.

L'autre conséquence est de persuader les individus que rien n'est et ne doit être stable, que tout doit bouger sans cesse, que le mouvement est inéluctable, perpétuel et forcément bénéfique, que tout est possible, que tout est relatif, qu'il n'existe ni juste, ni beau, ni bien, ni vrai et que d'ailleurs finalement rien n'a de sens (doctrine dite du *relativisme* – déplorable pratique expliquée à la rubrique sur l'Exception).

Distinguez seulement dans les actions proposées et dans celles que vous vous proposez à vous-même : les changements de fond nécessaires ou les effets de manche, les modifications dictées par la nécessité ou par l'activisme débridé, le désir de briller, de faire parler de soi, le service aux copains, la vulgaire flatterie à l'opinion publique (soit ce qu'on nomme : la démagogie), ou simplement la hantise du silence, du calme, du *vide*.

***

Posez-vous toujours la question du sens immédiat et à terme, des conséquences directes et indirectes, de l'utilité et de l'acceptation par d'autres de ce que vous projetez. Ce qui implique l'absence de hâte fiévreuse. Ensuite, ordonnez les étapes de votre démarche avec logique.

Exemple sur ce point : la suppression du caractère férié du lundi de la Pentecôte. L'objectif était raisonnable, admis par tous : aide aux personnes âgées après la canicule de 2003. Le moyen choisi en hâte (sur le champ) était démagogique, sans rapport compréhensible avec le but, mélangeait tout, comportait des conséquences perverses sur des plans très divers mais nombreux. Il fut donc rejeté dans les faits entraînant quelque *foutoir*. Vos parents doivent s'en souvenir[5].

Le type même de la mesure immédiate et tape-à-l'œil typique des pratiques de notre société d'agités sans cervelle qui déconsidère ses auteurs autant que l'opinion publique unis dans une commune angoisse devant être annihilée immédiatement par n'importe quelle mesure prise fébrilement – en l'occurrence par des élus censés représenter la Divinité qui solutionne tout.

*« Le drame… c'est que la pression médiatique oblige à dévoiler des solutions avant d'avoir pris le temps de poser sérieusement le problème »* (Jean-Marie Petitclerc). Autrement dit, la réponse ne peut pas attendre plus tard que le journal télévisé du soir même.

Au-delà de l'épisode retenez : petites causes (par activisme hâtif, fébrile et irréfléchi, angoisse, gloriole, inconscience, lassitude, défaut de vision…) égalent grands effets et la plupart du temps en cascade. Une avalanche commence toujours par et pour un rien et, déclenchée, on ne l'arrête plus[6].

*« Toutes choses sont causantes et causées. »* (Pascal) Or, les effets ne sont aperçus que quand ils commencent à se produire, soit trop tard car on ne contrôle et soigne utilement que les causes et non les effets. Or, celles-là sont déjà bien loin en amont et comme de plus on ne peut revenir sur ce qui est fait…

***

En matière de suractivité, notez que celle que je déplore est la suractivité gratuite, c'est-à-dire voulue ou consentie un peu trop facilement. Je ne confonds pas avec la suractivité subie malgré elles par des mères de famille.

En matière de concentration d'esprit et de non-dispersion, il est indispensable de savoir se ménager des plages de temps où il est souhaitable d'abandonner, un moment, ces deux exigences, soit de tolérer consciemment un certain vagabondage mental.

Si j'insiste sur l'attachement au réel, sur l'action, il ne faut pas pour autant laisser s'atrophier nos facultés de contemplation, de méditation, de détachement, de jeu presque. On peut mouvoir agréablement et utilement son esprit dans la contemplation d'une herbe, dans quelque rêve, dans la méditation d'un fait, dans le vide – hors de toute préoccupation utilitaire – afin d'être autrement. Revoyez la citation à la note n° 4 de la rubrique Regardez devant : *« Les deux voies, celle des poètes et celle des savants… »*

Il peut être agréable et il est nécessaire de laisser flotter son esprit lors des moments de délassement aussi indispensables que fréquents. À l'occasion de vacances bien sûr, mais on peut également utiliser cette sorte d'épuration, de vidange des méninges, dans la vie quotidienne (dans un creux, le soir, en week-end…) pour que, justement, il y ait de la place afin que puissent jaillir des idées surprenantes dans des domaines tout aussi inattendus.

Ce en s'évadant de l'excès de concentration sur la ou les questions actuelles, qui peut conduire à l'obsession – laquelle est l'inverse extrême de la dispersion et constitue le danger symétrique.

« *On ne peut imaginer* (au sens voir, découvrir) *que ce qui est absent.* » (M. Proust)

Un grand philosophe (quelqu'un dont justement la fonction est de penser), Martin Heidegger, affirmait que : *« Nous ne parvenons jamais à des pensées. Elles viennent à nous »*.

Encore faut-il leur laisser temps et place pour qu'elles puissent venir, être curieux de ce qui vient à soi, inopinément, sans qu'on le cherche. Il convient de laisser un peu de liberté à ce qu'on appelle le *hasard mental.*

Il paraît qu'on ne commencerait rien, qu'on répondrait toujours ; et aussi que les pensées qui nous viennent vaudraient mieux que celles qu'on trouve. Chaque idée se formerait entre deux pauses de l'esprit.

Si vous voulez qu'il vous survienne une idée originale pour vos occupations présentes ou à venir (travail, décisions diverses à prendre…), une initiative à prendre ou les raisons d'y renoncer, rendre un service ou les motifs de le refuser, faire plaisir à…, éviter une erreur, penser à renouer un contact perdu ; généralement qu'il vous vienne quelque pensée, sens, intuition toute nouvelle, non recherchée, imprévue et souvent précieuse, découvrez votre méthode pour apercevoir une foule de choses que vous n'aperceviez pas auparavant dans la routine et le décor quotidiens.

Quand on quitte de temps en temps le ruban d'autoroute sur laquelle on fonçait les yeux fixés sur le capot, on distingue une foule de détails du paysage, la perception n'est plus la même, les lieux ont changé de couleur, éclipsant ce qui était là auparavant et révélant des choses qu'on n'avait jamais vues.

Comme le dit un message lu sur un panneau de la ville de Paris qui, exceptionnellement, présente quelque intérêt : *« Les meilleures idées sont celles que l'on n'a pas encore eues. »*

Chacun a trouvé sa méthode, et l'a souvent trouvée par hasard. Je me permets d'évoquer la mienne car elle est en rapport avec cette rubrique et, de plus, beaucoup de gens la pratiquent, sans vraiment l'avoir cherchée, comme moi[7].

Elle consiste à me vider l'esprit (rude tâche), à le laisser flotter, à surtout ne penser à rien, de précis au moins, et à marcher, déambuler, en étant, pour une fois, aussi déconcentré que possible – ce qui, là, ne veut pas dire dispersé, mais plutôt inhabité. L'objectif, non recherché car alors cela ne fonctionne pas, étant de me libérer l'esprit de tout ce qui constitue l'en-cours immédiat dont la présence obsédante empêche de voir le paysage à côté de la route ou au-delà du prochain virage.

Ces flâneries, dont j'ai compris l'utilité bien tard, me sont devenues des plus profitables pour éviter l'obsession activiste et faciliter l'apparition du : *à faire* ou *à éviter* ou *à différer.* Ce, parfois de façon surprenante sur des sujets à mille lieues de mes préoccupations du moment.

Que ne l'ai-je découvert plus tôt ! Je me serais épargné des centaines d'heures d'efforts, de sueur, pour rattraper (mal) l'absence de détente d'une après-midi ou d'une matinée.

Si la marche ne vous convient guère, vous pourrez obtenir les mêmes résultats en vous asseyant confortablement, mais bien droit, non abandonné, sur un fauteuil un peu dur, en restant calme assez longtemps et en régulant lentement une ample respiration, peut-être en écoutant d'abord le tic-tac d'une horloge, en l'écoutant *entièrement*.

Il faut savoir perdre son temps, s'arrêter ou au moins ralentir, s'ouvrir, imposer le silence au bruyant orchestre qui se trouve entre nos deux oreilles sinon on n'entend pas le vent – non pas toujours faire le point activement mais le laisser se faire de lui-même, à partir d'un point situé idéalement à zéro. De même qu'on n'écoute personne si on se parle à soi-même, on n'entend pas plus le vent.

Il faut savoir s'interrompre pour repartir autrement, se poser, se vider ; une heure, deux jours, une semaine... Il faut parvenir à rompre un moment l'enchaînement de ses activités, de ses pensées, à éviter l'obsession qui aveugle, à lutter contre notre besoin de tout contrôler à tout instant.

On dit couper l'émissivité (pensée) en mettant le cerveau en état de réceptivité (accueil des sensations), en dégageant la conscience de tout mélange intellectuel ou émotionnel encombrant, en laissant à notre cerveau la possibilité de vivre sa vie propre sans le saturer. Laissé libre, reposé, il vous donnera des réponses surprenantes. Ne craignez pas de vous retrouver les mains vides. Lâcher prise un moment c'est retrouver la paix, la sérénité, un espace de liberté avant de replonger dans le tourbillon.

Il s'agira toujours de laisser survenir l'inattendu, de mettre de côté nos pensées, idées, croyances, certitudes et habitudes mentales, émotions, préoccupations, craintes et soucis, sentiments et ressentiments, buts et attentes, projets, circonstances extérieures et dépendances vis-à-vis de celles-ci ou d'une personne, d'oublier tous les messages inhibiteurs et contraignants qui contrôlent l'existence, d'abandonner ce qui a été et n'a peut-être plus lieu d'être, afin de commencer à se laisser la possibilité de regarder devant ou ailleurs – et d'abord, pendant un temps, nulle part.

Ces méthodes permettent d'avoir des idées, d'apercevoir des points de vue tout à fait étrangers à nos préoccupations du moment, de rectifier des intentions, des projets d'action...

Mais il faut aussi savoir mettre au frigo pendant vingt-quatre heures au moins les perspectives qui ont ainsi jailli, comme il faut savoir oublier un temps les problèmes une fois qu'ils ont été correctement posés. C'est l'objet des rubriques suivantes sur les Initiatives à différer presque toujours, à enterrer parfois, sur les Choix à laisser mûrir tranquillement.

Incidemment, ces deux techniques, flâneries ou quiétude ferme en fauteuil, valent aussi comme cure brève et simple de renforcement de l'estime de soi.

***

Enfin, je place à la fin de cette rubrique sur la Suractivité et la Dispersion, à titre de transition avec la suivante sur les Initiatives, une précision de terminologie.

Ne considérez pas que tout ce qui est urgent est important et que tout ce qui est important est urgent, distinguez. Les deux critères ne se recoupent pas. Or nous avons tendance à privilégier l'urgent au détriment de l'important. Cette propension peut devenir cause d'erreurs par omission et source de stress.

Dans l'exemple cité plus haut, l'élaboration d'un projet d'action sur la fragilité des personnes âgées en période d'excès climatique était importante, mais sa réalisation avait attendu des siècles, la question n'était pas si urgente que cela. On disposait d'au moins huit mois avant l'été suivant et sans doute bien plus avant le retour d'une telle canicule.

Une fois de plus l'émotion, l'emballement, l'affolement médiatique ont décrété l'urgence absolue et excité l'opinion publique en faisant disparaître toute raison.

Orienter votre avenir est important, ce n'est pas urgent au jour près. À l'inverse, se précipiter chez le dentiste peut être vraiment très urgent tout en étant moins important au fond que, par exemple, le maintien, la restauration d'une amitié, qu'un simple anniversaire à ne pas oublier la semaine prochaine…

Suggestion pour être actif sans être suractif et pour être présent à ce que vous faites : délestez votre emploi du temps. Qu'est-ce qui aujourd'hui est indispensable ? Qu'est-ce qui est nécessaire ? Qu'est-ce qui est utile ?

***

NOTES

[1] Je reprends cette citation des Évangiles, mais, à vrai dire, Jésus visait une autre catégorie de personnages que les agités (encore que ?), plutôt les donneurs de leçons.

[2] *« Chaque génération se croit vouée à refaire le monde. La mienne sait pourtant qu'elle ne le refera pas. Mais sa tâche est peut-être plus grande. Elle consiste à empêcher que le monde ne se défasse. »* (Albert Camus, écrivant hier, vers les années 1950) Croyez-en Camus. C'est à des myriades de gens qui ont cru à la nécessité de cette tâche-là – s'occuper de ses affaires – plus humble et plus discrète, que vous devez d'être nés. Alors que vous ne devez rien aux donneurs de leçons.

[3] Cette considération sur le : n'en faites pas trop, mériterait d'être développée. Mais l'essentiel a été dit dans le texte à l'origine de cette note. Cette tendance comporte de gros risques personnels ainsi que des nuisances involontaires mais probables sur votre entourage. L'excès perturbe et soi-même et le monde.

Si vous avez pris l'habitude de trop en faire on vous en demandera souvent toujours plus, s'épargnant ainsi de faire soi-même. Et si ensuite vous réduisez, quand vous ne pourrez ou ne voudrez plus, on risquera fort de vous en vouloir gravement : *Il a changé – Je ne le reconnais plus – Que se passe-t-il ? – Que lui ai-je fait ? – Quelqu'un d'autre à l'horizon ?*

[4] Combien ont regretté leur agitation : les multitudes coincées à l'autre bout du monde, ou même de l'hexagone, par quelque grève, tremblement de terre ou une éruption volcanique venue de bien loin dispersant son nuage de cendres – comme on aurait été bien chez soi.

[5] Cette mesure stupide ne fut pas sans conséquence quant au refus ultérieur de la constitution européenne lors du référendum qui suivit, lequel ne fut pas sans conséquence sur le rejet de la candidature de la ville de Paris pour les jeux olympiques de 2012 (dernier rejet dont personnellement je suis fort heureux : gigantesque désordre en perspective, triomphalisme insupportable, énorme gaspillage, déficit abyssal, *remplissage de poches* encore plus indécent pour quelques-uns bien placés...).

[6] Précisons que ce commentaire pourrait aussi être placé à la rubrique sur les Choix. J'essaye généralement d'évoquer des activités, des choix, personnels. Mais souvent des exemples historiques (comme celui, minuscule, que je viens de prendre sur la suppression du caractère férié du lundi de la Pentecôte) sont éloquents.

Dans un petit livre, *Le feld-maréchal von Bonaparte*, Jean Dutourd évoque talentueusement non pas ce qu'aurait été l'histoire européenne, et au-delà, mais plutôt ce qu'elle n'aurait pas été si le brave homme qu'était Louis XVI (trop brave pour être roi) avait fait placer un peloton de gendarmes à cheval devant la Bastille un jour de juillet 1789.

– Pas de Révolution, pas de Terreur, pas de boucherie à l'échelle de l'Europe, l'unité allemande au moins retardée et de toute façon autre sans l'humiliation des nations germaniques après Iéna (1806), pas de guerres de 1870, 1914, 1939, pas de révolution de 1917 en Russie ni de régime communiste...

– Les noms de Robespierre, de Napoléon I et III, de Bismarck, de Lénine, de Staline, d'Hitler, comme ceux de de Gaulle ou du maréchal Pétain inconnus... D'autres seraient apparus...

– L'Europe n'eût pas été saignée, ruinée et déconsidérée.

– La Louisiane, c'est-à-dire tout le sud-ouest américain, n'eût pas été vendue pour financer les guerres napoléoniennes (quinze millions de dollars !) et parlerait un français local à côté de l'État yankee du nord-est (probablement pas de guerre de Sécession)...

– L'Europe ne serait pas devenue idiote pendant plus de deux siècles sous l'influence du *Rousseauisme* et sa croyance naïve en la bonté naturelle de l'homme.

Ce n'est pas sur le passé que je voulais revenir – c'est fait – mais souligner que rien n'est écrit d'avance, ni en Histoire ni dans notre propre histoire. Les événements ont leur vie propre. Leur déroulement et leurs conséquences ne se déduisent pas de l'analyse des causes.

*NOTES*

Il n'y a pas de *marche* ni de *sens de l'histoire* collective pas plus que de nos petites histoires individuelles. Contrairement à la prétention que recouvre l'expression idiote « philosophie de l'histoire », il n'y a pas de continuité historique, d'idée directrice qui la guide, de sens qui la structure, de fin qui l'achève ou l'accomplit. Il n'y a que des moments, des événements, des ruptures qui s'enchaînent.

Tenez compte des incidences de ces *cascades* dans vos vies personnelles. Prenez garde à chaque moment décisif – autant qu'on puisse savoir. Après, c'est joué.

C'est une tendance fâcheuse de l'Histoire que de donner à penser que si un événement s'est produit c'est qu'il était écrit. Ce n'est pas parce qu'une situation a débouché sur un certain futur (immédiatement devenu passé) qu'une infinité d'autres n'étaient pas possibles.

Voir la phrase de la rubrique Regardez devant : rien ne se passera jamais comme prévu, comme imaginé. C'est cela aussi la liberté même si nul ne sait vraiment les conséquences de toute action ou abstention.

« *L'homme ne sait jamais ce que fait ce qu'il fait* » (Paul Valéry) – et c'est mieux ainsi.

Prenons deux exemples moins grandioses que le précédent.

– Si Gertrude n'avait pas pris cet autobus et ne s'était pas foulé la cheville en montant, Philibert lui serait resté inconnu et Adèle et Aristide ne seraient pas ou seraient autres.

– La discussion s'est tendue entre Sosthène et Siméon. L'un a giflé l'autre ou s'est laissé aller à une dure agression verbale, l'autre a répondu par des coups ou un renvoi tout aussi agressif ou a subi en se taisant.

Peu importent désormais les causes de la tension, l'événement a créé une situation entièrement nouvelle. Même en cas de réconciliation, elle est définitivement autre.

[7] J'ai su, longtemps après, que j'appliquais certains des principes d'une méthode de comportement connue, simple et efficace dite la méthode du docteur Vittoz. Par souci de rigueur, je dois reconnaître que quelques expressions que j'ai utilisées plus haut et dans deux ou trois autres rubriques plus bas proviennent de celle-ci. Ma justification est que le bon docteur en savait plus que moi et s'exprimait mieux que moi.

# VIII
# INITIATIVES

S'il vous survient à l'improviste et en tout domaine, mais surtout vis-à-vis d'autrui, quelque idée d'**initiative** à prendre ne la rejetez pas mais ne vous précipitez pas.

Laissez-la mûrir, puis dormez dessus le temps nécessaire à une bonne fermentation. Laissez décanter, rien ne vous presse (sauf votre impatience, sauf vous-même). Je pense là essentiellement aux relations de personne à personne, de vous à l'autre, mais ce délai conseillé s'applique également aux décisions dites d'affaires : professionnelles, orientation, achat important…

J'y viendrai à la rubrique suivante car ces deux rubriques, sur les Initiatives et les Choix, sont assez voisines dans leur approche psychologique.

Demain, au matin, à froid, votre impulsion mirobolante du soir vous apparaîtra peut-être comme déplacée, ridicule, dangereuse même et vous vous féliciterez de ne pas avoir cédé à une urgence trompeuse qui n'est qu'une des multiples formes de la suractivité.

Essayez un instant de sortir de votre peau pour vous mettre dans celle de l'autre (ami, collègue, parent, patron, employé, voisin…), comment aurait-il, elle, pris le message interventionniste que vous dictait votre fébrilité, votre impulsivité, votre exaltation ou votre colère la veille et qui vous semblait alors si génial ? L'autre est rarement branché sur la même longueur d'ondes que nous. Personne au monde ne pense comme nous, dans les mêmes termes que nous, en même temps que nous.

Donc ne vous précipitez pas trop, même par gentillesse – sauf exceptions. On dit qu'il faut : *Laisser du temps au temps.* Hier il n'y avait là rien à faire et aujourd'hui subitement tout presserait ! Votre idée peut certainement attendre demain. Il fera jour et tout sera plus clair. Si son bien-fondé n'est toujours pas parfaitement évident, souvenez-vous de la maxime : « *Dans le doute, abstiens toi* ».

Toute hâte impatiente, surtout vis-à-vis d'autrui, renferme un piège existentiel. Elle risque souvent plus de nous dévaloriser comme être irréfléchi, de nous faire commettre des impairs, de nous contraindre à de pénibles reculades que de nous valoir honneur et reconnaissance. On risque tellement plus de se déconsidérer par action que par omission. On n'est pas très loin de l'activisme débridé cité à la rubrique précédente.

« *Il n'est jamais trop tard pour ne rien faire* » disait Confucius, sans doute un peu radical pour notre époque et notre société active et contrainte de toute part. Ce sage chinois faisait l'éloge de la modération, pas celui de la paresse.

Ce qui signifie qu'il faut réfléchir avant, mais ne signifie cependant pas qu'il faut sans cesse reculer. Il faut aussi savoir se jeter à l'eau, sauf qu'il est souhaitable d'avoir pris la température de cet élément. Sinon après on grelotte. Il faudra quand même bien que cela vous arrive de temps en temps. C'est ainsi qu'on apprend.

On peut être ému d'amour, de pitié ou de colère… traversé par une idée de génie… et même remué à l'excès par le simple contentement de soi et de son illumination soudaine. La spontanéité du cœur, qui peut aussi être de fureur, doit rester sous le contrôle de la raison. Méfiez-vous de l'émotivité. Sachant que cette fonction marche dans ces deux sens opposés.

Note : sur ce terme d'émotivité qui reviendra négativement de nombreuses fois tant son abus peut se révéler nocif et pour que vous me compreniez bien, sans malentendus, vous verrez à la fin de cette rubrique, à la rubrique sur l'Estime de soi et, en conclusion de ce document, à la rubrique dite Terminus, ce que j'entends par là. L'émotivité – excessive – comporte souvent une grande part de narcissisme lequel entraîne soit à la compassion déréglée (ne serait-ce que pour soi-même) soit à la colère aveugle.

Mais, d'ores et déjà, rejetez l'idée fausse que la sincérité (qui peut émaner de quelque accès d'émotivité) est gage de vérité. La sincérité est adhésion de l'être à sa subjectivité, la vérité est adhésion à l'objectivité du réel. On peut proférer des erreurs, des monstruosités, avec sincérité. Elles restent telles[1].

Il faut savoir garder ses nerfs et la tête un peu froide, ou pas trop chaude au moins. Contrairement à ce qui est dit précédemment (mais j'ai déjà pris le soin d'évoquer des exceptions), il vaut mieux remettre au lendemain, quand ce qu'on a idée de faire ou de dire pose question, n'est pas objectivement évident, risque de heurter, d'être mal pris, d'interférer dans des événements ou des situations qui ne nous regardent pas… ou simplement de nous mettre ensuite dans une position hasardeuse.

Ce délai que vous vous imposerez vous permettra au moins, si vous persistez dans votre projet, d'améliorer la forme (les termes employés) et le fond (les idées), le plus souvent dans le sens d'une certaine atténuation pour les fougueux, éventuellement d'adresser votre message à un destinataire plus approprié, de tester peut-être l'impact de votre initiative auprès d'un proche ou d'un ami, bon et sage conseiller.

Il s'agit tout simplement de Sagesse, c'est une vertu (les timorés du sens et du langage préfèrent aujourd'hui le terme de qualité, c'est presque pareil) et les vertus ne sont pas faites pour nous ennuyer, mais pour nous servir et nous éviter des erreurs amères.

Dans le doute sur votre idée d'initiative, appliquez le filtre des trois tamis de Socrate. Ce que je me propose de dire, ou de faire, est-il : *Vrai ? Bon ? Utile ?* Si les trois critères sont satisfaits, allez-y. Comme je suis moins exigeant – et moins doué pour discerner – que Socrate, s'il n'y en a que deux votre idée mérite certainement considération, donc réflexion. Sachant que (pour moi, je précise) le critère d'utilité est primordial ; mais non suffisant à lui seul. Sachant que ce dernier critère peut aussi être considéré par rapport à soi-même, soit se trouver satisfait quand il sert à se soulager d'un poids.

***

Remarque qui élargit beaucoup notre sujet : « *Lorsque nous pensons, nous sommes coupés de l'objet de notre pensée ; lorsque nous goûtons, touchons, voulons, aimons, haïssons, nous ne sommes pas en mesure de comprendre clairement* » (C.S. Lewis) ; dans le premier cas par excès et dans le deuxième par manque de distance ; télescope ou microscope.

Nous ne saisirons jamais à la fois la pensée, la sensation globales (le parfum *des roses*) et la réalité concrète, perceptible (le parfum de *cette rose-là*). Nous n'aurons jamais à la fois le plaisir ou le chagrin en son paroxysme, concrètement, physiquement ressenti et sa notion abstraite, compréhensive, élargie et intemporelle. Quand nous rencontrons un homme nous ne serrons pas la main de l'humanité. Nous rejoignons le voisin par le fait qu'il sent aussi le parfum *des roses*, mais ce n'est pas le même ; la même odeur pour lui et pour moi. Nul ne peut m'expliquer la couleur rouge, l'odeur du jasmin, le goût du sucre, la douceur de la soie, le froid du métal… Nous sommes seuls en nos sensations (microscope), en entendement dématérialisé (télescope) nous pouvons être avec. Cette dernière faculté (longue conquête) porte un nom : la culture.

Il faut s'y faire, bien distinguer les deux approches – complémentaires et indispensables – corriger l'une par l'autre, savoir celle qui, en une situation donnée, ment le moins, celle sur laquelle on s'appuiera pour décider et agir, quel est l'instrument le plus fiable, le télescope ou le microscope, la pensée distancée ou la sensation personnelle, particulière, immédiate.

Pour rester dans le cadre de cette rubrique dans les relations usuelles avec autrui, mieux est généralement de ne pas trop s'éloigner du niveau commun, partageable, communicable, raisonnable, de ne pas trop se fier à son ressenti, toujours assez subjectif, émotif, un peu trop susceptible d'être contaminé par l'Ego, de tempérer ce qu'apporte la sensation par une forte dose de raison.

Ce qui revient à rester plus proche du parfum des roses en général que de celui de celle que nous respirons dans l'instant.

***

Pratiquement, quand la question est délicate, si vous vous êtes senti nerveux, excité, n'envoyez jamais une lettre ou un e-mail le jour même de sa première rédaction. Avant de décrocher le téléphone impulsivement et si vraiment vous ne pouvez, voulez, attendre demain, respirez un bon coup, regardez par la fenêtre et faites quinze fois le tour de la pièce ou trois fois celui du pâté de maisons.

Exemple : jadis au moins, que de remarques, démarches, rapports, lettres, appels téléphoniques, au travail et ailleurs, j'aurais au moins tourné autrement si j'avais pris le temps de réfléchir à la façon dont ils seraient reçus, à l'issue qui pouvait en résulter, soit parfois se retourner contre moi. Combien auraient dû aller à la poubelle !

Il y a certainement un usage civilisé – comme un ordre de dangerosité – des moyens de communication. Je veux parler là du risque qu'ils présentent de donner prise à une mauvaise interprétation, au froissement des susceptibilités, à la surprise ou au choc que peut provoquer la réception du contenu qu'ils transmettent, au sentiment de colère qu'ils peuvent engendrer.

Le moins hasardeux, le plus aisément contrôlable est certainement la communication verbale directe – qui permet de vite modérer, rectifier et même de passer en marche arrière. Après vient le téléphone – qui cependant altère la voix et surtout prive de la vision de l'auditeur qui révèle vite ses réactions et de celle du locuteur qui reflète assez bien ses intentions. On trouvera ensuite l'écrit, la lettre – qui supprime même l'intonation vocale, prive de réaction spontanée de type approbation ou rejet et comporte un caractère assez formel, officiel. Le courriel (les mails électroniques) se situe au niveau le plus risqué, le plus délicat à manier.

Il y a en effet des différences non négligeables entre ces deux dernières formes de communication qu'on imaginerait volontiers comme proches (ces écarts de perception auront peut-être disparu dans trente ans et plus, là je ne sais, mais ils restent vrais aujourd'hui).

La lettre – par l'écriture manuscrite surtout – manifeste un effort, une certaine considération, l'effet de choc est légèrement atténué par les quelques secondes nécessaires à son examen externe, à son ouverture (surtout si on a eu l'élégance de s'identifier au verso).

Le courriel présente un aspect plus froid, il est d'origine professionnelle (cela restera un temps dans l'inconscient), il a la réputation d'être utilisé pour des détails souvent assez peu importants, dans l'urgence, d'exiger une réponse du même ordre, il est abstrait, dépourvu de support matériel, délivré par une machine froide, impersonnelle, à travers un réseau lui aussi abstrait, mondial – en admettant même, avec beaucoup d'indulgence, qu'on ait l'élémentaire correction de s'y exprimer en français.

Plus le moyen est évolué, plus le risque d'erreur technique est élevé. La manipulation d'armes atomiques est plus périlleuse que celle d'épées.

En plus de se couler complètement, un de mes amis vient de dynamiter un groupe de réflexion dans lequel il venait d'entrer en envoyant un courriel qui a été reçu par l'ensemble des participants ; e-mail un peu trop critique à l'égard notamment de deux membres de ce groupe – surtout provenant d'un nouveau à peine intégré. Comme cet ami est impulsif mais pas stupide, il ne croyait s'adresser qu'à la coordinatrice du groupe. Mais répondant à un envoi de celle-ci adressé à l'ensemble des membres, il a répondu à tous sans s'en douter (via quelque fonction de type "réponse à"... je suppose). Il n'aurait jamais fait douze enveloppes ! Séisme (8 sur l'échelle de Richter), tollé général, indignation, lamentations, gémissements, pleurs, fureur, cris, hurlements, invectives, feu vert à tous les règlements de comptes jusque là pacifiés, tir à vue sur tout ce qui bouge, chasse à l'homme... Verdun, *Apocalypse now*... Cette litanie afin que vous n'imaginiez pas les grandes personnes plus modérées et raisonnables que des bébés agglutinés dans un parc.

Cependant (tout est compliqué) pour des messages non délicats, routiniers, mais supposant acceptation ou refus du destinataire (invitation à quelque événement, demande de service...), le courriel ou la lettre conviendront mieux que le téléphone. Ces moyens éviteront de déranger l'autre, de le prendre au débotté et surtout lui laisseront le temps d'accepter avec enthousiasme ou de s'inventer un motif de refuser élégamment.

Tenez compte également que, même pour faire passer des messages simples, évidents, non délicats mais jugés importants, formulant quelque requête (demande de rendez-vous, de service...) et s'adressant à des personnes d'un certain rang, il y a des formes qui conviendront mieux que d'autres. Ce qui signifie, en clair, que ces autres sont à écarter.

Si message et destinataire sont chacun importants, suivant leur nature et les circonstances l'expression verbale directe ou la lettre peuvent convenir alors que le téléphone et encore plus le courriel sont totalement inadaptés – soit frôlant clairement la muflerie – même si, dans ce dernier cas, on veille soigneusement au fond, à la forme, au style et à éviter l'horreur du langage courriel ; ce qui est la moindre des corrections mais est insuffisant pour racheter l'inadéquation du moyen utilisé.

***

Pour en revenir aux délais souhaitables pour vos initiatives, quand il ne faudra ni remettre ni tergiverser, quand il faudra agir sur le champ et que la question relèvera de l'affectivité prise dans le bon sens, Celui que les chrétiens appellent le Saint-Esprit et d'autres autrement suivant leur fantaisie, saura parfaitement vous le faire savoir à l'instant même. Au moins si vous savez entendre, soit si votre esprit à vous n'est pas trop dispersé, ou s'il n'est pas, à l'inverse, encombré par quelque émotion obsessionnelle dont j'ai parlé qui, débordante, envahissante, vous déposséderait provisoirement de tout jugement, vous masquerait le contexte et l'évidence de ce qui est à faire – ou non.

Je vous incite généralement à prendre du recul, un peu de temps de réflexion. Mais, au moins dans certaines initiatives d'ordre mineur, fiez-vous à ce qu'on appelle les *certitudes immédiates*, elles vous tromperont rarement[2].

La spontanéité comme toutes choses a son endroit et son envers. Elle a ses dangers, son absence aussi.

Dans certains contextes : *Je vais y aller ou pas – Répondre oui ou non – Rester ou m'en aller – L'acheter ou pas – L'embrasser ou lui tourner le dos…* il est très difficile, sinon impossible, d'y voir clair quand on reste plongé dans cette hésitation.

Il existe un procédé issu d'une technique au nom barbare, la programmation neuro-linguistique. Il consiste à essayer (on y arrive plus ou moins) de sortir de soi-même sur l'instant, de se dissocier, de se regarder agir à l'avance et de l'extérieur, dans un sens ou dans l'autre, comme si on était son propre spectateur. Notre vision de la situation, l'adéquation du comportement vers lequel on incline apparaissent plus clairement. On voit mieux le contexte – et soi dedans – sous un autre point de vue, plus global, plus neutre. De plus, on arrive aussi à chasser, éloigner plutôt, les émotions immédiates qui risquent toujours d'interférer de façon pernicieuse.

***

Jusqu'ici je pensais aux initiatives qui peuvent nous venir spontanément à l'esprit. Mais, une discipline similaire s'applique également aux ripostes immédiates, répondant à quelque reproche ou désagrément que quelqu'un a pu nous causer à l'instant. Il ne s'agit pas de courber l'échine, mais attention quand même à ne pas sur réagir, à ne pas répondre trop vite et trop vivement par ce qu'on nomme en stratégie l'escalade, ne serait-ce que par prudence, parce que l'autre a peut-être d'autres munitions en réserve et n'attend que l'occasion de nous les servir en plus gros calibre. Proportionnez la riposte à l'attaque, évaluez promptement les raisons de celle-ci et atténuez plutôt celle-là ; le calme assorti d'humour aide et porte souvent juste.

Dans le même registre, à une remarque spontanée mais disproportionnée et formulée sèchement, sur un ton comminatoire, en général par quelque agité hypernerveux – souvent une femme, plus sensible aux détails, perfectionniste, ayant tendance à voir de suite ce qui ne va pas et à ne pas toujours le garder pour elle un moment : *Attention ! – Fais comme ceci ! – Pas comme cela ! – Passe-moi cet objet...* – même si vous jugez l'intervention rude et déplacée, veuillez garder votre calme, accepter le fait que n'importe quoi dit n'importe comment peut échapper à n'importe qui.

De votre côté, gardez-vous de ces injonctions intempestives et assez déplaisantes. En réponse ne vous exclamez pas, ne réagissez pas impulsivement et négativement comme si votre personnalité profonde était mise en question par cette remarque inappropriée. Cette manière infantile de réagir, comme préalablement d'agir, dénote la même absence de contrôle de soi par excès d'émotivité, à laquelle s'ajoute une susceptibilité exagérée.

À terme elle érode savamment toute communication élémentaire. De plus, et pour les deux parties, ce manque d'équilibre réciproque contraint les pseudo-interlocuteurs à se faire la tête un bon moment pour justifier l'une et l'autre outrance (l'initiale et la répondante) dont chacun sait la sottise mais sans vouloir la reconnaître ni surtout se l'avouer.

Que vous répondiez à quelque attaque ou que vous en preniez vous-même l'initiative, utilisez le frein plutôt que l'accélérateur.

***

Dans cette rubrique j'ai évoqué les précautions souhaitables pour les initiatives que vous prendriez, mais il en va différemment quant à l'accueil que vous avez à réserver à celles que prendrait autrui. Je reviens là à un contexte moins improvisé, plus mûri et élaboré qu'immédiatement ci-dessus avec les promptes ripostes aux petites agressions soudaines ou aux remarques brutales spontanées.

Si quelqu'un s'épanche un peu trop, quitte même à vous contester, à vous engueuler, émet une idée farfelue, vous semble délirer, vous n'êtes pas obligé de le suivre servilement, de vous laisser faire, d'approuver n'importe quoi, surtout dit n'importe comment. Mais écoutez-le ou lisez-le pourtant, au moins dans un premier temps – sauf s'il franchit les limites acceptables, passe par trop les bornes dit-on – sans trop le brider d'entrée. Acceptez de subir, d'encaisser même, une dose tolérable de dérangement.

Derrière ce défoulement qui peut sembler d'abord d'apparente déraison, il y a peut-être un élément à retenir, quelque point de vue original, une idée ou amorce de… une justification directe ou indirecte pas si folle que cela. Une castration brutale que vous opéreriez vous empêcherait de saisir cette étincelle[3].

En Chrétienté on appelle un rejet immédiat et sans appel : *pécher contre l'esprit* (dont il y a d'autres formes plus graves) et on dit, ce qui est très juste, qu'il ne faut pas éteindre l'esprit. Contrôler celui-ci, examiner la valeur peut-être contenue, rectifier si besoin, suffit largement.

Il y a là un rapport lointain avec l'attention à accorder à l'exception dont je traiterai dans une autre rubrique.

Quand Newton a compris ce que signifiait la chute d'une pomme, beaucoup de ses voisins ont dû s'esclaffer. Le garçon de bains qui tenait la serviette d'Archimède a dû prendre son maître ou son client pour un dingue quand il s'est exclamé « *Eurêka* ». Ces observateurs ont alors eu tout faux.

Exemple très ordinaire : récemment – ce pourquoi je m'en souviens – dans le petit café déjà cité, un habitué, usuellement affable, m'a reproché, discrètement, en aparté, de manquer à l'ambiance de fraternisation, réelle mais parfois un peu lourde, qui règne en ce lieu. Effectivement, je réduis mes effusions au minimum social acceptable et n'entre guère dans les discussions, parfois assez oiseuses, de certains clients. Je l'ai froidement remis à sa place et renvoyé posément au soin de ses propres affaires. Déconcerté par le flegme avec lequel j'ai accueilli sa remarque (calme pas toujours pratiqué par tous en ces lieux) et étant cependant d'un bon niveau, il s'est excusé en faisant assaut d'amabilité ensuite. Je fréquente cet endroit, convivial, depuis suffisamment de temps pour savoir que ce monsieur n'exprimait que sa propre opinion – et encore du moment – et se trouvait contrarié pour des raisons qui lui sont personnelles et n'avaient rien à voir avec moi.

Néanmoins ce devait être son ressenti, même amplifié. Or j'ai disposé jusqu'à maintenant de suffisamment de temps pour me connaître et donc pour savoir que, dans ce contexte, son observation n'était pas totalement infondée même si elle était déplacée.

Le fait est donc à oublier, mais son sens est à mémoriser pour d'autres situations plus sérieuses. J'en retiens (au moins j'essaye, difficile de se refaire) la leçon pour utilisation ailleurs. Je pense à un environnement très différent où la réflexion de ce monsieur pourrait me servir, ou plus exactement sa non-considération (en fait, le reproche d'une certaine froideur) me desservir.

Là, pour revenir à mon exemple, ou je changeais de café (ce que je n'ai pas fait) ou je me fendais d'un peu plus de salutations (ce qui ne m'a pas épuisé).

Mais, même si mon interlocuteur s'était montré déplaisant, agressif, même si j'étais furieux, ce qui n'était pas le cas, je mémoriserais la parcelle de cette remarque que j'estimerais justifiée et utile. Pour soi-même il ne faut pas assimiler une critique reçue à un jugement social, ne pas la laisser déclencher en soi une émotion disproportionnée, mais la traiter, le plus souvent, comme une information utile.

Je citerai en exemple un cas extrême d'inintelligence – ce terme étant là très indulgent – dans la réception et l'accueil d'informations externes. Il passe pour convenu qu'on ne tient pas compte des lettres anonymes ; ce principe est correct, mais *« il faut s'appuyer sur les principes jusqu'à ce qu'ils cèdent »* énonçait l'habile Talleyrand.

Supposons qu'un responsable régional (de ces personnes qualifiées par les médias du terme prétentieux d'autorité morale, un évêque dans ce cas) en reçoive des quantités, sur une longue période, émanant de sources différentes (autant qu'on puisse en juger), dénonçant des agissements graves et scandaleux de la part d'un subordonné identifié de ce responsable, apportant parfois des précisions vérifiables discrètement avec un peu d'intelligence et d'efforts.

Que croyez-vous que fit ce responsable avant qu'un drame n'éclate ? Rien, sous le noble argument qu'on ne lit pas les lettres anonymes et qu'elles doivent aller à la poubelle directement. Or, même si ce dernier procédé de *communication* est fort peu honnête et très suspect, s'il faut beaucoup s'en méfier, il peut exister des situations et des personnes qui peuvent y avoir recours pour des raisons non pas légitimes mais qu'on peut comprendre sinon excuser.

Il est parfois irresponsable, et même coupable, de s'abriter derrière un formalisme trop rigoureux et un peu trop confortable quand les faits sont sérieux, concordants et peuvent être vérifiables avec quelque soin. Le manque de courage des *indicateurs* rend leur témoignage suspect, mais n'invalide pas automatiquement tout ce qu'ils disent.

Plus largement, le défaut dans la forme n'enlève rien à la justesse éventuelle du fond. Il faut prendre l'humanité telle qu'elle est et non telle qu'on la voudrait. *« C'est le propre d'un esprit maître de lui-même de traiter chaque chose selon ce qu'elle est en elle-même »* (Boèce) – soit selon le fond qu'elle contient et non suivant sa forme telle qu'exprimée ou seulement ressentie.

***

Une observation mal formulée peut être juste, bienfaisante. À l'inverse, une remarque élégamment dite et dans les formes peut être fausse, perverse.

De plus, il est équitable de faire la part chez certains de la maladresse dans l'expression, de la hâte parfois, de la crainte, de la souffrance qui peut éventuellement se trouver derrière et déformer la manière de dire[4].

Il ne faut pas confondre, mélanger, la pertinence, la justesse avec l'opportunité, juger de l'utilité, de l'intérêt en fonction de l'interlocuteur, du moment et du lieu choisi, rejeter le fond en arguant que la forme n'est pas bonne, que les circonstances ne conviennent pas…

Cette pratique s'appelle du *formalisme*. En abuser est toujours suspect. C'est un procédé de politicien, de journaliste soumis, ou de peureux comme dans l'exemple précédent, qui relève de la mauvaise foi.

Tous les moyens leur sont bons pour rejeter ce qui les dérange. Ainsi procèdent-ils : par définition ils ont raison et ceux qui ne sont pas de leur avis ont tort et quand ils ne peuvent pas les attaquer sur leurs idées, ils les démolissent sur les mots, l'intonation, l'accent, le lieu, l'heure, la saison, l'intention présumée ou la couleur de leur chemise… Même en écartant la mauvaise foi (or le plus souvent elle est bien présente) cette attitude formaliste provient de l'autoritarisme, lequel évite de répondre sur le fond.

Ne jugez pas les initiatives d'autrui sur ces critères formels, mais craignez fort de l'être sur ceux-ci. Vous reconnaîtrez souvent alors l'habituelle couardise des fourbes.

***

Une suggestion personnelle suggérant une attitude si vous voulez devenir *chef* quelque part.

Dans ma vie professionnelle, les patrons (en 35 ans, j'en ai eu un certain nombre) dont je garde le souvenir, que j'ai appréciés et estimés, étaient tous – sans exception – des personnes qui savaient écouter – et entendre – attentivement n'importe quelle remarque ou suggestion, fût-elle farfelue, mal exprimée, et qui savaient soit l'oublier soit l'utiliser, parfois autrement et longtemps après. Ce sont aussi les mêmes qui sont montés haut : ceux qui savaient écouter et penser, soit se garder de l'autoritarisme qui les aurait isolés et rapidement annihilés. Ceux qui savaient déléguer, laisser les choses se faire au plus bas niveau où elles pouvaient être faites par des groupes constitués de personnes ayant une connaissance concrète les unes des autres – soit appliquer ce qui s'appelle le principe de *subsidiarité*. Je me plais à reconnaître ce que je dois à ces quelques patrons pour l'ensemble de la matière de cette rubrique sur les

Initiatives, comme aussi sur celle de la précédente sur la Suractivité et la Dispersion et de la suivante sur les Choix.

Puisque nous sommes dans le domaine professionnel gardez-vous là d'un défaut de jeunesse fréquent. Celui qui consiste à prendre des initiatives excédant trop largement votre domaine ou le niveau hiérarchique où vous vous situez – sauf si vous êtes vraiment sûr de vous adresser à des gens intelligents, discrets et en apportant une idée solide. Si ces derniers critères n'étaient pas évidents, vous risqueriez fort de vous faire désavouer (à tort ou à raison) et ce vous serait douloureux.

Prenez certes des initiatives un peu en dehors ou au-delà de votre domaine ou de votre niveau, mais regardez où vous mettez les pieds et surtout ceux sur lesquels vous risquez de marcher. Les sadiques, les jaloux, situés en général aux niveaux intermédiaires – même non directement concernés mais mieux placés et plus expérimentés – se feraient une joie de vous descendre en vous humiliant.

***

Pour introduire la rubrique suivante sur les Choix autant que pour résumer celle que nous terminons sur les Initiatives :

– Un mot de Paul Valéry : *« Ayez toujours deux idées, la seconde pour corriger la première ».*

– Un dicton : *« Hâtez-vous, mais lentement ».*

– Le rappel d'une vertu, celle de prudence : disposer des moyens en vue de la fin que l'on veut atteindre, examiner et évaluer avant, peser les conséquences, agir avec circonspection, rester attentif aux signaux d'alerte.

***

Auparavant, précisons un peu sur l'émotion et le fléau que peut présenter son excès. Celui-ci nous fait extérioriser avec le maximum d'intensité les événements de notre vie intérieure et le retentissement en nous des événements extérieurs. Il entraîne un décrochage assuré avec la réalité.

Les émotions sont saines quand elles sont en phase avec l'événement qui les a fait naître. Alors, elles durent peu et leur compréhension raisonnée peut aider à la solution du problème qui est à leur origine.

Elles sont néfastes quand elles sont excessives, inadaptées par rapport à l'événement ou à la situation réelle. Alors elles se prolongent au-delà du moment, engendrent du stress, obscurcissent la question (et même arrivent à l'occulter), la dramatisent. Elles débordent l'être, envahissent toute l'existence et peuvent aller jusqu'à se déverser sur des personnes non concernées.

Nous ne sommes alors plus en relation avec le réel, mais avec notre interprétation de celui-ci. Nous restons connectés à notre mental (notre vécu, notre histoire, nos sentiments, nos obsessions, nos *dadas*…). Notre imagination débridée l'emporte sur ce que devraient nous dire, beaucoup plus simplement, nos sensations brutes.

Vivant dans des songes, on plie « *les choses à son idée au lieu de régler sa pensée sur les choses* » (H. Bergson – qui dénonçait là le même piège que Bossuet).

Quand l'émotivité tient lieu de réflexion, quand notre subjectivité occulte la réalité, quand l'imagination écarte la raison, quand les mots n'ont plus de signification, quand les clameurs, les incantations et les lamentations l'emportent sur les démonstrations logiques et les actes efficaces, quand le sentimentalisme méprise et interdit tout effort de sens, alors l'Être qui a mis des milliers d'années (et sans doute beaucoup plus) à se dresser sur deux pattes redescend soudainement à quatre pattes, l'orgueil en plus, l'instinct en moins. Et, s'il cède plus qu'un instant à cette défaillance narcissique, il y reste.

On a pu dire méchamment mais justement « *qu'il ne sortait des tripes que ce qu'on pouvait en attendre* ».

Remarque : le tout-affectif (mode actuelle d'une société de *minus)* ne fait que brouiller les cartes. À un monde assez rude dans sa pratique correspond une exacerbation de la sensiblerie (contradiction pas si étrange) et pour compenser la dureté des rapports réels la collectivité se donne l'apparence de pratiquer une sorte de moralisme humanitaire romantique jusqu'à exiger la soumission à la dictature des bons sentiments.

Ce sont ces sortes de compensations qu'opèrent les sociétés, comme les personnes, auxquelles il faudra vous habituer et qu'il vous faudra comprendre pour entrevoir les contradictions et la complexité du monde, l'apprécier, en rire et ne pas vous laisser piéger. Le vertige tentant de la déraison, de la sensiblerie sur commande, généralisée et obligatoire, mène presque systématiquement et délicieusement au n'importe quoi.

C'est en accordant la prééminence à la raison que l'Occident a fait sa grandeur – et sa réussite durant des siècles. C'est en succombant à son opposé, le délire émotionnel, souvent combiné avec la manipulation tordue et l'arrogance imbécile qu'il s'écroule.

On n'a plus rien à faire du vrai, du beau, de l'utile même – seul importe ce qui correspond à nos passions, à nos humeurs, à nos peurs… tels des animaux (bien moins doués d'ailleurs). Notre pays étant, hélas (aujourd'hui au moins), à la pointe de cette évolution catastrophique où, par peur et fuite du réel, on ne sait que se payer de mots (lesquels présentent l'illusion supplémentaire de nous persuader de notre intelligence et de notre infinie bonté).

Un petit exemple de cette déliquescence, quasi quotidienne dans notre société. Comme pour tous les exemples que je donne, vous pouvez passer du plan collectif là, au plan individuel et vice versa. Un crime particulièrement atroce a été commis : sur enfant, vieillard... Le premier, et le principal souci des médias, des autorités politiques (pas de la police qui fait bien son travail), n'est nullement de se préoccuper des moyens d'empêcher le renouvellement de tels actes mais de vanter le fait qu'une cellule psychologique a été de suite mise en place pour les proches, les voisins, les badauds. Ouf ! tout va bien. La technique moderne, les gourous, l'écoute des professionnels gèrent la situation. Les mines compassées et le bla-bla-bla médiatique rassurent et imposent la fiction de la bonté générale malgré ce déplorable incident (qui ne se renouvellera pas, promis !). L'émotion artificielle qu'on impose à des millions de téléspectateurs, de lecteurs, a réussi à faire oublier les victimes actuelles et surtout à faire fi du sort de toutes les victimes futures. Quand mettra-t-on en place une cellule d'aide psychologique dès qu'un nourrisson égarera son doudou ?

Car il faut savoir que l'attention portée aux éléments secondaires (là, cellule psy. plus les antécédents prétendus du coupable usuellement présenté comme en partie victime de la société, de sa famille ou d'un beau-père de hasard, du vent du nord ou de la pleine lune...) empêche de voir et donc de traiter l'élément principal : comment éviter à l'avenir... ; qu'elle révèle l'absence hypocrite de ferme volonté, qu'elle fuit la réalité, exprime la caresse à soi-même, la mauvaise conscience et tout simplement la lâcheté.

L'émotion excessive a toujours pour résultat de sacrifier l'action raisonnable et donc, tout à fait directement, s'exerce au détriment des faibles. Les bien-pensants, de toute espèce, ne pensent et n'agissent pas toujours bien. Ils se font du bien – ce qui est assez différent.

***

Dans cette rubrique, mais aussi dans tout ce document, je vous recommande d'aller à l'essentiel, soit de ne pas vous perdre, ou vous laisser égarer, dans des détails vus subjectivement ou qu'on vous impose. Vous y rencontrerez peu de concurrence tellement notre société a peur de regarder et de se regarder. Quelque chose vous a plu, déplu. Limitez votre réaction à ce quelque chose à ce moment sans imaginer, extrapoler, larmoyer, sans tenir compte du qu'en pensera-t-on.

Je vous suggère d'éviter toute action qui vous serait dictée par l'émotionnel d'un instant – sauf très rares exceptions (il est bien évident qu'il y en a toujours). Je vous incite aussi à prendre vos distances avec vos relations si elles se révélaient sources de trop de nervosité, à la fois facteur et symptôme d'excès d'émotivité. Elles vous contamineraient sans rien vous apporter d'autre que des nuisances.

Une petite recette pour faire face à une vive contrariété sans tomber dans l'excès d'émotion. Il y aura toujours une partie de vous-même ne participant pas à l'émoi. Votre cerveau se brouille, votre respiration s'accélère, vos mains tremblent, vous devenez rouge (ou pâle) ; cherchez ce qui n'est pas affecté, vos pieds par exemple et concentrez-vous dessus un instant, ne serait-ce qu'en relaçant vos souliers. Ce contrepoison comportemental abaissera votre taux d'émotivité, redonnera aux événements leur juste valeur et vous permettra de réagir justement.

***

NOTES

[1] Beaucoup de grands criminels historiques ont été sincères, au moins par moments.

[2] Dans ces situations particulières, régies par une saine affectivité, rappelons une vieille expression : *« Prêtez attention au premier mouvement, c'est le bon. »*

[3] Il ne faut pas refuser d'aller vers ce qui nous surprend, nous contredit ou même nous choque. Par principe d'abord, par précaution parfois et, finalement, parce que l'intelligence peut se nicher n'importe où. *« Le vent* (l'esprit) *souffle où il veut. »* (Évangiles)

[4] On distingue deux éléments : le *signifiant* et le *signifié.* Le premier évoque les termes employés, la manière de parler, éventuellement ses circonstances – le contenant, ce qui est formellement dit. Le second c'est ce que voulait dire celui qui s'exprimait, le contenu, le voulu du dire. Il est évident que la valeur de fond du second élément est plus importante que la forme du premier. C'est une faute grave – qui relève de la volonté de domination – que de laisser l'aspect *social* (la forme) l'emporter sur la pensée, le mot tel qu'émis l'emporter sur l'idée voulue, celle-ci fût-elle très maladroitement exprimée.

N'oubliez pas non plus que, même à niveau culturel homogène, personne ne met exactement le même sens sous les mêmes mots. Beaucoup d'entre eux suscitent en chacun un écho différent, plus ou moins fort.

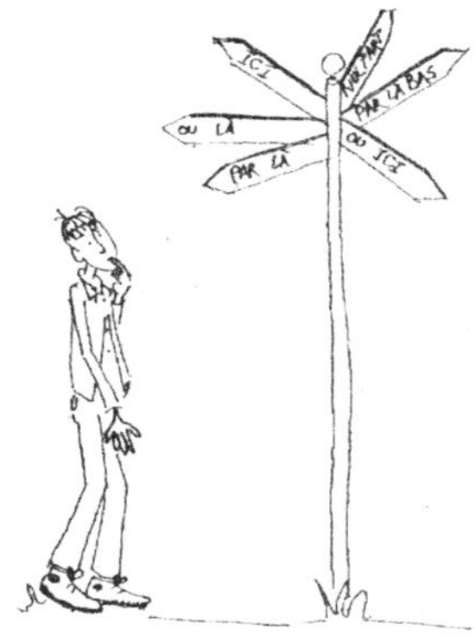


# IX
# CHOIX

Quand, plus tard, vous devrez décider de **choix** importants, dans le domaine matériel surtout (professionnel, logement, achat important, lieu et genre de vie…), ne vous précipitez pas non plus.

Cette rubrique, au moins dans sa partie finale, anticipe beaucoup (notamment quand je parle de moi) sur les besoins de votre âge, comme, dans son ensemble, elle ne tient guère compte de la fougue qui caractérise fort heureusement celui-ci. Néanmoins son contenu général s'applique plus ou moins à toute époque de la vie et elle comporte des éléments toujours pertinents à condition de ramener l'ensemble aux décisions de votre âge, ce que je ne peux pas faire à votre place.

Différez quelque peu ce qui pourrait vous sembler être de nécessité pressante et inévitable. Je parle évidemment de décisions importantes pour lesquelles il est possible de prendre son temps, pas de réactions à des nécessités immédiates et à plus forte raison des cas d'urgence.

Il faut laisser le temps à nos pensées de se former. On les gâte à y toucher trop vite. Une idée vraie, à suivre, est le résultat d'une infinité de pensées. Trop de hâte risque d'être trompeuse et néfaste car il faut savoir que souvent le sentiment qui a fait surgir l'apparent besoin de choisir et de trancher comme aussi pressant est antérieur à ce moment et donc déjà en voie d'être dépassé.

Dans l'Histoire française récente (en 1870 puis en 1914 puis en 1939) on a souvent dit, mais après, qu'on avait préparé la dernière guerre en fonction de la précédente. Selon Chateaubriand *« on élève toujours les enfants en fonction d'un monde qui n'existe déjà plus ».*

Ceci et cela signifiant qu'on est fréquemment décalé, qu'on réagit aujourd'hui en fonction d'hier. Le temps psychologique ne coïncide pas avec le temps physique. Le premier traîne et s'attarde alors que le second va son train imperturbablement.

L'apparition à la conscience d'un état, d'un besoin, de ce qu'on devrait faire, est souvent à retardement[1]. Quand une exigence lui apparaît, il faut bien examiner si elle ne date pas déjà, prendre peut-être le temps de se déconcentrer (voir un procédé à la fin de la rubrique sur la Suractivité et la Dispersion) pour démêler la fausse nécessité apparente et semblant urgente qui date d'hier de celle, plus vraie mais encore cachée, d'aujourd'hui et de demain. Curieusement, plus l'exigence semble surgir avec force, plus elle risque d'être décalée.

Même en négligeant cet effet de retard, votre choix vous semble judicieux aujourd'hui, mais aura-t-il encore du sens l'année prochaine, dans 2, 5, 10 ans, soit demain ? À l'inverse, tel choix ne vous convient qu'à moitié aujourd'hui, mais ne sera-t-il pas le plus adéquat l'an prochain, dans 2, 5, 10 ans ?

En clair, essayez de lever le nez du guidon, même si cela n'est ni motivant ni facile. Renseignez-vous, laissez mûrir, pensez à autre chose, revenez ensuite sur cette affaire. Là c'est autant le danger de l'obsession que celui d'un excès de spontanéité par trop-plein d'émotivité qui risque de vous jouer de mauvais tours (sur lesquels il vous serait excessivement pénible de revenir sinon carrément impossible).

Il faut poser les problèmes, puis essayer de les oublier. Devant un problème il y a d'abord, et bien plus, à savoir qu'à faire. La solution se décantera d'elle-même si votre esprit n'est pas obsédé par la question. Ou au moins les fausses solutions s'évanouiront-elles promptement, ce qui est déjà considérable.

S'il est bien rare que, dans une situation donnée, il ne se présente réellement qu'une seule voie, il est très fréquent qu'on n'en aperçoive qu'une seule.

Examinez bien la valeur de l'option simplificatrice qui vous ferait penser qu'il n'y a pas d'autre solution. C'est très souvent une illusion du moment, la conséquence d'un aveuglement passager, le résultat d'une obsession, parfois celui d'une angoisse située ailleurs et à éclaircir.

Cela peut résulter aussi de l'abandon à la facilité qui consiste à se débarrasser d'un choix difficile, d'une hésitation pénible, en fonçant tête baissée. On dit alors *« qu'on brûle ses vaisseaux »* ; ce qui signifie qu'on prend une décision en s'enlevant toute possibilité de revenir en arrière.

En tout, informez-vous, essayez si possible, l'imagination peut se révéler mauvaise conseillère, (depuis Jean de la Fontaine on nomme cette faculté *la folle du logis*). Elle met l'intelligence en sommeil – ce qui peut être bénéfique parfois mais l'est rarement dans les situations très concrètes. Comme il faut laisser le temps aux pensées de se former, il faut laisser aux songes de l'imagination le temps de s'évaporer. Pascal, là un peu excessif, la qualifiait de « *maîtresse d'erreur et de fausseté* ».

Dans ces choix existentiels, gardez les pieds par terre et la tête sur les épaules, pas dans les étoiles. Rapprochez-vous, de fait, concrètement, de ce que vous imaginez, vivez-le un temps, fût-il bref, touchez, goûtez… Nous ne comprenons rien que nous ne l'ayons éprouvé[2]. Essayez de sentir le parfum de *cette rose* (celle que vous envisagez de cueillir) et non d'en rester au parfum *des roses. « Voir de trop haut, c'est très souvent voir de trop loin.* » (J. Joubert)

Ensuite, n'oubliez pas de vous décontracter et puis de penser – calmement – en laissant de la place dans votre esprit pour que reviennent les sensations brutes qui trompent rarement.

Les deux approches (dont j'ai parlé à la rubrique précédente), la sensitive, subjective, proche du concret et la rationnelle, objective, distancée ont chacune leur valeur. Laissez du temps et gardez l'esprit libre pour que s'opère l'équilibre entre les deux visions. Nul ne peut dire laquelle privilégier. Cherchez au moins un accord minimum.

Un exemple tout simple pour éclairer ce concept : l'appréhension de l'intérêt d'un logement. La réponse à la question : *Est-ce que je m'y sens bien ?*, ressort en très grande partie de la première approche, de la sensation concrète et immédiate. Ses facilités d'accès, son confort, son voisinage, son isolation thermique relèvent nettement de la deuxième, de l'analyse raisonnée.

Pas d'obsession, assurez-vous de l'absence de rêverie, d'idéalisme, de mimétisme. *« Suis moins ta passion, règle mieux tes désirs.* » (Corneille, *Horace*) Quel est le sens de mon désir ? D'où provient-il ? Où m'amène-t-il demain ?

***

FONDAMENTAL : la liberté du désir est souvent une illusion, générée par le postulat de notre prétendue autonomie, elle-même issue de la croyance qui nous est imposée en notre individualisme souverain (*rigolade* générale). Or, le réalisme de la liberté intérieure est à conquérir contre l'environnement.

Les trois formes de dévoiement du désir que je vais évoquer sont d'autant plus dangereuses qu'elles transforment notre moi propre (conscience, mémoire, volonté…) à notre insu.

Assurez-vous que votre désir – ou votre rejet – d'un objet, d'un bien, d'un lieu, d'un engagement, d'un statut, d'une personne… est bien le vôtre, celui de tout votre être, et :

– qu'il ne provient pas de **rêveries** sans consistances.

Exemple : je m'installerais bien dans ce quartier, mais comme je rêve d'aller un jour dans le Midi, c'est non. Je prendrais bien ce poste, mais comme j'en ambitionne un autre, c'est non.

Rêveries parfois produites par quelque lassitude générant un souhait temporaire et illusoire de changer de peau, de s'en aller ailleurs, de mener une autre vie, empêchant d'apprécier la vraie valeur d'une opportunité ici et maintenant.

– qu'il n'est pas le reflet d'une partie exaltée de vous-même, **idéalisme**.

Exemple : au fond ce service bénévole que j'accomplis m'ennuie profondément et ne m'apporte rien. Mais je l'ai pris pour l'idée que je me fais de moi-même et maintenant celle-ci m'interdit encore de l'abandonner.

Ce qui revient à agir en fonction de ce que l'on pense devoir être et pas de ce que l'on est.

– qu'il ne résulte surtout pas de l'imitation du désir (réel ou supposé) et de la personnalité d'un autre, **mimétisme**, pris comme modèle admiré-valorisant – peut-être en référence avec quelque maître ou Personne signifiante.

Exemples simplistes de cette dernière forme de dévoiement du désir : cette voiture est formidable ou cette fille est splendide, un rêve, ou ce doit être enthousiasmant que d'être membre de la confrérie des voyageurs-virtuels-intergalactiques, d'ailleurs cet admirable et extraordinaire Trucmuche en a une ou bien en est follement amoureux et, pire, semble payé de retour ou bien en est un des membres distingués.

En réalité vous pouvez remplacer le terme précédent *d'ailleurs* par celui de *parce que*. Vous êtes pris par le désir mimétique et « *celui-ci est un mouvement vers toujours plus de servitude* » (R. Girard, auquel je dois cette constatation essentielle).

Dans ce cas, le modèle, le dénommé Trucmuche, devient tout à fait involontairement un obstacle à l'émergence d'un désir qui nous appartienne en propre ; nous copions le sien ou même celui que, tout simplement, nous lui prêtons. C'est ce modèle, ce rival en fait, qui nous désigne l'objet de ce qu'on croit être notre désir.

En fait nous ne désirons pas l'objet, le sujet (celui-ci n'est qu'un prétexte), mais l'assimilation à la supposée autonomie de l'autre, du modèle – tel que nous le rêvons et nous rêvons.

*« Le sens du réel est perdu, le jugement est paralysé... Notre désir n'est plus selon Soi, dont la plupart se targuent de jouir, mais selon l'Autre. »* (du même auteur). Les publicistes utilisent abondamment ce dévoiement sournois.

Cette dernière confusion, cette rivalité inconsciente d'intérêts, est très dangereuse parce qu'encore plus insidieuse que les deux précédentes et surtout nous entraîne encore plus loin de nous-même. Elle représente un des pièges existentiels les plus fréquents et entraîne les conséquences les plus pernicieuses sans qu'on en perçoive même la cause.

En effet, nul ne se sent possédé par cette dernière forme d'obsession (le désir mimétique) justement parce qu'il l'est – ce qui est la définition de la possession. Ce discernement est excessivement difficile, toujours pénible, parfois douloureux. Il est quasi impossible d'y voir clair tout seul et cela pourtant est essentiel, vital.

Attention : ne pas confondre cette imitation malsaine et catastrophique, ce suivisme aveugle, ou plutôt cette absurde compétition cachée, avec la saine émulation qui consiste à s'inspirer de l'exemple d'autrui non pour le copier servilement mais pour faire aussi bien et mieux mais dans un domaine qui soit nôtre, avec nos goûts, nos capacités et non ceux et celles d'autrui.

***

Après, décidez, car ne pas décider, c'est également décider. « *L'on perd bientôt sa route à chercher trop de voies.* » (Christian Huyghens, physicien)

N'hésitez pas à demander conseil à des personnes fiables. On est tenu d'écouter un conseil mais nullement de le suivre. En effet, s'il peut fournir un éclairage différent du nôtre et utile, autrui ne peut être dans notre peau. Lui ne peut sentir, toucher, il ne peut que penser ; c'est loin d'être inutile même s'il faut garder à l'esprit que son appréciation ne peut être que partielle[3].

Les trois composantes préalables d'un choix volontaire, conséquent, qu'il s'agisse de choix matériels ou portant sur des attitudes, des comportements immatériels :

– Savoir ce que l'on veut (définir précisément ses besoins).

– Savoir que c'est possible, compatible avec la réalité, l'environnement (refuser l'utopie, les rêveries). « *Plutôt changer ses désirs que l'ordre du monde.* » (Descartes)

– Être sincère avec soi-même (adhésion entière du moi profond soit rejet d'idéalisme ne nous convenant pas, des imitations périlleuses, de tous nos petits trucs…).

Ensuite, utiliser le : *je veux*, car un acte conscient se renforce par une formulation consciente.

Pour autant il ne faut pas redouter le choix parce qu'il serait une amputation de tous les autres possibles, sinon on se retrouvera un jour devant ce que Pascal Bruckner appelle joliment « *La disette des possibles* ».

En effet, au fond, on sait que ceux-ci sont limités, qu'il n'en existe pas une quantité infinie dans une situation donnée. Le choix, comme toute création, est une discrimination entre des possibilités. Il faut accepter que vouloir quelque chose, c'est renoncer à une autre, à d'autres. D'ailleurs l'absence de choix (de ceci, de cela, de se marier, de devenir pompier ou écuyère...) est aussi un choix qui élimine au moins cette possibilité aussi radicalement.

Il faut savoir se jeter à l'eau, prendre ses risques, sauf qu'il est souhaitable d'avoir pris la température de cet élément (comme à la rubrique précédente).

Trop de gens ne choisissent pas – et le payent un jour – par peur du mauvais choix ; osez. Sachant qu'on ne peut pas tout essayer. Ce serait épuisant et on ne serait plus dans le choix mais dans la frénésie consommatrice, dans l'agitation et la dispersion. Néanmoins, on peut souvent tremper un doigt, un orteil, renifler l'air, se laisser du temps. Voir petit exemple personnel plus loin (dans une communauté...).

Le plus souvent et à priori, chaque solution présente des avantages et des inconvénients. On constate, à posteriori, que c'est aussi souvent la façon dont on s'engage qui fera que le choix sera réussi ou non.

La vie de tous les jours se présente, heureusement, comme linéaire.

À certains moments cependant, parfois imprévisibles, surviennent des carrefours, il faut les voir, prendre la bonne voie – ce qui ne veut pas dire, loin de là, que celle que l'on suit est la mauvaise et qu'on doit à tout prix en changer, qu'il faut s'inspirer de l'instabilité de la girouette.

– À 20, 25 ans on peut viser certains concours, à 30 ans ce peut être trop tard.

– Si on veut changer de profession, de métier, pour mille raisons ce sera plus facile à 35 ans qu'à 45.

– Si on désire avoir des enfants, et là aussi pour des raisons d'avenir (qui échappent souvent), il est préférable de ne pas attendre un âge trop avancé – sous la réserve cependant qu'il faut s'y mettre à deux.

– Si, beaucoup plus tard, on veut trouver un point de chute agréable pour ses vieux jours, ce sera bien plus fructueux (pour des raisons évidentes) et bien plus aisément réalisable (pour des raisons pratiques) à 63 ans qu'à 77.

Plus généralement, il y a toujours dans l'existence de courts moments, dus aux circonstances, pendant lesquels la liberté de choix peut se trouver plus grande qu'elle n'a été et ne sera. Comme, dès un certain âge, ils deviennent rares, pour ne pas dire exceptionnels, il faut les sentir à temps.

Ce qui ne veut pas dire forcément (je me répète) qu'il faut se précipiter pour tout bouleverser. Ce qui veut seulement dire qu'il faut alors avoir la sagesse de bien prendre le temps de s'arrêter et de se poser pour justement examiner ce qui conviendra – ou conviendrait – demain.

C'est bien dans ces moments que l'activisme peut être le plus définitivement nocif, qu'il faut savoir s'arrêter et flâner les mains dans les poches.

***

Il faut savoir rester, il faut aussi savoir s'en aller, quitter (je ne pense pas seulement à des lieux). Ce, au moins si on en ressent le besoin impératif de façon prolongée, en effet *l'herbe n'est pas forcément et systématiquement plus verte ailleurs.* Mais il est mieux de savoir avant pourquoi et ce qu'on cherche.

Même ce qu'on appelle la fuite peut parfaitement se justifier. Celle-ci peut être parfois l'unique solution quand on pressent un piège ; dictée par la sauvegarde de ses intérêts vitaux elle est honorable. Elle peut révéler, et contrairement à l'opinion généralement répandue, un grand courage.

Mais changement ou fuite n'apportent rien en tant que tels. Nous restons les mêmes ici et aux antipodes. S'il y a quelque boue avec nous on l'emporte et elle reste la même sur nos godasses.

*« Quand on ne trouve pas son repos en soi-même, il est inutile de le chercher ailleurs. »* (La Rochefoucauld)

Très souvent on peut considérer en l'élargissant la réflexion du Romain Sénèque : *« Ce n'est pas de lieu qu'il faut changer mais d'âme »* en remplaçant éventuellement lieu par cadre de vie, travail, entourage... en réduisant très simplement l'âme à notre sentiment, notre vision, notre volonté, notre comportement, nos attitudes, notre appréciation de...

Si on ne se refait pas, ou si peu, ce n'est guère en tout cas par quelque changement dans l'ordre matériel ou environnemental qu'on changera de peau. Cela peut aider certes, mais y croire est une illusion fréquente, une solution de facilité.

***

Prenez garde à la résurgence en vous d'injonctions, reçues tout à fait inconsciemment donc d'autant plus prenantes, provenant de l'entourage dans l'enfance, ou plus tard de la part de relations ou de personnes signifiantes (au sens de cette rubrique), certainement alors mal choisies ou imprudentes, qui auraient exercé un pouvoir sur vous.

*Tu dois* être responsable, gentil, fort, ne pas pleurer, tout dire, décider par toi-même, faire l'ENA, être aviateur, avoir une famille nombreuse... renoncer à ton genre de vie et adopter celui que je te propose...

Les diktats familiaux sont heureusement passés de mode. Mais même s'ils disparaissaient totalement (rêve), le totalitarisme de notre société (réussite forcenée et en compensation apitoiement faiblard, modes de toutes sortes...) a pris le relais et rend ces sortes d'injonctions encore plus redoutables et handicapantes quant aux choix à opérer en fonction de ses goûts, de ses possibilités et de ses intérêts – qu'il faut entendre comme matériels mais aussi bien moraux.

Un *Tu dois* explicitement formulé, individualisé, émanant d'une personne identifiée, est bien moins dangereux qu'un *Tu dois* implicite, collectif, anonyme, sournois, quasi clandestin. Il est plus difficile de se défaire d'un environnement omniprésent, anonyme et paré de fausse bienveillance que d'un autoritarisme encombrant mais localisé.

Il arrive aussi que l'on se fixe des objectifs personnels aussi contraignants que peuvent l'être des diktats imposés du dehors. Ce ne sont plus des *tu dois*, mais des *je dois*.

Exemples : je me dois absolument d'être affilié à tel parti ou club, de participer à telle manifestation, à telle réunion, de donner à cette œuvre, de me montrer indulgent, généreux, je ne me coucherai pas tant que je n'aurai pas réalisé telle tâche… On est alors proche de l'obsession.

Plus profondément certains passent une grande partie de leur existence sur le mode du : je ferai comme mes parents, cet oncle, cette tante… ou, inversement, il n'est pas question que je fasse comme eux, comme lui, comme elle… plutôt mourir. Leur attitude peut être parfaitement bien fondée, mais sa raison et son bénéfice sont quand même à questionner avant de s'y fier.

Prenez garde à une autre résurgence, celle des petites phrases anodines d'autrui, ou aux avis spontanés et irréfléchis émanant trop clairement de l'expérience personnelle de l'autre, de ses préjugés – et de sa fâcheuse habitude de dire n'importe quoi.

Le souvenir de ces fragments vous influencerait malgré vous soit sur le champ, soit longtemps après, sans toujours correspondre réellement à vos besoins, goûts, envies du moment et de demain.

Exemples de remarques anodines dont je me souviens :

– L'une dit : *N'y pense pas, une cuisine américaine, ça sent mauvais dans la pièce.*

– L'un affirme : *J'ai déménagé de ma banlieue pour Paris et j'aurais mieux fait de rester sur place, à proximité de…* ou l'inverse d'ailleurs, *Je n'ai pas déménagé… et j'aurais mieux fait…*

– L'autre dit : *Plutôt que d'acheter cet appartement, gardez donc votre argent.*

Défiez-vous des petites initiatives de passe-temps que l'on croit de pure information, curiosité… surtout si vous avez tendance à être impulsif. Certains peuvent consulter des annonces, faire les vitrines, en restant à distance, d'autres non.

Vous avez l'intention de changer de voiture dans deux ans (vous savez que la *caisse* durera bien jusque là). Vous courrez un grand péril à commencer votre enquête avant l'échéance immédiate, soi-disant pour voir et occuper une matinée. Mine de rien, un bon vendeur vous fera saliver et, si vous êtes influençable (de bonne composition), si vous en avez les moyens ou via des crédits alléchants, en une demi-heure il aura bouleversé vos plans et terrassé votre raison qui vous disait d'attendre. Il vous aura vaincu. C'est ce qui m'est arrivé récemment.

À la rubrique sur l'Isolement j'ai évoqué l'aspect grégaire des décisions de groupe, prises en groupe, leur imposition parfois un peu abusive, leur nature qui peut se révéler inadéquate pour vous, au moins à tel moment. Rappelez-vous-en en matière de choix. Celui fait par le groupe me convient-il vraiment[4] ?

Enfin, j'ai assez dit d'entrée que vous ne deviez retenir de mes avis formulés dans ce document que ceux qui vous semblaient justes et, en plus, vous convenaient pour espérer ne pas vous influencer malencontreusement par mes dires.

***

En général, et je vais continuer à parler d'expérience, si vous vous sentez dans un état psychologique fragile, instable, le meilleur parti que vous ayez à prendre est de ne pas bouger brutalement. Je pense à votre lieu, au travail, aux relations... Imitez le guerrier affaibli, traqué et fatigué, qui a la sagesse de rester planqué dans son trou un moment plutôt que d'affronter les coups prématurément. Vous risqueriez bien plus la chute (et elles se produiraient en cascade) que le triomphe.

Stabilisez d'abord votre esprit, donc vos vrais besoins et désirs, reprenez du recul et du tonus, écartez le présent pour sentir l'avenir et efforcez-vous de ne mettre le nez dehors (décisions de quelque importance) que ceci fait.

Les mauvais choix – et l'absence de choix peut en être un – dévorent une énergie totalement disproportionnée avec le petit effort qu'auraient demandé un peu de temps, de détachement, de réflexion et de prévision.

Vous craindrez peut-être de perdre des mois – vous gagnerez des années, des décennies.

***

Rassurez-vous, peu d'êtres humains ont jamais réussi à poser leur désir définitivement et en toute indépendance. Essayer de s'assurer de sa pertinence, de son sens pour soi, de son homogénéité, de sa relative autonomie par rapport aux contingences diverses (sociales, illusions personnelles…) est déjà énorme.

Raisonnez pour aujourd'hui et plutôt pour demain, jamais en fonction d'hier, et surtout pas, j'insiste, en fonction d'une vision rapide, parcellaire, momentanée, éloignée (non approchée et non ressentie), souvent rêvée, imaginée ou idéalisée, ou bien d'un désir copié sur quelque autrui admiré (ou par opposition à un autrui déconsidéré à vos yeux, cela est bien moins fréquent mais cela arrive) ; mais seulement en fonction de vos envies réfléchies et éprouvées, de vos besoins et possibilités actuels – et futurs.

La tâche de filtrage, de discernement, sera déjà assez vaste. Elle exigera du temps, probablement de sages conseils (les deux vous évitant les écueils engendrés par trop d'impulsivité) ainsi qu'un certain détachement par rapport à l'objectif poursuivi – lequel vous évitera le danger de l'obsession[5].

Constatons aussi qu'on obtient rarement ce que l'on souhaite, lorsqu'on le recherche avec trop d'empressement. On reçoit bien plus souvent qu'on ne prend. C'est vrai dans les choix matériels, mais vous pourrez vous rappeler utilement cette remarque pour les inclinations amicales, et encore bien plus pour les désirs amoureux, évoqués dans une rubrique suivante[6].

*« L'homme qui désire trop violemment est un homme diminué de toutes les pensées qui ne servent pas son dessein »* ( ? ) – réflexion à rapprocher de l'obsession que je viens d'évoquer.

Distinguez entre croire et souhaiter. La confusion est source d'égarement personnel (Bossuet en parlait dans sa langue magnifique). Adoptée innocemment sous la pression de l'environnement, cette intrusion d'une dimension volontariste, éthique, dans laquelle la croyance vaut souhait et vice versa est source de censure personnelle et du conformisme où on mélange tout dans la même soupe fadasse.

C'est la raison principale par laquelle on accable du péché de pessimisme un personnage simplement un peu moins borné que la moyenne. Pratiquée par des illuminés (imprécateurs, révolutionnaires, dictateurs…) cette assimilation de deux attitudes distinctes est meurtrière.

J'ai le droit de tenir pour probables et de ne pas souhaiter des événements opposés – et vice versa.

– On peut souhaiter l'embrassade universelle et ne pas y croire (ce qui ne dispense pas d'y travailler).

– On peut croire à des catastrophes écologiques sans les souhaiter.

– On peut souhaiter gagner au loto sans y croire vraiment.

– On peut croire que sa ou son partenaire va partir avec le facteur ou la baby-sitter sans le souhaiter (ou au moins oser se l'avouer).

– Certains souhaitent un autre peuple. Mais comme celui-ci ne suit pas vraiment et qu'on veut continuer à y croire malgré tout, on *change de peuple* (guillotine, Goulags et autres instituts de mise en conformité des souhaits et des croyances).

***

Exemple : quand j'ai arrêté de travailler – c'était là un carrefour, un de ces rares moments où la liberté de choix est grande – j'aurais pu me poser clairement la question de : où veux tu vivre ? Comment ? Qu'es-tu capable et qu'aimerais-tu faire ? À ton âge, peut-être ne faudrait-il pas trop traîner pour décider…

En fait, je le sais, j'ai choisi de rester auprès d'une personne. Cette décision impliquait aussi à l'époque de rester à Paris. Tout choix principal induit des choix secondaires, implique des conséquences dans d'autres domaines, des effets annexes qu'il est préférable de percevoir également. Une fois de plus, tout se tient. Mais on peut aménager si on y voit clair. Certainement aurais-je préféré vivre à la campagne (avec cette personne), au large, soigner mon cadre de vie, au service d'une tribu de chats, y accueillir mes descendants, y construire des cabanes pour les petits. Aucun de ceux-ci n'était né à l'époque. Je n'imaginais pas avoir tant de petits-enfants et m'y attacher. Néanmoins, là, il était relativement facile d'anticiper et j'aurais donc pu appliquer le conseil de voir pour demain. C'est peut-être pourquoi je me permets de vous le donner. J'aurais pu laisser tomber ma tendance à l'activisme et flâner un moment. Pour vous dire qu'il arrive à tout le monde de mal négocier un virage par défaut d'anticipation sur le profil de la route à la sortie. Cet exemple n'a pour but que de vous faire penser à entretenir votre vision lointaine.

Maintenant, à mon âge peut venir pour moi un autre temps de choix qui peut très bien consister, entre autres, à ne pas bouger ; ce qui est aussi un choix. Ce choix-là ne se présentera jamais plus comme il y a 15 ans. Rien n'est jamais comme hier, ni ne sera demain comme aujourd'hui. Tout change, tout devient. « *Rien n'est permanent.* » (La Cabale, mystique juive, toute spiritualité ou philosophie, et même l'expérience commune de la vie)

À un certain moment, plus tard, j'ai pensé à me retirer dans une communauté que j'aime beaucoup, où je me sens en famille, en harmonie. Pour une fois je ne me suis pas laissé embarquer, j'ai goûté, ce n'est pas pour moi 365 jours par an. De plus, pour diverses raisons apparues ultérieurement, c'eût été une erreur.

Intimement je le déplore, c'était le rêve d'une belle fin, mais il faut rester sérieux – avec soi et avec les autres. Indépendamment de motivations externes, cette option émanait trop évidemment de ce que les psy nomment l'idéal du moi, que j'ai traduit plus haut, de façon un peu simpliste, par idéalisme.

L'idée relevait des objectifs irréalistes qu'il arrive que l'on se fixe à soi-même – un temps. Mais il faut toujours du temps pour s'en apercevoir, pour toucher, et aussi l'humilité qui consiste à se connaître, à se relativiser et finalement à s'apprécier tel qu'on est, et ne peut être. Le : *Connais-toi...*, le : *Qui suis-je ?* doit précéder et dicter le : *Où vais-je ?* le : *Que fais-je ?*

Il est parfois pénible sur l'instant de renoncer à ses rêves, à ses fantasmes, mais cela vaut mieux que de se tromper lourdement et de devoir faire machine arrière piteusement – quand c'est possible. À la rigueur, jeune au moins, on peut s'arranger des dégâts qu'on s'est ainsi occasionnés à soi-même. Dans certaines situations, il faut aussi songer à ceux qu'on pourrait générer dans l'environnement par nos mouvements impulsifs, inconséquents et saccadés.

Vous pouvez élargir cette constatation à bien d'autres domaines, plus proches de vous que le choix d'un lieu de retraite. Je pense là, par exemple, à l'établissement de relations amicales ou amoureuses prolongées.

***

Contrairement à l'ambition que je vous ai fortement suggérée, à un certain âge, au mien, il faut savoir se dépouiller (saurais-je ?) et aussi s'extraire du jeu (pourrais-je ?). Cela consiste à se décentrer de soi et à accepter son propre rétrécissement, celui de sa surface sociale, et donc à accepter de poser son assise ailleurs, sur un plus petit siège.

Il y faut parfois quelque courage, que les humbles et la plupart des vieux connaissent bien. Heureusement – dans le dernier cas – comme l'existence est bien faite, la physiologie commence par nous prendre par la main et finit par nous convaincre, comme, également, la disparition progressive de vieux amis.

*« Vieillir est un privilège »* a dit une grande actrice qui fut belle, talentueuse et adulée. Quelqu'un de sage (?) a dit aussi : *« Être vieux c'est être bien partout ».*

Ce temps-là, celui du détachement, de l'éloignement de l'action, du consentement à ce qui est, est bien loin d'être le vôtre, mais cette remarque peut vous aider à comprendre des parents.

Avant, si on s'est "planté", ou même sans cela, il faut savoir accepter un état modeste plutôt que de s'insurger douloureusement contre le sort, les circonstances, les autres, contre soi-même. On ne m'a pas trompé, je me suis trompé. C'est tout.

Il faut aussi savoir se forcer à penser : *C'est...* et non pas : *Ce serait* ou *Cela aurait été...* D'ailleurs, disait Talleyrand (citation reprise de la rubrique sur l'Ambition) : *« Inutile de se fâcher contre les choses puisque cela ne leur fait rien ».*

Je parle là uniquement de rétrécissement de condition, d'état, de situation, pas de médiocrité morale, intellectuelle, relationnelle sur laquelle il est mieux de ne pas transiger. Si la première est bien acceptée, équilibrée et vécue, les gens qui savent voir et qui seuls importent percevront cette attitude de consentement à la réalité de l'existence comme un signe de courage, de dignité et une preuve certaine d'indépendance d'esprit et de maturité.

***

Exemple un peu différent et à la limite du sujet de cette rubrique. Même sans s'être "planté" on peut éprouver de grandes satisfactions à des tâches dites humbles. J'en ai éprouvé de grandes, et d'utiles, à remettre en état une maison de campagne et son jardin (propriété qui n'était même pas la mienne), des centaines d'heures de travail. Plus de satisfaction, un temps, à cette œuvre que de parcourir le monde ou d'essayer de devenir un notable du coin (indirectement d'ailleurs, cela m'a fait le devenir, toutes proportions gardées). Mais j'entends bien que les occupations dépendent de l'âge. Plus jeune, au vôtre, cela ne m'aurait certainement rien dit du tout et je ne l'aurais pas fait.

Quoi qu'il en soit, je ne saurais trop vous encourager au travail manuel, source irremplaçable d'habileté, d'autonomie, d'apprentissage de la persévérance et de la rigueur (on ne triche pas avec la matière et elle ne ment pas) et encore plus de clarté, d'apaisement et de ressourcement mental[7]. Le philosophe grec Aristote trouvait la source de la connaissance *« dans les choses, qui ne savent pas mentir »*.

De plus, le travail manuel réalise une unité – rarement atteinte dans la vie professionnelle – en unifiant les rôles, soit en concentrant les tâches de conception et de réalisation dans une même personne, responsable de A à Z. Sous cet aspect aussi il est très structurant d'une personnalité complète et cohérente en harmonisant le couple tête / mains.

Accessoirement, les gens qui ne manifestent aucun intérêt, au moins théorique, pour cette sorte d'activité (je ne parle pas là de compétence) se révèlent souvent peu fiables dans l'action et même dans le domaine purement conceptuel et intellectuel où ils se croient pourtant doués.

Ajoutons que le bricolage, cette activité délassante (pas toujours !), n'est pas réservé aux garçons pas plus que la cuisine n'est le domaine exclusif des filles.

Le travail manuel m'amène à considérer un autre point de vue.

Si vous pouvez choisir une activité qui vous permette de ne pas trop vous éloigner de la nature, des choses, de la matière – du concret en un mot – n'hésitez pas, c'est là que réside la réalité (en plus de l'agrément) que je ne cesse de vous inciter à ne jamais perdre de vue. Mais, là aussi on fait plus comme on peut que comme on veut, et puis tout dépend aussi des goûts, des dons et des opportunités bien sûr.

Cependant, à ce sujet, ne tombez pas dans un ridicule de nourrisson en demandant au travail de vous épanouir, surtout en formulant un souhait aussi infantile devant un recruteur (pour ce type de personnage, voir la rubrique sur les Gestes). Celui-ci sourirait et vous exécuterait gentiment, à peu près comme si vous lui parliez – prioritairement j'entends – de tout ce qu'on regroupe sous le terme vague mais valorisant d'humanitaire.

Le travail n'est pas une maîtresse ; laquelle d'ailleurs n'a pas pour vocation votre épanouissement mais plutôt le sien. Si vous lui en demandez tant (au travail), apprêtez-vous à supporter toutes les frustrations d'abord puis à finir rapidement aigri et professionnellement inutilisable. Le travail vous épanouira certainement. Mais seulement à condition que vous ne fassiez pas de ce *plus* une exigence, que vous vous y investissiez sans rêver, que vous vous y fixiez des objectifs de progression – que vous receviez sans exiger.

***

Vous pourrez juger qu'un choix sera réussi quand il vous comblera et vous le saurez par la disparition du désir qui vous a poussé à ce choix.

Car – c'est un peu compliqué – le but du désir n'est pas son objet, c'est sa satisfaction, c'est-à-dire sa disparition (sa mort dit-on en langage savant), autrement dit l'atteinte, sur ce point, de la tranquillité, de la paix, de la quiétude… de la sérénité disait un de mes vieux camarades qui l'avait tant recherchée et avait fini par la trouver.

Vous pouvez faire le rapprochement avec le désir sexuel, modèle de désir impératif, ou simplement anticiper qu'il fonctionne aussi ainsi – à ceci près que la disparition de cette forme de désir possède le mérite (ou l'inconvénient ?) d'être très temporaire.

Il faut ajouter que, hors de ce cas très particulier, dans les situations concrètes, si la satisfaction peut évidemment être atteinte par l'obtention de l'objet, la disparition du désir peut aussi provenir de son extinction, par abandon – non voulu et après un certain temps – de la pulsion qui est à son origine.

En effet, le désir se nourrit du manque. Or si l'un et l'autre sont normalement comblés par l'atteinte de leur objet, ils sont aussi bien annihilés par l'évanouissement de l'idée qui a fait désirer ceci ou cela.

Ainsi, avant de foncer et en dehors des chances de réussite, identifiez la source, la cause de votre désir d'un moment – surtout s'il vous prend la tête vingt-quatre heures sur vingt-quatre (obsession).

En plus du fait qu'il peut dater vous vous apercevrez parfois de la vanité des mobiles, de leur caractère illusoire, parfois trompeur, du fait que tel désir n'est qu'un masque et qu'il en cache un autre plus vrai (ceci indépendamment de toute rêverie, d'idéalisme exagéré ou d'imitation servile). Qu'est-ce qui en moi a envie de ceci, me pousse à cela ?

À la rubrique dite Bazar, je partirai en guerre contre l'abus des *pourquoi* adressés à autrui. Mais cette interrogation adressée à soi-même est pertinente en matière de choix : *Qu'est-ce que je cherche vraiment ? Et pourquoi ? Qu'est-ce qui me tente là ? La solution que j'envisage comblera-t-elle mon vrai désir, mon désir profond, pas son masque ?*

Et, là encore, il n'est pas superflu de se laisser un peu de temps pour y répondre lucidement. En tout cas, elle mérite d'être sérieusement approfondie – et objectivement justifiée[8].

Vous risqueriez d'aller vers le moins plutôt que d'attendre, en calmant le jeu, afin d'aller vers le plus. Il m'est difficile de vous donner des exemples sans vous influencer.

Je ne peux énoncer qu'un seul facteur ; si ce qui se cache derrière tel désir, telle envie, est la crainte : crainte de la solitude, de la perte de prestige… ou bien le souhait de se mettre à l'abri, la pulsion est souvent accidentelle, due à quelque état de faiblesse temporaire, et généralement de mauvais conseil.

Enfin, associez deux mots qui riment : choix et joie. La joie que procure un choix envisagé, pas une joie superficielle et éphémère d'origine émotionnelle ou de soulagement, une joie profonde, mûrie, apaisée, reflétant une paix durable, est une bonne boussole.

***

Dans les milieux religieux on utilise beaucoup le terme de *discernement* (avec un soutien transcendantal que je n'évoquerai pas). Le terme possède l'avantage d'évoquer l'existence de domaines différents : existentiels, psychologiques, spirituels… même s'il y a des chevauchements, de rappeler l'idée qu'on ne choisit qu'entre des possibilités et pas dans l'abstraction, que l'abstention est aussi une de ces possibilités.

Brièvement résumé, face à une décision (importante) projetée :

– Où est la question ? Existe-t-elle ? Y a-t-il un problème ? (écoutons en silence, au calme, en flânant, en ouverture réceptive, hors de nous-même…)

– Qu'est-ce qui là dedans vient réellement de moi (et de quel moi), ou d'ailleurs (et de quel ailleurs) ?

– Que dois-je faire ? Ce qui implique d'une part et d'abord de connaître celui que je suis et, d'autre part, ce que m'autorise raisonnablement la situation objective, l'environnement.

On ne va pas aux résultats en comptant le nombre de *pour* et de *contre*, mais en considérant comment le projet répond à la raison principale qui a suscité l'interrogation. C'est cette motivation qu'il faut déterrer d'abord avant d'examiner si le dit projet la satisfait.

À un nouveau visiteur sollicitant quelque discernement profond, un vieux jésuite (de ceux qui en ont vu défiler…) demanda s'il faisait attention à ce qu'il mangeait (au sens goûter, sentir, apprécier…), et comme l'autre lui répondait qu'il ne s'en souciait pas, le vieil homme eut cette réponse magnifique : « *Vous n'êtes pas mûr pour un discernement* ».

***

NOTES

[1] J'essaye de ne pas tomber dans ce travers du retardement en restant aussi général que possible sur l'important, en me limitant (autant que je le peux) à des considérations qui ont été, sont et seront, de tout temps et de tout lieu. En effet je sais bien que votre environnement d'adulte risque d'être très différent – je l'ai déjà dit – de celui qui fut le mien et ce peut-être même encore plus que mon univers d'enfance et d'adolescence l'a été du vôtre, ce qui n'est pas peu dire !

Entendez également que le risque du raisonnement issu de situations d'hier concerne moins votre âge que des âges plus avancés ayant accumulé plus d'expériences et de sensations, de réussites et d'échecs.

[2] On dit des dattes et des bananes : « Vous ne pouvez rien en dire : pour savoir ce que c'est, il faut les manger sur place. »

[3] À l'inverse, si c'est à vous qu'on demande conseil, veillez soigneusement à ce que l'on vous dise tout ce qui est nécessaire pour que vous puissiez vous prononcer – or c'est loin d'être toujours le cas. On ne vous fournira souvent qu'une partie des éléments, ceux qui valorisent le demandeur ou la demanderesse. Ceux-ci veulent d'ailleurs souvent plus une approbation aveugle qu'un véritable conseil.

Je me souviens de demandes de conseils existentiels à moi adressées où manquaient cette clarté ainsi qu'une bonne et objective vue d'ensemble. Le résultat fut que mes conseils ne furent ni adéquats par rapport à la situation réelle ni conformes à mon éthique et que, sans me l'avouer bien sûr, on estima certainement que j'eus pu mieux faire.

Ne vous laissez pas piéger par ce genre de petite escroquerie intellectuelle et parfois morale. Ne la pratiquez pas si vous voulez recevoir des conseils utiles.

[4] L'apparence démocratique ne justifie nullement le *n'importe quoi*. Cette forme est même totalitaire par essence puisque ses diktats impersonnels l'emportent sur les volontés et les consciences individuelles ; anarchique puisqu'elle est renonciation à toute image supérieure, donc unificatrice, de la communauté, qu'elle expose celle-ci à la remise en cause permanente de tout.

[5] L'Histoire abonde de ces exemples néfastes d'obsession. Pendant que les révolutionnaires de 89 et leur fondé de pouvoir que fut Napoléon piétinaient le réduit européen (l'Italie, obsession de l'empereur) la France abandonnait le monde (Amérique du nord, Indes... où elle était alors pourtant bien placée) à l'Angleterre.

Quand le grand homme d'état Bismarck s'obsédait sur Strasbourg et l'Alsace, puis sur la germanité, en négligeant l'Est russe, il préparait (avec le concours de successeurs médiocres, il est vrai) la sinistre conflagration de 14-18.

Ne prenez pas ces exemples, et d'autres, comme hors sujet. Transposez dans votre vie personnelle.

[6] Cette constatation vaut aussi bien pour ce qu'on appelle le bonheur (dont il sera traité plus loin). Il survient et on le reçoit comme une faveur plus qu'on ne l'obtient à la force du poignet.

[7] À l'occasion de cette occupation j'ai découvert la beauté du métier de maçon, bien modestement (carrelages, petits escaliers...), du moins tel qu'il était pratiqué jadis. Choisir des pierres, les ajuster une par une suivant leur taille, leur forme, leur aspect, les rendre solidaires en les soudant, synchroniser ses gestes (le ciment n'attend pas) – regarder la petite œuvre, satisfaction pure, même si on s'en veut après de quelques erreurs de conception.

[8] C'est une forme personnelle du principe de précaution.

# X

# LANGAGE

Tenez votre **langue** et **exprimez**-vous clairement.

Que de dégâts et de tort à soi-même se fait-on en émettant des jugements rapides et péremptoires sur autrui. Combien d'ennemis, cachés mais vigilants et alors féroces, se fait-on quand on ne peut résister aux délices d'une plaisanterie douteuse, d'un calembour, au virus de la médisance (mal dire, dire du mal), au poison de la calomnie.

Suivant les Japonais (experts en arts martiaux), la langue est un sabre qui peut transpercer le corps.

Même pratiqué avec légèreté, sans la moindre intention de nuire, c'est souvent injuste. On ne sait rien de lui, d'elle – ou si peu – et on pérore parfois par manque de retenue, ou par parade prétentieuse.

Sans le savoir ni le vouloir, on risque fort d'enfermer celui, celle, dont on parle dans notre propre construction mentale, c'est-à-dire dans une image fausse qu'on lui prête abusivement et qui n'est pas la sienne. Même sans se livrer à des commérages, des ragots, des médisances, restons pondérés, prudents dans nos appréciations sur autrui, dans nos jugements en général[1]. Pas seulement parce qu'ils risqueraient de se révéler faux et que nous prendrions le retour en pleine face plus tard, mais également parce qu'on le remarquera, que beaucoup nous en sauront gré et que cela nous évitera probablement d'en être victime à notre tour et, pire, à notre insu.

Ce qu'on appelle la charité chrétienne (terme qui parle peu aujourd'hui, mais qui a fondé la civilisation européenne qui s'en va) consistait d'abord à s'abstenir, toujours, de dire du mal d'autrui, et ce, bien avant d'aller éventuellement jusqu'à en dire du bien.

La vie en commun, et même en petit groupe informel, est impossible et peut devenir insupportable si quelques-uns se laissent aller à tout instant à un excès de plaisanteries sur autrui, même si celles-ci ne sont pas désobligeantes. Ce qui n'implique pas qu'il faille rester boutonné jusqu'au col. Un rire sain, adéquat, qui fait allusion avec légèreté à un travers bien connu et plaisant de quelqu'un sans l'offenser détend tout le monde. Jugez de l'ambiance existante à maintenir ou à améliorer, de la cohésion de l'assistance, de la susceptibilité de chacun, de la portée de vos paroles et adaptez-vous.

Je sais certains des tours que ma propension à plaisanter m'a joués (pas mal ont dû me rester inconnus, les plus nocifs assurément), à tel point que si cela m'arrive encore et si j'ai quelque doute sur la portée de ma plaisanterie, de son impact sur autrui, je veille à m'enquérir ensuite de la façon dont elle a pu être reçue, et à m'en excuser légèrement, sans dramatisation ni cérémonie ; et souvent m'aperçois qu'au fond cette précision, cette rectification, n'était peut-être pas tout à fait superflue.

Il arrive qu'on tombe juste par hasard et, en plus, au mauvais moment. On ne le saura jamais, mais la cible, elle, s'en souviendra.

Ne vous abritez pas derrière l'excuse de la plaisanterie comme alibi de vos erreurs et de vos fautes. Par exemple, si vous avez blessé quelqu'un en allant trop loin sur un point sur lequel il est sensible, excusez-vous plutôt que de vous en tirer par une pirouette du genre : *Je, On plaisantait,* qui avive la blessure en ne soulignant que votre légèreté et votre désinvolture et en ne manifestant nullement le moindre regret d'avoir atteint l'autre.

La moquerie ou la sottise pure arrivent à tout le monde. Mais si une fois passe, répétées sans s'excuser, elles ne passent plus.

Nul ne se sent en sécurité avec les personnages sarcastiques, ceux qui plaisantent toujours aux dépens d'autrui, se moquent, fût-ce avec quelque légèreté apparente. Chacun sent confusément que ces mini agressions cachent un mal être destructeur, un masochisme qui dérive en sadisme. Fuyez-les, vite.

Contredisez Pascal, qui prétendait que *« personne ne parle de nous en notre absence comme il en parle en notre présence »*. On s'apercevra de votre discrétion, de votre gentillesse naturelle (ce qui n'implique pas que vous soyez aveugle, sourd ou idiot), de votre loyauté envers vos connaissances. Cela se saura. Cela vous servira. Tout ce qui est rare est précieux et finit par être apprécié.

Le langage est « *l'honneur des hommes* » (P. Valéry). C'est un instrument, un outil merveilleux – et dangereux – maniez-le avec égard et précaution. Il peut blesser comme je viens de le dire. Il peut même tuer. Il peut aussi se retourner contre soi. On ne peut pas ne pas payer le prix de ses paroles.

Évidemment, mais cela c'est presque élémentaire, un secret est un secret. On n'en confie pas à qui ne sait les garder. « *La moindre des qualités consiste à garder un secret, la plus grande consiste à l'oublier.* » ( ?)

***

Je vais me permettre de vous dire ce qu'on ne vous aura probablement jamais ou trop rarement dit à l'école malgré la grande importance de cette question. Au sujet de cet organe, la langue, si on parle c'est pour être compris, ce qui suppose d'abord d'être entendu.

– Soyez concis et précis, mais surtout articulez : **ar-ti-cu-lez**. Les mots sont des assemblages de syllabes vocales, issues peut-être, il y a bien longtemps, de grognements primitifs assemblés, ne retournez pas à cette forme d'expression. Les mots sont de vieux serviteurs légués par nos ancêtres, respectez-les, ne serait-ce que pour respecter ceux-ci.

– Parlez lentement, calmement, mais à voix haute et claire. Posez votre voix à un certain niveau et restez-y. On monte ou descend sur la gamme pour souligner, détendre, faire une remarque incidente mais sans passer du murmure au cri ou vice versa.

À ce propos sachez que chez tous les gens qui souffrent d'une perte d'audition, celle-ci commence à se manifester sur les aigus. En public au moins, mieux vaut donc pencher vers les graves : sons issus de la gorge. Ce qui, il faut le reconnaître, est plus naturel à un homme qu'à une femme.

– Respectez la cadence de compréhension de ceux qui vous écoutent, surtout si vous traitez de questions de quelque importance.

Respectez la ponctuation, qui n'est pas réservée à l'écrit mais a aussi tout son sens oralement. Historiquement, l'écrit est issu du verbal et non l'inverse[2]. Cette préséance reste vraie aujourd'hui. Raison de plus pour veiller à l'expression verbale, première manifestation de toute civilisation.

Vers 100, 120 mots/minute – cela peut paraître fort lent – chaque phrase est entrecoupée de pauses brèves (qui séparent des pensées distinctes), les virgules dans la ponctuation écrite, et terminée par un intervalle plus important (qui termine une entité cohérente), le point dans l'écrit, lequel permet à celui qui s'exprime de reprendre son souffle comme à celui qui écoute d'assimiler l'idée émise, de se faire sa propre opinion, d'intervenir éventuellement.

C'est la cadence de quelqu'un qui sait parler, qui pense et croit à ce qu'il dit, qui respecte le rythme d'assimilation de ses auditeurs sans les épuiser, les saturer, qu'on écoute volontiers et auquel on pourrait répondre, si besoin, dans les pauses qu'il ménage.

150 mots/minute, c'est le rythme maximum de bons causeurs, lecteurs ou conférenciers et ceux-ci sont aujourd'hui assez rares pour être remarqués[3].

À 200 mots/minute, on commence déjà à parler vite – trop vite.

Au-delà de 250 mots/minute, personne ne vous suit, et vous-même ne savez plus ce que vous dites.

S'exprimer posément est une preuve d'équilibre, de culture et de sagesse. En plus de faciliter la compréhension de l'auditeur, s'exprimer en suivant un débit mesuré et en respectant la ponctuation – notamment en marquant des silences entre chaque phrase ou au moins entre des idées différentes – manifeste une courtoisie appréciable. Celle qui consiste à ne pas monopoliser la parole, soit à ne pas interdire aux autres d'intervenir, d'en *placer une* suivant l'expression populaire fort éloquente. Ce qui ne signifie pas qu'en face on puisse abuser de l'élégance – ou de l'embarras – du locuteur et l'interrompre sans de solides raisons.

C'est donc un témoignage de respect de l'auditeur autant que de maîtrise de soi. En plus cela évite de dire beaucoup de sottises que l'on regretterait la minute d'après ou le lendemain (du moins si on s'en souvenait !), ou pire encore, que celui qui tente de suivre ne comprenne de travers, parfois l'inverse de ce qu'on a voulu et cru dire. Ce, parce qu'il n'aura pas perçu une négation inaudible, escamotée, saisi un qualificatif atténuant ou renforçant une expression, l'une et l'autre s'étant perdus dans un flux ininterrompu, mâchouillé, inintelligible. Ces malentendus, terme éloquent par lui-même, sont fréquents, catastrophiques et rarement rattrapables parce que restant ignorés du locuteur.

Un conférencier qui parle vite trahit souvent son manque d'assurance et de connaissance, sa peur d'être interrompu, questionné, contredit. De plus, si le flux de paroles empêche de saisir la pensée, il masque souvent son absence.

Un jour, dans une évaluation de cours, j'ai lu le reproche suivant adressé à l'instructeur : *« diarrhée verbale »*, saignant certes, mais tout à fait pertinent dans ce cas. Croyez-moi, une expression claire et pondérée, à terme cela vaut des diplômes, et ceux-ci ne rachètent pas une expression brouillonne.

Pour les nerveux : quand vous vous exprimez, refrénez vos gesticulations (agitation des mains, des bras, de tout le corps…). Vous fatigueriez et disperseriez l'attention de celui qui essaye de suivre votre récit, et vous-même en perdriez le fil. Nul ne peut faire deux choses à la fois : s'exprimer clairement et faire des moulinets avec ses bras.

On constate d'ailleurs que ces gesticulations accompagnent souvent une expression verbale hésitante, hachée, redondante et qui, n'en finissant pas, n'arrive jamais à s'exprimer.

Posez les mains sur la table ou croisez-les ou enserrez précieusement votre verre... mais ayez pitié des sens de votre auditeur.

***

Sans langue codifiée, sans instrument linguistique commun et respecté, le sens des mots n'a plus que le sens que lui donne l'émetteur (si encore il lui en donne un !). Il n'y a plus de langue commune donc ni civilisation ni culture.

Dans la Bible, la confusion des langues et l'incompréhension qui en résulta sont vues comme une punition (la tour de Babel). Le langage est le lieu du lien social. *« Le mot a valeur de monnaie. Il sert à des échanges. Comment peut-on les faire si l'on n'est pas d'accord sur leur valeur ? »* (A. Vialatte)

Indépendamment des mots, dans toute langue pour être compréhensible et signifier ce qu'on veut qu'elle signifie, une phrase se construit suivant certaines règles, la grammaire. Son respect est indispensable à la précision de la pensée. Ce n'est pas un luxe, il permet d'éviter les non-sens et les contresens, les malentendus. Une formulation imprécise manifeste le peu d'importance de ce que l'on dit (donc de ce que l'on pense) – irrespect de soi et de l'autre.

Articulez et parlez posément, à un rythme raisonnable, mais songez que la phrase type est construite en français autour de trois composants indissociables : sujet, verbe, complément ainsi que, éventuellement, d'adjectifs ou d'adverbes de temps, de lieu, de manière...

*Je veux du pain – Les enfants iront faire du vélo demain* ; tous les francophones comprennent. Mais si vous constatez, informez, voulez, commandez, demandez, refusez... soyez précis.

*Il a téléphoné* : qui, pour qui, pourquoi ? – *Pouvez-vous l'apporter :* quoi, à qui, où, quand ? – *J'irai :* où, quand ? – *Ils l'ont eu* : qui, quoi ou qui ? – *On y avait pensé* : qui, à quoi ou à qui ?

Bien sûr ces exemples ne concernent pas la conversation instantanée, anodine, dans laquelle tout est clair en raison du contexte. Mais celui auquel nous nous adressons n'a pas pour unique préoccupation de se rappeler la personne, l'objet, le lieu, le temps... que nous avons, peut-être, mentionnés un quart d'heure, une heure auparavant, la veille ou jamais.

Exemples anodins mais typiques de messages télévisés confus, incohérents et manifestes du désordre mental ambiant autant que de l'orgueilleuse paresse qui conduit à ne pas se relire :

– *« Suppression d'une cérémonie religieuse par le Pape sur TF1 ».* Non, le Pape ne célèbre pas sur TF1 et il célèbrera même sans TF1, le message intelligible eût dû être : *« Suppression sur TF1 (ou par TF1) de la diffusion d'une cérémonie religieuse célébrée par le Pape ».*

– Des touristes assassinés ne sont pas des *« touristes malheureux »* mais plutôt de *« malheureux touristes »* (en contexte et vu le voyage lointain ils ne devaient pas être trop malheureux auparavant).

On ne saurait demander à certains journalistes ou à des pimbêches intronisées présentatrices de télé sur le charme de leur décolleté qu'ils ou elles sachent que la place d'un adjectif change le sens d'une expression.

– *« 114.000 morts ont péri dans la catastrophe ».* Bien terrible catastrophe qui tue les morts. Faut-il envier ou plaindre ces gens qui meurent deux fois ?

– *« Le tribunal arbitraire de la fédération… ».* Comment avoir confiance dans une juridiction aussi peu arbitrale ?

Ci-dessus, il ne s'agit encore que d'inculture et de désinvolture, pas d'intention de désinformation.

On ne peut imaginer le nombre d'erreurs, toujours au moins coûteuses en énergie, qu'entraîne une expression incomplète ou approximative, parfois littéralement fausse. À l'Armée, où des conséquences graves peuvent résulter d'une incompréhension, on fait répéter les ordres importants par ceux qui les ont reçus. Ce n'est pas une brimade. S'assurer qu'on a été compris est aussi, pour le donneur d'ordre, une façon de s'assurer qu'il a été clair et complet. On ferait bien de s'inspirer parfois de cette pratique dans la vie civile si quelque minable petit orgueil ne l'interdisait.

Pour les considérations de ce paragraphe, je ne suis pas sûr d'être un bon exemple, n'importe. Surtout dans vos demandes et offres, soyez clair et concis allez directement à leur objet.

Commencez, ou presque, par : *Je veux – Je ne veux pas – J'ai fait (ferai ou ferais) – Je n'ai pas fait* (idem) – *Peux-tu ?;* ajoutez éventuellement *pour telle raison* (la principale). Ne saturez pas d'emblée votre auditeur par trop de considérations annexes, ne le faites pas piaffer d'impatience, mourir d'ennui, pour savoir ce que vous voulez, où vous voulez en venir.

Vous fournirez vos explications complémentaires ensuite, si on vous les demande ou si vous percevez un désaccord, une réticence. Cette façon directe et concise de s'exprimer vaut autant pour les réponses que pour les demandes.

Si vous vous exprimez en public n'ayez pas peur des silences ; ils vous permettent de formuler clairement ce que vous allez dire, de ne pas galoper et de garder ou retrouver un ton posé. Les auditeurs pourront assimiler sans fatigue, plus longtemps.

Ils démontrent aussi votre assurance et votre absence de trac (même si au fond de vous-même, vous tremblez). C'est également le seul moyen d'obtenir ou de retrouver l'attention d'un public agité, d'obtenir quelque ascendant.

En petit comité, entre amis, ne vous sentez pas non plus obligé(e) de meubler les silences par des considérations sans intérêt qui empêchent l'amorce de tout échange vrai (pas forcément profond !). Mettre ses invités à l'aise veut dire les accueillir, cela ne signifie pas les saturer d'épuisantes banalités dès leur arrivée au point de les empêcher de souffler, de s'exprimer et d'exister suivant leur forme du moment. Ils peuvent avoir envie de parler d'autre chose que du temps, de votre santé ou de la leur, de vos enfants ou des leurs, de vos dernières vacances ou des leurs… et même envie de ne rien entendre et dire pendant un moment.

***

Désolé d'aller contre les idées et la cacophonie ambiantes, mais ce qu'on appelle pompeusement dialogue n'émerge qu'à partir de monologues construits et suivis dans lequel la personne se montre existante et responsable. La langue, instrument, n'est pas une fin en soi ; c'est la pensée qui en est une. L'homme parle parce qu'il pense.

« *Ceux qui parlent avec éloquence sont écoutés avec plaisir et ceux qui parlent avec sagesse sont écoutés avec profit.* » (saint Augustin)

Questions de cours : deux vases vides mélangent leur contenu, obtient-on un vase plein ? Deux vases remplis d'eau trouble mélangent leur contenu, obtient-on un vase d'eau claire ? Évitez d'être de « *ceux, nombreux, chez qui la parole précède la pensée. Ceux qui savent seulement ce qu'ils pensent après avoir entendu ce qu'ils disent* » (Gustave Le Bon).

Certes on apprend plus en écoutant qu'en parlant, « *on est maître de son silence, on est esclave de ses paroles* » ( ?). Cependant, soyez visible, saisissable, dites quelque chose, montrez un peu le bout du nez, ce qui implique dans un débat de prendre position, après réflexion et sauf exception, quitte à changer d'avis tout aussi clairement par la suite.

– « *Si vous ne dites rien* (que du creux, que du consensuel, que de l'évident…) *ne vous étonnez pas si on ne vous écoute pas* », allusion récente d'un homme politique à la pratique généralisée de la langue de bois[4].

– « *Monsieur, le public aime ça. – Il est le seul.* » (réponse de Barbey d'Aurevilly, à propos de banalités)

– Également, en interprétant ce que voulait dire le cardinal Henri de Lubac : « *Rien d'excellent ne peut sortir de celui qui vise d'abord un public. Le public n'est pas un interlocuteur. En s'adressant au public on ne parle pas à quelqu'un.* »

Parler à la première personne, utiliser le *Je*, est une des formes du courage et de l'engagement. C'est très important pour un demandeur, un candidat à, un décideur qui se veut responsable, quelqu'un qui veut simplement affirmer qu'il existe et prend ses responsabilités. Si vous vous cachez trop derrière le pronom indéfini *On*, c'est vous qui serez indéfini.

Mais la conversation banale, détendue, futile même, a son charme. Quelqu'un qui n'ouvrirait la bouche que pour énoncer des idées profondes serait extrêmement ennuyeux et rapidement muet faute de munitions.

Toujours à l'inverse des idées reçues : la concertation c'est certes apprendre, souvent améliorer la décision, mais le risque de se figer dans l'immobilisme existe également[5]. Concertation comme négociation supposent intelligence et bonne volonté de part et d'autre. Or ni cette qualité ni cette disposition ne sont automatiques.

Il suffit que l'un, l'une des parties refuse de construire, d'avancer pour que tout s'arrête, que, dans les réunions sans conséquence, les si fréquents bavardages décousus et hors sujet se répandent pour que tout piétine. Quelqu'un qui bloque dans une cordée, ou un traînard, et les premiers dépenseront leurs efforts en vain, toute la cordée sera stoppée et pourra même dévisser. Il faut des groupes honnêtes, homogènes et rigoureux pour que du *bla bla bla* émerge une décision qui prenne les problèmes en face, suivie d'une action d'intérêt commun effective.

En élargissant la question (ou plutôt en changeant d'environnement), suivons Descartes : « *Souvent il n'y a pas tant de perfection dans les ouvrages composés de plusieurs pièces et faits de la main de divers maîtres, qu'en ceux auxquels un seul a travaillé.* » Il n'existe aucune grande œuvre – littéraire, artistique... accomplie par une équipe. Il n'existe guère d'œuvre – scientifique, architecturale, politique... accomplie sans au moins l'impulsion décisive et l'autorité d'un seul.

***

On s'éloigne aujourd'hui passablement de la fameuse et fumeuse communication, ce pourquoi évidemment on en parle tant. Une fois de plus, contrairement aux idées reçues, la multiplication des moyens de communication ne facilite guère celle-ci[6].

D'ailleurs, si l'absence de communication empêche l'Être de se développer, son abus (téléphone toujours occupé, messages inutiles et encombrants, interminables bavardages creux et pire impudiques portables...) témoigne d'une aussi dangereuse incapacité à exister par soi-même ; c'est-à-dire indépendamment du regard de l'autre, celui-ci fût-il un internaute inconnu ou quelque écoutant anonyme d'une des multiples associations de type S.O.S. (voir les listes impressionnantes dans les annuaires). Ce dernier phénomène étant récent, avec l'abus scandaleux des numéros d'urgence, il est significatif d'une ambiance d'assistance généralisée.

Tout en vous rappelant que je n'ignore ni ne dévalue le grand besoin qu'ont les adolescents de communiquer et qu'il s'agit là pour eux d'un moyen indispensable pour leur construction personnelle. Donc, que ceux-ci atténuent certaines des critiques de ce paragraphe qui concernent bien plus les adultes – dans la mesure où ce qualificatif s'appliquerait à de nombreux agité(e)s.

Mais, soyons clair, si votre téléphone sonne toujours occupé on se lassera.

***

À ne pas oublier dans vos relations. Sachant, pour ce qui suit, que la vague féministe (en fin d'élan) ne changera rien à nos gênes au moins pour les deux ou trois générations prévisibles et que je ne m'exprime que de façon globale.

Acceptez que les femmes parlent plus que les hommes – bien sûr si les exceptions abondent, elles ne représentent pas la règle[7]. En nombre de mots quotidiens on évalue le rapport comme étant de 4 à 1 et encore sans compter les autres modes de communication tels que simples sons vocaux ou expressions corporelles (sourires, froncements de sourcils, mouvements de la tête… rien de négatif à ces manifestations de vie).

Cet écart a ses raisons. Succinctement si l'homme mesure sa valeur et alimente son estime de lui-même en fonction de ses objectifs et des résultats qu'il obtient, la femme s'évalue, se situe, bien plus par rapport à ses relations avec les autres (famille, ami(e)s, collègues, voisin(e)s…).

Pour lui c'est le domaine de l'action qui est primordial, pour elle c'est le domaine relationnel. Pour elle, la qualité des relations importe bien plus que leur but. Ce qui explique que dans la plupart des couples ce soit la femme qui alimente et prenne en charge les relations extérieures.

Regardez converser un groupe d'hommes et un groupe de femmes, la différence de comportement est frappante. Que les garçons ou les hommes ne se gaussent pas trop du bla-bla, du brouhaha, du décousu, du chevauchement de certaines conversations féminines. Chacune des participantes a retenu quantité d'informations sur ce qui a été dit, sur les sentiments, préoccupations, soucis, intentions, caractère, des autres. Un participant – en supposant qu'il ait survécu – n'en aurait ni compris ni retenu un quart. *« Les femmes ont sur l'existence des informations qui nous échappent. »* (J. Chardonne)

Ce qui ne devrait pas empêcher certaines de prendre le temps de réfléchir et parfois de garder quelque distance avec elles-mêmes, de refréner leurs questions impulsives, de consentir à monter de l'anecdote au général, de ne pas saturer la conversation possible du récit des petits incidents de leur vie quotidienne, de veiller à modérer le bruit ambiant, de préserver le monde d'une agitation disproportionnée, de moins céder à la fébrilité nerveuse verbale.

Ce qui ne devrait pas obliger certaines à monopoliser la conversation, à s'exprimer à 300 mots/minute et au-delà, à changer de sujet toutes les 10 secondes, à accabler leurs compagnons, esprits lents et lourds, sous des déluges de paroles, des flots d'émotion, des avalanches de détails superflus et des rafales de considérations encombrantes.

Ce qui ne devrait pas empêcher certains d'être plus attentifs aux menus faits de la vie sociale de proximité, à ce qui s'y passe ou ne s'y passe pas, à ce qu'on leur raconte, de se montrer plus réceptifs et plus participants, de manifester plus d'attention à autrui, d'écouter et d'assimiler quelques intuitions profitables.

Ce qui ne devrait pas obliger certains à disserter parfois sans fin sur des sujets qui n'intéressent qu'eux, ou au contraire, à communiquer par monosyllabes et en deçà, à limiter leur expression à des grognements de ruminant ou à de lourds silences désapprobateurs.

L'homme s'extériorise par monologues construits (enfin essaye-t-il !) parfois grandiloquents. La femme se manifeste (sauf si elle parle d'elle-même, vaste sujet !) par brèves remarques ou même interruptions circonstancielles supposées favoriser la conversation – et la tuant immanquablement.

L'éloignement des galaxies évoqué savamment par l'un est brusquement interrompu par l'une qui exige que l'on reprenne du gâteau. La sommation est imparable. L'ordre règne à nouveau dans l'univers. Les galaxies continuent leur course. Le gâteau rejoint notre chaos originel[8].

Nul ne sait trop avec quoi parlent les hommes, mais les femmes parlent avec leur humeur. Cette personnalisation n'est pas nocive. Elle rend seulement celles-ci plus difficiles à comprendre d'abord, à suivre ensuite. Les tendances verbales de chaque sexe (où les exceptions abondent) étant ainsi ciblées je suggérerais aux hommes de ne pas laisser systématiquement le monopole de la parole à leurs compagnes ou autres relations féminines. Ils commenceraient par ne plus exister socialement pour finir par être mis sur la touche complètement. Ni la civilisation ni l'entente indispensable entre les sexes ne s'en trouveraient améliorées.

Sur les différences et les complémentarités entre sexes, je me limite là à ce qui ressort de l'expression verbale. Je reviendrai sur ce sujet inépuisable à la fin de la rubrique sur l'Amitié et l'Amour.

***

Toute langue comporte quatre maîtres-mots dont ni société ni groupe, ni relation ni amitié ni amour ne peuvent se passer : *Oui, S'il vous plaît, Merci, Pardon.* Il est un cinquième terme que certaines personnes ne savent pas employer – alors que d'autres en abusent – c'est : *Non.* En effet il faut savoir refuser quelque chose à quelqu'un. Le sol ne s'effondrera pas sous vos pas pour autant. C'est bien préférable au fait de regretter, traîner les pieds, s'en vouloir, faire mais mal, et donc attenter à son estime de soi.

Enfin, **le silence** est une médication contre les bruits du monde, comme aussi contre les dépendances de toutes sortes, contre l'agitation et les obsessions.

– Il nous ramène à l'intérieur de nous-même.

– Il nous permet d'*agir* sans trop céder au *réagir*, d'éviter de se répandre exagérément dans l'activisme et de devenir un être transparent, bavard, une sorte de robot.

– Il fait taire aussi bien les bruits discordants externes que notre propre tumulte intérieur.

– Il n'est pas que l'absence de bruit, il n'est pas rien. Il conditionne la présence à soi-même.

– Il engendre repos et paix. Il permet de découvrir avec émerveillement un autre soi jusqu'alors inconnu, des idées nouvelles.

– Il libère en nous une sphère protectrice de notre identité – la petite coque de sérénité qui constitue notre noyau[9].

– Nous laissant regarder vers notre espace intérieur apaisé, il nous entraîne parfois bien au-delà, vers l'aspiration à un plus et autre que soi tel qu'imaginé jusqu'alors – vers quelque aperçu d'universel et d'intemporel.

Le silence a fondé les civilisations, le vacarme et le brouhaha les ont détruites. *« Veux-tu connaître le monde ? Ferme les yeux Rosemonde. »* (Jean Giraudoux)

***

NOTES

[1] Certaines remarques ont pu vous convaincre ou vous convaincront que je n'ai pas tout à fait comblé cette faille. Mais je n'ai pris et ne prendrai mes cibles que comme catégories générales dans lesquelles les exceptions abondent.

[2] Petit exemple sur la valeur de la ponctuation : écrites ou prononcées verbalement ces deux expressions ont-elles la même signification ?

– Il est mort, naturellement. – Il est mort naturellement.

[3] Je viens d'entendre une conférencière : par-fai-te. Il y avait deux mille personnes, en plein air avec du vent, une sono correcte sans plus. Malgré mon début de surdité, sans efforts et de loin, je n'ai pas perdu un mot. Elle articulait (c'était une bonne conférencière), mais je me suis amusé à la chronométrer plusieurs fois à des moments différents. Elle parlait entre 80 et 120 mots/minute (y inclus les articles et conjonctions tels que : et, ou, le, de, du…). Je n'étais pas le seul à être attentif, séduit. Tous devinent que celui, celle, qui parle ainsi ne se permettrait pas de dire des âneries ou d'enfoncer des portes ouvertes pour meubler, cacher son embarras ou dissimuler sa méconnaissance du sujet. Elle s'exprimait calmement aussi, suivant un rythme et sur un ton posés et contrôlés.

Or, si le calme assumé ne garantit pas la vérité, les hurlements (reprenant généralement les slogans creux tout faits) laissent fortement supposer soit le mensonge et la manipulation soit la nullité (tous éléments qui ne sont d'ailleurs nullement incompatibles).

[4] Langue de bois : langue alignée sur les idées imposées, garnie de termes convenus, langue de déférence, sans référence ni ambition ni portée, sans passé ni avenir, langue de servitude, celle du non-être par laquelle tout le monde (le journaliste comme l'interviewé, le ministre comme l'opposant qui n'aspire qu'à prendre son fauteuil, l'artiste comme le technocrate…) dit la même chose, soit rien, mais étale sa vacuité, son impuissance et sa poltronnerie au grand ravissement des nains qui écoutent.

Langue imposée par la dictature actuelle de la pensée – langue de laquais.

[5] Comme on le constate depuis des dizaines d'années en France sur les questions vitales socio-économiques où toute tentative de négociation s'enlise ou échoue face à l'obstination d'une poignée d'individus cramponnés à leurs privilèges.

[6] Chaque soir il faut vider sa boîte aux lettres, écouter son répondeur téléphonique (celui du fixe et celui du portable éventuel), consulter sa messagerie, dépouiller ses fax… Ignorant du mécanisme dit SMS, je ne sais comment ces précieux messages parviennent mais il doit bien falloir s'en occuper aussi. Même chose pour Facebook (j'ai entendu dire que mes *amis* m'informaient, dois-je m'enquérir, répondre ?). Pour les anxieux avides d'information en temps réel, certains de ces délicieux exercices ne sont pas quotidiens mais répétés plusieurs fois par jour.

Ce n'est pas pour autant que les gens répondent à vos requêtes et relances. Ce n'est pas pour autant que vos démarches avancent plus vite, bien au contraire. Peut-être bien d'ailleurs en raison de l'accroissement induit de stress, d'agitation, de confusion, d'incompréhension, de saturation générale. La qualité est incompatible avec la quantité induite par trop de facilité.

Épargnez vos connaissances en ne les accablant pas d'inutilités, de rediffusions sans intérêt – d'autant plus qu'elles ne partagent pas forcément vos goûts.

Ne vous plaignez pas que personne ne vous joigne si votre téléphone sonne sans cesse occupé. Ces bavardages (supposés insipides par l'appelant désespéré) sont extrêmement lassants pour celui qui a quelque chose de bref à dire, souvent dans votre intérêt.

Ayez pitié d'autrui, ne le forcez pas à décrocher son téléphone et à vous informer dans l'heure, par souci préemptif ou pour garnir votre solitude. Ne sollicitez pas des *nouvelles* à tout bout de champ. Si papy ou le cousin est enrhumé ou s'il est décédé, vous serez prévenu.

*NOTES*

Jadis on attendait, on espérait du courrier, des appels, des messages. Maintenant il arrive qu'on redoute leur afflux. On a des portables mais on les débranche. On a une ligne fixe mais seul le répondeur répond. Le *progrès* frappe toujours – parfois durement.

Communiquer n'est pas se noyer soi-même, et pire inonder autrui. On peut dépenser son énergie et disperser son mental inutilement, il est inconvenant d'y contraindre autrui.

[7] Ce qui explique, plus encore que leur galanterie naturelle, la sollicitude dont les entourent les gens de communication : messieurs France-Telecom, Orange, Bouygues, SFR et consorts (voir publicité, ton et ambiance des dépliants).

[8] Au cours d'un repas il est pénible de voir des conversations continuellement interrompues ou avortées par l'abus de considérations censées être aimables autour de la gastronomie : *Reprenez donc de cette dinde chère amie, c'est ma spécialité. – Un peu plus de sauce peut-être ? – Chère Julie, votre bécasse est absolument délicieuse, vous êtes vraiment douée ! – Allons, mon vieux, vous ne pouvez pas ne pas aimer l'andouille...*

Aussi innocemment dévastatrices sont les irruptions de l'aimable hôtesse clamant la modestie du plat qu'elle amène depuis la cuisine et fracassant toute conversation démarrée ou poursuivie en son absence.

[9] Laquelle découverte est particulièrement précieuse en cas de coup dur.

# XI
# GESTES

Contrôlez vos **gestes** et ajustez votre **comportement**.

L'acte conscient (manifestation du contrôle cérébral) est un acte voulu et senti. Si cela vous arrive éliminez la sotte nervosité qui consiste à claquer une porte de voiture plus qu'il n'est nécessaire, à allumer une lumière sans raison en plein jour, seulement parce qu'il y a un interrupteur à la portée de votre main et que vous ne contrôlez même pas ce membre qui agit alors de façon autonome.

Si vos membres agissent tout seuls, bravo pour la confiance qu'on pourra accorder à votre esprit. On verra ce genre de petite inconséquence, car si quelque chose se voit vite c'est bien le désordre du comportement. Le désordre dans les gestes, dans les mains reflète le désordre dans la tête. Des mains incontrôlées révèlent un esprit confus – ou absent.

Celui, celle, qui se livre systématiquement à ces gestes, en apparence anodins, ne peut pas avoir de prétention à jouer un rôle de chef, de leader, de conseiller, pas plus que celui, celle, qui maîtrise mal son expression ou ses réactions, qui mélange tout.

Pire, très souvent le manque répété de discipline élémentaire dans les actions les plus simples exprime un refus de se conformer à une règle, à un ordre, révèle un caractère obstiné, rétif. C'est déplaisant à dire mais c'est interprété comme cela, et pas tellement à tort.

Aucun sportif, aucun meneur d'hommes, aucun ouvrier, artisan ou jardinier ne laisse agir ses membres sans raison, ne les laisse échapper à son contrôle. Ils ne cassent pas souvent, seuls les inconséquents cassent sans cesse, égarent tout, perdent tout, confondent tout, n'ont souvenir de rien, oublient tout, se trompent sans arrêt… On sait très rapidement à qui on a affaire, les conclusions sont vite tirées. L'expérience ultérieure les confirme.

En exemples simples :

– Les dégâts qu'on peut si vite faire en informatique avec l'usage inconséquent de la souris, précédé de désinvolture dans la lecture des messages (les deux vont de pair). J'ai connu aussi des gens dont le clavier d'ordinateur était cassé tous les mois, hasard, malédiction ? d'autres dont la consommation d'infortunées souris était supérieure à celle de chats affamés.

– On peut certes débrancher un aspirateur, un appareil électroménager en tirant sur le fil. La prise électrique s'en souviendra et se rappellera au bon souvenir du bricoleur de service, lequel sera certainement quelqu'un d'autre.

– La nature ne se divise pas. En conduite automobile si on fait souffrir la mécanique (boîte de vitesses, freins, moteur, pneus…) on fait souffrir les passagers (oreilles, vertèbres, assise, tranquillité…).

Je néglige la question du coût de toute nervosité brutale sur l'engin, comme sur n'importe quel objet. C'est là une conscience qui dépasse l'entendement d'un ou d'une affolé(e) gestuel(le). Si on ne pratique pas cet art, il faudra bien que quelqu'un d'autre démonte et remonte le robinet du lavabo dont on aura peu à peu écrasé les joints par brutalité. Le respect des joints sera très directement une marque de respect (et parfois d'affection) pour qui devra bien les réparer.

Si on est vraiment incapable de se contrôler, il est plus que souhaitable d'avoir au moins la correction élémentaire de ne pas râler si celui, le proche sans doute, qui devra réparer en fait de temps en temps la remarque, en réclamant un peu de soin. Ce genre de muflerie appuyée (le fait de râler) est alors inadmissible et passe très mal. Il est pour le moins déplaisant d'accabler, aussi impulsivement que bêtement, celui qui réparera les conséquences de sa propre insouciance et légèreté.

***

Une pièce mécanique a nécessité ressources et travail, un kg de papier (nos magazines, nos emballages) a coûté 3 kilos de bois (nos forêts), un litre d'eau est un litre d'eau… Il est inutile et toujours indécent d'ouvrir en grand un robinet pour remplir un demi-verre d'eau ou laver une petite cuiller et en gaspiller 100 fois plus qu'il n'est nécessaire. C'est évident dans certains lieux ou situations. Mais ce devrait être évident partout et toujours pour un esprit un peu ordonné.

Il n'est pas toujours indispensable de brancher un appareil électrique (four, radiateur…) systématiquement à son maximum. Si sa puissance est réglée par des graduations apparentes c'est sans doute pour que les gens sensés (pas les brutes nerveuses) en tiennent compte. Comme il est inconséquent de commander au restaurant plus qu'on ne peut – et ne devrait – manger. Les choses (le moindre sac-emballage de magasin participe de la nature, qu'il soit biodégradable ne fait pas qu'il n'ait rien prélevé de celle-ci) ne sont pas à notre botte. Elles ne l'ont d'ailleurs été que depuis quelques dizaines d'années – et sans garantie de durée. L'écologie n'est pas une théorie à la mode dans les salons et un prétexte pour arrivistes en politique. C'est une exigence qui commence à la maison, dans les petits actes quotidiens.

En juillet 2006 (période de grande sécheresse) on a consommé à Paris 11% d'eau de plus que le même mois des années normales alors que c'est justement alors qu'il eût fallu faire attention et se restreindre en pensant au lendemain, aux autres et aux besoins prioritaires (hôpitaux...).

On gémit sur le dérèglement climatique, sur l'épuisement des ressources énergétiques, et on se climatise partout (même en voiture) en feignant d'ignorer que ce confort est aussi destructeur de l'environnement que consommateur d'énergie. Plus ça se réchauffe, plus on se climatise et plus ça se réchauffera – conduite de gribouille.

Quelle foule de personnes exerçant leurs soins constants sur toutes les ressources faut-il pour compenser le gaspillage insensé – encore plus qu'égoïste – d'un seul ou d'une seule ? Le rapport doit être plus proche de mille pour un que de cent pour un. Moi d'abord et *« après nous le déluge »* (mot prêté à tort à Louis XIV) reflète parfaitement cette attitude ; écologie, oui certes, pour dire comme tout le monde, tel le mouton, mais pour les autres ; pour moi, mon confort d'abord. On veut bien en parler, mais s'il fallait conformer ses actes à ses paroles, faire ce qu'on dit, cette cohérence serait insupportable, invivable. Déplorons certes, mais jouissons.

Le gentil bénévole qui part *servir* – et un peu se faire plaisir (c'est légitime) – en Afrique ne sait pas que son transport aérien – l'horreur en terme de gaspillage et de pollution – aura coûté bien plus que les semaines de sueur qu'il donnera sur place. Il ne peut rien contre ; l'avion aurait gaspillé et pollué sans lui. Il serait cependant salutaire qu'il ait conscience (vaguement et sans culpabiliser) qu'il participe et jouit du gâchis occidental qu'il dénonce dans son salon. Cette considération n'empêchant pas que son mérite soit largement supérieur aux membres de la *jet-set* qui vont se prélasser aux Seychelles ou à celui des riches retraités qui ne peuvent se retenir de parcourir le monde pour proclamer leur éternelle jeunesse à leur entourage.

En terre d'Islam le gaspillage est encore considéré comme un péché (et sous cet aspect, c'est à juste titre que la conduite des Occidentaux est perçue comme scandaleuse).

Il le fut ici aussi avant que les comportements anglo-saxons de prédateurs n'emportent toute raison et même toute décence – pour un temps qui sera certainement bref, et pour cause !

Entendre l'Occident parler de sauvegarde de l'environnement reflète une belle dose d'hypocrisie – parmi sa jeunesse peut-être plus encore que chez ses vieux, qui, eux, sont moins dupes (eh oui, c'est pour vous aussi jeunes gens, souvent inconséquents !).

*J'ai droit* (terme-fétiche d'aujourd'hui vulgarisé par le grand livre des droits de l'homme, sans compter les innombrables droits annexes : de la femme, de l'enfant, du malade, du migrant, du taré…) au fameux progrès, à la santé, à l'information, à la mobilité, au respect, à l'enfant, comme à l'amour et au plaisir ai-je même entendu très sérieusement. Fuyez la bêtise – c'est l'horreur et, en plus, c'est terriblement contagieux. Une rare parole à retenir de de Gaulle : à un quidam qui s'écriait : *« Mort aux cons ! »,* il aurait répondu *« Vaste programme »,* ou, selon une autre version *: « Mais ce serait un génocide. »* Albert Einstein disait aussi plaisamment *« qu'il n'existait que deux choses infinies, l'univers et la bêtise humaine… mais que pour l'univers il n'avait pas de certitude absolue ».*

***

On sait que celui qui ne respecte pas les choses, les objets, la nature, qui use ce dont il n'a pas besoin ou dont il peut aisément se passer, au mieux ne réfléchira à rien, au pire ne respectera pas les gens, autrui, pas plus d'ailleurs qu'il ne se respectera lui-même. Le mépris pour les choses, pour l'environnement, se confond souvent avec le dédain pour les gens. Une fois de plus, tout se tient – comme dans la nature. Les gestes du corps manifestent bien souvent l'attitude du cœur.

On vous fera confiance dans la mesure où votre attitude générale inspirera la discrétion, la réflexion, la mesure, la pondération, l'économie dans les gestes, où vous ferez ce que vous avez dit et où vous direz ce que vous avez fait ou vous engagez à faire (bis de la rubrique sur la Suractivité et la Dispersion).

L'ordre mental ne se divise pas et celui-ci est révélé sûrement par un certain ordre comportemental. J'entends bien que ce dernier n'est pas inné, qu'il s'acquiert peu à peu, qu'il n'est pas évident pour un adolescent encore très normalement peu maître de lui (l'est-on jamais ?)[1].

Mais contrôlez votre nervosité souvent provoquée ou accrue par la dispersion et la suractivité et sa conséquence, l'encombrement mental. Ayez conscience de vos gestes les plus simples et pour cela essayez de rester dans l'instant présent et dans l'action actuelle.

Si quelqu'un vous fait remarquer quelque geste inconséquent et que vous répondez l'habituelle sottise : *C'est machinal,* ne vous étonnez pas si l'autre prête plus d'attention à votre côté mécanique qu'à vos autres qualités plus humaines. Quelle que soit sa bonne volonté, il est difficile de compter sur un hypernerveux, sur un surémotif, sur un agité, encore plus sur un inconscient. Ses actions comme ses réactions sont totalement imprévisibles, elles échappent à lui-même mais n'échappent qu'à lui-même.

Sachez qu'il est plus facile de rectifier un geste qu'une pensée, et que la pratique habituelle des actes conscients, voulus et sentis amène à la concentration d'esprit (rubrique sur la Suractivité et la Dispersion). Exemple simpliste mais courant : si vous êtes conscient de ce que vous faites quand vous fermez votre porte et si même vous vous dites mentalement : *J'ai fermé,* vous vous éviterez bien des retours sur vos pas ou des inquiétudes quand vous serez à des kilomètres.

Le travail manuel que j'ai évoqué à la fin de la rubrique sur les Choix peut se révéler une aide considérable pour discipliner son comportement et ordonner sa réflexion (les deux vont de pair). La matière n'obéit qu'aux gestes justes. On ne la trompe pas.

« *La tête, le cœur, font mille bêtises, les mains se trompent ou trompent rarement.* » ( ?) Et c'est bien justement pour cela que le comportement gestuel est terriblement révélateur de l'ordre mental.

Le travail manuel m'amène à des considérations qui ne s'éloignent qu'en apparence de la question des gestes. Confronté à un appareil qui refuse de vous obéir, prenez deux minutes pour regarder et réfléchir aux possibles causes simples avant de crier que : *ça ne marche pas* (la prise est-elle branchée ? le contact est-il mis ? le tuyau du jet d'eau n'est-il pas entortillé ?...). Le dévoué sauveteur ainsi sommé d'arriver à la rescousse sur le champ appréciera votre rigueur, même vaine. Comme si vous appelez un artisan pour réparer, il appréciera – et viendra sans doute plus rapidement et à moindre frais – si vous êtes capable de décrire quelque peu l'incident, le problème. Il aura en effet l'impression d'avoir affaire à quelqu'un de sérieux.

À titre d'exemple un peu différent : si vous entrez à l'improviste chez un vieil imprimeur occupé pour lui demander le service de découper un lot de feuilles de papier et que vous employez le terme technique de *massicoter* (supposant que vous le connaissiez), il fera plus volontiers ce que vous lui demandez et il sera moins tenté de vous envoyer balader.

Le respect de la terminologie des professionnels exprime la considération que l'on a pour leur métier et donc pour eux-mêmes.

Il en ira de même si, collaborant avec eux, vous vous pliez à leur façon de travailler. Si vous fournissez des informations à un professionnel, fournissez-les lui comme il les demande – ne serait-ce que dans votre intérêt – sinon adressez-vous à n'importe quel rigolo.

***

Il y a des années, disons jusqu'en 1960 (ce n'est pas si loin), j'aurais pu alléger cette rubrique sur les *Gestes*, ne pas inclure une partie précédente sur le gaspillage...

Ce que Roland Barthes appelait « *l'effraction de la terre* » (mines, pétrole, extraction de minerais, autoroutes, voies TGV, ouvrages d'art, tours urbaines, centres commerciaux, parkings...) avait certes déjà commencé. Mais depuis, nous n'avons pas franchi une cinquantaine d'années, nous avons changé de planète (et celle-ci commence à s'en fatiguer sérieusement).

Nous sommes – très provisoirement – tombés dans « *l'empire de l'éphémère* » ( ?). Notre monde, l'univers ne sont plus des environnements, des cadres, qui nous sont donnés, ou imposés, nous les avons réduits à l'état de vulgaire matière première et bientôt la génétique fera que la vie elle-même risquera d'être considérée comme un matériau.

« *La part du donné ne cesse de se restreindre tandis que la part du fabricable ne cesse de croître... La vache n'est plus une vache, mais un outil de transformation de l'herbe en lait... Le monde n'est plus un mystère, mais un miroir. La Création tend à devenir notre création.* » (A. Finkielkraut) Cependant sachez bien que l'humanité en a vu d'autres et qu'elle s'en est toujours sortie.

Le respect des objets, du matériel, allait presque sans dire, ayant moins nous étions moins exigeants, plus soucieux des choses car elles étaient tellement plus rares. Savez-vous qu'en moins de quarante ans, le volume de nos déchets a plus que doublé (et on trouve encore des individus pour penser que cela va continuer – *penser* étant certainement beaucoup dire dans leur cas).

Par contre, pour être honnête, je reconnais volontiers que j'aurais pu ajouter d'autres thèmes ou en renforcer certains. Par exemple, si nous avions jadis plus de cohésion comportementale, d'économie et de soin dans le geste et l'usage des ressources, nous avions moins le souci de la nature, le respect de la campagne ; en partie parce qu'alors elle était moins abîmée, et que nos moyens de la détruire étaient plus limités.

Dans un tout autre domaine, à l'époque de mon enfance, la société bourgeoise accordait bien moins d'attention – formellement au moins – aux petites gens. Elle n'hésitait guère à afficher sa supériorité et son dédain. Mais par contre les niveaux de vie, les conditions d'existence assez dures (comparées à celles d'aujourd'hui), étaient aussi beaucoup plus proches du haut en bas de l'échelle sociale, donc entraînaient plus de proximité et de compréhension de fond à défaut de forme. Tout s'explique toujours – à défaut de se justifier.

Ceci pour dire que tout n'était pas parfait et que rien ne le sera jamais.

Le progrès uniforme et gratuit n'a existé dans aucune civilisation, toute innovation n'est pas obligatoirement un pas en avant ; une *avancée* comme on dit dans le jargon scientifique et politique[2]. C'est un mythe, une idéologie, mais qui a la vie dure. Certains s'imaginent encore qu'il donne le bonheur alors qu'il ne s'agit que de vaincre la nature et qu'il ne peut donner, au mieux, que la puissance.

*« Le scepticisme croissant quant au progrès techno-scientifique n'empêche pas la religion progressiste de rester hégémonique en tant qu'idéologie. »* (Pierre-André Taguieff[3]) Ce qui n'a rien de surprenant puisque, une idéologie ayant précisément pour fonction de masquer la réalité, il est dans l'ordre qu'elle survive à la disparition des prétextes qui l'avaient fait apparaître.

Adaptez-vous à ce qu'on appelle *l'esprit du temps et du lieu* mais ne vous y confondez, ne vous y soumettez pas aveuglément. Nul n'est obligé de croire aveuglément à tout ce qui fait, et ce que fait, son époque. Il est toujours facile de laisser une époque en faire à sa tête. Ce qui est difficile c'est de garder la sienne. *« Qui veut trop s'adapter risque de se mettre à la remorque. »* (cardinal H. de Lubac) Tout n'est pas forcément excellent parce que c'est pratiqué là où vous vous trouvez et au temps où vous avez été placé. Tout n'est jamais non plus à rejeter. Distinguez les plus et les moins. Dans un plus il y aura toujours un peu de moins, et souvent également vice versa.

Remarques sur le progrès. Jadis on parlait des progrès de la métallurgie, de la médecine, de l'aviation... Maintenant on parle du progrès sans qualificatif, en soi, inéluctable, comme une divinité, *qu'on n'arrête pas* et forcément bénéfique.

*« Ils se prosternent devant l'œuvre de leurs mains. »* (du prophète Isaïe) Ce qui est devenu une mystique a été engendré par une conception illusoire mais avantageuse de l'Évolutionnisme. Ce qui sera est mieux que ce qui est, qui est déjà mieux que ce qui fut. Tout s'améliore sans cesse. De l'évolutionnisme biologique, des espèces, on est passé à l'évolutionnisme de l'esprit, des sociétés, des civilisations. Seulement l'évolution ne garantit nullement la valeur des changements qu'elle engendre. Tout développement n'est pas un perfectionnement. On commence à s'en douter, mais d'ici à abandonner notre culte, à se retrouver tout nu !

***

Pour en revenir au respect des choses, de la nature, évoqué plus haut, ne transformez pas votre logis en musée de province, en magasin de brocanteur ou en garde-meubles. Vous vous alourdiriez. Tout le monde a rêvé un jour de pouvoir partir en une heure avec un sac. Certains l'ont fait : Arthur Rimbaud, Jacques Brel (un compositeur chanteur qui a ému les années soixante), des milliers d'inconnus..., hier, aujourd'hui, demain.

Ce n'est pas un éloge de la bougeotte. Ce rêve, même à défaut de sa réalisation, est une mesure d'affirmation de notre liberté.

L'occidental d'aujourd'hui H.D. Thoreau : « *Un homme est riche des choses dont il peut se passer* » rejoint le très ancien oriental Lao Tseu : « *Celui qui pense que c'est assez aura toujours assez* ».

Accessoirement, le désordre dans ses affaires, dans ses papiers (et vous en aurez un jour beaucoup comme tout adulte) entraîne perte de temps et surtout d'énergie en recherches énervantes et sans aucun intérêt, des erreurs parfois coûteuses. On frôle là un doux masochisme inconscient, et un peu de sadisme quand on exige d'autrui que, lui, s'y retrouve.

Ceci m'amène à dire un mot du **rangement**, qui peut être considéré comme un gage d'efficacité aussi bien que comme une hygiène de vie, une démonstration de l'ordre extérieur reflet de l'ordre intérieur ; du rangement quotidien et du déblaiement périodique.

« *L'ordre est la base sur laquelle repose la beauté* » (Pearl Buck) – ordre à entendre plus largement que celui de votre chambre, mais sans doute commence-t-il là. On pourrait reconnaître de bons employés ou cadres à l'organisation des dossiers de leur ordinateur. Il s'agit toujours là d'une question d'ordre dans la tête. Quel dommage que les recruteurs ne puissent y jeter un œil ! Ils sauraient en un instant beaucoup de ce qu'ils cherchent à deviner péniblement.

Savez-vous qu'une organisation (laïque, puissante et fortement structurée) n'envisage d'examiner l'adhésion d'un nouveau postulant qu'après une visite (sous prétexte bien sûr) en son lieu de vie ? Il ne s'agit pas d'apprécier sa taille, son luxe éventuel... mais essentiellement l'harmonie, l'ordre – ou le désordre – qui y règnent, car l'un comme l'autre parlent bien mieux que de longs discours.

En élargissant la notion de comportement gestuel au comportement sur ce qui constitue le matériel, qui ne s'occupe pas de ses affaires (au sens encore plus large que ses papiers, soit des casseroles aux finances) ne s'occupera guère plus qu'en surface de son entourage. La corrélation ne se vérifie pas toujours mais suffisamment souvent pour être notée.

De plus, comme ces dites affaires n'attendront pas toujours, il faudra bien que quelqu'un s'en occupe un jour ou l'autre. Devinez qui aura cette plaisante charge ? Le dit entourage bien sûr. Et bien souvent cela sera encore plus prenant et plus ennuyeux que de réparer un robinet.

***

La nature ne se divise pas. J'ai fait pas mal de recrutement.

Certains des critères cités précédemment et aussi des comportements tels que la façon de s'installer sur un siège, soit en se laissant tomber brutalement tel un veau, soit en respectant le travail de celui qui l'a fabriqué et même ses propres fesses, comme on peut s'y tenir vautré ou droit ; tels que la façon de fermer une porte, d'abord de penser à le faire, ensuite d'éviter de faire trembler les environs, ne trompaient guère, ni moi ni mes collègues – ou, j'ajoute par honnêteté, exceptionnellement.

Je pourrais prolonger par une douzaine d'exemples. Ainsi il m'importait de voir si un candidat me regardait ou se concentrait sur ses pieds, s'il paraissait m'écouter ou semblait ailleurs, s'il s'y retrouvait rapidement dans sa serviette ou dans ses poches, s'il se souvenait et était capable de me dire, dans une séquence ordonnée et compréhensible, comment il nous avait connus et ensuite contactés, s'il entrait franchement dans un ascenseur ou se collait frileusement vers la porte en gênant ainsi les sorties et autres entrées, si en se dirigeant vers quelque lieu connu il marchait droit ou de façon erratique.

J'arrête, mais le fin du fin était quand même, si cela se trouvait (je n'étais pas pervers au point de le rechercher) ce que j'ai cité au début : le fracas éventuel des portières de voiture, alors inévitablement suivi d'un démarrage à froid à glacer un apprenti mécanicien accompagné immédiatement d'un crissement de pneus à réjouir un commercial de monsieur Michelin.

Que les soupçonneux ou les peu sûrs d'eux se rassurent, il ne s'agissait là que d'observations très annexes, confirmant ou infirmant superficiellement d'autres données plus fondamentales. Mais, expérimentalement, après, ces impressions de surface se trouvaient vérifiées.

Sans soin avec les objets = inconséquent avec les gens ; brutal avec les objets = brusque avec les gens ; désordonné dans le comportement = brouillon dans l'action (et ce n'est jamais la faute de l'intéressé !).

Dans le travail ou en groupe les esprits confus, énervés, sont difficilement utilisables, parfois nuisibles. Il est aléatoire de leur déléguer des tâches un peu complexes réclamant étude, raisonnement, suivi, coordination, entente et persévérance.

Note sur le recrutement : indépendamment de votre compétence, voilà les questions qu'un recruteur se posera quand vous sortirez de son bureau (*il* vaut *elle*) : *Existe-t-il* (ai-je trouvé quelqu'un en face de moi) ? *Est-il clair, net et franc ? Est-il cohérent, stable et calme ? Son discours est-il ordonné ou brouillon ? Écoute-t-il ? Est-il réfléchi ? Est-il courtois tout en restant naturel ? En veut-il ? Est-il adaptable ?*

Si les réponses à ces interrogations sont affirmatives, il vous sera pardonné beaucoup de maladresses. Et si vous tremblez devant un recruteur, n'oubliez pas que lui craint de se tromper sur votre capacité certes, mais tout autant également sur votre personnalité, rassurez-le.

Les examinateurs, les recruteurs (milieu qui comporte tellement plus d'indulgents que de tortionnaires) sont aussi, et forcément, très sensibles à la cadence de l'expression verbale, comme à sa concision et à la précision des termes. J'y reviens car ce n'est pas secondaire.

S'ils ont du mal à vous entendre, à vous comprendre et à vous suivre, en raison de votre faible hauteur de voix, de votre débit trop rapide, de votre articulation déficiente, de votre imprécision ou d'une agitation gestuelle fatigante, vous les fatiguerez et ils se lasseront tout en tirant en eux-mêmes des conclusions négatives, soit constateront que vous manquez d'assurance, d'aisance, de confiance en vous, et peut-être au pire, de netteté.

Un vocabulaire varié, une syntaxe correcte, des phrases construites et terminées, ne laissent pas non plus indifférent, même pour de petits emplois[4].

En effet, et bien au-delà des questions de recrutement, les comportements qui font l'objet de ces deux rubriques (Langage et Gestes) sont souvent proches[5]. Ils représentent ce qu'on sent ou voit d'abord, soit votre apparence, votre vitrine. Et on ne peut pas ne pas se dire que, passée la porte, l'intérieur du magasin risquera fort de ressembler à ce que l'on percevait déjà du trottoir. Ce qui implique de soigner sa vitrine ou au moins d'y veiller.

Vous serez bien près de parvenir à un bon équilibre – lequel se sentira – si vous suivez Aristote : *« la civilisation, c'est l'élaboration de l'ordre qui tend toujours vers plus de simplification. »*

La vaine complication et le rejet de toute clarté dans les actes et les paroles manifeste le désordre dans la tête, le manque de rigueur, comme le désordre systématique dans leurs affaires sert parfois à certains à masquer de médiocres petites combines.

En revenant sur l'emploi, n'oubliez pas non plus ce que j'ai esquissé à la fin de la rubrique sur les Choix : le travail n'est pas une maîtresse... Ce qui intéresse un recruteur ce sont vos capacités et votre personnalité, vos désirs ne viennent qu'ensuite et encore seulement s'ils sont concrets, adaptés et non pas fumeux, tel que le fameux épanouissement personnel à la mode d'aujourd'hui – ou hier ? Il n'a "rien à cirer" de ces épanchements et n'en tirera que du négatif.

En parlant du recrutement c'est la gestion des ressources humaines que j'ai abordée indirectement.

Pour ceux ou celles d'entre vous qui seraient concerné(e)s plus tard par cette question, je leur signale qu'un tout petit livre intitulé *La règle de saint Benoît* constitue, par quelques-uns de ses passages, un modèle de ce qu'on appelle aujourd'hui *management* des personnes. Quinze siècles après on redécouvre sa valeur sur ce sujet dans certains séminaires d'entreprise d'esprit des plus laïcs et opérant dans des secteurs tout à fait profanes.

D'ailleurs cette règle est toujours à la base du fonctionnement de l'ordre bénédictin, vieux d'autant de temps. C'est une référence qui vaut largement, au moins par sa longévité, celle des grands noms de l'économie d'aujourd'hui (Microsoft, Google, Toyota...) qui, eux, datent à peine d'hier soir et iront, peut-être, jusqu'à demain matin. Comme quoi il y a des ouvrages très anciens qui restent fondamentaux.

***

Je sais qu'à votre âge vous allez rire, mais soyez quand même conscient – un peu – qu'il sera plus pénible encore d'essayer un jour de "réparer" son dos, sa dentition, son estomac... si on a maltraité ces organes pendant des années. Les oreilles (boîtes à musique, genre MP), elles, seraient définitivement condamnées. C'est aussi cela le soin de soi-même. Le soin de ce que quelqu'un appelait – sans aucun mépris – la *baraque*.

J'ai beaucoup piétiné en donnant des cours, suis resté mal assis, ai porté brutalement des charges sans adopter la posture adéquate, déchiqueté des sandwichs, mangé trop vite et mal équilibré... L'organisme, comme les appareils, comme la mécanique, a bonne mémoire. La nature règle un jour ses comptes. Il faut faire avec elle ; c'est le principe de réalité.

Votre jeunesse et votre souplesse actuelles vous illusionneraient gravement si vous pensiez que votre corps ne vous revaudra pas la négligence et les mauvais traitements que vous lui feriez subir. Ni le dentiste, ni les consultations médicales, ni le : *Il y a peu à faire, On peut toujours essayer ça...* ne déclenchent l'enthousiasme. Veillez sur votre corps dès maintenant, c'est votre premier capital avant même votre esprit. Nous aussi sommes biodégradables, n'accélérons pas ce déplaisant processus. Et sachez bien qu'il faut commencer tôt. Ce qui est fait est fait, ce qui est est ce qui est.

J'ai déjà dit qu'on ne revenait pas sur le passé ; corporellement encore moins que mentalement.

***

Pour clore cette rubrique sur les Gestes et s'amuser (moi en tout cas et qu'on me pardonne), une très vilaine plaisanterie de Joseph Joubert : *« Soyez certain, quand vous en voyez qui prennent tout à poignée, qu'il n'est rien au monde qu'elles refusent d'empoigner. »*

Pour les mêmes raisons mais aussi parce qu'elle comporte une leçon à méditer pour les garçons devenus hommes, une boutade servant de transition avec la rubrique suivante : « *En amour, la beauté, pour un homme, au mieux cela fait gagner quinze jours* » (Sacha Guitry, du temps où on prenait son temps et où on comptait large).

Sacha Guitry (grand séducteur) voulait dire combien, en ce cas triplement particulier (l'amour, la beauté, la masculinité) l'apparence esthétique, soit un pan de la vitrine, est secondaire.

Mais soyez bien persuadé que, dans des contextes autres, plus répandus, moins émotionnels, moins spontanés, moins complexes, et pour tout dire n'échappant pas à toute raison, la vitrine, l'apparence que l'on présente, dictera souvent les réactions d'autrui, qui ne changera pas d'avis facilement ensuite – mais comme vous allez le constater je vais aborder d'autres facteurs plus importants que l'aspect physique.

***

NOTES

[1] L'humanité a mis un temps considérable – que nul ne saurait mesurer (mill… d'années) – à édifier un certain ordre mental en partant de la coordination pensée / geste, à s'extraire, au moins quelque peu, du chaos originel qui la guette toujours. Veillez à cette cohésion. Voir les dix premières minutes du film *Odyssée de l'espace* (on le repassera).

Si vous négligez votre activité gestuelle votre ordre mental disparaîtra inéluctablement.

[2] Pire, dans nos temps modernes soumis à la fébrilité médiatique et à l'anxiété ainsi diffusée : « *Le monde répond aux problèmes du monde par des mesures qui détruisent le monde* » ( ?) – matériellement (ce dont on commence à se douter) et encore plus moralement (dissolution des valeurs par avidité, individualisme et relativisme, irresponsabilité généralisée…).

La remarque suivante, tirée d'une expérience récente, est futile – prenez-la comme une plaisanterie. Dans moins de dix ans avec le GPS plus personne ne saura lire un plan, une carte. D'ailleurs même les arriérés n'en trouveront plus et on leur rira au nez s'ils en demandent encore. Comment s'extraira-t-on d'un embouteillage sur l'autoroute (si ce phénomène existe encore) ? Quand un monsieur Ben Laden aura *tordu le cou* au système GPS américain (ou quand son propriétaire aura décidé de tourner la clé), faudra-t-il improviser d'urgence des cours de lecture de cartes pour Occidentaux afin de leur permettre de retrouver leurs grottes ?

Même sans cette hypothèse possible – l'homme moderne – enfin devenu libre et autonome – qui ne sait déjà guère plus qui il est ne saura même plus où il est. On a vu, au printemps 2010, les dégâts sur les populations et l'économie générés par l'interruption du trafic aérien due à une éruption volcanique. Nous dépendons déjà de la nature. Peut-être n'est-il pas indispensable de rajouter aux périls que celle-ci présente par une consommation effrénée de technologie (et une boulimie de déplacements au moindre créneau, une agitation continuelle).

[3] J'ai déjà utilisé le terme d'**idéologie** dans une remarque finale à la rubrique sur la Culture.

Le dictionnaire dit qu'il s'agit d'un système d'idées à prétention philosophique ou historique qui constitue une doctrine, d'un ensemble d'idées, de croyances propres à un groupe et à une époque.

Péjorativement, le terme évoque une doctrine préconisant un idéal irréalisable, une idée pure – non par sa pureté, illusoire – mais par sa négligence totale du réel de notre monde et, de là, la nature toujours totalitaire de ces sortes de prétendues connaissances. Une idéologie prétend toujours « *dicter sa conduite à la nature, alors qu'elle ne fait que poser des lapins* » (Jean-François Revel).

Par exemple, il serait au pouvoir de l'homme de triompher du Mal (social au moins), puisqu'il ne résulterait que d'un mauvais agencement de la société, d'une mauvaise répartition des ressources. Il suffirait donc d'édifier des institutions permettant (forçant) l'égalité, la fraternité, le désintéressement… Le XX<sup>e</sup> siècle a bien essayé ; on a vu le résultat, brillant !

Une idéologie jette le soupçon sur la réalité que nous avons sous les yeux. Elle l'anesthésie même, principalement en usant d'un langage particulier, codé, émotionnel… réduisant le champ de la pensée (ce qu'a très bien vu G. Orwell dans son roman *1984* où le pouvoir impose une langue spécifique, la *novlangue*).

Niant le propre de l'humain, l'aléatoire, l'imprévisibilité – le plus souvent au profit d'un prétendu sens de l'Histoire – elle n'accorde aux êtres humains qu'une faible valeur.

L'invocation (présentée comme rationnelle) à un prétendu sens de l'Histoire ne recouvre en fait que l'antique incantation magique, celle de s'approprier le destin pour faire tranquillement ses petites affaires.

C'est en ce sens qu'Hannah Arendt a pu dire : « *Il est contraire à la dignité humaine de croire au progrès* » ; ce qui n'était pas négation de tout progrès technique mais rejet de la croyance à sa perpétuelle continuité, à son absence de nocivité éventuelle, à une direction inéluctable de l'histoire humaine telle que veut la prévoir, la dicter et la forcer artificiellement, une minorité d'une époque statufiant une idéologie quelconque en vérité éternelle.

C'est en ce sens que j'utilise ce terme et qu'il est généralement compris.

En effet, la fonction d'une idéologie est, presque toujours, d'assurer une domination sur les esprits en leur faisant prendre pour des vérités éternelles, irréfutables et augurant de l'avenir un corps d'idées qui ne sont aucunement telles (et d'ailleurs régulièrement démenties par la suite), ce en qualifiant ceux qui se tiennent à l'écart de cette pensée totalitaire, au mieux d'attardés, au pire de dangereux déviants. Son engagement – au moins quand il s'agit d'une idéologie politique – est la promesse d'un paradis sur terre pour demain.

Sa pratique consiste dans l'immédiat à sacrifier la partie (classe sociale par exemple) pour un tout (l'ensemble de l'humanité) aussi futur qu'hypothétique, et jamais réalisé ; en clair à sacrifier les générations présentes pour les générations futures.

*« Les idéologies s'élaborent dans ces hauteurs où l'on prétend lire les courants, la marche de l'histoire et où l'on pense l'humanité après avoir perdu de vue les hommes... »* (André Frossard)

Par contre et par exception, l'idéologie du progrès économique continu fonctionne à l'inverse en ce qui concerne les générations (par le gaspillage qu'elle entraîne, elle sacrifie celles à venir...).

[4] Pour des postes d'un certain niveau sollicités par des gens ayant eu l'opportunité de faire des études au-delà du bac, je me réjouis d'apprendre qu'on recommence à accorder de l'importance à l'orthographe et à ce qui va avec (grammaire, syntaxe...), que, de plus en plus, des recruteurs mettent certaines lettres directement à la corbeille à papier. Il est plus que temps.

Certaines lettres ou CV, beaucoup, non seulement manifestent une inculture phénoménale, mais encore plus gravement, une négligence et un mépris du destinataire inacceptables. Quelle confiance peut-on accorder à un bac plus *n* qui, postulant pour un poste réclamant un minimum de rigueur, ne se relit même pas ou ne se fait pas relire ? sans compter l'utilisation d'un vocabulaire aussi pauvre que celui d'un élève très moyen de CM2. Ma réponse (et je ne suis pas le seul à l'émettre) est : aucune.

[5] Je ne veux pas faire du *remplissage* ni surtout vous conditionner en vous inhibant avec des extraits de *Ces gestes qui manipulent, ces mots qui influencent* (titre d'un livre de Joseph Messinger). Une seule remarque sur les postures car celle que je vais citer est généralement ressentie défavorablement, même par des gens peu suspects de couper les cheveux en quatre – non pas si elle survient incidemment au cours d'un entretien mais si elle constitue une pose ancrée, systématique.

Il s'agit du croisement de bras et, à un degré bien moindre, de jambes (le pire étant le double croisement), généralement accompagné d'une posture en retrait. Les croisements sont (seraient ?), inconsciemment bien sûr, des attitudes de défense du territoire mental – parfois des préparations à l'attaque. Ils révèleraient une situation d'urgence, d'examen ou d'exception, une sorte de protection, de fermeture défensive.

Personnellement je crois qu'ils pourraient aussi refléter positivement une attitude réfléchie. Mais chacun voit l'autre et le pense différemment. Je vous fais simplement part là d'une considération assez répandue.

Si, dans n'importe quelle relation, le langage importe, les gestes ne sont pas à négliger.

# XII
# BAZAR

On trouvera au **bazar** ce qu'il n'est pas évident de placer ailleurs.

J'ai regroupé là des considérations diverses dont certaines auraient peut-être pu trouver leur place dans d'autres rubriques ; principalement avec les précédentes sur la Suractivité et la Dispersion, les Initiatives, le Langage, les Gestes et le comportement externe ainsi qu'avec une rubrique suivante sur l'Amitié et l'Amour. J'ai procédé ainsi pour ne pas trop charger ces rubriques par des points de détail et aussi quand j'étais dans le doute sur celle où insérer justement telle ou telle idée. D'où le nom de Bazar donné à la présente rubrique.

Je vais souvent m'exprimer de façon directive et sous la forme négative. Veuillez m'en excuser, c'est la loi du genre. Veuillez considérer que je ne fais que suggérer et ne retenir que l'aspect inverse implicite, soit le côté positif.

Les indications qui suivent peuvent sembler secondaires. Je conviens qu'elles peuvent paraître telles au premier abord, mais pas autant qu'on pourrait le croire. Même si elles vous semblent fastidieuses ne les balayez pas trop à la va-vite. Jointes à d'autres éléments, leur respect confère ce qu'on appelle la *Classe.* De plus, pour parodier l'affirmation des Évangiles citée à la rubrique sur l'Ambition : c'est aux petites actions qu'on sera jugé capable pour les grandes. Je vais souvent enfoncer des portes ouvertes, mais le sont-elles vraiment toujours ?

En effet, l'extérieur ne peut saisir une personne, l'apprécier, au moins dans un premier temps, que par son extérieur justement (ce n'est pas une question d'habit, sauf à être outrageusement négligé), c'est-à-dire par sa façon de se comporter et de s'exprimer laquelle révèle la considération qu'elle se porte et donc le respect qu'elle porte aux autres – les deux vont de pair.

Descartes (après d'autres certainement) a introduit l'idée (fondatrice de la science) que nous ne connaissons pas les choses mais seulement l'apparence qu'elles nous présentent[1].

Il se trouve que beaucoup de gens, souvent expérimentés, pensent que tout se tient et se fient à leur première impression externe (d'une heure, d'une journée, d'une semaine… suivant le type de relation et l'importance relative des éléments que je vais indiquer). L'appréciation des qualités de fond ne peut survenir qu'ensuite. Rappelons-nous qu'on n'a jamais deux fois l'occasion de faire une première impression.

Les thèmes suivants ne sont pas des futilités, ils expriment savoir-vivre, rigueur et netteté. Ils parleront pour vous bien mieux que ne le feraient de longues déclarations.

Ce ne sont cependant pas des recettes pour se faire bien voir. Comprenez leur sens et n'adoptez les conduites suggérées que si vous l'avez assimilé, accepté et que, surtout, s'il convient à votre tempérament (dans l'introduction, j'ai évoqué la nécessité de ne pas contrefaire celui-ci, ce qui se voit par trop et peut même confiner à l'hypocrisie).

Beaucoup de ces suggestions relèvent d'une notion perdue de vue, notion dont le nom même devient rare, la politesse. *« La plupart des jeunes gens croient être naturels quand ils ne sont qu'impolis et grossiers »* (La Rochefoucauld – auteur qui, au XVIIe siècle, ne pensait nullement à vous et, malgré son pessimisme avéré, limitait la muflerie à une courte période de l'existence[2]).

Écouter, ne pas couper la parole, répondre, remercier, en groupe ne pas bloquer tout le trottoir, laisser passer sans bousculer, savoir se présenter, entrer en contact et prendre congé convenablement, se montrer discret, ne pas mettre autrui dans la gêne… La politesse n'est pas un luxe, elle permet de vivre ensemble, d'éviter de mettre l'autre dans l'embarras en lui reconnaissant sa place, elle crée un espace entre les personnes en mettant de *l'huile* entre elles, elle permet de contenir l'agressivité toujours latente. *« La seule chose que la politesse risque de vous faire perdre de temps en temps, c'est une place dans un bus bondé. »* (Oscar Wilde)

Dans vos relations avec autrui gardez-vous de la légèreté. Les offenses causées par ce comportement sont plus douloureuses que de vraies maladresses assumées (dont il faut s'excuser) parce qu'elles supposent insouciance, manque d'attention envers l'autre, absence de considération élémentaire.

***

L'écoute est peut-être une technique, mais c'est d'abord une qualité d'intelligence et de cœur ainsi qu'une preuve de calme et de maîtrise de soi.

N'importe qui sent très bien si on l'écoute ou si on a la tête ailleurs. D'ailleurs, pour bien répondre, il faut entendre correctement – avec les facultés et les qualités précédentes, et en faisant provisoirement le vide dans sa propre tête (ce qui n'est pas le plus facile). Écouter c'est entendre ce que l'autre veut dire – avec ses moyens – ce n'est pas que retenir ce que cela évoque pour nous. *« Vous voulez parler à quelqu'un, ouvrez d'abord les oreilles. »* ( ?)

Sauf nécessité impérative, n'interrompez pas celui qui s'exprime (surtout s'il n'est pas très à l'aise dans l'expression), même pour affecter de montrer de l'intérêt, c'est grossier, vous casserez sa pensée, il tournera court, frustré, et il n'en sortira rien que banalités et rancœur chez lui. Il paraît, qu'en moyenne, on interrompt autrui toutes les dix-sept secondes ; à vos chronomètres. Certains *spécialistes* de l'écoute arrivent à casser la pensée de l'autre (et donc l'autre) à un rythme encore plus soutenu.

Il existe encore des gens qui s'expriment en faisant des phrases complètes et qui pensent qu'il est nécessaire de les enchaîner, à un rythme raisonnable, pour se faire comprendre. Tout le monde n'a pas la faculté d'imiter le journal télévisé ou certains animateurs de débats qui excluent le développement de toute pensée excédant vingt secondes.

Si vous avez quelque chose à répondre, à approuver, à contester, attendez que celui qui s'exprime ait terminé (en espérant qu'il n'est pas intarissable et que votre mémoire est bonne). Il n'est nul besoin de lui confirmer votre présence par des interruptions intempestives comme le voudraient beaucoup de pseudo-formateurs qui appellent ces approbations perturbantes des relances ; terme qui, pris au pied de la lettre, montre qu'on considère celui qui parle comme l'imbécile incapable d'aller plus loin tout seul.

En duo c'est déjà fort nuisible, dans un petit groupe rien de tel pour fracasser d'emblée tout commencement d'échange présentant quelque intérêt. J'ai déjà affirmé que tout dialogue était une alternance de monologues.

Ne pensez pas que l'autre pense que… (soit ce que vous, vous pensez sur le moment). Réduire les idées d'autrui aux siennes s'appelle une projection ; terminée alors la communication, et probabilité de graves maladresses et sentiment réciproque de malaise.

À plus forte raison ne terminez pas les phrases à la place de votre interlocuteur, ne prenez pas position à sa place, restez à la vôtre. Il annonce sa mutation à Tombouctou – elle dit que son ami suit maintenant la thérapie psy juste inventée le mois dernier en Californie ou en Amazonie et qui promet tellement… Ne vous exclamez pas automatiquement et avant de connaître la suite : *Comme tu as de la chance ! Oh que c'est bien ! C'est important ! Bravo ! Magnifique ! Félicitations ! Je suis si content(e) pour toi !...*

N'applaudissez pas (ou ne sifflez pas ; le cas est plus rare) avant la fin du spectacle. Vous pouvez facilement avoir tout faux, et alors rattrapez-vous aux branches dans un certain fracas. De plus, s'il était habituel, ce genre d'interjections finirait par vous établir comme un robot.

Plus généralement n'imposez pas à celui qui s'expose vos conclusions hâtives et inconséquentes au moins avant qu'il n'en ait terminé et peut-être même qu'il ne vous les demande. Considérez aussi que ce que dit ou fait l'autre ne s'adresse pas forcément à vous. Ce peut être tout simplement l'expression de ce qu'il vit, éprouve, ressent, donc ne nécessite pas obligatoirement de commentaire, de réponse autre que l'expression que vous l'avez entendu (terme qui signifie : compris ; il n'évoque pas l'oreille mais l'attention intelligente).

Remarque : ce sont les mêmes hystériques que les précédents qui, à une demande de renseignement que vous leur ferez dans un domaine où ils sont censés être compétents ou parce qu'ils se trouvent sur place, s'exclameront : *Quelle bonne idée ! Excellente initiative de ta part ! Superbe ! Je m'en occupe !...*

Vous pouvez parier que, leur excitation verbale passée, vous n'obtiendrez pas le moindre renseignement ni d'ailleurs le moindre signal de leur part. Vous constaterez souvent que plus votre interlocuteur, interlocutrice, manifestera d'enthousiasme bavard à propos d'une de vos demandes, moins vous obtiendrez ensuite une bribe de ce que vous demandiez – ne serait-ce que parce qu'il ou elle aura oublié. Le sot bavardage est incompatible avec l'action et le service. Quand en réponse à quelque démarche j'entends l'expression fatale : *Pas de soucis*, alors je suis sûr que tout va s'embrouiller, que rien ne sera fait.

Sauf entre copains (et encore), restez au niveau de votre interlocuteur s'il parle sérieusement. Soit n'affichez pas trop de superficialité par des considérations futiles, des remarques nerveuses secondaires, hors sujet et souvent extrêmement discourtoises.

Si on vous entretient – sérieusement j'entends – d'une personne, d'un film, d'un livre, ne vous précipitez pas pour demander s'il, ou elle, a les yeux bleus, quel est l'acteur vedette ou le fond sonore, si l'auteur est noble (d'après son nom), roturier, Hongrois ou Afghan... Ce genre de platitude tuerait immanquablement toute conversation sur le fond et il est probable que votre interlocuteur lassé, sinon excédé, s'en tiendrait là.

*« Moi, je ne fais pas comme tous ceux qui n'ont rien à dire et qui le gardent pour eux. Moi, lorsque je n'ai rien à dire je veux qu'on le sache ! Je veux en faire profiter les autres ! »* (Raymond Devos – *Parler pour ne rien dire*)

Si on vous pose une question, répondez-y (sauf si elle est déplacée ou trop indiscrète auquel cas votre silence répondra pour vous), quitte à ce que ce soit par un refus poli et justifié de répondre, au moins sur l'instant.

Ne répondez pas à une question par une autre question – c'est un procédé discourtois, très pratiqué par ceux qui se nomment des *écoutants*.

Si vous en posez une, ayez la courtoisie d'attendre la réponse, ne serait-ce que pour ne pas afficher votre désintérêt pour ce que vous dites et pour l'autre ainsi qu'un goût devenu habitude machinale du creux verbiage mondain, qui n'est jamais qu'une peur du vide, de son propre vide.

*« Arracher la conversation au bavardage généralisé. »* (A. Finkielkraut) Tout le monde sentira si vous posez des questions par intérêt ou pour papillonner.

Rien de plus fréquent et de plus grossier que d'être questionné par quelqu'un qui, manifestement, se moque de votre réponse quand encore il ne vous tourne pas le dos avant que vous n'ayez commencé de répondre.

De même, rien de plus fréquent et de plus grossier que d'être questionné par quelqu'un qui vous ayant laissé commencer de répondre – sans vous écouter – pendant quinze secondes vous coupera par l'usuel : *Ainsi moi... C'est comme moi... Que je te dise ce qui m'est arrivé...* et vous paralysera pendant vingt minutes avec l'interminable récit de son épopée personnelle.

Considérez cependant que certains et certaines (ce n'est pas une exclusivité masculine, même si les hommes y sont plus portés) ne répondront à certaines questions – par eux ou par elles jugées importantes ou intimes – qu'après quelque délai, des jours parfois, quand ils en auront envie, au calme, après y avoir réfléchi. Mais il est rare que ce genre de personnes rigoureuses oublie, soyez patients.

Respectez le fond des réponses de celui auquel vous vous adressez. Si vous commencez un échange avec Isidore, vous êtes responsable de suivre Isidore là où il ira – quitte à écourter. Sinon adressez-vous à Théodore ou mieux taisez-vous. Ne vous insurgez pas contre la réponse de celui que vous interrogez. Il a le droit de répondre autrement que vous ne l'attendiez, autrement que par une réponse bateau. Il a même le droit de dire ce qu'il pense, d'être clair et franc. Si vous ne voulez entendre que ce que vous pensez déjà, que ce qui vous convient, ne posez pas de questions ou adressez-vous à des gens suffisamment creux pour vous répondre comme des ombres.

Si vous commencez par raconter un menu fait, une anecdote et que votre interlocuteur en tire une constatation générale (sociologique, psychologique, morale...), monte d'un cran, veuillez rester à son niveau, quitte à désapprouver courtoisement ou à plaisanter légèrement pour redescendre, mais en douceur. Ne dérivez pas, ne détournez pas, ne fuyez pas dans un silence désapprobateur ou dans quelque considération hors sujet de l'échange, déstabilisante, du genre : *Tiens, je trouve votre cravate de très bon goût.*

Ce genre de détournement tuerait immanquablement toute conversation sur le fond et il est probable que votre interlocuteur écœuré par votre légèreté s'en tiendrait là.

De même si votre interlocuteur parle (je ne dis pas épanche son Ego lequel est de peu d'intérêt) de ce qui lui tient à cœur – et même si le sujet vous ennuie profondément – ayez la patience de l'écouter ; et ce sans faire semblant. Vous l'insulteriez en le négligeant, et vous, vous n'apprendriez rien. Restez concentré ; même dans l'ennui.

Si vous demandez son avis à quelqu'un, donnez le vôtre sur la question ensuite – sans trop démolir celui que vous avez sollicité et qu'on vient de vous donner. Sauf exceptions (ignorance compréhensible de votre part, grand écart d'âge ou d'expérience) s'en abstenir est incorrect et peut confiner à une attitude de voyeurisme. Sauf à jouer les journalistes inquisiteurs, il est même plus élégant de vous positionner un minimum d'abord afin de ne pas piéger l'autre sans cependant aller jusqu'à l'influencer[3].

Pour résumer, considérez qu'on reconnaît deux amis ou deux êtres évolués ou un couple harmonieux dans le fait qu'ils échangent au même niveau – profond, simplement sérieux, futile, ou même de franche rigolade, mais en grand respect mutuel.

***

Évitez la familiarité assez innocente, mais répandue dans des milieux un peu frustes, qui consiste à couvrir l'autre d'éloges (sur son intelligence, sa culture, son raisonnement…) avant de se prononcer sur quelque point en ajoutant qu'il sera sûrement d'accord avec vous :

*Une personne intelligente comme toi, Raoul, ne peut qu'être d'accord avec…*

– *Raoul* est vraiment d'accord : tout est bien.

– *Raoul* n'est pas d'accord mais pour quelque raison il fait semblant – ce qui est déplaisant pour lui – de se sentir obligé d'accepter une énormité éventuelle.

– *Raoul* n'est pas d'accord et le dit : inconfortable pour lui et pour le questionneur.

En plus de son désaccord sur le fond, *Raoul* est contraint de faire savoir implicitement qu'il n'est pas aussi intelligent, cultivé… qu'on le pensait ou bien que c'est son interlocuteur qui ne l'est pas (à l'interlocuteur présomptueux de *Raoul* de choisir la version qui lui convient).

Ce mini chantage initial, même si candide, peut engendrer une certaine froideur réciproque.

Fuyez la contestation de détail systématique, les parties de ping-pong. Au troisième : *Oui… Mais…* échangé de part et d'autre, personne ne s'y retrouve dans ces oppositions devenues de type discussion de bistrot, dispute de ménage ou affrontements de rugby. Extirpez-vous vite de ces escarmouches et épargnez votre énergie et votre intellect en disant : oui ou non – ou rien du tout – et en rompant là.

Si vous croisez une de vos connaissances engagée dans une conversation apparemment sérieuse, saluez éventuellement d'un mot mais ne vous imposez pas en tiers, en intrus. Écartez-vous de suite, sauf si l'on vous prie sincèrement de vous joindre à la conversation. Ces personnes ont peut-être à causer entre elles. Également, ne dérangez pas pour une futilité quelqu'un qui est concentré sur une tâche, même si elle ne consiste qu'à lire le journal et même si votre intention n'est que de lui serrer la main. Vous pouvez attendre qu'il ait fini pour le saluer. Sauf vraie nécessité, respectez l'effort de concentration que fait l'autre, son isolement temporaire. S'il se consacre à quelque travail, proposez éventuellement votre aide, pas des conseils, encore moins des remarques critiques – et déplacées si on travaille pour vous, or cela arrive.

***

Si on vous a demandé quelque chose, faites ou refusez. Mais ne laissez jamais une demande, fût-elle implicite, sans réponse. Que nul n'ait à vous relancer pour vous l'arracher. Le processus de non-réponse est facilement reçu et à juste titre comme une marque de mépris.

Quand on reçoit une demande, un ordre (cela arrivera encore, même si ce dernier terme est banni du vocabulaire) et qu'on l'accepte, se conduire pour ne pas avoir à se l'entendre répéter. Les personnes qui s'appliquent à cette évidente exigence d'hier sont devenues rares, c'est une raison supplémentaire pour se compter parmi elles[4].

Rappel : faire ce qu'on dit, dire ce qu'on fait… et faire ce qu'on vous demande si c'est à juste titre et si vous êtes d'accord – et de suite, pas demain.

Si on vous a demandé quelque chose, c'est à vous de répondre oui ou non, mais aussi de faire ou de ne pas faire sur le champ ou demain, dans un mois… si le délai est justifié. Ce n'est ni à votre conjoint ou copain ou parent ou autre. Une tâche = un acteur, un responsable, tout le reste est faiblesse, fuite, désordre, confusion et, à la limite, filouterie.

Exigez la réciproque. Ne tolérez qu'exceptionnellement et sur justification de recevoir une réponse d'un autre que de celui auquel vous vous êtes adressé (à vous de choisir la bonne adresse).

Je me rappelle m'être adressé à une dame, sur un problème important de gestion familiale qui la concernait, elle, personnellement. Elle m'a fait répondre par son mari. Comment croire alors au féminisme et à ses revendications ?

Si quelqu'un (ou quelque animal) s'adresse à Adam sur n'importe quel sujet (manifestation d'intérêt pour Adam, question, demande d'opinion, offre de service…), ce n'est pas à Ève de répondre à sa place. Cette démonstration de domination douce de l'un sur l'autre est parfois pratiquée au détriment de leurs proches par certains parents ou bien des époux, épouses, mais on la rencontre chez beaucoup de ceux qui ne savent tenir ni leur langue ni leur place ; ceci dans les cas bénins.

Dans les situations plus importantes il s'agit, consciemment ou non, de diluer les responsabilités d'une réponse, d'une prise de position, entre Adam et Ève ; résultat : plus personne en face.

Quand on émet une demande, un ordre, qu'on habitue ses interlocuteurs pour ne pas avoir à se répéter. Il y va de la considération qu'on peut avoir pour soi-même autant que de celle qu'on recevra des autres, sans parler de sa propre tranquillité d'esprit. Si vous n'obtenez aucune réponse dans un délai convenable à une de vos demandes, considérez :

– Que la réponse est négative.

– Qu'on n'a ni la correction, ni la franchise ni la simple honnêteté de vous le dire.

Vous ne vous tromperez ni sur un point ni sur l'autre. Tirez vos conclusions. Le vieil adage « *Qui ne dit rien consent* » est aujourd'hui à inverser en « *Qui ne dit rien refuse* », et n'a même plus le courage de le dire[5].

Comme vous savez dire *Non*, acceptez la possibilité d'un refus à vos demandes ; ne craignez donc pas de demander, un refus n'est pas un rejet de votre personne. Si nécessaire, prenez le soin d'expliquer la raison de votre demande. Sachez demander simplement, sans vous protéger en exerçant quelque pression : *Cela pourrait t'être utile, te servir…* ou sans manipuler carrément l'autre par quelque chantage affectif : *Tu me ferais plaisir si… – N'as-tu pas envie de… – Cela m'ennuierait que…*

Cependant évitez de formuler des demandes dont vous savez que leur chance d'aboutir est quasiment nulle (de par les personnalités, la relation existante, le contexte, l'énormité ou l'incongruité de la demande…). Vous endommageriez inutilement une relation. Vous avez déjà assez vécu pour que vous trouviez vous-même vos propres exemples.

Prenez aussi l'habitude de rendre compte à un demandeur (qu'il soit votre supérieur ou non). Rapportez-lui spontanément et rapidement ce que vous avez fait ou pas fait, les problèmes éventuellement rencontrés. Ce sera apprécié à la mesure de la rareté de cette correction élémentaire.

En règle générale, prenez soin d'informer les personnes avec lesquelles vous êtes en relation.

***

Si on vous remet un objet – cadeau ou non – ne faites pas remarquer d'entrée, même sur un ton appréciateur et constructif, qu'une teinte plus pâle lui eût été plus adaptée, qu'il est dommage que le texte du livre soit en petits caractères... Si on ne sait que dire, il est toujours préférable de ne rien dire.

Basée sur la dangereuse réciprocité, la pratique du cadeau devenue abusive, érigée en troc obligatoire, est délicate (voir aussi la relation idéale à la rubrique sur l'Amitié et l'Amour).

Certes, vous ne pouvez l'éviter, mais limitez ce rite devenu encombrant et qui peut facilement devenir une cause d'irritation cachée.

Voir l'horreur du rite imbécile des cadeaux d'anniversaire lors des invitations de *mouflets*.

« *Plus un rite est efficace dans la réussite, plus il est redoutable dans l'échec... La prudence exige une équivalence des cadeaux aussi rigoureuse que s'il s'agissait d'un troc. Il faut s'imiter très exactement, mais en donnant l'impression d'une grande spontanéité... Il ne faut pas s'étonner si les crises de dépression se multiplient lorsque revient la saison des cadeaux.* » (R. Girard)

– trop dispendieux il risque d'humilier l'autre et de le contraindre à quelque dépense somptuaire.

– trop léger et si vous avez affaire à un sot, celui-ci peut se sentir méprisé, il peut aussi comparer amèrement avec la valeur exagérée d'un de ses don préalable.

– copié sur un cadeau précédemment reçu, il révèle qu'il ne s'agit que d'une d'obligation sociale.

– objet utilitaire, à moins que vous ne combliez un manque compréhensible ou un désir avoué, il risque de faire double emploi et même de vexer le destinataire.

– objet superflu, on pourra penser que vous videz votre stock de cadeaux précédemment reçus.

– déplacé, il tombera à plat ; lourdement.

Sachez arriver les mains vides – sans donc « payer » symboliquement l'invitation – vous honorerez vos hôtes – s'ils ne sont pas stupides.

Vous pourrez toujours *rendre* autrement, élégamment, sur le champ (par une présence attentive autrement plus précieuse) ou plus tard.

Si quelqu'un, ce sera souvent un proche dans ce cas, vous propose gentiment de vous rendre quelque service n'en profitez pas pour avancer qu'à sa gentillesse, vous préféreriez une boîte de chocolats, une montre ou un bracelet ou (sous-entendu) un chèque… Vous brancheriez une douche froide en montrant ainsi votre esprit mercantile.

***

Sachez vous présenter et vous situer brièvement, clairement et seulement en fonction de la situation et des intérêts de votre interlocuteur. Là vous pourrez vous rappeler qu'on ne tend pas la main le premier à une personne qui, pour une raison ou une autre (âge, position sociale…), peut être considérée comme au-dessus de vous. C'est à elle à en prendre l'initiative. Il paraît aussi qu'on ne met pas la main sur l'épaule de la reine d'Angleterre (comme la pauvre et bien excusable madame Obama). Vous avez peu de chances d'avoir l'occasion de vous livrer à cette familiarité, mais vous pouvez retenir là une certaine réserve gestuelle à garder.

N'oubliez pas qu'une forme d'expression – le vouvoiement – existe encore. Ne tutoyez pas des gens qui vous sont étrangers et, s'ils se situent par rapport à vous à un niveau quelque peu supérieur, attendez pour utiliser le tutoiement qu'ils en prennent l'initiative – quitte à attendre longtemps.

Sachez aussi terminer un entretien : rien n'est plus épuisant que ces gens qui restent entre deux portes, vont et viennent sans jamais s'en aller, relancent sans cesse alors que tout a été dit, n'en finissent pas, qui, au téléphone, ne savent pas être brefs et conclure. Ce sont d'ailleurs les mêmes qui bloquent un guichet de poste ou d'administration pendant une éternité avec des histoires à dormir debout.

Rappelez-vous que rien n'est plus énervant que de trouver un message téléphonique ou de recevoir une carte identifiés, au mieux, par un prénom à peine audible ou lisible mais si répandu que tout le monde en connaît au moins trois possesseurs. L'émetteur doit se convaincre qu'il n'est pas le centre de la terre.

***

Gardez mémoire des remarques que vous avez pu faire (excellent entraînement pour cette faculté) de façon à pouvoir y revenir éventuellement, en précisant peut-être, mais sans dire autre chose que ce que vous avez dit précédemment, sauf raisons pertinentes évidemment à expliciter alors.

Il est extrêmement désagréable pour quelqu'un d'entendre souvent : *Je te l'avais déjà dit,* alors qu'il s'agit de la première fois ou d'entendre quelques considérations allant à l'opposé de précédentes sans qu'il soit donné de raison à ce revirement. L'abus de ce genre de trous de mémoire, toujours invoqués comme tels, est rapidement reçu comme une forme douce, mais néanmoins telle, de manque de rigueur intellectuelle et, au pire, d'honnêteté.

Un bon moyen de soulager sa mémoire consiste à adopter des positions justifiées, logiques et stables dans le temps, où que ce soit et vis-à-vis de qui que ce soit, d'affirmer une personnalité cohérente – la cohérence étant d'ailleurs la marque d'une personnalité affirmée, authentique.

*« Comment être de ton avis, tu ne cesses d'en changer. »* (P. Claudel)

De même est-il aussi pénible que déplaisant de traiter, même sur des banalités, avec quelqu'un d'imprécis. Ceux qui ne se souviennent de rien, déforment tout, modifient ou inversent la chronologie des événements, vous attribuent ce qu'ils ont dit précédemment ou s'attribuent ce que vous-même avez dit... Ce peut être par manque de mémoire et de rigueur mentale, ce qui est déjà grave. Ce peut être aussi par manque de rigueur morale, afin de prendre l'avantage. Avec eux on ne saura jamais. Il est toujours possible qu'ils jouent de leur présumée déficience pour vous enfumer.

Si vous abordez avec quelqu'un un sujet important – au moins pour lui – que ce ne soit pas à l'improviste, au débotté, avec précipitation (dans un couloir, avec un enfant entre les jambes, en vous livrant à une autre occupation, en caressant le chat...). C'est méprisant. Ne l'abordez pas non plus trop brièvement, trop succinctement, sans laisser à l'autre la possibilité de répondre, d'objecter... en faisant en sorte de ne pas être vraiment compris, à seule fin de vous débarrasser sans risque du sujet et de l'autre pour ensuite vous targuer d'avoir pourtant dit que...

Cette dernière attitude, lâche pour employer le terme qui convient, se pratique beaucoup par ceux qui veulent exprimer un refus pour des raisons discutables dont ils ne sont pas très fiers et craignent surtout d'entendre quelque commentaire. Annoncez la couleur, posez les bras sur la table – soyez clair et net. On vous en voudra peut-être normalement sur le fond, on vous respectera sur la forme.

***

Montrez du courage et de la netteté dans vos prises de position, soyez vrai et parlez vrai. Exemple aussi amusant qu'éloquent emprunté au cardinal de Lubac : *« De deux interlocuteurs qui vous prennent à témoin, si l'un dit que deux et deux font cinq, et l'autre qu'ils font quatre, ne penchez pas prudemment vers la solution moyenne pour ne mécontenter personne ; ne suggérez pas que deux et deux font à peu près quatre et demi.* »

Vous seriez peut-être considéré comme un sage par les minables, mais vous serez certainement considéré comme un paltoquet (sans cervelle ni colonne vertébrale) par celui dans l'assemblée, et il y en a toujours au moins un, qui a appris à voir vite et juste.

Le conflit entre la prudence et la vérité (la vôtre) est inévitable – tranchez-le, dans ce dernier sens avec cependant un peu de prudence. À la rubrique sur le Langage, j'ai cité la pratique généralisée de la langue de bois, qualifiée de langue zombie pour zombies. Soit le fait de parler pour ne rien dire ou plutôt pour dire ce que tout le monde se croit obligé de dire à la seule fin de dire comme tout le monde, soit strictement et finalement pour ne rien dire, notamment en s'abritant derrière des expressions creuses qui ne signifient rien.

En réaction à ce consensus d'insignifiance Nicolas Boileau, au XVIIe siècle, disait déjà : « *J'appelle un chat un chat et Rollet* (personnage d'époque) *un fripon.* » Ce dernier terme équivalant alors largement à l'expression actuelle de crapule (expression d'ailleurs devenue totalement incorrecte – voir ci-dessous).

À titre d'exemples de la dégénérescence non tant du langage que des locuteurs : même lors de mon enfance, époque cependant plus proche de vous, on employait encore le vieux mot parfaitement clair de *mensonge* et on ne se réfugiait pas frileusement derrière l'euphémisme récemment fabriqué de *contre-vérité*, pas plus qu'on n'appelait un voleur un intrus, qu'on ne nommait des insultes des indélicatesses, des faits de vandalisme des incivilités… on n'était pas mal-entendant ou senior mais tout simplement sourd ou vieux.

Fuir la réalité en édulcorant les mots qui la décrivent est un déplorable retour à l'ancestrale mentalité magique doublé d'un réflexe de petitesse personnelle. Une société comme une personne qui s'avachit suffisamment pour avoir peur même des mots les plus simples et refuse d'utiliser les termes adéquats dans une situation donnée révèle sa médiocrité, son impuissance et est donc condamnée à s'écraser et à se faire marcher dessus.

Comme l'abus du principe de précaution, la dictature du *politiquement correct* reflète la lâcheté de l'Occident.

D'après un journal, on va « *mettre les chiens dangereux sous haute surveillance* ». (pratiquement, ça veut dire quoi ? – un CRS avec armure derrière chaque animal ?) Les chiens dangereux on les supprime ou on accepte que les jeunes enfants se fassent dévorer, tout en versant des larmes de crocodile devant sa télé.

Les mots révèlent infailliblement le courage ou la lâcheté d'un individu, d'une société. « *Une civilisation qui ne croit pas aux mots qu'elle emploie est morte.* » (J.-F. Deniau) Si vous pensez avec quelque certitude que XYZ est une crapule, employez ce terme qui lui convient ou taisez-vous (par prudence) mais au moins ne tombez pas dans la fadeur impuissante et servile qui consiste à utiliser un terme artificiel et creux (du genre : c'est un *malin*) ou, pire, à reprendre en refrain l'idiote ritournelle : « *Tout le monde il est beau et il est gentil* ».

Quitte à ce que ce ne soit que par votre silence, faites savoir que vous avez quitté le bac à sable il y a déjà quelque temps, que vous n'êtes pas encore gâteux et que, si besoin, vous savez employer les termes adéquats sans trembler de peur. Mais avant de vous prononcer pour cette solution, n'ignorez pas le coût social de la lucidité, de la clarté et de la franchise. Les médiocres et les lâches, même non directement concernés, ne pardonnent rien, surtout pas le courage, et procèdent toujours par crocs-en-jambe. De plus, si on a révélé leur vide, ils sont exceptionnellement pourvus d'une mémoire fantastique.

Si vous devez avoir une parole qu'elle ne soit pas « *insignifiante à force de circonspection, zélée à confondre la prudence avec la pusillanimité, préférant le silence au risque, le conformisme à la contradiction, la certitude de décevoir au péril de déplaire... qu'elle ne soit pas toujours prête à dire ce qu'il ne faut pas penser, mais jamais ce qu'elle pense, elle, ce qui serait d'ailleurs inutile pour une parole qui s'exprime toujours à l'unisson de la vulgate médiatique* » (abbé Guillaume de Tanoüarn). Par charité, je n'indiquerai pas à quelle occasion et à quel groupe de personnes – qui ont abandonné courage et donc quelque influence – s'adressait ce clairvoyant abbé.

Notre parole est supposée refléter notre pensée, si nous ne travaillons pas celle-ci son absence ou l'imitation servile dans laquelle elle se complaît se révéleront dans celle-là. Le suivi systématique de l'opinion publique (c'est-à-dire des élucubrations des médias) ne témoigne pas pour notre personnalité – prendre systématiquement le contre-pied par souci d'originalité non plus.

« *Parler au-dessus de sa pensée* » (Paul Valéry) et non pas au-dessous. N'oublions pas aussi que ce ne sont pas les gens qui parlent peu qui auraient le moins à dire – ou qui sont les moins sensibles.

Finalement, soyez toujours clair : « *Que votre Oui soit Oui... votre Non, Non...* » (Évangiles). Le reste n'est que fioritures (les Évangiles disent même que ce qu'on dit de plus vient du Mauvais, du Malin ; appellations diverses du diable).

***

Affirmez-vous, affirmez votre consistance, votre autonomie, par votre comportement général, vos attitudes et vos gestes, vos paroles et vos prises de position. Existez. Étymologiquement, *exister* vient de *sortir de*, soit s'affirmer, se définir, se positionner, clarifier son rôle, ses moyens, sa participation... s'échapper de la définition de soi-même que l'autre ou le consensus mou qui arrange le monde veut nous imposer.

Non seulement ne vous dépréciez pas par modestie, modération ou prudence excessives, timidité, crainte, mais mettez-vous en valeur – raisonnablement certes mais fermement. Adoptez le *Je*, répondez clairement, prenez position, n'hésitez pas par souci d'approbation ou par faiblesse conformiste à émettre un avis différent, mais réfléchi et de façon pondérée.

*« Ces insupportables parleurs qui vous entretiennent toujours de ce qu'ils savent, mais jamais de ce qu'ils pensent. »* (J. Joubert)

Ne donnez pas de vous-même une image brouillée, floue, ou trop lisse – au moins dès l'adolescence terminée. Qu'on ne se demande pas (trop) qui vous êtes, ce que vous valez, ce que vous pensez, ce que vous avez fait et savez faire, ce que vous aimez... on finirait probablement par répondre à votre place en votre absence en vous attribuant peu et en accordant à votre personne un intérêt limité. Le monde n'offre ni ne demande rien à qui n'est pas et n'a rien à apporter – ou en donne simplement l'impression.

Détail : *« Un homme simple, un homme ayant le courage d'avoir une signature lisible »* (Jules Renard) Certaines personnes regardent au moins celle des êtres formés, adultes ; la signature ne présente vraiment une signification qu'après l'entrée dans la vie professionnelle, et encore pas la semaine qui suit celle-ci.

On pourrait aussi recommander, en plus, de veiller à avoir une écriture lisible ou, à tout le moins, qui ne soit pas ostensiblement négligée. Si on écrit c'est sans doute pour être lu – et cela sans condamner son lecteur à des travaux de déchiffrage de hiéroglyphes.

***

Si on vous fait un reproche : c'est la vie, vous l'avez peut-être mérité, cela peut vous être utile. Ne vous sentez pas attaqué, ne sortez pas vos griffes comme trop de faiblards, tel le petit employé pris en faute qui se barricade et se hérisse. Cette attitude révèle l'absence de force, d'assurance et de droiture.

Réfléchissez, acceptez ou rejetez, excusez-vous simplement, justifiez-vous si besoin, mais le tout sans colère ni aigreur, sans surréagir, sans contre attaquer sottement. *« S'irriter d'un reproche, c'est reconnaître qu'on l'a mérité. »* (adage latin) J'ai déjà évoqué cette retenue souhaitable à propos des ripostes ou des remarques impulsives. Là il s'agit plus d'observations conséquentes qui pourraient vous être faites, pour lesquelles je vous ai aussi suggéré de les accueillir avec sang-froid pour en tirer l'étincelle qui pourrait vous apporter.

Sans même parler de reproches, ne soyez pas de ces gens auxquels il est impossible de faire la moindre remarque innocente sauf à subir une contre-attaque immédiate bénigne mais révélatrice d'une incapacité à accepter et d'une certaine férocité rentrée : *Il vaudrait mieux ranger ton vélo le soir – Oui, mais j'aimerais bien que tu ranges ton verre...*

Tels, ou telles, sont aussi ceux ou celles qui, à de discrètes remarques sur leur comportement usuel, rétorqueront par une anecdote passée – par exemple, qu'hier matin justement, il en est allé tout autrement et que, vous d'ailleurs... C'est la stratégie dite du *patati et patata...*

Fin de toute communication et sclérose assurée.

À l'inverse, si vous avez un reproche à formuler à quelqu'un, faites-le à froid, calmement. L'énervement est toujours de mauvais conseil dans la forme comme dans le fond, il émane du cœur au mieux – des tripes au pire – une fois de plus donc de l'émotivité et non de la raison. Formulée sèchement, à l'improviste, votre remarque peut sembler relever de la brutalité, de la vengeance même, et surtout une observation énoncée paisiblement passera beaucoup mieux tout en sauvegardant la relation.

Une fois de plus utilisez le *Je. Pour telle affaire je pense d'elle, ou de toi, que...* est nettement plus clair, plus courageux et moins traumatisant que : *On pense, On dit d'elle, ou de toi, que...*

Sauf nécessité justifiée, évitez de rapporter à Albert ce qu'a pu dire incidemment Albertine à propos de quelque attitude, demande, initiative, de celui-ci. Elle a exprimé un sentiment, souvent passager, elle ne vous a pas chargé de transmettre (vous supposerez qu'elle est assez grande pour le faire elle-même). Vous ignorez tout de la situation, donc vous êtes prié de ne pas l'imaginer et surtout de ne pas l'envenimer, alors que, la plupart du temps, il n'y a pas lieu ou, au moins, que ce n'est pas votre affaire. Cette façon de faire s'exprime vulgairement par : *semer la m...* Si on a des comptes à régler avec le dénommé Albert (ce qui est évident dans ces cas de *rapportage* où l'on s'abrite derrière autrui, là Albertine), on ne passe pas par les prétendus dires de quelqu'un d'autre. On tire en face, pas par ricochets ; à visage découvert, pas masqué.

Que les jeunes gens (souvent jusqu'à la quarantaine) fassent très attention au ton cassant qu'ils peuvent avoir.

Aussi s'il vous arrive *d'arriver*, vos socialement inférieurs ne vous pardonneront pas ces écarts de langage ou de conduite. Et ils auront raison. J'ai connu des gens qui ont perdu un jardinier, un plombier, leurs meilleurs employés... une entente... une estime... sur une remarque formulée sur un ton agressif et déplacé. La réponse à leur arrogance fut un *bras d'honneur* – mérité. Et l'arrogant de se plaindre et de dire *« pis que pendre »* de celui qu'il a blessé et qui en retour l'a laissé tomber. Jeune commercial, un de mes patrons, homme d'expérience, m'avait fait la remarque suivante : si tu t'entends bien avec ta secrétaire, tu fonctionneras bien avec tes clients.

***

Si on vous demande un service simple (accompagner Jojo à la gare, emporter un paquet pour Arthur, faire une démarche pour Suzette, garder un enfant, prendre le courrier…) et si vous êtes disposé à accepter ne demandez pas pour quelle raison, pourquoi. Le demandeur devrait le dire mais il peut avoir des motifs de s'abstenir, ou tout simplement l'esprit ailleurs.

Le « pourquoi » est vaine curiosité. Il ne vous avance en rien. Il peut même être interprété comme une légère marque de défiance. Cette réserve de votre part sera considérée comme une discrétion, une disponibilité qui seront appréciées. Je n'ai jamais oublié qu'un ami m'avait jadis consenti un prêt important (donc un service conséquent) dès ma demande, avant même que je ne lui en donne la raison et ne lui indique les modalités de remboursement que je prévoyais – suprême élégance de sa part !

Si c'est vous qui demandez un service – à quelqu'un de qualité, que vous connaissez assez bien et qui n'est pas dans le besoin – ne proposez surtout pas de le rémunérer, c'est une muflerie qui, de plus, peut être facilement ressentie comme humiliante. Ce procédé de troc, ou plutôt d'achat, est un comportement de seigneur féodal (de mauvais, il y en avait certainement des bons) ou de parvenu. Ce peut être aussi interprété comme une preuve de méfiance – contraindre l'autre à accomplir parfaitement le service en question. Quelqu'un de digne et de courageux vous enverrait *promener* – à juste titre – et la relation, confrontée à une telle incongruité de votre part, partirait en fumée.

Laissez de l'espace à la gratuité, au mérite de l'autre, à sa fierté. Vous reconnaîtrez après, financièrement éventuellement, mais seulement après.

J'ai évoqué plus haut l'impératif de répondre aux demandes qui nous sont faites, mais cette exigence s'applique aussi aux offres qu'on peut recevoir.

À l'inverse de la demande de service, si on vous en offre un, s'il n'entraîne pas trop de conséquences et surtout s'il émane de quelqu'un d'affable et simple avec qui vous voulez garder de bonnes relations, s'il vous renouvelle sa proposition deux ou trois fois, acceptez – ou bien remerciez en justifiant au mieux votre réticence. Beaucoup de personnes (nous tous) sont vexées, humiliées, qu'on méprise leurs offres par des silences répétés qui sont facilement considérés comme dédaigneux par l'obligeante personne et pour sa proposition bienveillante.

Mais si on vous a promis quelque chose une fois : renseignement, livre, outil… ne réclamez pas. Soit le promettant a changé d'avis, soit il parle pour ne rien dire et oublie en conséquence. Il est inutile, et un peu humiliant pour soi-même, de redemander à qui ne veut plus faire ou a l'habitude de ne pas faire.

Refrénez vos demandes d'explication à propos d'événements secondaires.

Exemple trivial : si quelqu'un s'excuse d'être en retard ou avoue qu'à telle occasion il a dû partir rapidement, n'en demandez pas plus. Peut-être subissait-il simplement quelque urgence du côté de la vessie dont il n'a pas à informer le monde entier. Le pourquoi continuel est de l'ordre du langage inquisitorial ou, très légitimement alors, de celui de la petite enfance. Ce n'est pas un comportement adulte. De plus il nous engage de chaque côté dans une vaine poursuite d'inutilités et de faux-fuyants.

En règle générale, évitez de vous prononcer, au moins trop rapidement et vivement sur les prises de position anodines d'autrui, en avançant des : *Pourquoi faites-vous cela ? Ce plat ne vous plaît pas ?* Ne l'obligez pas à se justifier à tout propos. Considérez qu'il est assez grand pour savoir ce qu'il fait.

Ce terme, le pourquoi, m'amène à une autre suggestion. Si quelqu'un en qui vous avez confiance – techniquement, affectivement, respectueusement – vous demande de faire quelque chose d'élémentaire, faites-le et sur le champ. Faites-le sans discuter préalablement quitte à avancer ensuite votre questionnement pour compréhension, c'est-à-dire seulement après exécution.

La discussion préalable et continuelle, sur des broutilles, à propos de la demande la plus innocente, aujourd'hui trop répandue, est excessivement pénible et révèle une mentalité restée infantile, susceptible, bavarde, devenue chicaneuse et rétive par principe dont il n'y a rien à tirer pour l'instant sauf des complications – et peu à espérer pour l'avenir.

*« N'épluchons pas ce qui n'est pas douteux. »* (J. Joubert) Ne vous faites pas passer pour un *discutailleur*. Par exemple, comme ces gens qui mettent en attente toute une tablée et mobilisent la serveuse pendant cinq minutes pour savoir s'ils prendront du riz, un steak ou des harengs saur tout en demandant d'infinies précisions sur la préparation auxquelles la pauvre est bien incapable de répondre.

***

Si vous rendez compte d'un événement, faites-le de manière concise, précise et objective. N'interprétez pas. Il ne s'agit pas d'imaginer, encore moins de délirer. Il s'agit de dire exactement ce que vous avez vu ou entendu, rien de moins et surtout rien de plus ; les faits, rien que les faits et tous les faits. Laisser aller son imagination peut avoir des conséquences insoupçonnées, graves dans certaines circonstances. C'est une des formes du dangereux processus de projection signalé plus haut.

Exemple simpliste, ne dites pas : *Ils ne l'ont pas envoyé*, restez-en à ce que vous savez : *Je ne l'ai pas reçu.* Il en va de même si on transmet un message, transmettez fidèlement, sans plus.

Cette discipline, cette rigueur, vaut tout autant si vous ne rendez pas compte d'un événement, mais si, simplement, vous vous le remémorez à vous-même. Cela vous évitera des émotions déplacées, de fausses interprétations, des initiatives intempestives.

Un exemple de déformation, sans conséquences : dans deux dossiers à mon nom (mutuelle et autre), je me suis découvert par hasard qualifié de l'état de veuf, ce que je n'ai évidemment jamais déclaré ! Quelqu'un n'a pas dû lire ce que j'avais indiqué ou, plus vraisemblablement, en l'absence d'indication de ma part, a décidé suivant son propre état ou celui du voisin, son humeur, son désir inavoué, sa fantaisie, d'après un terme inconsciemment emprunté au dernier titre de journal aperçu…

Conclusion : quand on ne sait pas on la ferme, ou on se renseigne.

Si vous donnez un renseignement efforcez-vous d'être complet et précis autant que vous le pourrez : nom, adresse, téléphone, marque, type, conditions d'accès, d'admission, de retrait, restrictions, avantages, inconvénients… Faire les choses bien, une fois et une seule. Un renseignement trop partiel ne vaut rien. Il peut même dans certains cas induire en erreur (on en a tous fait l'expérience, ne serait-ce qu'en demandant notre chemin). Si vous ne savez pas, avouez votre ignorance. Ce sera mieux que de tromper le demandeur.

Si quelqu'un vous demande une information élémentaire : adresse, numéro de téléphone… fournissez-la immédiatement, dans la minute. Il est très pénible d'avoir à redemander de tels détails quelques instants ou une heure après. En plus, forçant l'autre à mémoriser sa demande, vous lui montrez clairement combien son souci vous importe peu.

Accessoirement, nul n'est à votre botte pour noter à la volée 10 chiffres de numéro de téléphone dictés sur répondeur par une mitrailleuse inaudible (voir cadence du langage).

***

Il est bien avisé de ne pas trop *l'ouvrir* quand est abordé un sujet sur lequel on ignore tout, ou presque. On risque fort de s'attirer au moins quelques discrets sourires de commisération de la part de ceux qui en savent plus ; ce, au moins si on a atteint un certain âge, car cette conduite impétueuse et sûre d'elle-même est beaucoup pardonnée à la jeunesse.

*« Ne tenez pas de longs discours avec les personnes qui sont au-dessus de vous »* ( ?), au-dessus sur la question en discussion ou en général (âge, position, expérience...) Et même, en poussant le raisonnement et en suivant un bon observateur de la société, Chamfort, et tout en reconnaissant que c'est là en demander beaucoup, bien trop, à votre âge : *« Quand on veut plaire dans le monde, il faut se résoudre à se laisser apprendre beaucoup de choses qu'on sait par des gens qui les ignorent. »*

Rappelez-vous que, au moins dans un premier temps, nous plaisons parce que nous entraînons la sympathie des gens en les écoutant, en leur parlant de ce qu'ils aiment, en leur faisant sentir leur importance, soit en augmentant leur estime pour eux-mêmes.

Sauf si on est jeune (heureuse jeunesse qui a légitimement beaucoup de droits, dont celui de ne pas savoir), il n'est pas d'excellent usage qu'un cadet offre un livre sérieux de caractère éducatif (conduite dans l'existence, philosophie...) à un aîné[6]. Pour préciser : un trentenaire n'a pas à faire savoir à un sexagénaire qu'il a besoin de leçons de conduite dans l'existence. Je ne parle pas de roman jugé divertissant ou d'ouvrage portant sur quelque question intéressant particulièrement le destinataire – mais on me comprendra. C'est pourtant une pratique courante, dénotant l'irréflexion plus encore que le manque de respect.

Il est également judicieux de tenir compte de la position sociale du destinataire. Indépendamment de la différence d'âge, j'ai vu des laïcs offrir des ouvrages de théologie à leur curé ; pourquoi ne pas offrir *Les techniques de la guérilla* écrit par un philosophe milliardaire errant entre Saint-Germain-des-Prés, Saint-Tropez et les Seychelles à un capitaine de commandos des forces spéciales ?

***

Petits détails au titre du soin et de l'ordre mais je rappelle que, ne vous connaissant pas ou peu, c'est sur ce genre de détail qu'on se fera une première opinion de vous.

Un texte vous a plu et vous voulez le transmettre, un document doit être communiqué... Évitez de remettre des photocopies mal cadrées dans lesquelles, de plus, les mots de début ou de fin de ligne ont été tronqués et ont disparu ; c'est très fréquent. L'impression donnée sera : désordre, négligence, insouciance, irrespect, manque de fiabilité dans les petites choses (et on hésitera à vous en confier de grandes). Agrafez des feuillets plutôt que de les remettre épars ; preuve de soin et petit plus pour vous.

Prenez garde au copier-coller des traitements de texte ; sans rigueur, soin et relecture attentive les négligents laissent tant d'aberrations : mots en trop ou manquants, négations omises ou injustifiées, termes inadéquats en contexte, répétitions, non-concordance des genres et des temps, phrases biscornues… L'impression donnée sera la certitude que vous n'avez rien compris à des textes que vous n'avez même pas su dissimuler avoir empruntés à autrui.

Prenez l'habitude non pas de la perfection (inaccessible), ni même de l'excellence, mais tout simplement des tâches complètement et bien faites – même les petites. *« Il y a un suprême plaisir, non à bien faire, mais à faire aussi bien qu'on peut. »* ( ?) La rigueur dans les détails est une tournure d'esprit qui se reconduit sans effort dans les œuvres importantes, qui soulage votre esprit et qui se remarque. C'est une discipline de vie[7].

Ce n'est pas, comme on l'entend parfois, parce qu'on ne compte pas cher à un client ou parce qu'un patron n'entraîne pas votre sympathie qu'on peut remettre à l'un ou à l'autre des rapports non relus, un travail ni fait ni à faire (bâclé), qu'on peut traiter ce qu'on lui fournit par-dessous la jambe.

Si vous acceptez une tâche, réalisez-la pour elle-même sans considérer ni le contexte ni le demandeur ni votre humeur. Vous n'avez pas besoin de connaître son utilité pour l'accomplir consciencieusement et de façon satisfaisante. Là commence l'estime de soi.

***

Le premier paragraphe de cette section concerne plus les garçons que les filles. En effet celles-ci sont bien plus habituées à offrir spontanément leur aide, au moins dès un certain âge et dans les domaines où elles le peuvent. Alors que certains garçons attendent souvent 20 ans de plus avant même que d'y songer vaguement.

Si vous êtes invité pour quelques jours (en résidence secondaire par exemple), n'hésitez pas à distraire quelques heures de votre temps (culte de la chaise longue, baignades, chasse aux vins locaux…) pour saisir le manche d'une pioche, d'un râteau, une scie, un tournevis… ou au moins de le proposer.

Curieusement, le bâtiment, le jardin dont vous jouissez ne s'entretiennent pas par miracle. Le maître de maison, chargé de la technique, appréciera – d'autant plus s'il est âgé – et peut-être en plus y gagnerez-vous quelque compétence nouvelle, sans compter la probabilité d'y être réinvité autrement que par obligation.

Remarque un peu similaire : j'ai connu quelqu'un, largement mûr et matériellement aisé, qui après avoir passé deux jours dans une maison communautaire que nous gardions occasionnellement et s'être laissé nourrir (par nous) a royalement laissé – et encore sur notre suggestion – dix euros pour frais (logement, gaz, électricité…) et en marque de reconnaissance envers cette communauté fort pauvre. Vraisemblablement cette personne n'avait pas de billet de cinq euros sur elle.

Convié pour quelques jours chez des amis, efforcez-vous de vous montrer léger. Respectez leur mode de vie, leurs habitudes. Qu'à votre départ, vos hôtes ne disent pas *Ouf.*

S'ils sont plutôt taciturnes, ne les faites pas crouler sous vos bavardages. S'ils sont calmes et casaniers, ne leur imposez pas trop d'agitation, de suractivité. Montrez-vous discret, tolérant, indulgent, approbateur… Un conte dit *« qu'il n'est pas honnête de contredire les gens dans leur maison ».*

Inversement ne recevez pas vos invités en les tuant de questions des pieds à la tête ou en les saturant d'activités qu'ils n'ont pas choisies. Ne leur imposez pas votre dictature. Tout le monde n'aime pas pique-niquer, manger en musique ou à la faible lueur des chandelles.

Il y a une manière de proposer qui force une réponse affirmative : *Vous aimeriez certainement… – Cela ne vous dérange pas si…*

Si on vous invite, ne serait-ce que pour deux heures, ayez la courtoisie élémentaire de répondre par oui ou par non et de tenir votre engagement – et avec ponctualité s'il est affirmatif. Je le rappelle en me souvenant de jeunes gens qui, organisant une fête annuelle d'anniversaire, recevaient chaque année moins de trente pour cent de réponses et la veille ignoraient s'ils pouvaient compter sur dix ou quarante personnes. Quel confort pour eux ! quelle élégance de la part de ceux auxquels ils voulaient faire plaisir !

En plus de la muflerie, un sourd aurait entendu le message implicite : *Si je viens c'est que je n'aurai pas trouvé mieux, et comme je ne le saurai qu'au dernier moment, vous comprenez bien que je ne peux m'engager des jours à l'avance… mais je retiens votre invitation… pour le cas où je n'aurais rien trouvé de mieux à faire…*

Soyez à l'heure à vos rendez-vous – même avec vos proches, vos parents, vos amis. Les autres ont autant de choses à faire que vous et parfois plus – même vos parents ! Des retards systématiques sont inacceptables, s'en excuser aussi systématiquement n'enlève rien au manque de considération élémentaire ainsi manifesté.

Si le rendez-vous est important, professionnel, prenez une marge importante. S'il reste du temps à l'arrivée, cela vous permettra de vous décontracter en faisant le tour du pâté de maisons.

À propos de rendez-vous, une pratique déplorable consiste à ne pas répondre à ceux qui sont formulés par mail ou sur répondeur. D'où pénible interrogation : l'a-t-il reçu, lu, est-il d'accord, y sera-t-il ? J'ai déjà dit qu'on devait répondre aux demandes et aux offres qu'on nous faisait.

S'il vous arrive d'emprunter un objet quelconque (livre, outil, clef…) ayez la correction élémentaire de le rendre spontanément dans un délai décent, et même celui éventuellement suggéré lors de la remise. Ne contraignez pas l'autre à accomplir la corvée qui consiste à le réclamer et, pire, vous, n'accueillez pas sa demande légitime avec agacement. C'est une incorrection fréquente, remarquable et qui sera remarquée.

Si on vous accorde une facilité, ne considérez pas que c'est une concession perpétuelle.

– Votre colocataire vous concède une partie de son espace de rangement, un rayon de placard… (évidemment c'est une muflerie que de s'en emparer sous le prétexte qu'il est vide à un moment). Vous n'en êtes pas devenu propriétaire. Il a le droit de vous le réclamer. Vous pouvez même faire l'effort de lui proposer spontanément de le lui restituer.

– On vous prête une bicyclette, une voiture, une maison. Vous n'avez pas acquis un droit à vie sur l'objet, le lieu.

Ce qui veut dire aussi à l'inverse : attention à qui vous accordez une facilité une première fois. Vous concéderez une fois un doigt, les *grignoteurs* vous mangeront la main puis le bras…

Dans vos décisions, actions ou simplement projets dans lesquels d'autres, proches ou non, peuvent être concernés, prenez la peine de les informer dès que possible et pas au débotté, à la dernière minute, avec réponse – approbative évidemment – exigée sur le champ et alors qu'il est clairement trop tard pour revenir en arrière. C'est la moindre des corrections et cela ne devrait pas vous être compté comme engagement pour l'avenir ; soit vous pourrez changer votre position ultérieurement, en continuant d'informer bien sûr.

Ce souci vaut aussi pour de menus détails, tels qu'annoncer à un proche la date et l'heure de son retour avant qu'il ne vous les demande.

***

Puisque je vais évoquer les « vieux », écartons une nouveauté comportementale d'esprit totalitaire et fort déplaisante qui revient à prendre autrui pour un robot ou un laquais. Elle consiste, de la part de plus jeunes, à s'insurger contre de mini-accès d'énervement parfaitement justifiés de la part de leurs anciens, souvent des parents, ou de n'importe qui d'ailleurs.

Par exemple, on impose à l'un de ceux-ci un service qu'on aurait pu lui éviter – ou préparer – avec un peu de soin et de prévision : aller vous chercher ou vous conduire à l'improviste parce qu'on a négligé de prévenir que… avancer sur le champ quelque somme… accomplir quelque démarche promptement… Bien entendu le sollicité s'exécute, mais comme il n'est pas un saint, lui non plus, il peut manifester quelque signe d'énervement compréhensible (on ne peut pas exclure l'hypothèse que cette réquisition immédiate le dérange).

Et le demandeur, cependant obéi et satisfait, n'arrive même pas à s'empêcher de grogner – au moins s'il a affaire à un proche avec lequel il estime pouvoir tout se permettre : *Ne t'énerve donc pas – Pourquoi tu t'énerves ? – Allons, reste cool – Tu es bien speed...*

Ce genre d'incongruité est parfaitement insupportable de la part de jeunes gens qui devraient au contraire s'excuser d'abord et remercier ensuite. Ne pas rajouter la provocation gratuite au dérangement occasionné par son sans-gêne. Faire sortir de ses gonds celui qui rend service et ainsi faire tourner malicieusement la situation à son avantage n'est faire preuve ni de sagesse ni d'intelligence ni de cœur. Même si on sait que tout coupable cherche à culpabiliser sa victime. Je viens de parler de jeunes, j'assume. Mais on rencontre là aussi *d'anciens jeunes* tout ridés.

Rappelez-vous que la priorité est aux personnes âgées, ce qui signifie : plus âgées que vous, sensiblement et relativement au moins – 20 et 40 ans, 45 et 60, 55 et 65, 70 et 75, 80 et 83... constituent des exemples des écarts dont je parle.

Cela ne signifie pas seulement les laisser passer en premier[8]. Cela signifie aussi que c'est aux plus jeunes à prendre certaines initiatives élémentaires telles que prendre contact le premier lors d'un événement (jour de l'an...), à se déplacer, à s'informer... Ce, au moins en ce qui concerne les gens situés à une certaine distance (amis, relations, collègues, parents éloignés...). Les parents directs et les grands-parents, eux, seront toujours satisfaits de faire les premiers pas – même s'il peut leur arriver de penser que...

Quant aux vieillards, ils sont pleins de manies. Elles sont la sauvegarde de leur faiblesse. En respectant celles-ci vous manifesterez du respect pour les personnes.

*« Cet âge, la vieillesse, est ami de l'ordre, par cela même qu'il est ami de son repos. »* (J. Joubert) Ils ont aussi beaucoup vécu. Malgré leur retrait, vous vous tromperiez lourdement en pensant qu'ils n'ont rien appris et rien retenu ou qu'ils sont devenus indifférents. Simplement ils se ménagent – ou vous ménagent. Ils se préoccupent moins de leur image (ce qui, en passant, confère quelque liberté). Vous comprendrez bien plus tard, à votre tour.

***

J'ai commencé cette rubrique par l'importance de la première impression que l'on pouvait donner. Je n'en renie rien, mais si vous, vous devez vous attendre à être souvent jugé d'après celle-ci, essayez de vous départir de cette attitude vis-à-vis d'autrui, au moins avant un premier contact vrai et en face-à-face. Il peut alors y avoir des surprises.

Jadis, sur la maigre base d'un bref contact en groupe et d'un appel téléphonique, je m'étais forgé imprudemment une opinion préalable assez négative sur quelqu'une ; débit haché, mouvements fébriles, absences visibles, visage fermé… Je consentis cependant à la rencontrer à la demande d'un tiers pour un échange en forme de service de ma part – naturellement il était clair que c'était à moi de me déplacer, ce qui n'améliora pas ma première impression.

Or, lors de cette rencontre où je me rendais avec des pieds de plomb, j'ai trouvé une personne charmante, affable, raisonnable, modeste, peu exigeante… tout à l'opposé de mes craintes. Au fil de l'entretien, pour justifier certains tremblements, tics, absences et légères défaillances elle m'a avoué, avec retenue, sans aucun étalage, être atteinte d'une maladie dégénérative – de celles qui vous emmènent sûrement et dans son cas sans doute assez rapidement.

Arrivé à ce point de votre lecture vous devez en savoir assez pour vous douter que mon impatience et mon énervement lors du début de ma visite n'avaient guère pu passer inaperçus. S'en excuser eût été en rajouter une couche. J'aurais bien aimé disparaître sous terre, comme on dit. Je n'ai pu compenser que par la promptitude que j'ai mise à rendre le petit service sollicité.

« *Autant pour moi* », expression militaire de celui qui reconnaît avoir fait une erreur, dit une ânerie ou dans mon cas l'avoir fortement pensée.

***

Une petite section très fortement inspirée de Jacques Salomé sur ce qu'il appelle le terrorisme relationnel. Ces remarques auraient pu figurer à la rubrique sur le Langage ou, mieux et plus loin, sur l'Amitié et l'Amour. Mais je ne désire pas et il n'est pas bon de trop charger cette dernière de considérations précautionneuses (elle en comporte déjà assez).

En effet, dans sa deuxième partie, vous trouverez aussi quelques exemples de comportements qui peuvent relever d'une forme plus ou moins atténuée de terrorisme relationnel.

La rubrique Bazar est donc un bon endroit pour placer cette question, ne serait-ce que parce que les pratiques que je vais évoquer peuvent se rencontrer dans n'importe quel cadre (professionnel, associatif…).

« *Le terrorisme sévit quand quelqu'un veut nous imposer son point de vue, sa façon de voir les choses, sa façon d'être, quand il cherche à nous rallier à une action dans laquelle nous ne nous reconnaissons pas.* » Ce procédé utilise aussi bien « *… les ressources de l'affectivité que le besoin que nous avons d'établir des rapports de force à notre avantage par la culpabilisation, la dévalorisation ou la disqualifi-*

*cation du point de vue de l'autre… Il amène l'autre à vaciller dans ses propres valeurs, certitudes, croyances, ou simplement à remettre en question les termes de son engagement : Est-ce que j'ai vraiment dit cela ?* » (ce qu'on veut lui faire croire qu'il a dit).

Il génère en lui quelque déséquilibre l'amenant à douter de ses comportements, de ses paroles et de lui-même.

Exemples de ce que j'évoque (non exactement de ce que veut dire J. Salomé), conformément à ma règle de ne prendre mes exemples que selon mon expérience ou suivant des situations que j'ai pu concrètement observer.

Le fait de lier un état affectif et une sollicitation, du genre : *Si tu m'aimais, tu ferais…* ou bien, plus hypocrite encore, le maniement pervers du faux syllogisme :

– On vous demande si vous aimez bien Joséphine, une amie, vous répondez affirmativement. On vous suggère, fortement, de lui accorder un service coûteux (lequel sera très vraisemblablement sans retour). Vous avez vos raisons (avouables ou non) pour refuser.

– On vous demande si vous êtes un homme, ou une femme, respectant les usages, vous répondez oui. On vous suggère, fortement, de donner tel cadeau à telle occasion. Vous avez vos raisons (idem) pour vous abstenir.

Conclusions imparables : vous n'aimez pas vraiment Joséphine, vous n'êtes pas quelqu'un de tradition – ou alors vous n'êtes pas cohérent, pire vous pouvez être un hypocrite sinon même un menteur.

Vous vous trouvez mécaniquement piégé ; ou plus exactement on vous a piégé. Sachez-le, on vous a tiré dessus comme sur un lapin.

– Vous parlez incidemment et brièvement d'ennuis d'argent, de légère dépression, de fatigue… On met définitivement votre parole en doute, pire on la rejette complètement, et on vous prie de passer à autre chose : *Oh, toi ! Des problèmes d'argent ! Déprimé ! Fatigué !…* On vous considère comme ni intéressant ni crédible et on vous envoie vous coucher. Dorénavant vous en resterez à évoquer la pluie et le beau temps ou, plus subtilement, vous adopterez un débit tel que personne ne pourra interrompre votre flux.

– L'escalade dans les mots qu'on vous attribue ressort des mêmes déplorables comportements. Vous avez employé les termes d'ennui, de réticence, d'erreur… on affirmera que vous venez de dire : emmer…, refus brutal, faute ou méchanceté…

Face au terrorisme, il ne sert à rien d'argumenter. Quand tonne l'artillerie lourde, mieux est de s'abriter.

***

Je finirai par un exemple tout à fait inclassable. En pleine période de sécheresse intense, quelqu'un à qui je ne demandais rien m'a dit qu'il remplissait sa piscine (qu'étant absent il n'utilisait même pas) puisque les paysans arrosaient bien certains de leurs champs. Mal faire, passe encore, mais s'abriter derrière la conduite des autres (d'ailleurs bien plus justifiable dans ce cas précis), voilà qui signe la mentalité *Beauf.*

Il eût été encore plus droit et plus sain de sa part d'annoncer qu'il faisait simplement ce qu'il voulait et qu'il disait *Zut* au monde entier.

***

Si vous suivez ce qui précède attendez-vous à être considéré comme un dinosaure, sauf par quelques rares personnes (j'ose dire, de qualité). Sur le respect des recommandations de cette rubrique, je ne peux guère, moi, me ranger dans cette espèce disparue, même si, sous d'autres aspects, j'ai un peu l'impression d'en faire partie.

Je reprends un sage oriental (une telle origine fait exotique et donc forcément profond) : *« Un homme sans esprit se connaît à six sortes de marques ; en ce qu'il se fâche sans sujet, en ce qu'il dit des paroles qui ne servent à rien, en ce qu'il se fie à toutes sortes de personnes, en ce qu'il change lorsqu'il n'a pas lieu de changer, en ce qu'il s'embarrasse de ce qui ne le regarde pas, et en ce qu'il ne saurait faire le discernement d'un ami d'avec un ennemi ».*

Pour se divertir : Après examen de ce catalogue vous pouvez vous amuser à recenser les points sur lesquels vous pouvez vous décerner une médaille. Je n'oserais jamais le faire pour moi. Ce qui valide le dicton : « *Plus facile à dire qu'à faire.* »

***

NOTES

[1] Par exemple (non emprunté à Descartes), certains mâles se retournent au passage d'une jolie femme, alors qu'ils n'ont aucun moyen de savoir si sous cette attrayante enveloppe ne se cache pas un monument de stupidité doublé d'un monstre d'avidité (l'un et l'autre cas assurément exceptionnels).

[2] Restriction qui n'est plus évidente aujourd'hui où les médias se chargent de généraliser et de valoriser la goujaterie : tutoiement déplacé, vulgarité, humour salace, exhibitionnisme, telle est l'ambiance de certaines émissions télévisuelles ou radiophoniques où il est de bon ton de couper la parole, d'être agressif dans ses questions, où certains invités doivent être résolument piégés, ridiculisés, quasiment insultés – sans même compter la vulgarité des émissions dites de *téléréalité*.

Les médias adorent le goût du sang, un certain public sans doute aussi. Certains prétendus débats rappellent déplorablement les jeux du cirque antique hormis le courage des gladiateurs. Rien de nouveau, seule la bassesse.

[3] Exceptionnellement, dans certaines ambiances (plutôt à éviter), adopter la posture inquisitoriale peut se révéler comme pire que voyeurisme, soit espionnage et délation.

Retenez donc, à l'inverse et si on vous demande votre avis, qu'il peut exister des pervers parmi certains questionneurs prêts à trahir votre confiance. On les voit venir à cent mètres dans la brume – mais certes pas avant d'avoir appris à voir... Les vidéos sauvages qui envahissent le côté poubelle d'internet sont une manifestation de ce sadisme de canaille qui consiste à piéger autrui.

[4] N'imitez pas la récente et déplorable habitude de médiocres employés des administrations ou institutions qui estiment que vous avez tout le temps pour recevoir votre reçu.

– La déclaration n'est que pour fin mai, pourquoi nous le demander en avril ?

– Est-ce à l'honorable madame *Jaibienletemps* de décider de mon emploi du temps ?

Qu'elle fasse donc ce qu'elle a à faire sans se mêler de mes occupations, déplacements, hospitalisations et autres soucis.

« *Ce qui n'est pas fait le jour même ne sera jamais fait* » (l'auteur). Cette profonde sentence s'applique à ce qu'on vous demande à vous. Pour vos initiatives : pondérez-les des réserves exprimées à la rubrique ainsi intitulée.

[5] Je pense là à des demandes présentant une certaine importance qui doivent impérativement être répondues. Pour les demandes de circonstance, moindres, on évitera de harceler l'autre en l'obligeant à exprimer son refus – au moins si on traite avec une personne attentive et rigoureuse qui sait écouter et usuellement répondre. On peut alors présumer son refus et admettre sa gêne de le formuler.

[6] Vous vous rappellerez que le présent document va d'aîné à cadet – et non l'inverse. Il y a une bonne trentaine d'années, dans les milieux diplomatiques on se racontait avec délices l'histoire suivante. Un président de la République française, un peu impulsif, avait fait envoyer une valise de livres de philosophie et d'histoire à un jeune roi européen en cadeau pour son intronisation après des années de régime autoritaire. Même la différence d'âge, assez faible d'ailleurs, ne justifiait pas une telle inconvenance (l'intention bienveillante n'a jamais excusé une possible incongruité). Le comportement et l'action de ce roi ont par ailleurs montré qu'il n'avait pas besoin de leçons. Une poignée de main au lecteur qui identifiera les deux hommes.

[7] J'ai utilisé le terme de rigueur dans cette rubrique et dans des rubriques précédentes, vous le retrouverez dans des rubriques suivantes. Il est sous-entendu dans quantité de paragraphes par ci, par là. Collaborer, vivre avec quelqu'un qui en manque beaucoup, c'est, toutes proportions gardées, vivre avec quelqu'un atteint de la maladie d'Alzheimer sans même trouver l'humilité de quelqu'un qui se sait déficient.

C'est une qualité fondamentale, qui nécessite d'être expliquée brièvement.

Faire ce qu'on dit et dire ce qu'on fait, faire ce qu'on vous demande à juste titre, accepter des questions ou des remarques et y répondre en raison et non en fonction de sa susceptibilité, tenir sa langue, contrôler ses gestes, compter sur soi avant de compter sur autrui, ordonner correctement ses démarches et ses actions, faire complètement et non partiellement, s'occuper de ses affaires, ranger un minimum, prévoir sans se cantonner à l'aujourd'hui, ne pas questionner à tout propos, distinguer l'essentiel de l'accessoire et y conformer sa conduite, se rappeler ce qui a été fait (par soi comme par d'autres), citer correctement ce qui a été dit (par soi comme par autrui), adhérer au réel… Voilà ce qu'on attend d'un adulte.

[8] Exception : pour entrer dans un lieu public (café, restaurant, bureau de poste…) un homme précède toujours une femme. Également, un homme se lève pour être présenté à une dame, ou même simplement pour la saluer (sauf grande différence d'âge), tous et toutes pour une personne âgée.

# XIII
# ALORS – MOI

Et **alors** ! et **moi** qu'est-ce que je deviens…

Nous n'avons guère le choix des événements – encore que – mais nous avons le choix de nos comportements et de nos attitudes face à ceux-ci. Cette liberté – la liberté n'est jamais confortable – s'appelle le libre arbitre. La réalisation de soi passe par l'exercice de cette liberté, laquelle implique un coût, la prise de conscience et l'exercice de sa responsabilité dans le cadre de la réalité[1].

Vous trouverez peut-être cette rubrique un peu scolaire, en raison de son aspect théorique. Oui mais, pour être bien abordées en pratique les questions agitées dans les autres rubriques supposent un fondement personnel qui n'est autre que la vision que l'on a de soi-même.

Avec les explications des précédentes, j'ai traité indirectement de cet élément essentiel de la personnalité et du succès (ne limitez pas ce terme au plan matériel) qu'est l'estime de soi. Si vous tirez quelques bénéfices des remarques précédentes alors votre personnalité aussi sera la grande gagnante.

Le profit se mesurera assurément sur le plan externe, celui des réussites. Mais le gain se situera aussi au plan interne, au plan de votre individualité, de votre confort – soit de votre sécurité et tranquillité, aisance et assurance, quiétude et sans doute bonheur.

Estime de soi et réussite externe sont étroitement liées, comme peut l'être un troisième élément, le bonheur.

Notre appréhension de nous-même détermine notre comportement, ce que nous vivons, le regard que nous portons sur notre environnement et, réciproquement, celui qu'il porte sur nous. En effet, on induit l'attitude d'autrui : par exemple, si vous vous montrez confiant, ouvert, il est probable (non toujours certain cependant) que l'autre se comportera de même.

« *La confiance de plaire est souvent un moyen de plaire infailliblement.* » ( ?)

L'être conditionne l'action tout comme l'action modèle l'être. L'un nourrit l'autre et réciproquement. On est dans un système constamment interactif. On ne saura jamais qui de la poule a fait l'œuf ou de l'œuf a fait la poule, et c'est d'ailleurs sans importance, l'une fait l'autre et l'autre fait l'une.

Vous avez tous expérimenté qu'un succès (intellectuel, sportif, sentimental, professionnel, dans quelque relation sociale… ), qu'un compliment, vous rendait, au moins provisoirement, euphorique, entreprenant, augmentait votre valeur à vos propres yeux comme un échec, une dure critique, produisait l'effet inverse sur les mêmes plans et – souhaitons-le – de façon tout aussi temporaire.

Brièvement résumé, notre estime de soi, c'est-à-dire de nous-même, augmente ou diminue suivant ce qui nous arrive – comme ce qui nous arrive est souvent quelque peu dépendant de l'estime que nous avons de nous-même. Pondérons en reconnaissant que si le premier terme de la formule est toujours vrai, le deuxième l'est bien souvent mais moins systématiquement.

En effet, il y a des malchances comme des réussites totalement imméritées et même injustes. Vous savez sans doute déjà que le monde est assez loin d'être parfait !

L'estime de soi est la conscience que l'on a de sa propre valeur, c'est-à-dire de sa personne et de ses capacités. Sa relation est triple, c'est (quand elle est positive) :

– une relation à soi-même (qu'on évalue favorablement).
– une relation aux autres (qu'on évalue correctement).
– un rapport à l'action (qu'on envisage sans crainte).

Une bonne dose d'estime de soi permet de vivre en harmonie avec soi-même et avec les autres. Elle donne envie d'essayer ; quitte à prendre le risque d'échouer puisqu'on sait que notre propre valeur ne sera pas – du moins trop profondément et trop longtemps – affectée par l'échec. Elle assure une bonne cohésion entre aspirations et succès.

Si cette estime est fondée, raisonnable (non exagérée), stable (ne variant pas démesurément au moindre choc, de l'enthousiasme débridé à la dépression profonde) elle confère cohérence dans le comportement et une certaine constance fort confortable au moral, ce quels que soient les événements, surtout quand on se trouve confronté à ceux qui sont déplaisants.

– La réussite plaît ; elle ne grise pas, ne monte pas à la tête ; on reste tel qu'en soi-même, ou presque.

– L'échec atteint, ennuie, gêne ; il ne nous effondre pas, ne nous diminue pas ; on reste tel qu'en soi-même…

Remarque : l'estime de soi ne peut ni se construire ni se maintenir chez une personnalité éclatée pratiquant le double jeu dans sa vie personnelle, professionnelle, sociale… (Voir sur cette question la notion de devoir d'état à la rubrique sur l'Exception).

***

Un minimum de théorie sur l'estime de soi vous fera mieux saisir les liens qui existent entre les questions traitées ailleurs et cette composante, ce pilier, de la personnalité. Composante dont il convient de préciser qu'elle évolue vers le haut (haute estime) ou vers le bas (basse estime) tout au long de l'existence, souvent suite à des événements déterminants, comme il est inévitable qu'elle fluctue un peu chaque jour en fonction des circonstances et de notre humeur – et même de la météo !

Elle repose sur trois éléments identifiables ; on est proche de ce qu'on peut associer aux termes d'identité et de fierté assumées et stables. En effet, l'Être n'existe pas de lui-même, il se construit.

– L'amour de soi ; s'aimer soi-même[2]. Se connaître et s'accepter franchement malgré ses défauts, limites, échecs et erreurs… S'estimer (il est difficile de s'aimer sans s'estimer, pas plus soi que les autres), se respecter. Être clair avec soi-même et apparaître clair aux autres ; dans ses plus et dans ses moins. Se montrer suivant ce qu'on est et vaut, sans prétention écrasante mais sans excès injustifié d'humilité, de discrétion, de réserve. Cet élément permet d'écouter ses besoins, ses désirs, de se situer correctement, de résister à l'adversité, de remonter rapidement après un échec.

– La perception que l'on a de soi. Avoir la certitude d'avoir des atouts, de porter en soi des potentialités. Savoir qu'on a un destin personnel, différencié (qui n'est pas cloné, et n'est pas celui du voisin…). Cet élément permet de croire en ses possibilités, de ne pas se précipiter, de ne pas tomber dans l'imitation, la fusion-confusion, de prendre son temps, du recul, d'anticiper l'avenir, un autre avenir si besoin.

– La confiance en soi. Savoir qu'on est capable de se conduire, d'agir, de façon correcte, adaptée, dans des situations importantes, qu'on peut plaire (en dehors même de la séduction amoureuse). Cet élément permet de ne pas craindre de s'avancer, de s'affirmer, de ne redouter ni l'inconnu ni l'autre, d'agir sans anticiper ni craindre l'échec ou le jugement d'autrui.

***

Comment la construit-on et l'entretient-on ? On excusera des répétitions de termes difficilement évitables dans des corps d'idées distinctes mais proches.

– Beaucoup est dit avec : *« Être le meilleur ami de soi même et le rester quoi qu'il arrive »* ( ?), sans oublier cette définition de Max Scheller : *« L'homme est l'être qui peut dire non. »*

À compléter par un savoir essentiel qui nous enseigne que notre pire menace c'est nous-même.

– Se connaître, s'aimer, s'estimer (prendre soin de soi), on sait ce qu'on vaut et on tient à celui, celle, qu'on est ; on ne peut s'aimer dans le vide, sans se reconnaître une valeur personnelle, sans adhérer à certaines valeurs.

– Se savoir courageux, soit savoir qu'on peut faire face à l'adversité sans s'effondrer.

– Rester dans l'ici et le maintenant ; à l'écart de toute régression comme de tout projet fumeux. Ces deux attitudes se présentant comme des impasses, des causes d'échec ou d'inaction. Éviter la démesure – qui résulte d'une mauvaise connaissance de soi ainsi que de celle de l'environnement. Elle conduit sûrement à l'échec et à la chute brutale, laquelle retentit fortement sur l'idée que nous avons de nous.

– Franchir des étapes valorisantes et ensuite s'occuper de l'étape d'après. Faire en sorte d'enregistrer des succès, fussent-ils minces, mais ne pas les voir comme tels[3].

– A contrario, ne pas redouter les erreurs ou les échecs (de temps en temps), les assumer, les oublier en ne retenant pour demain que l'enseignement qu'a pu fournir l'épreuve.

– S'adapter aux circonstances toujours changeantes (chutes, fausses routes, pertes de toutes sortes, vieillissement un jour…), ne pas s'entêter sur des impasses[4].

– Être accepté dans et par un groupe ; pour celui qu'on est et ce qu'on apporte, pas pour celui que d'autres voudraient que l'on soit ou, pire, pour celui que l'on voudrait être. *« Quel est celui que l'on prend pour moi ? »* (Louis Aragon)

– Donc ne pas se prendre pour qui on n'est pas, ne pas essayer de ressembler à quelqu'un qui nous plaît. Ne pas être le décalque d'autrui.

– Découvrir et monter des marches inattendues. Garder son rôle, mais ne pas ignorer qu'il en est d'autres sans les négliger par principe.

– Jouir légitimement d'une compétence reconnue, dans son domaine (fût-ce un *hobby* futile). Il n'y a pas d'estime de soi sans reconnaissance sociale, et celle-ci passe par la reconnaissance d'une compétence quelconque, laquelle peut être aussi bien celle du maçon que celle de la pianiste, la qualité du travailleur acharné que celle du charmeur mondain léger qui sait réunir et unir les gens.

– Savoir refuser l'agitation stérile et garder du temps pour soi (même pour ne rien faire, en apparence au moins). Savoir s'extraire de la routine – même deux heures. Sauvegarder son intériorité. L'homme qui n'a pas d'intériorité est désarmé. Il est livré à tous les vents. Il est une proie disponible à toutes les injonctions externes, à toutes les manipulations.

– Rester le maître de soi autant que possible, d'un comportement sensé, réfléchi. Ce qui suppose (comme pour beaucoup des considérations ci-dessus et ci-dessous) d'avoir réalisé, autant que faire se peut, l'unité de soi-même ; c'est-à-dire d'avoir un cerveau au service de ses intérêts, projets concrets et même petites actions, et non de le laisser s'égarer suivant les inévitables et perturbantes divagations cérébrales.

– Rester toujours sujet de soi-même. C'est-à-dire penser et agir pour soi, échapper aux mécanismes mentaux souvent dictés par d'autres (habitudes, routines, obsessions, conduites et comportements stéréotypés, soumission idéologique...). Sachant cependant que *penser,* c'est s'ouvrir à des réalités qui nous sont extérieures, mais il est bien dit à des réalités, pas à des illusions.

– Parvenir (sachant qu'on sera toujours là en équilibre, dans l'à peu près) à équilibrer ses pulsions, désirs, fantasmes, habitudes, avec la réalité objective externe ; soit à accorder (avec le minimum de grincements) son *Moi* profond, face interne, en le maîtrisant sans le détruire et le *Je,* face externe, sujet de l'action, objet de la considération extérieure. Trouver l'axe où l'un et l'autre coexistent harmonieusement (ou tant bien que mal), afin de rester en accord avec soi-même. Ce qui est aussi une des multiples façons de définir – et d'exercer – la maturité.

– Éviter les grosses erreurs d'impulsivité, celles qu'on regrette – après.

– Choisir tel qu'en soi-même et pour soi-même. Savoir que là, en dernier ressort, on est seul. Ne pas se laisser influencer par un interlocuteur qui se vend bien ou vend bien sa *salade.*

Surtout dans cette situation de pression, ne jamais décider sur le champ (voir le délai à s'accorder pour prendre certaines initiatives, rubrique sur celles-ci, pour répondre à celles d'autrui).

L'estime de soi en prend vite un coup quand on décide en fonction non de ses intérêts mais en suivant quelque rêverie, par idéalisme outrancier, par mimétisme ou simple sympathie mal placée pour autrui. Un très vieux dicton : « *Charité bien ordonnée commence par soi-même.* »

– Ne pas craindre le jugement d'autrui ; même s'il faut en tenir compte. Sortir de la dépendance au jugement d'autrui permet de se montrer naturel, d'enlever nos barrières de protection (fausse personnalité) – de mieux respirer.

– Ne pas hésiter à se complimenter soi-même, à se gratifier de quelques encouragements pour renforcer ceux que l'environnement nous adresse – ou devrait nous adresser. Enregistrer des succès extérieurs c'est bien et utile pour l'estime de soi. Se faire savoir à soi-même sa satisfaction la renforce agréablement et utilement. Savoir se féliciter, à bon escient, c'est prendre soin de soi.

– Ne pas se déprécier, cette attitude indique le manque de connaissance de soi, de confiance en soi, de fierté, une humilité excessive parfois un peu tordue. À l'inverse, s'enfler frise la malhonnêteté et passe mal. S'affirmer avec simplicité et clarté, dans son comportement, ses gestes, ses paroles.

– Être conscient « *qu'il n'existe pas de liberté contre l'autre.* » (Benoît XVI) Soit éviter, ou résoudre, ou oublier (vivre avec), les conflits stupides et dévalorisants. L'obsession conflictuelle (justifiée ou non, revancharde ou non) est un nœud et se constitue comme un boulet non seulement pour son propre avenir, mais aussi pour l'estime de soi.

– Enfin, garder l'esprit d'enfance (j'emprunte à Georges Bernanos). Rectifié par une maturité d'adulte, il reste un bon guide pour placer correctement, ajuster, son estime de soi, la préserver, la rétablir. Ces retrouvailles fugitives avec soi-même que l'on s'autorise et même suscite permettent de remettre le compteur à zéro ; pour un moment. On peut ajouter au présent en y introduisant l'avenir, mais on peut aussi l'enchanter – brièvement alors – avec quelque heureux souvenir d'enfance. Ce n'est pas s'attarder à regarder en arrière mélancoliquement, c'est jouir de soi un instant. C'est parfois fort utile, pour redresser l'estime de soi et pour maintenir le bonheur que je vais évoquer. « *Le génie, c'est l'enfance retrouvée* » disait Baudelaire.

***

Il est bien difficile de parler d'estime de soi sans évoquer la fameuse idée du bonheur, notion énigmatique, subjective et grandement surévaluée actuellement (la société ne surévalue que ce qui lui manque : communication, solidarité, culture...). Injonction tyrannique aussi aujourd'hui où tout le monde se doit d'être heureux, toujours et partout (au travail, à la maison, en vacances...) sous peine d'être déclaré non conforme à ce « *catéchisme collectif* » (P. Bruckner) et de devoir s'excuser de ne pas l'être. Le bonheur conçu comme une savante construction, enseigné par d'innombrables conseillers, clamé et réclamé non comme une grâce, une faveur, mais comme un droit individuel et un devoir social, celui de ne jamais s'écarter de l'impératif *« d'euphorie perpétuelle »* (du même).

Cependant sa recherche (si elle n'est pas effrénée) est légitime. Tout en rappelant une considération émise à la rubrique sur les Choix : on obtient rarement ce que l'on souhaite lorsqu'on le recherche avec trop d'empressement. Le bonheur ne se gagne pas. C'est lui qui vous gagne.

*« Les hommes seraient plus heureux si on leur parlait moins du bonheur. »* (J. Chardonne) Donc, le premier pas vers cet état est de refuser l'injonction totalitaire. Aucune société, aucune collectivité, aucune personne, ne vous donnera le bonheur. C'est une affaire personnelle, votre affaire (est-ce la grande affaire ? Ce n'est pas si sûr). Je n'essayerai pas de définir cet état car trop personnel ; seulement d'indiquer quelques pistes pour l'approcher, sachant que dans chaque rubrique vous trouverez des éléments qui peuvent y contribuer (et qu'ils ne seront certainement pas les mêmes pour chacun).

D'abord ne pas confondre bonheur et plaisir, bonheur et gaieté ou joie.

*« Le plaisir est partiel, limité à la satisfaction d'un organe, d'un sens, il diffère en cela de la globalité du sentiment de bonheur… Le bonheur n'est pas une simple addition de moments de plaisir… La joie provient d'un événement extérieur (fête de famille, contact d'un enfant, réussite…)… Elle est brève. Elle est ou peut être ingrédient, expression, incarnation du bonheur…* Mais… *Il peut y avoir des joies malsaines »* (Christophe André) – telle la *vengeance…* comme il peut y avoir des plaisirs pernicieux : alcool, jeu…

*« Le plaisir est le bonheur des fous, le bonheur est le plaisir des sages. »* (Barbey d'Aurevilly) Ce qui n'a pas empêché ce captivant personnage de prendre du plaisir et ne doit pas vous en empêcher non plus.

On peut être malheureux au milieu des plaisirs, heureux dans une cellule de prisonnier. Le bonheur est un état relativement stable, le plaisir, la joie sont fugitifs. Des gens trouvent le courage d'être gais tout en étant non heureux, sinon malheureux, comme des gens fondamentalement heureux ne se montrent pas gais (attention aux apparences). Le bonheur est profond, la gaieté – valeur très estimable – est plus superficielle, elle résulte souvent du bonheur, elle ne l'implique pas forcément.

– Il provient d'abord de nous, soit c'est une illusion grave de croire qu'il dépend d'autrui. Celui-ci peut y contribuer comme il peut l'altérer, il ne le détermine jamais qu'assez partiellement.

– Apprendre peu à peu à ne pas trop rêver. Les grandes extases sont rares et éminemment périssables. C'est un état de chaque jour où il faut savoir le reconnaître – il y a des gens qui passent à côté d'un bonheur objectivement réel toute leur vie – simplement parce qu'ils ont gâché, ou simplement négligé, leur présent en oubliant de reconnaître et d'apprécier leur état ; parce qu'ils n'ont pas prêté assez d'attention au quotidien.

Le rêve de demain est désir, souvent inquiétude, il n'est pas le bonheur. Le parcours importe plus qu'un but qui, atteint, se présentera toujours autrement qu'on ne pense. *« N'est pas heureux qui ne veut l'être »*, cette remarque de J. Joubert va plus loin qu'il ne semble. Des quantités de gens refusent, en fait, le bonheur – notamment parce qu'ils vivent et jouissent trop vite.

– C'est une illusion que de penser qu'il est compatible avec la suractivité, le survoltage, la crispation, sans lâcher prise, sans un peu de détachement, sans temps vide ou de resourcement[5], sans abandonner la fiction du *ce serait* pour la réalité du *c'est* – voir la réalité c'est trouver un monde où les choses ont un sens. Ce qui implique de savoir apprécier ce que l'on a au lieu de toujours courir après quelque chose d'autre. Le sentiment d'*apaisement* se rapproche assez de l'état de bonheur.

*« À la base du bonheur il y a l'innocence : celle d'une nature bien constituée, qui élimine par avance ce qu'il ne faut pas connaître. »* (J. Chardonne)

La distance à prendre avec les occupations subalternes, avec les plaisirs et les obligations d'emprunt devient, avec l'âge, une condition nécessaire du bonheur – mais on peut commencer tôt[6].

– Accepter notre état d'Être fini avec des désirs infinis (cette contradiction étant encore plus évidente durant la jeunesse). Je sais que c'est assez peu enthousiasmant, mais on peut appliquer à nos vies personnelles ce qu'un politicien lucide et honnête (espèce quasi disparue) disait récemment de son rôle :

*« Je ne me sens pas chargé d'apporter des petits bonheurs privés mais d'éviter de grands malheurs publics. »* On a déjà fait un bon bout de chemin vers le bonheur quand on a évité le malheur. Songez-y parfois.

– On dit que c'est un échange réussi entre soi-même et l'environnement. Il suppose donc de respecter certaines limites inhérentes à ce que j'appellerai le *mode d'emploi de l'homme*, de disposer de repères. Le bonheur ne sera jamais dans le n'importe quoi.

Il ne peut se construire que sur une bonne dose d'estime de soi, laquelle est incompatible avec la pratique qu'évoque l'expression précédente. Il dépend aussi de l'équilibre que nous sommes parvenus à établir entre notre besoin d'affirmation de nous (maîtrise) et notre besoin contradictoire de communion (harmonie), entre la nécessité de contraction (sur nous-même) et celle d'expansion (vers autrui).

– Il implique de découvrir et de donner un sens à sa vie, de trouver sa vocation, un projet qui en vaille la peine, de maintenir une certaine flamme.

Un projet, un élan, un effort, une attente reflètent une espérance, et ceux-ci sont nécessaires à chacun. Une personne, comme une société, dépourvue de projet devient claustrophobe. Notre allant, notre liberté exigent d'avoir une fin (au sens but, objectif).

« *L'âme éprouve dans le corps de la joie à être active et créatrice* » disait déjà il y a dix siècles une grande mystique (réaliste comme tous ses pairs), Hildegarde de Bingen. Ce sont nos créations, nos réalisations qui nous font exister et nous comblent. C'est aussi notre croyance, foi même, en quelque chose, en quelqu'un… On ne peut se satisfaire de l'absence de toute valeur, de ne vivre que par ses sensations.

« *Quand on ne croit à rien, les sens deviennent religion.* » (E. Cioran)

En effet, le bonheur est un sous-produit. On l'obtient en cherchant autre chose. Ce n'est pas forcément quelque chose d'extraordinaire. C'est rarement sauver l'humanité.

Cette mission (je n'aime pas beaucoup le terme, mais je n'en ai pas d'autre) peut être toute simple : travail réussi, amitiés solides et entretenues, équilibre personnel, couple harmonieux, enfants heureux et bien partis, activité raisonnable et équilibrée au service d'autrui, militantisme même si là je suis beaucoup plus réservé sur la relation au bonheur – les militant(e)s de base militant souvent pour masquer et compenser leurs frustrations personnelles[7].

« *Tu connaîtras la justesse de ton chemin à ce qu'il t'aura rendu heureux.* » (Aristote) Il va aussi sans dire qu'un projet à soixante ans n'est pas le même que celui qu'on pouvait avoir à quarante, comme celui-ci était déjà loin des objectifs de ses vingt ans.

– Savoir que s'il est important d'être en forme, il l'est encore plus d'être en paix. Ce qui implique d'être bien dans son état : jeunesse, quarantaine, vieillesse…

– Il suppose d'appréhender la vie pour ce qu'elle est, un cadeau fabuleux, de savoir accueillir l'émerveillement et l'enthousiasme et même des émotions saines, justifiées et contrôlées[8], de refuser l'envie, de se situer correctement, à sa place (seulement juste un peu au-dessus, ce sera préférable). En ce sens-là, le bonheur est une sorte de don, une aptitude à jouir simplement des dons de la vie.

– Garder à l'esprit cette maxime de Joseph Joubert : « *Au lieu de se plaindre de ce que la rose a des épines il faut se féliciter de ce que l'épine est surmontée de roses.* »

***

Nous nous cherchons par bonds successifs, trois pas en avant, un en arrière, parfois un saut de côté pour éviter quelque nuisance. Nous avançons en zigzags. La vie n'est qu'une succession de naissances, chacune apparaissant comme une étape marquée par une nouvelle prise de conscience significative, quelquefois suite à une crise.

« *On ne vient pas qu'une seule fois au monde.* » (J. Sullivan)

Sachez que les changements d'attitude, de comportement, d'être même, surviennent rarement comme conséquence immédiate d'une réflexion intellectuelle, mais à la suite d'un événement ou d'une rencontre (rubrique sur les Personnes signifiantes). En effet, l'intelligence pure discerne bien ce qui meurt mais mal ce qui naîtra. Ce qui est une raison de se baigner dans le monde – pour y trouver aliment.

Toute création est une séparation, laquelle est recréatrice d'autonomie et de liberté, celles-ci elles-mêmes n'excluant en rien la communion (avec autrui) mais au contraire la permettant.

Le concept religieux de Création du monde implique tout à fait cette séparation, cette distinction irrévocable entre la créature et son Créateur comme l'enfantement humain la manifeste continuellement[9].

On a pu dire que grandir, c'était apprendre à se séparer en restant entier : « *Séparation, différenciation d'êtres chers, proches, renoncements à des situations, des croyances ou des certitudes… La perte est aussi la source de la plupart de nos progrès.* » (J. Salomé) Ce qui veut donc dire qu'on connaît des bonheurs concrets – différents suivant notre évolution, bien plus que Le Bonheur lequel est quelque chose d'abstrait, de désincarné, soit une idée pure (comme on dit en philosophie). D'ailleurs se poser la question : suis-je heureux ? c'est douter fort de la réponse.

« *Le bonheur est une de ces haltes… où l'homme domine… le fleuve inlassable* (du temps) *et où il sourit à sa destinée.* » (Robert Brasillach) Mais on ne le sait souvent qu'après la halte.

« *Il n'y a pas d'arrivée, pas de terminus, le seul véritable but de la quête qu'est l'existence réside dans une confirmation quelconque de sa propre valeur.* » (Douglas Kennedy, romancier américain)

Condition de l'estime de soi, du bonheur, de la sérénité, l'unité entre l'être et l'agir ; se découvrir non pas tel qu'on se rêvait mais unifié dans le respect de son identité, de son être et de la forme qu'il présente au monde – avec ses plus et ses moins. Tel qu'on finit par se regrouper, se découvrir et se savoir[10].

On appelle cette cohésion la congruence : l'adéquation et la cohérence entre ce qu'on dit, ce qu'on fait et ce qu'on pense (l'absence de congruence finissant en duplicité).

*« L'important est de ne faire qu'un avec sa propre course. »* (R. Brasillach)

Devenir ce que nous sommes est une longue conquête – parfois douloureuse. Le fondement de ce qu'on appelle la sérénité se trouve dans notre accord profond avec notre propre vie.

Ce qui ne signifie nullement qu'on mène la vie dont on rêvait, mais qu'on accepte celle que l'on a. Cependant rappelons l'importance de veiller aux choix existentiels que l'on fait à certains moments (voir la rubrique sur ce sujet ainsi que celle sur l'Amitié et l'Amour) afin de ne pas se coincer soi-même dans une *peau* inadéquate. *« Quand on ne vit plus comme on pense, on en arrive à penser comme on vit. »* (Paul Bourget)

Lorsque nos actes correspondent à notre nature, lorsqu'ils nous comblent sans réserve, nous sommes en paix. Et nous découvrons, après la normale agitation conquérante, que le bonheur finit par s'écrire paix.

Un petit truc pour approcher cet état ou, au moins, ne pas trop s'en éloigner : filtrez vos pensées. Celle-ci vous met en état de joie, de paix : gardez-la. Celle-là vous met en situation d'inquiétude, d'angoisse, de colère : rejetez-la. (facile à dire !)

***

Je souligne quelques écueils à notre cohérence.

– La soumission à l'idée, souvent fausse, que l'on a de ce qu'autrui peut penser de nous, pas plus que, quand j'ai écrit ce document, je ne me suis soucié de l'image que l'on pourrait se faire ou garder de moi[11].

– La prolifération des *coachs* et multiples sortes de conseils en développement personnel[12].

Ils vous demanderont tout et son contraire : personnalité et uniformité, engagement et flexibilité, authenticité et conformité à l'environnement, volontarisme et obéissance, discipline mais ouverture et créativité, se réaliser et s'adapter, savoir se vendre tout en restant soi-même, s'imposer mais rester discret, soigner son image et adhérer au collectif...

Il s'agit de cacher aux humains qu'ils sont soumis à des limites, d'en faire des gagnants à tout prix (comme si c'était là la condition du bonheur), des contorsionnistes, des décervelés.

La culture générale étant proclamée comme inutile, dépassée, il ne reste que des mécaniques à bien huiler, des robots à bien programmer.

« *Et quand la séduction de ce beau langage ne suffit pas, le discours procède aussi par intimidation morale. Les récalcitrants sont qualifiés de médiocres, d'incapables ou de déviants.* » (Jean-Marc Bastière)

À votre âge, écoutez ces gens (les coachs) sur des points que vous n'aviez pas aperçus, mais restez à distance de l'impératif contraignant du changement, du chantage à l'obligation d'évoluer, d'avancer… vers quoi d'ailleurs ?

Ne vous prenez pas la tête avec des : *On doit, Il faut…* Ne suis-je pas bien tel que je suis aujourd'hui ? Dois-je vraiment endosser une peau qui n'est pas mienne ? Votre évolution se fera toute seule, avec ou sans votre concours, avec ou malgré vous-même, en fonction des événements, de suggestions ou d'aperçus (rubrique sur les maîtres et mon insistance à vous encourager *à aller voir le monde*) mais sans qu'on ne vous la dicte ou qu'on ne vous l'impose, sans que vous ne la forciez. Il vous sera simplement demandé de l'écouter, de ne pas vous braquer, de ne pas la contrarier.

Néanmoins, à votre âge il est utile de faire le point de temps en temps (au mien, ce le serait aussi, mais la bête est plus rigide et les perspectives de bénéfices plus brèves). J'aurais bien dû le faire à votre âge ! Quelque inconnu d'alors me l'aurait probablement suggéré si je m'étais bougé.

Une petite technique simple et peu coûteuse mais rentable : en fin de trimestre ou de semestre (en disposant de quelque recul, mais les événements restant présents à l'esprit), posez-vous une heure et pratiquez ce qu'on appelait jadis un examen de conscience ; mais, celui-ci profane, soit un recensement de votre activité récente concernant absolument tous les domaines, les démarches minuscules comme les grandes œuvres.

– Pendant cette période qu'ai-je réussi ? Pourquoi ? (éléments à développer).

– Pendant cette période qu'ai-je manqué ? Pourquoi ? (éléments à contrôler, maîtriser).

Après quelques exercices de ce type vous aurez appris à vous remuer, dans le bon sens. En dehors des bénéfices concrets, votre estime de soi ne s'en trouvera qu'accrue. Incidemment s'il ressort de cet examen que vous n'avez rien réussi ni manqué, alors vous êtes resté sur place dans le *train-train* quotidien. Qu'avez-vous fait du temps qui vous était alloué ?

***

Si ce qu'on pourrait appeler conseil dans ce document présente une valeur générale – au moins je m'efforce d'y veiller, rappelez-vous ce qui est dit à la rubrique sur les Choix : on est tenu d'écouter des conseils, peut-être de ne pas trop les perdre de vue, mais non de les suivre ; au moins à la lettre. Ceci vaut tout autant pour les miens.

Je ne sais pas trop distinguer entre baisse prolongée de l'estime de soi et vraie dépression (sachant cependant que la première peut mener à l'autre – ce pourquoi notamment il n'est pas sain de la tolérer, et qu'il est salutaire de réagir, vite), aussi mes *remèdes* ne distinguent-ils pas, et pour simplifier j'emploie le terme de dépression.

Ne paniquez pas devant une petite dépression temporaire. Cependant, ne la recherchez pas, ne la cultivez pas. En effet, cela arrive et je vous mets en garde contre cette complaisance moderne – marché des psy, alibi des faibles (ce n'est là, une fois de plus, que mon avis).

Ce qu'on appelle dépression (ce qu'on appelait jadis cafard, nostalgie) peut s'avérer refléter une attente d'autre chose, un besoin de passage, de séparation, induire un accouchement vers un autre état, vers un changement profond, une étape, encore inconsciente, vers quelque conversion.

N'entendez pas ce dernier terme seulement et forcément de nature spirituelle – je n'entends par celui-ci qu'un changement d'être radical.

L'état légèrement dépressif représente parfois la chance de l'Être qui réalise qu'il ne vit pas dans sa vraie nature, qu'il assume une personnalité d'emprunt, qu'il mène une existence qui ne lui convient pas – ou plus – une vie qui ne s'accorde pas – ou plus – avec ses aspirations. Comme une douleur peut avertir d'une maladie, une petite dépression peut fonctionner comme une sonnette d'alarme, entraîner une prise de conscience, un bilan personnel salutaire, l'abandon d'anciennes habitudes devenues superflues comme on quitte de vieux vêtements, comme certains animaux changent de peau.

Comme il peut y avoir une fécondité de l'échec, des crises, des chocs peuvent s'avérer bénéfiques si on sait et si on accepte de regarder devant. Un fort vent peut se révéler plus utile, à terme, qu'un calme plat qui laisse sur place, même si un tel vent secoue plus, pendant et quelque temps après.

L'irruption d'une crise (personnelle comme sociale) manifeste parfois la nécessité d'un retour à la réalité qui avait été perdue de vue – exemples : certaines crises dites de la *quarantaine,* la crise financière de 2008[13].

*« Là où est le péril, là croît aussi ce qui sauve. »* (Hölderlin)

Certes savoir ou se douter de ces bénéfices possibles est une maigre consolation pendant les journées sombres. Néanmoins cet aperçu peut au moins aider à identifier des causes, sans s'y attarder, à trouver des amorces de solution, à accélérer la sortie, à accepter des évolutions souhaitables ou inévitables – ou à consentir, alors en connaissance de cause, au statu quo.

Sachez aussi pendant ces temps moroses que rien n'est jamais entièrement joué, n'est jamais entièrement prévisible, que tout peut toujours basculer et dans le bon sens, que tout peut toujours s'inverser, tourner autrement.

*« Au bout de la nuit il y a une autre aurore. »* (G. Bernanos)

Au titre des recettes pour réduire l'état dépressif (apparaissant sur quelque durée) :

– D'abord nommez ce qui ne va pas. Quand on a identifié une chose, un événement, une cause, une raison et qu'on a mis un nom dessus, on a fait la première partie du chemin, on est sorti de la redoutable incertitude, et *« l'incertitude est de tous les sentiments le plus difficile à supporter »* (Alfred de Musset). Rien de plus angoissant que le brouillard.

Note : ce pourquoi les sociétés instables, en état de perpétuel changement (telle la nôtre depuis une bonne quarantaine d'années) sont génératrices de stress.

– Écartez (comme toujours) la tentation de la concentration sur votre propre personne. Vous n'y trouveriez rien d'autre que vous-même (parfois en piteux état) ; relisez les citations de J. Baudrillard et G. Bastide à la fin de la rubrique sur l'Isolement (Narcisse).

– Ne contrariez pas l'alternance des instincts en poursuivant quelque obsession devenue lassante. L'homme est un *« mélange de fourmi et de lion »* ( ?). Sachez varier votre espèce. Trop de nomadisme, essayez la sédentarité ; trop porté vers l'autre sexe, oubliez-le un temps ; trop soucieux de vos devoirs, offrez-vous quelque folie…

– Ne livrez pas bataille sur votre terrain habituel, dans votre environnement, y inclus amical (ce qui ne veut pas dire ne pas s'appuyer sur ce dernier, mais pas totalement, pas à temps complet, ne le saturez pas avec vos craintes, soucis et faiblesses, voyez-le plutôt comme votre cour de récréation, votre lieu de détente). Souvenez-vous que la famille est le lieu par excellence qui vous accueillera tel que vous êtes, le milieu où vous pouvez en ajouter – tout en évitant quand même d'en rajouter.

– Défiez-vous du suractivisme compensateur et ces tentatives de retour sur ses pas (occupations, amitiés, amours passés…). Le plus souvent vous ne trouveriez là que fatigue et déception ; vous vous enfonceriez. Fuyez les occasions d'échec supplémentaire. Quand on est dans un trou, mieux vaut cesser de creuser – au moins au même endroit. À la rigueur et au pire, planquez-vous comme le guerrier traqué et fatigué (rubrique sur les Choix). Ce qui en vous vaut, a valu et vaudra, reviendra tout seul, comme la bouffée d'oxygène au plongeur remontant à la surface. Après, il vous faudra avoir la sagesse de reprendre souffle avant de vous aventurer précipitamment.

– N'essayez pas d'en sortir par un brutal coup d'épaule, par quelque action fracassante, en cassant tout (ne serait-ce que parce qu'en cet état on est incapable de juger de leur pertinence et de leurs incidences). Le calme, le silence, notre faculté d'oubli, les petits pas lents ou de modestes actions spontanées symboliques appréhendées comme exutoires vous aideront bien plus.

– Cessez de penser pour sentir.

Réveillez une joie enfouie ; souvenir d'amour, d'amitié, d'enfance…, les mirages de cet âge, son innocence bénie… Revivez un souvenir de paix et de calme ; paysage, musique, émotion esthétique…

Abandonnez-vous à un peu de « *gratitude pour les quelques choses élémentaires qui nous sont invariablement données, comme la vie elle-même, l'existence de l'homme et le monde.* » (Hannah Arendt)

Réconciliez-vous avec « *les gestes faciles, les mouvements de l'être machinal et de la vie instinctive ; aux pires moments quelques manies m'ont sauvé.* » (J. Chardonne)

Flânez (fin de rubrique sur la Suractivité et la Dispersion), terrez-vous et reconstruisez-vous en quelque lieu de sens, trouvez un maître d'un moment, regardez la nature… Trouvez-vous ou plutôt retrouvez-vous.

Voyez, sentez autre chose, tout à fait étranger et même opposé à ce qui s'insinue en vous comme un poison, soit le pire, le doute sur vous-même. Celui dont vous vous êtes à tort persuadé.

« *Seul le réel vous consolera* » ( ?) : un rayon de soleil sur le sable, un fruit posé sur une table, le bruit de la mer, un plat à préparer ou un appareil à réparer, une démarche ponctuelle autre (même agressive à la rigueur à la condition d'avoir la certitude de la réussir), la sensation physique et morale d'exister, le silence, la musique classique…

– Cherchez un autre lieu de ressourcement, au moins provisoire (ne serait-ce que pour un week-end). Laissez-vous aller, à rien, vers le rien d'un moment, prenez l'air, goûtez la vie sous ses formes sensibles.

– Ré-aimez-vous, retrouvez une bonne vision de vous, faites-vous confiance, reprenez confiance en vous. Revenez, un moment, à l'esprit d'enfance (bis), jouez avec…

– Tentez d'accéder à la sérénité, petite coque bien enfouie au fond, au centre, de nous-même. C'est là la partie inaltérée par les remous de l'existence et qui peut sauver du naufrage ce que nous avons de meilleur. « *La sérénité est intérieure. C'est au-dedans de nous qu'est notre printemps perpétuel.* » (Francis Bacon)

Au titre des moyens pratiques changez d'air, afin de voir autrement le monde et de vous y situer autrement.

– Jetez-vous dans le travail, le vôtre habituel ou quelque autre ; rien de plus *distrayant* que l'activité physique ; utilitaire de préférence plutôt que sportive, elle prend mieux la tête.

– Plongez-vous dans un livre. Il vous parlera d'autres et d'ailleurs – peut-être de vous indirectement si vous ne vous y cherchez pas. « *La lecture de tous les bons livres est comme une conversation avec les plus honnêtes gens des siècles passés.* » (Descartes) Ne vous privez pas de ce luxe et de ces consolations.

– Montez sur la colline de Taizé (Saône-et-Loire) soyez assuré qu'elle sera toujours là et toujours telle. Vous y serez accueilli, intelligemment écouté si vous le demandez. Vous y serez parfaitement libre, nul ne vous forcera à rien et en rien. Vous y rencontrerez des centaines de jeunes gens de votre âge venus du monde entier ; des milliers, (en été), des dizaines (en hiver). Sur cette verte colline, vous serez au moins surpris, enchanté peut-être. Et la surprise est déjà une promesse de greffe de nouvelle peau.

– Allez marcher une semaine sur un chemin de Compostelle (l'Aubrac est magnifique), vous n'y serez guère plus seul (peut-être y serez vous-même trop de nos jours !) et pas plus contraint que sur la colline de Taizé.

– Vous pouvez aussi aller faire du karting ou du parapente… Mais là, je n'ai pas d'adresse. Ce qui ne veut pas dire que je néglige. Chacun sait ce dont il peut avoir besoin.

D'ailleurs aucun lieu ni activité n'exclut les autres. On peut aussi se procurer un chaton.

« *Il y a deux moyens d'oublier les tracas de la vie ; la musique et les chats.* » (Albert Schweitzer)

***

En vœu de bonheur et en promesse de victoire, je vais vous offrir une conclusion déroutante pour votre âge, mais dès celui-ci vous pourrez, par éclairs, en percevoir la justesse – avant de l'oublier.

*« Nous n'avons besoin du bonheur et de la victoire que si nous nous soucions de nous-mêmes. Rompre ce cercle, c'est se placer dans un état d'ouverture à tout ; et en cela, c'est être libre. »* (F. Taillandier)

L'auteur ne veut pas dire qu'il ne faut pas se soucier de soi (souci que je ne cesse de vous recommander), mais qu'il faut relativiser ce soin en adoptant une distance bienveillante vis-à-vis de soi, de l'environnement et des autres, laquelle confère l'ouverture, la tranquillité et la disponibilité d'esprit qui sont gages de liberté et *in fine* de bonheur.

Aussi étrange pour votre âge est l'affirmation que le bonheur est un état de non-événement, un état de fluidité représentatif d'un pur présent (soit hors passé et hors projet) où l'être jouit simplement d'être tel qu'il est, dans l'instant.

Ces constatations ne sont simplement guère de votre âge ni de ce que le monde a toujours attendu des jeunes gens ; qui ont, comme chacun, leur rôle en leur temps. Elles vous remonteront seulement et fugitivement le moral en cas de défaillance de celui-ci.

***

NOTES

[1] La vraie liberté ne se conçoit pas dans le refus de toute vérité objective, le rejet de toute dépendance justifiée, la négation de toute autorité destinée à nous faire grandir. La liberté est toujours encadrée, elle n'est jamais dans le vide.

*« Tout m'est permis, mais tout ne m'est pas profitable. »* (saint Paul)

[2] Pour s'aimer il faut s'accepter sans conditions, sans limitations, sans regrets ni surtout remords. Le regret, comme le ressentiment, est un poison, c'est un peu ce que voulait dire Spinoza avec sa formule : *« Le remords est une seconde faute. »* Dès la rubrique vous conseillant de regarder devant vous je vous ai recommandé de ne pas vous retourner sur le passé, de le laisser où il est, de lâcher prise.

Petit exemple : vous pensez qu'un parent, un proche, un ami a fait des erreurs avec vous. C'est peut-être vrai. Laissez tomber, commencez par ne pas vous en vouloir à vous-même de votre possible complicité objective. Identifiez ces erreurs (parlez-en, peut-être, une fois) sans manquer de respect ni d'affection ni surtout de compréhension adulte.

Le pardon est une libération (toutes les religions le savent depuis des millénaires) comme elles savent la valeur des démarches symboliques. Même pour des morts, croyez à la vertu de ce

NOTES

que Jacques Salomé appelle les démarches de symbolisation, outils mis à notre disposition pour débloquer des situations où la raison est impuissante. Un parent perçu jadis comme brutal ? Allez sur sa tombe déposer quelque douceur (fleurs, sac de bonbons…) avec un simple mot de votre main ; poids, ressentiments, accusations s'évanouiront. Vous repartirez d'un cœur léger.

Vous aussi vous allez en faire des erreurs ! pour les nôtres – les graves – j'aborde la question à la dernière rubrique, Terminus, en parlant de nos actes et, pour ceux dont on n'est ni content ni fier, en suggérant de se satisfaire quand leur souvenir revient de se traiter mentalement d'idiot (ce qui fut d'ailleurs souvent vrai alors) et de passer son chemin. Se réconcilier avec sa propre vie, avec notre subi comme avec notre agi, c'est respirer.

Il est très apaisant de croire en un Dieu miséricordieux – le mien – ou au moins de l'espérer et de Lui accorder sa confiance. Si Lui ne vous en veut pas, vous auriez bonne mine de vous en vouloir ou d'en vouloir à d'autres.

[3] Succès comme échecs sont relatifs.

Pour les premiers, nous savons tous combien un petit compliment, un incident de rue minime à propos duquel nous nous sommes montrés à la hauteur peut être revigorant.

Pour les seconds, je prends un petit exemple : il existait encore récemment de vieilles bonnes sœurs pour lesquelles s'être laissé aller à manger un carré de chocolat en cachette pouvait se révéler (presque) aussi traumatisant que pouvait l'être le remords d'un crime pour un autre. Il ne faut pas se moquer. La souffrance morale, comme la jouissance, est éminemment relative.

Les uns comme les autres deviennent aussi relatifs avec le temps qui atténue beaucoup d'événements. En ce sens, le temps fonctionne comme un grand consolateur. Trente ans après on peut parfois se demander comment les choses ont tourné depuis telle réussite, comment elles auraient tourné si on n'avait pas échoué dans telle tentative.

*« Il peut être plus facile d'effacer un échec que de se remettre d'un succès. »* (J. d'Ormesson) Ce qui n'est pas une raison pour se complaire dans l'échec en se disant que le temps parviendra bien à justifier nos faiblesses et nos erreurs.

[4] S'adapter pratiquement aux circonstances certes mais ne pas s'y noyer. Qu'appelle-t-on le caractère : *« Trouver en soi les ressources nécessaires à la pensée quand le tourbillon de la vie vous submerge. Dans le bonheur comme dans le malheur, n'accorder jamais autant de foi aux circonstances pour en être l'esclave. »* (C. Combaz)

Être en prise avec la réalité, comme on dit, c'est très bien et même indispensable, mais encore faut-il la dominer quelque peu.

[5] S'il ne faut pas trop redouter un temps de solitude, il ne faut pas non plus craindre des moments ou de brèves périodes d'ennui. L'ennui a ses vertus, il force à sortir de soi, à entreprendre, à changer.

*« Sans l'ennui, sans cette somnolence du temps où les choses perdent leur saveur, qui ouvrirait jamais un livre, quitterait sa ville natale ? L'on a tout à redouter d'une société du divertissement continu qui saturerait jour et nuit nos moindres envies. »* (P. Bruckner traitant de l'euphorie perpétuelle)

Chez l'enfant l'imagination et la créativité, le jeu, naissent souvent de l'ennui. Il lui permet de se construire, lui fait faire l'expérience de la solitude, le sort de toutes les activités qui le tournent vers l'extérieur pour lui permettre de se tourner vers lui-même, vers son espace intérieur, de découvrir son potentiel. Il lui permet de se poser, de décanter, ensuite d'entreprendre. N'est-ce point applicable à des adultes ?

[6] Vous n'êtes pas condamné à devenir un grand créateur, mais ceux-ci (je ne pense pas aux conquérants mais aux scientifiques, philosophes, artistes, littérateurs… Marcel Proust en étant l'exemple le plus manifeste) se sont un jour abstraits des futilités du monde. Cependant j'ai beaucoup dit et je maintiens que ce temps n'est pas encore le vôtre, s'il le devient jamais.

NOTES

[7] Les « dirigeant(e)s » ceux donc qui ne sont pas de base, militants, eux, pour leur propre intérêt bien concret (il peut certes y avoir des exceptions – elles sont des exceptions).

[8] À la fin de la rubrique sur les Initiatives je me suis livré à une charge non contre l'émotion, mais contre son excès, son omniprésence et le culte dont elle fait l'objet dans la société actuelle tout en distinguant les apparitions légitimes de ce sentiment et celles qui ne le sont pas. Dans un certain nombre d'autres rubriques j'insiste sur les dangers considérables des abus émotionnels et des manipulations que ce conditionnement rend possible. À la rubrique dite Terminus, je reviendrai encore sur ce sujet – tellement il est important de nos jours – pour le résumer un peu.

Mais, traitant de la construction de soi, de l'estime de soi, du bonheur, je précise que des émotions (j'ai dit saines, justifiées et contrôlées, donc ne relevant pas de l'excès hors toute raison) peuvent se révéler bénéfiques.

En effet, on peut découvrir dans la venue soudaine, imprévisible, mais un temps acceptée, de certaines des vérités fondamentales sur soi et sur le monde, des instants de vie étincelants dont l'apport est irremplaçable. Rechercher l'émotion pour elle-même, pour la rencontrer, pour cultiver un plaisir malsain (c'est du romantisme) ou se la laisser imposer (c'est du suivisme) est nocif. L'état qui en résulte obscurcit la réalité, empêche le questionnement rationnel des problèmes et leur traitement en fonction de la situation réelle, mélange tout, nous rend esclave de nous-même et d'autrui.

C'est pour atteindre ces objectifs que certaines chaînes de télévision osent vendre leurs émissions en promettant de *grands instants d'émotion,* soit de grands moments d'abrutissement infantile.

Mais si c'est elle qui vous trouve, vous surprend et vous éveille, alors, sans en jouir, considérez-la sans lui opposer de rigueur. Son irruption peut éclairer une partie endormie de vous-même que vous auriez peu de chances d'apercevoir sans cette secousse, et qui, même disparue, laissera des traces en vous. Cette émotion-là *« nous fait découvrir ce que nous ne savions même pas savoir. »* (J. Salomé) Ce qui prouve, une fois de plus, que le monde n'est pas si mal fait.

[9] *« Si on ne croit pas à la Création, on ne peut pas croire à sa propre création. »* ( ?)

[10] On a pu dire qu'au delà de l'or les alchimistes du Moyen Âge recherchaient l'unité d'eux-mêmes et encore au-delà l'unité du monde, l'union et l'unité de la Création, l'unification du Beau, du Bien et du Vrai. Sans prétendre à chercher aussi loin, imitez leur recherche pour vous, au moins dans la cohésion relative de votre *Moi* social (externe) et de votre *Moi* spirituel (interne). Ce qui pourrait s'exprimer et se résumer par l'expression : *Plaire et se plaire.*

*« Être connu n'est pas ma principale affaire. Je vise à mieux : à me plaire, et c'est plus difficile... »* (G. Flaubert)

La recherche commune à toute l'humanité est celle de l'unité (en passant : c'est l'inverse de la dispersion) – exprimant comme une *« nostalgie de la totalité »* (Emmanuel Levinas). C'est la même recherche qui motive le physicien.

Cependant il ne faut pas faire un piège de cette recherche et de cette ambition nécessaires. On peut se permettre d'être ici intransigeant, et là « cool » ; question d'ambiance et aussi d'humeur. Méfions-nous des robots. L'essentiel est de ne pas se trouver le lendemain en désaccord avec soi-même, c'est-à-dire de se trouver forcé de constater qu'on a assumé une facette qui n'était pas nôtre. L'humain est double (et plus encore !). Ne pas l'accepter pour soi c'est se mettre en route vers la dépression.

[11] Il faut accepter de ne pas être aimé de tout le monde. Imitons les chats (encore que l'atteinte d'une telle perfection dépasse les possibilités humaines).

*« Les chiens sont comme les libéraux, ils cherchent à plaire à tout le monde. Le chat n'a absolument pas besoin de savoir si on l'aime. »* ( ?) Faites ce que vous jugez avoir à faire, mais seulement

après temps de réflexion (voir rubriques sur la Suractivité, les Initiatives, les Choix) sans vous soucier exagérément de l'accueil qui y sera réservé. Cette indépendance est aussi une des clefs de l'estime de soi et du bonheur.

[12] Dont le leader incontesté est celui dont nous avons fait « *un gourou mondain... débitant d'aimables fadaises... calibrées aux goûts du public européen et américain... lui-même... succombant à son succès avec une jubilation quasi enfantine, avide de toujours plus de publicité, d'estrades, d'entretiens* » (P. Bruckner sur le dalaï-lama – devenu le clown pour membres de la jet-set, le sage pour le populo fada de télé et la ressource inépuisable des journalistes en mal de copie dite évoluée).

[13] Qu'elle soit personnelle, collective, économique... ne qualifiez pas forcément une crise de négative. Ce peut être un réveil salutaire, un temps et une opportunité de choix. D'ailleurs on a déformé le sens du mot *crise*, celui-ci vient d'un mot grec *Krisis* qui signifie décision, choix... Plus généralement, mon insistance sur la nécessité de coller à la réalité reflète aussi le souci d'éviter les crises soudaines, violentes et déstabilisatrices qui proviennent souvent d'une négligence prolongée vis-à-vis de celle-là.

Me plaçant au temps où j'écris, 2008, 2009 : ce qu'on appelle l'actuelle crise financière et économique pourrait devenir, péniblement certes, une formidable opportunité de sortir des années-fric, de retrouver un peu de calme et de sens, des valeurs de base, de renoncer à un comportement moins prédateur, agité et anxiogène, de prolonger la vie de la planète...

Hélas, la réponse aujourd'hui est : *relance* – soit continuons comme avant – pas question de renoncer à la mystique du progrès (voir à la rubrique sur les Gestes). L'impuissance démocratique, en tout domaine, est monstrueuse (je pèse mes termes).

En effet, la société dite démocratique étant soumise à un perpétuel état d'excitation électorale, donc de promesses (auxquelles personne ne croit), aucun postulant à un juteux mandat électif ne peut se permettre d'aller à l'encontre de l'opinion publique qu'on a habituée à demander *toujours plus* par ces avalanches de promesses fallacieuses. Il ne peut se permettre de ne pas accepter n'importe quoi, de risquer de perdre un électeur. La société démocratique (moderne) ne peut plus se permettre de dire Non. Elle discute !

« *Les dirigeants de l'Occident moderne ressemblent de plus en plus aux pères dénaturés qui cherchent à gagner l'amitié de leurs enfants en leur tapant sur le ventre...* » (C. Combaz)

Cette forme politique soulève de vains espoirs, suscite des espérances irréalisables. Elle est la forme accomplie de l'irresponsabilité au sommet. Un élu, un an ministre, songe souvent plus à attacher son nom à n'importe quelle réforme immédiate, improvisée, stupide et coûteuse (dont le seul résultat sera d'accroître la jungle réglementaire française, la confusion et les possibilités de fraude), et à toucher une retraite à vie fastueuse qu'à gérer l'avenir dont il n'a rien à faire puisque alors il gérera tranquillement ses biens dans la vénération de ses électeurs de jadis, toujours cocus, toujours contents. Quand la catastrophe arrivera, il pourra entonner le vieux refrain : c'est pas moi, c'est les autres, mes successeurs. La monarchie avait plus de courage et d'élégance.

On peut répondre à une crise par : *Demain tout ira mieux, réagissons* ou par : *Jadis tout était si beau, continuons*. Il n'y a pas de recette universelle bien que la première attitude soit généralement préférable (Regarder devant).

Un exemple historique de celle-ci fut donné par l'Europe, l'Occident aux XV^e^, XVI^e^ siècles. Les Turcs lui interdisaient l'Orient, le passé, la civilisation, la richesse, l'accès à sa mémoire, la route de la soie... Ne pouvant les vaincre, l'Occidental s'élança vers les océans, vers l'Ouest, vers l'espace libre... et vide de souvenirs, où tout pouvait être neuf.

Faites de même pour vous, là où il y a un mur, n'essayez pas de l'enfoncer, passez à côté, au large.

# XIV
# AMITIÉ – AMOUR

La plus grande **amitié**, l'**amour** le plus profond, ne sont jamais à cent pour cent **désintéressés**. Cela ne peut exister, on ne serait pas dans la pâte humaine. L'une et l'autre ne peuvent l'être qu'à quatre-vingt-quinze pour cent, et c'est déjà admirable.

Sur ces deux thèmes souvenez-vous à l'occasion de la boutade d'un roi de France, transmise de siècle en siècle : *« Gardez-moi de mes amis, mes ennemis je m'en charge. »* C'est une phrase dure, celle d'un chef dans son rôle, mais elle révèle combien parfois peuvent être gênants les gens qui nous veulent trop de bien et procèdent maladroitement. Ainsi, si sur ces questions je vais vous gratifier de plus de mises en garde que d'enthousiasme, ce n'est pas en suivant quelque intention réductrice, c'est parce qu'à votre âge on n'a heureusement pas besoin de celui-ci mais que celles-là peuvent manquer.

J'ai, à peu près, distingué une première partie, sur l'amitié, et une seconde sur l'amour. Mais il est évident qu'il existe des similitudes entre ces deux sortes de liens. De plus, cette rubrique vise plus loin que ne le dit son intitulé. Elle concerne aussi nos relations sociales proches.

À la rigueur, on peut se passer d'amour, on ne se passe pas d'amitiés solides, durables, consistantes (je pense que vous saurez distinguer amitié et copinage).

L'amour, si possible, se situe dans la durée. Il suppose engagement. Une amitié peut être temporaire, elle se gagne, se garde ou s'évanouit, se retrouve parfois. Cependant il n'est pas de plus grand confort qu'une vieille entente, complice, mûrie. « *Personne ne voudrait vivre sans amis, eût-il tous les autres biens.* » (Aristote) Bien sûr, les amitiés défilent au fil du temps (les pierres pour traverser le ruisseau). « *Un ami de perdu, dix de retrouvés* », ce n'est vrai qu'un temps assez bref, étant très jeune. Ensuite viennent les amitiés plus solides, plus établies, certaines d'entre elles qui persisteront une vie entière.

Si on veut jouir de l'enchantement d'une vieille amitié, car c'en est un, il faut y veiller, ne pas incendier la cheminée à tout propos, simplement souffler doucement sur la braise avant qu'elle ne s'éteigne. Mais il est vain de croire qu'on peut réanimer les amitiés à bout de souffle.

« *L'amitié est une âme en deux corps* » (Aristote encore) est une belle formule. Il peut s'avérer délicieux de se laisser aller à y croire par instants fugitifs ; un vieil ami sûr, une complice de longue date… même dans ces cas et ces moments privilégiés il serait présomptueux et illusoire de l'ériger en principe de réalité. En amitié, comme en amour, le rêve d'une communion totale est un mythe. Mais gardons à l'esprit que la réalité est d'un ordre supérieur, plus belle que les mythes, ne serait-ce que parce qu'elle est nôtre et qu'elle est notre œuvre. En amour surtout, rejetons la tentation de croire que l'autre personne est tout, ou, à l'inverse, qu'elle est au service de la satisfaction de nos impulsions.

Si on attend des autres, de ses amis, il faut aussi leur apporter quelque chose. Ce peut être n'importe quoi en fonction de soi, de l'autre et du moment. Une affection vraie, de la chaleur humaine, de la sécurité, du calme, du silence, de la gaieté, de la vitalité, de la culture, de la fantaisie, un appui technique, des relations, une complicité confiante, son dévouement et sa disponibilité pour l'écouter, le comprendre et déjà en cela l'aider, des goûts partagés, des souvenirs communs (mais là ne pas se fier à la nostalgie ni s'y complaire longtemps, le passé est sans valeur opérationnelle et doit rester derrière ; aucune amitié ne résiste à l'ennui).

N'exigez pas plus que l'autre ne peut offrir. N'offrez pas plus que vous ne pouvez tenir sans forcer. Vous *pomperiez* les gens les mieux intentionnés ou vous vous *pomperiez ;* nul n'est inépuisable.

Recevoir n'est pas prendre, s'emparer. Donner, se donner, n'est pas se répandre, se dissoudre. Dès l'introduction de ce document j'ai évoqué la juste distance à tenir entre personnes. Chacun sent d'instinct quelle est la juste distance qui doit être gardée dans une relation si on veut qu'elle mûrisse, prospère et dure.

Traitant d'autres questions, la Bible le dit clairement : « *Tu iras jusque ici, mais pas plus loin.* » On ne peut ni construire une relation amicale ni la garder avec quelqu'un qui est vu comme un autre soi-même, comme un modèle, un rival ou un obstacle, difficilement avec quelqu'un qu'on prend systématiquement pour confident...

Soyez à l'écoute, attentif, vigilant, mais ne vous mêlez pas de trop près des affaires des autres, fussent-ils proches. Si vous donnez un conseil, même s'il vous est demandé, veillez à le faire de façon détachée, sans exercer de pression, en essayant de parler pour l'autre plus que pour vous – ne serait-ce que pour éviter qu'on vous en tienne rigueur en cas d'échec – en soulignant objectivement ce que l'autre a pu ne pas voir, mais sans interpréter ses motivations.

Si vous vous sentez dépassé, incompétent ou si vous sentez qu'on ne vous dit pas tout, que la décision est déjà prise... abstenez-vous élégamment de vous prononcer avec trop de fermeté. Néanmoins, et ce n'est pas contradictoire avec ce qui précède, même si on ne vous demande rien mais :

– si on vous a fait part d'une situation délicate et d'une décision envisagée,
– si vous êtes en relation d'amitié confiante et équilibrée,
– si l'autre est intelligent,
– si, surtout, vous avez plus de *bouteille* (d'expérience) que l'autre de ce genre de situation (donc souvent êtes plus avancé en âge) et si vous pouvez parler sur la question en connaissance de cause, alors n'hésitez pas à prendre les devants et à donner votre avis, mais toujours sans exercer de pression. L'autre fera ce qu'il voudra, mais si les points précédents sont satisfaits il vous en sera reconnaissant – car rares sont les gens qui osent se mouiller.

Rappelez-vous qu'on vous en voudra souvent plus d'un espoir déçu qu'on ne vous saura gré d'une faveur accordée. C'est totalement déséquilibré, mais c'est ainsi. Cette constatation rejoint le délai à s'accorder et la réflexion à opérer avant de prendre certaines initiatives (du genre promesses), celles-ci fussent-elles bien intentionnées ; ce au moins tant qu'il reste un peu de brume.

Une belle expression, *« prendre garde aux promesses qui taillent dans le futur »* ; sans aller cependant jusqu'à imiter ce petit futé de Napoléon qui soutenait que le meilleur moyen de tenir sa parole était de ne jamais la donner.

***

Dans les relations personnelles comme dans n'importe quelle activité (par exemple dans votre implication dans les groupes cités à la rubrique traitant du non-isolement), si chacun doit y trouver son compte, on doit veiller attentivement à y trouver le sien, fût-il mince. C'est une quasi-obligation pour soi-même comme pour le maintien équilibré de cette relation.

Plus haut, à la rubrique sur les Choix, je vous ai mis en garde dans le domaine des décisions matérielles contre les conséquences nocives causées par la rêverie, un excès d'idéalisme ou induites par un processus caché et pernicieux relevant du mimétisme (faux désir de quelque objet, personne, statut... que l'on se crée par imitation et en rivalité inconsciente avec quelqu'un d'autre pris comme modèle que l'on estime valorisant pour soi). Ces réserves sont pertinentes également pour le choix des relations amicales ou amoureuses comme dans la façon de se conduire dans ces domaines.

À terme, l'altruisme excessif, irréfléchi et prolongé, j'oserais dire envers qui que ce soit, devient aussi nocif que l'égoïsme, la déconsidération ultérieure de soi-même en prime (sans compter la douloureuse exposition à l'ingratitude possible) et on risque fort d'arriver à la perte d'estime de soi. Cette sorte d'absence de souci et de soin de soi est la cause cachée de beaucoup de déprimes sévères et à posteriori pour la conséquence que je viens de dire.

Cet enchaînement de la cause et de sa conséquence peut provenir d'un chantage affectif externe, ravageur à terme, que personne n'a à supporter (ni à exercer), ou bien, plus traumatisant encore, d'une vocation exagérée de nous-même au service (là, je reconnais qu'un bon psy peut aider à comprendre et réduire cette facette de la personnalité). Je ne recommande pas l'égoïsme, seulement de faire preuve d'équilibre et de sagesse. Le véritable égoïste existe certes, mais celui que l'on qualifie de tel est souvent simplement *« Celui qui ne pense pas à moi. »* ( ?) Ne vous laissez pas impressionner.

Il y a une séquence, un ordre, une hiérarchie à respecter. Vos besoins, vos intérêts d'abord – pas forcément matériels – sans étroitesse, sans mettre vos griffes dehors. Déployez votre générosité (pas forcément matérielle non plus) quand ceux-ci seront envisagés et respectés, ce qui veut dire reconnus mais pas obligatoirement satisfaits. Ne vous attendez pas forcément à ce qu'on tienne compte de votre générosité préalable pour qu'ils soient vraiment considérés ensuite. C'est ennuyeux mais c'est comme ça. Ne faites quand même pas de cette réserve un principe intangible, mais gardez-la à l'esprit.

Machiavel était bien loin d'être l'affreux que l'on présente, il connaissait et donc appréciait l'humain quand il affirmait : *« Quiconque abandonne ses aises pour les aises d'autrui, perd les siennes sans qu'on lui en sache aucun gré. »*

Cependant pondérez ce que je viens de dire sur la primauté à accorder à vos intérêts, en sachant bien qu'un acte de dévouement librement consenti constitue pour son auteur une récompense en soi.

La reconnaissance est une vertu qui est toujours assez rare pour qu'elle soit remarquée, d'autant plus qu'elle vieillit vite. Accueillez-la avec joie mais ne l'attendez pas. Certains n'aiment guère s'avouer qu'ils doivent et les *dettes* semblent toujours onéreuses aux médiocres. Vous, pratiquez cette vertu, gardez-vous de l'ingratitude qui révèle, aussi, l'absence de fierté. Manifestez la vôtre. N'adoptez pas la définition de dérision de Flaubert : « *Reconnaissance : n'a pas besoin d'être exprimée.* » (*Dictionnaire des idées reçues*)

Bizarrerie bien pire, certaines personnes – plus qu'on ne le croirait – ne pardonnent jamais à ceux à qui elles ont fait du tort (lisez bien s'il vous plaît, je ne me suis pas trompé de formulation). Cela leur permet d'échapper à leur culpabilité en prêtant des torts plus ou moins imaginaires à leur victime, ce en inversant la réalité, ou au moins en la tordant à leur convenance. C'est un processus psychologique assez répandu et fort pervers. Gardez-le en mémoire quand vous entendrez dire du mal de quelqu'un avec trop d'insistance.

Pour les sociétés (voir la rubrique sur le Prêt-à-Penser) comme pour les individus : « *La découverte de l'innocence de la victime dérange, puisqu'elle coïncide forcément avec la découverte de notre culpabilité.* » (R. Girard)

***

Cette section, et les deux suivantes relatives au désintéressement, auraient pu trouver place avec la rubrique traitant des Maîtres. Il faut choisir. Considérons qu'elles s'insèrent mieux ici, dans un cadre plus général.

Prenez garde aux gens qui se prétendent (implicitement bien sûr) totalement désintéressés, humanistes, caritatifs, entièrement dévoués à autrui, altruistes à tout crin, dépourvus de préoccupations pour eux-mêmes... « *Il n'y a pas d'oubli de soi qui ne soit payant pour soi.* » (A. Finkielkraut) Tous trompent, pas toujours consciemment, certains peuvent être de bonne foi (mais même dans ce cas cela reste faux, parce que de tels êtres ne peuvent pas exister, ce serait tout simplement au-delà de notre condition). Autrement ils mentent sciemment en abusant de l'inépuisable crédulité humaine, ce sont alors des filous, des profiteurs, de vrais faux-jetons dangereux. « *Ceux qui aiment tout le monde, je m'en méfie ; ils s'aiment en tout le monde.* » ( ?)

Le monde officiel (certains, politiques, humanitaires paradant constamment sur les plateaux TV, présentateurs, gens du show-biz, people en tout genre, des sportifs dévoyés aussi...) regorge de cette dernière espèce assez répugnante. Sait-on qu'il arrive que certains de ces gens, des acteurs, des vedettes en tout genre, harcèlent leur agent pour qu'il leur trouve une noble cause humanitaire, qui pourrait les faire briller, les faire valoir, sans frais cependant – ils, elles, sont arrivé(e)s là pour gagner du fric, en utilisant tous les moyens, pas pour se transformer en bonnes sœurs et y laisser des plumes.

L'admirable fondation créée par tel grand champion pour éradiquer le rhume des foins peut n'être qu'une coquille vide comme le prétendu courageux combat de telle comédienne contre l'apparition des poils dans la main peut n'être que du pipeau. La seule fonction de ces dévouements clamés sur tous les médias est de servir l'image publique des intéressés (au sens littéral du terme) – donc indirectement leurs intérêts bien concrets – en cultivant la niaiserie générale. Sait-on que les mêmes *people* (parfois même des politiques !) adulé(e)s par les lectrices des magazines féminins stipendient des paparazzi pour se faire prendre en photo dans leur soi-disant vie privée (en simple promenade avec quelque *escort-girl* ou un quidam, eux aussi en retour convenablement *arrosés* pour leur aimable présence le temps de la photo) et auxquels des magistrats bornés et infantilisés allouent des dommages-intérêts exorbitants. Petit bénéfice pour ces gens. Mais les petits bénéfices font les grandes fortunes, plus leur réputation d'intégrité personnelle quant au respect de leur vie privée (contrairement aux magistrats crédules, vous pouvez rigoler franchement). L'essentiel est de faire parler de soi.

« *Elle avait la bonté officielle, ce qui ne fait aucun tort à la méchanceté domestique* » disait Victor Hugo d'une dame de son époque. Comme les révolutionnaires (qui eux aussi ne sont nets qu'en apparence car ayant des comptes à régler avec leur famille, leur milieu, la terre entière), ces gens ont par dessus tout un grand appétit d'argent et de pouvoir joint à l'absence complète de scrupules et de simple décence. « *L'intérêt fait jouer toutes sortes de personnages, et même celui de désintéressé.* » (La Rochefoucauld)

Les chrétiens réfléchis le savent (rappel : c'est la signification de la notion de péché originel que d'exprimer le fait que notre pesanteur ne cessera jamais de nous tirer vers le bas, ce en général et dans tous les domaines). D'autres, les marxistes qui ont compris quelque chose au matérialisme philosophique savent la même chose présentée dans un autre contexte et sous un autre emballage. Sauf qu'il convient de préciser que les premiers n'ont de doute légitime sur la netteté des comportements qu'après avoir exercé leur bienveillance à priori, supposé avant la bonne foi et, même après preuve du contraire, croient à la bonne volonté toujours possible, alors que les seconds érigent la suspicion continuelle en principe systématique, immuable et sans issue.

Quand on a compris comment fonctionnait le monde et accepté sa grisaille passagère, on a moins d'illusions, on s'est enfin débarrassé du sot angélisme (que la réalité ne cesse de contredire). Paradoxalement, ce monde nous devient plus confortable, plus harmonieux presque pourrait-on dire, car sa brume devient tellement compréhensible, si peu importante au fond, si dérisoire et parfois drôle, et à l'inverse, les actes de gratuité pure (il en existe plus fréquemment qu'on ne le pense) n'en prennent que plus d'importance, plus de relief, comme la perle trouvée dans l'huître. En effet, l'espèce d'indifférence, la sorte de légèreté que je viens de dire se trouvent à l'opposé du fameux pessimisme si vilipendé officiellement. D'ailleurs, cette relativisation des choses, des événements, que les sots nomment pessimisme, n'exclut pas la gaieté, bien au contraire. Les humoristes comme les clowns sont tous des gens qui ont compris comment marchait le monde et pris leurs distances avec lui. Sachez que ne pas craindre les déceptions confère une bonne dose de sérénité, de joie intérieure parfois. Contrairement à ce qu'imaginent les gens sottement béats, c'est une position ouverte et confortable.

***

Pour en revenir aux personnes qui se prétendent parfaitement désintéressées, humanistes... les plus grands saints, de toutes les religions, n'ont jamais voulu paraître, eux, totalement désincarnés (quasi-négation de son existence propre, refus de tout intérêt personnel) au sens où la plupart ont vécu comme vous et moi (sans doute pas tout à fait !).

Ils ont toujours cherché quelque chose pour eux, même si ce n'était pas ce que cherchent d'habitude les autres hommes, vous et moi.

Chez les chrétiens c'est évident et revendiqué, autrement ils nieraient indirectement et en fait la Création dans laquelle nous avons été placés comme l'Incarnation (la venue de Jésus avec nous dans le monde). Il en est probablement de même, pour d'autres raisons, chez ceux qu'on pourrait nommer des saints parmi les musulmans, les hindouistes... (encore que je connaisse très mal). Chez les bouddhistes (philosophie plus que religion) l'allègement de l'être sensible et la distanciation par rapport au monde sont franchement avoués, voulus, sans hypocrisie. Ils constituent l'objectif et le sens de leur aspiration, de leur ambition, car, comme les saints chrétiens recherchent leur salut joyeux en Christ, eux aussi cherchent quelque chose, la mort du désir par sa disparition (voir à la fin de la rubrique sur les Choix) qui entraînera le Nirvâna, la fin du cycle des réincarnations, l'extinction définitive de l'âme, de l'être.

En fait, en écrivant je m'aperçois que la distinction – sur le plan existentiel – entre les types de sainteté est des plus ténues. Souvenez-vous toujours que tout homme est incarné, veut et cherche quelque chose pour lui ; simplement ce peut être ailleurs que dans le monde usuel, matériel, consommable. S'il le nie il ment aux autres ou, pire, à lui-même. Discerner quoi, pourquoi et s'en écarter.

Même un moine chrétien dans son monastère ne rêve pas, ne s'abstrait pas, ne se dissout pas. Il travaille et surtout cherche quelque chose, ou plutôt Quelqu'un, Dieu, comme un saddhu indien ou un moine bouddhiste cherche, je suppose, la sérénité dans le détachement du monde qui l'entoure.

Mère Teresa (catholique comme chacun sait) répondait aux journalistes curieux qu'elle n'était pas allée à Calcutta pour soigner les pauvres et s'occuper des mourants mais pour rencontrer le Christ. Le reste, son action, en découlait, mais elle ne voyait celle-ci que comme incidente, découlant d'une volonté, d'un désir, d'une aspiration, autres, situés à un niveau suprême. Elle ne se dépréciait nullement en reconnaissant sa motivation personnelle, au contraire elle était en pleine humilité, laquelle est conscience franche de soi et clarté sur les raisons de sa conduite[1]. On pourrait multiplier sans fin les exemples de religieux – au moins chrétiens et certainement musulmans, jadis notamment – qui se sont livrés passionnément à quelque activité humaine : l'étude et l'érudition, la défense de leur communauté, l'astronomie, la géologie, goûtant et étudiant la nature et les animaux… En faisant abstraction de l'activité charitable, il suffit d'avoir idée de ce qu'ils ont apporté aux sciences et aux techniques.

***

C'en est assez de ces exemples pris dans l'extrême qu'on appelle la sainteté, mais ils sont exemplaires justement parce qu'ils sont extrêmes – exemplaires de ce qu'on pourrait appeler la présence au monde ou l'intérêt personnel (au sens noble) dont le poids est, tout à fait normalement, encore plus évident chez des gens ordinaires.

Écartez-vous des *faisans* qui prétendent n'être mus que par votre intérêt, celui des autres ou par cette abstraction qu'on nomme pompeusement l'intérêt général. Songer et veiller à l'intérêt des autres, donner la priorité à l'intérêt général, c'est bien. Prétendre qu'il s'agit de son but unique, c'est tout simplement faux. Sous l'apparence du désintéressement complet, c'est soit l'argent, soit le pouvoir et l'influence, soit la gloriole et l'admiration des niais qui les motivent (généralement ils cumulent ces avantages). Ce sont ces gens-là qui, usuellement, font les gens les plus aimés suivant les sondages dont les résultats consternants révèlent l'aspect manipulateur des questions et confirment ce qui a toujours et partout été dit du peuple (au sens opinion publique), soit qu'il ne sait pas choisir. Sentez-vous libre de négliger leurs conclusions, soit d'inverser l'ordre qui vous est imposé. *« Les premiers seront les derniers… »* (Évangiles)

Chez quelques-uns cependant, l'intérêt qu'ils trouvent à ce dévouement de façade perpétuel et universel ne résulte pas d'une avidité qui leur est étrangère, mais du besoin impératif de combler leur vide intérieur, de faire semblant d'exister en se vouant au service toujours et partout. *« Les causes appellent surtout ceux qui vont les chercher… On sert surtout ses rêves et son tempérament. »* (A. Vialatte) Chez d'autres, leur bonté tant vantée, leur recherche de consensus à tout prix, ressort de leur faiblesse, de leur refus du moindre heurt, de leur crainte d'affronter le monde. Quand vous entendrez dire de quelqu'un, suivant la renommée locale, qu'il, elle, fait énormément de bien, et si cela vous intéresse, allez donc interroger un de ses proches (père, mère, mari, femme, enfant...). Il se peut qu'il ait un avis plus nuancé. Cultiver sa réputation, caresser son ego, ne pas se mouiller, prendre soin de son âme... ce n'est bien que jusqu'à un certain point. Mais quand cela revient à laisser à l'autre toutes les tâches subalternes, et parfois salissantes, ce n'est qu'une forme d'égoïsme. Vous trouverez ci-dessous, dans ce que j'ai appelé un catalogue, quelques types de ces fortes personnalités tant admirées par l'extérieur.

Une personne réellement généreuse et chaleureuse, au fond, donc en actes, semblera souvent assez froide, en tout cas et encore une fois, ce ne sera guère quelqu'un débordant d'affectivité émotionnelle tous azimuts, toujours et partout, n'importe comment, avec n'importe qui, dans n'importe quelle circonstance. Elle ne se souciera guère du monde entier, mais d'abord et surtout de ceux qui sont dans sa proximité de fait ou choisie, telle Mère Teresa. Elle existera réellement sans *tambours ni trompettes* et non à travers un masque mondain. Vous le savez sans doute déjà.

On peut faire semblant d'aimer les hommes en général, c'est facile, cela n'engage à rien et ne coûte pas plus, c'est en plus très bien porté : l'altruisme-téléthon, beaucoup de formes d'humanitarisme-pleurnichard sur commande (et sonnant quelquefois le fric ou l'arrivisme) que notre société pousse jusqu'à des postures mensongères et un masochisme collectif honteux. Mais aimer celui-ci ou celui-là, en face à face, en tant que personne est autrement plus difficile. Les couples qui durent le savent bien. C'est cela que l'Église sait faire, ou au moins s'est toujours efforcée de... et ce serait une bien grande illusion de penser que cela est venu de naissance et est systématiquement plus facile à un religieux (un homme ou une femme comme nous tous) qu'à l'employé des Postes ou à la caissière de Monoprix.

***

Considérez un phénomène qui va avec la considération précédente sur les personnes chaleureuses. Placé devant quelque événement qui vous arriverait – grave difficulté, échec, épreuve ou, à l'inverse, réussite brillante – important j'entends ; pas une amourette déçue, une dispute ordinaire ou un accessit au concours de pétanque, vous serez souvent surpris de constater des conduites de gens vis-à-vis de vous très différentes de ce que vous pensiez, imaginiez, attendiez...

– Durand que vous ressentiez comme proche, attentionné et souple se défilera plus ou moins élégamment dans la première hypothèse ou, au contraire, ne vous lâchera plus dans la seconde.

– Dupont que vous considériez comme distant, inattentif et rigide saura, dans les mêmes situations, se montrer solidement et intelligemment présent ou au contraire discret sans esprit profiteur.

Ne préjugez pas de l'âme humaine, dans un sens ou dans l'autre, celle d'autrui a ses mystères, tout comme la vôtre. L'apparente attitude habituelle ne préjuge pas toujours du comportement en situation imprévue, extrême ou déroutante. Lors d'une catastrophe, à la guerre, on a vu de présumés braves se conduire lâchement et de soi-disant froussards se comporter en héros. Il peut fort bien en aller pareillement dans la vie ordinaire pour les soutiens ou les lâchages. Avant que vous n'ayez appris à voir (et il faut renoncer à voir jamais tout à fait clair dans l'âme humaine et même bien moins que tout à fait), vous récolterez bien des surprises. *« On ne peut pas savoir qu'une noix est saine avant d'en avoir brisé la coquille »* dit un proverbe.

Il vaut mieux savoir choisir ses amis car on finit par leur ressembler. Pour reprendre un avis de Boileau, *« faites-vous des amis aussi prompts à vous censurer qu'à vous encenser »*. Ils risqueront de vous être plus utiles. Idée qui rejoint une sentence du méfiant F. Nietzsche : *« Aussi longtemps qu'on te décernera des louanges, ne pense pas que tu vas sur ta propre route ; tu vas sur celle d'un autre. »*

Où que vous vous situiez, fréquentez des esprits libres pour le devenir un jour vous-même. La liberté d'esprit n'est pas innée, c'est une dure conquête, ingrate. À la rubrique traitant des Initiatives, j'ai évoqué la sincérité avec de légères réserves quand elle provient d'un excès d'émotivité. Reconnaissons-lui cependant sa valeur en général. Mais s'il y a une valeur suprême en amitié – et pas qu'en amitié – c'est la loyauté, la certitude qu'on peut compter sur l'autre, raisonnablement bien sûr, et, à tout le moins, qu'il, qu'elle ne vous trahira pas. Relisez le petit paragraphe où se trouve la citation de Pascal au début de la rubrique sur le Langage : ceux qui parlent de nous en notre absence… Elle dit beaucoup sur cette qualité.

Une situation rare et d'autant plus précieuse. Si un jour quelqu'un de nettement plus âgé que vous, au sommet de sa réussite et de sa gloire, se penche vers vous, nettement plus modestement placé, et si vous sentez qu'il n'est pas pur intérêt dans sa démarche ni intention sexuelle évidemment, alors peut-être une sorte d'ami bienveillant approche-t-il, examinez ; mais ne vous braquez pas d'entrée. Le monde est riche et moins souvent pervers qu'on ne le craint. Autrement dit, il vaut mieux que ce que révèlent trop de faits divers et, souvent, mieux que nous-même.

***

Exemple : une de mes chances, méritée je crois, fut d'avoir eu, toujours et partout, des amis sincères, solides, bienveillants à mon égard et plaisants. Je peux compter les véritables amis que j'ai eu depuis ma lointaine jeunesse sur plus que les doigts des deux mains. Je parle d'amis vrais, de longue durée. Ce fut toujours un plaisir, une importante satisfaction, parfois un soutien indirect, discret et utile. Une des choses – si ce n'est pas une des principales elle n'est cependant pas négligeable – qui maintenant me font penser que, dans l'ensemble, j'ai réussi par-ci, par-là. Certains de ces amis, retrouvés tels sauf un peu plus grisonnants et bedonnants, furent perdus de vue pendant plus de vingt ans, d'autres à un âge plus avancé pendant plus de dix ans, détail[2].

Si, en un moment, vous avez deux ou trois amis qui vous apprécient, vous estiment, aiment votre compagnie et vice versa, alors vous êtes bienheureux. Je vous souhaite, sans prétention aucune, d'avoir, en ce domaine, autant de chance que j'en ai eu. Peut-être aussi y ai-je un peu veillé – rien pour rien.

Aujourd'hui encore, je sais pouvoir me procurer de nouveaux amis (même s'ils ne remplacent pas les anciens disparus), des gens porteurs d'un sens que je peux partager, fût-ce dans un domaine restreint et sur un ton bien défini.

Tant que cet agrément existe, le monde apparaît clair. Participez pour votre part à cette lumière. Elle demande discernement et ensuite du soin.

Naviguez, mais au moins plus tard, ne négligez pas cet aspect important de l'existence. Il n'est nul besoin de se voir constamment, et à plus forte raison de se téléphoner sans cesse, pour savoir avec qui on pourrait avoir un vrai plaisir à échanger un moment, qui on aimerait voir, sur qui on pourrait compter, avec qui on saurait partager une sphère commune…

Une définition d'un véritable ami : celui, ou celle, qui arrive de suite si on le prie de venir en quelque situation importante et qui ne demande pas pourquoi avant de se mettre en route. « *Tu m'as appelé, me voici.* » (Livre de Samuel)

Une autre : celui auprès duquel on peut rester en quiétude complice sans avoir ni à parler ni à l'écouter. *« À qui ne supporte pas mon silence qu'aurais-je à dire ? »* (C. Singer)

J'ai aussi parfois été grandement surpris de la sollicitude émanant d'étrangers que je pourrais à peine qualifier pour certains de relations, même épisodiques : un notaire, là sans aucun intérêt professionnel ni personnel, agissant, par deux fois, comme conciliateur bien au-delà de sa tâche normale, certains de mes patrons humainement vigilants ou de mes clients indulgents, des artisans désintéressés et bons conseillers, des rencontres d'opportunité ou de hasard… grâce leur en soit rendue. Ces éclaircies de lumière tranchantes sur la banalité du quotidien nous font approcher du bonheur. Il est bon de les voir et de les savourer.

Garçons (je ne peux parler que de ce que je connais), sachez qu'il n'y a guère dans l'existence de lien plus agréable, plus revigorant, qu'une amitié d'homme, sans verbiage, discrète, solide, affectueusement ironique parfois, sur laquelle soi et l'autre savent pouvoir compter, sans emphase, sans fusion.

En effet, et pour les filles aussi, l'amitié exclut trop de curiosité, de curiosité intrusive. Une connaissance gratuite requiert le maintien d'une juste distance sans laquelle il n'est pas de liberté. Perspective suppose un minimum de recul. L'exemple que prenait Pascal traitant d'un sujet autre s'applique : il n'y a qu'un point – ni trop loin, ni trop près, ni trop haut, ni trop bas – d'où l'on puisse bien saisir un tableau. Il n'est nul besoin de connaître la vie passée et même présente de l'autre pour se sentir avec lui – dans l'ici et le maintenant comme dans un possible avenir. Trop de connaissance – là souvent sujette à projection – fige et nuit bien plus qu'elle n'apporte. Quelqu'un a parlé du *terrorisme de la transparence*. Ne cherchez pas à en savoir plus qu'on ne vous en dit (à la rubrique Bazar, voir le thème de l'abus des questionnements, des pourquoi). Sentez, respectez et n'allez pas plus loin.

Sauf s'il s'agit d'une amitié profonde, longuement éprouvée (et encore !), utilisez vos amis comme soutiens mais occasionnellement et avec modération. N'abusez pas d'eux pour vous plaindre après quelque échec, pour écouter vos gémissements. Ne leur donnez ni trop ni longtemps ni fréquemment une image de perdant. Comme je l'ai dit plus haut, vous les *pomperiez*, et aussi les dévaloriseriez indirectement. Personne n'aime trop être mêlé aux désastres, être vu en compagnie peu flatteuse. Même les meilleurs finiraient par s'écarter.

***

Gardez présent à l'esprit que rien ne vous est dû, pas même de la part de vos parents. Si vous recevez un cadeau, veuillez remercier (je le dis car cette évidence semble en partie passée de mode), ne pas le faire est prétentieux et s'appelle, pour le moins, de la négligence. Les étrangers, eux, même amicaux, vous en tiendraient rigueur et vous le feraient savoir de quelque façon, en général par leur éloignement sur la pointe des pieds.

À un service, professionnel ou privé, qui vous a été rendu, n'oubliez pas d'en accuser réception (un simple mot, verbal ou écrit, c'est si rare, si précieux), de renvoyer l'ascenseur. Manifestez votre reconnaissance. Ces absences de correction élémentaire sont des façons éprouvées de perdre ses amis ou de refroidir une amitié naissante. Même votre dentiste (simple exemple) appréciera que vous l'appeliez pour lui indiquer que vous êtes content de l'appareil qu'il vient de vous poser. C'est le genre d'appel gratuit que les professionnels reçoivent une fois tous les dix ans. Ils s'en souviennent.

Sachez être présent lors d'un événement important, surtout douloureux, par exemple : maladie grave d'un ami(e), décès de quelqu'un de très proche d'un de ceux ou de celles-ci… Ce sont de petits gestes qui comptent et ne s'oublient pas. C'est quand ça va mal qu'on remarque les présents, ne serait-ce que parce qu'ils sont moins nombreux. Dans ce cas, présence ne signifie pas forcément être là, un signe de proximité attentionnée peut suffire ; en situation d'éloignement, la présence n'est pas forcément la proximité physique. En cas de décès, un mot écrit dérange moins et a tellement plus de poids qu'un appel téléphonique parmi cent qui assomment qui n'a alors pas besoin de ces perturbations supplémentaires. Le courriel alors ? Non, froideur et désinvolture.

Sachez partager, rien de tel pour créer, approfondir une relation, recevoir autrement en retour. Vraisemblablement, vous vous priverez de bien peu et vous enrichirez de la joie de l'autre. Sachez accueillir le nouveau venu (au travail, dans un groupe, comme voisin…), prendre soin de lui. Souvenez-vous de la difficulté éprouvée par vous ou par d'autres lors des changements d'école, de l'impression de solitude, d'abandon, de tristesse. Un service inestimable et totalement inattendu me fut rendu spontanément par un collègue en cours de mutation, alors inconnu, auquel j'avais simplement offert l'hospitalité de mon bureau pour quelques jours afin de lui permettre de poser ses affaires, d'utiliser mon téléphone et lui éviter d'errer dans les couloirs.

***

Avec votre entourage veillez à refréner les petites remarques directives qui pourraient vous venir à l'esprit, à tout propos, sur des questions secondaires, de détail. L'impact sur autrui – les enfants notamment – de ces petites remarques cinglantes est évidemment destructeur de communication mais il peut aussi générer un conditionnement nocif[3].

Évitez les remarques immédiates et impromptues qui ressortent du genre : je me mêle de ce dont je ne sais rien et qui ne me regarde pas. *Tu as l'air bien fatigué – Je te trouve bien mieux que le mois dernier, tu étais alors si sombre – Je te trouve plus mal – Je te trouve bien mauvaise mine – As-tu essayé tel médicament ?* Décrypté (un peu méchamment) : satisfais donc ma curiosité et sois conscient, et même reconnaissant, de l'intérêt que je te porte. L'intéressé(e) qui sait mieux que vous où il en est n'a rien à faire de votre inquisition.

Ces projections intrusives – soi-disant bienveillantes – sont déplaisantes pour qui les encaisse, au moins quand elles sont adressées à l'improviste à des gens solides non vraiment très proches et qui, en plus, risquent de tomber complètement à plat (au moins une chance sur trois, et encore si vous êtes bon). Les paltoquets récepteurs adorent (quelqu'un s'occupe d'eux !) mais la longueur de leur réponse vous punira déjà. Les gens sérieux exècrent.

Elles peuvent présenter cependant un avantage objectif indirect. Les gens qui avancent d'emblée ces préoccupations de type inquisitorial manifestent souvent ainsi qu'ils se sont déchargés à peu de frais de tous leurs devoirs envers vous. Quand j'ai été la cible de ces remarques négatives soudaines, j'ai toujours eu envie de répondre que je sortais de chez le médecin qui venait de m'apprendre un bon gros cancer. Je n'ai jamais osé. Peut-être oserai-je quand ce sera vrai – au moins à titre de consolation, pour le plaisir sadique de voir la tête de l'indiscret. Proches des inquisiteurs et encore plus fatigants sont les gens qui, au moindre prétexte que vous leur donnez, vous accablent d'interrogations et vous ensevelissent sous leur sollicitude.

Sauf si, plus tard, vous avez décidé de rester un adolescent présomptueux, évitez aussi de prononcer des appréciations fondamentales déplacées et dictatoriales sur autrui même si autrui est un vieux complice, à plus forte raison s'il s'agit d'un ami occasionnel.

Exemple : *Tu es incapable d'échanger. Mais on peut comprendre vu tes ennuis passés...*

– Vous risquez d'avoir tout faux (ce qui n'est pas le pire).

– Vous pouvez blesser l'autre (c'est plus grave).

– Vous vous déconsidérez en prenant une position classificatrice et dominatrice (à laquelle rien ne vous autorise – regardez-vous).

– Si votre victime a de la repartie, vous risquez (en dehors de la rancœur) d'essuyer une réponse cinglante du genre : *Je rejette ton verdict, rien ne t'y autorise. Nous n'avons pas gardé les oies ensemble.* Sans parler de possibles renvois sur vous-même qui vous feraient grincer des dents.

Proposez : *Viens me voir – Reste un moment – Allons-y donc ensemble* – mais sans insistance. L'autre n'aime pas plus les pressions trop appuyées que vous ne les aimez vous-même, laissez-lui de l'air ; toujours la juste distance. Ne lui imposez pas des distractions qu'il abhorre (le cinéma, les courses hippiques...), allez-y sans lui. Acceptez qu'on refuse votre invitation – et ce, même sans qu'on vous fournisse d'explication ou d'excuse. Gardez la possibilité de vous comporter ainsi. N'en abusez pas. Vous serez dans une relation entre personnes libres, de part et d'autre.

Il n'y a pas d'authentique intimité sans que chacun y reconnaisse que l'autre, d'une certaine façon, reste solitaire. Le lien (amical, amoureux, communautaire, de groupe) suppose la distinction. L'autre sent l'odeur de rose, mais ce n'est pas exactement la même rose ni la même odeur que nous (voir remarque sur ce thème à la rubrique sur les Initiatives).

La relation idéale – donc celle qui n'existe pas – serait purifiée de toute réciprocité : échange simultané ou quasi de cadeaux, services, invitations... ; *il faut rendre à...* (voir la section sur les cadeaux à la rubrique dite Bazar). Il en va de même pour les confidences que peut vous faire un ami. Lui répondre, au moins sur le champ, par quelque confidence sur vous-même dévaluerait la valeur de ce qu'il vient de vous dire. « *Est-ce que le prêtre vous raconte ses péchés ?* » (R. Brasillach). Évitez les comportements de troc – ils tuent la spontanéité d'abord, l'amitié ensuite. Laissez flotter une ambiance de gratuité, subsister une marge d'imprévisibilité. S'empresser de s'acquitter d'une obligation, *de rendre à...* peut s'apparenter à un souci de se débarrasser d'une corvée.

Avec vos relations, vos amis, en couple... ne laissez pas traîner les incompréhensions, les malentendus... rentrés en vous-même ils détériorent la relation de façon insidieuse et perverse, sapent le moral de tout le monde. Il n'est pas question de tout dire à tout bout de champ, ce serait insupportable et invivable. Mais si quelque acte, quelque attitude, quelque parole vous a heurté, si l'impression de malaise perdure et seulement dans ce cas, parlez-en franchement, calmement. Bien souvent il est utile et bénéfique d'éclaircir. On peut s'être trompé d'interprétation, l'autre peut avoir ses raisons, et d'excellentes, il peut aussi avoir commis une erreur, une simple maladresse qu'il reconnaîtra sans faire de chichis comme vous le feriez à sa place.

***

Si vous avez commis une erreur entraînant quelque conséquence pour autrui, excusez-vous. Si vous avez commis une faute (je n'ai pas besoin de vous expliquer la différence entre erreur et faute, tout le monde la sent), demandez pardon, et rapidement, sans attendre. À ce propos j'ai entendu un jour un prêtre dire très justement : « *L'erreur prolongée devient faute* ».

Cette reconnaissance ne peut que vous grandir, contribuer à votre fierté, au maintien d'amitiés et sur un plan pratique à sauvegarder des relations dont vous pouvez avoir besoin ; mais cet utilitarisme est second. De plus, le mensonge sur soi (ignorer ou affecter d'ignorer sa conduite) n'a jamais procuré la paix à personne. Les conséquences nous attendent au coin du bois, plus tard.

Remarque sur la notion d'erreur et de faute qui dépasse nos relations personnelles amicales, amoureuses et autres.

Le fait de ne pas l'avoir fait exprès ne réduit pas toute faute à une erreur et toute erreur à un simple écart. Cette excuse formulée de façon enfantine n'est pas admissible de la part d'un adulte. Passé l'enfance, dès l'adolescence, la nocivité d'un acte se juge plus à ses conséquences qu'à son intention. Quand on écrase un cycliste parce qu'on téléphonait au volant ou parce qu'on était bourré de cannabis, on n'est pas fautif ou simplement négligent, on est un vulgaire *salaud* (j'utilise le langage vrai que j'ai recommandé à la rubrique Bazar). L'exemple est extrême, mais le spectateur hystérique et *bourré* du Tour de France qui fait tomber un coureur pour prendre une photo mérite le même qualificatif quand on songe aux conséquences pour ce dernier (une année d'efforts perdus en une seconde, une carrière compromise...).

Mais attention, dans des cas moins conséquents vous êtes responsable de vos actions ou omissions, mais pas des réactions émotionnelles disproportionnées qu'elles peuvent susciter chez autrui.

Si vous cassez le *jouet* préféré de votre ami ou renversez votre verre de beaujolais sur le corsage de votre voisine, vous êtes responsable évidemment de vous excuser, de compenser et de réparer (trouver un joujou similaire, offrir un autre vêtement ou l'équivalent...). Vous pouvez affronter un mouvement compréhensible et passager de mauvaise humeur, mais vous n'êtes pas responsable d'une crise de colère émotionnelle déplacée qui aurait pour résultat – et peut-être même pour but inconscient – de vous faire éprouver l'horreur, soit un sentiment de culpabilité (lequel est un frein terrible à l'affirmation d'une personnalité, à la liberté intérieure).

***

J'en terminerai avec l'amitié par une citation de Simone Weil (la grande, avec un W) dont je conviens que, si elle est pertinente, elle est un peu froide pour votre âge ; je n'ai pas voulu trop la tronquer, c'est un procédé malhonnête dont on finit toujours par abuser, souvent pour des raisons discutables, qui retire trop de sens et manifeste un manque de respect pour l'auteur. Si besoin mettez-la sous cloche pour l'instant.

*« L'amitié doit être une joie gratuite comme celles que donne l'art ou la vie. [...] Elle est de ces choses qui sont données par surcroît. [...] L'amitié ne se recherche pas, ne se rêve pas, ne se désire pas ; elle s'exerce (c'est une vertu).*

*Ce qui doit être sévèrement interdit, c'est de rêver aux jouissances du sentiment. C'est de la corruption. Et c'est aussi bête que de rêver à la musique ou à la peinture. L'amitié ne se laisse pas détacher de la réalité, pas plus que le beau. Et le miracle consiste simplement dans le fait qu'elle existe. »*

***

Une remarque, (qui aurait pu trouver place avec la rubrique sur l'Estime de soi) en jonction avec le sujet que j'aborde, l'amour.

– nous sommes *Tête :* réflexion, intelligence...

– nous sommes *Cœur* : affection, dévouement...

– nous sommes *Mains :* agir, toucher, faire...

Observez ces trois dimensions. Si l'une est par trop atrophiée... aucune des deux autres ne rachètera son absence.

*« Entre le désir profond de se lier, de s'engager corps et âme, et le désir tout aussi profond de préserver sa liberté, d'échapper à tout lien, quel tohu-bohu »* (C. Singer, laquelle auteur, est aussi l'inspiratrice du paragraphe suivant). Vous ne serez donc pas le premier, la première ni le dernier, la dernière, à être partagé(e). Nos désirs sont contradictoires, l'homme n'est pas un – la femme non plus.

Passant de l'amitié à l'amour, on doit rappeler que toute relation a deux extrémités et que chacun n'est responsable que de la sienne tout en l'étant totalement. Chacun tient un bout de la ficelle (de la relation) et, expérimentalement, on constate souvent l'erreur qui consiste à se préoccuper plus de la façon dont l'autre tient son bout que de veiller à la manière dont on tient le sien. Toute cette partie de rubrique se lira donc, évidemment, autant de votre côté que de l'autre, sachant que *« l'œuvre qui t'est confiée n'est pas l'autre, c'est toi. »* ( ?) Ce qui vaut autant en simple relation ou en amitié qu'en amour. N'essayez pas de tout comprendre de l'autre. Respectez ce qu'on appelle l'altérité. Comme tout dans le monde a des limites, l'autre constitue une de nos limites.

***

Je n'aborderai pas ce qu'on appelle la passion, physique ou en esprit. Cette *ambiance* me, et nous, dépasse. Un seul vilain petit avis pratique (je n'ose dire tactique) dont on peut user et non abuser, car l'abus de cette forme de pression, de petit chantage, déconsidère : *faites-vous désirer.*

Dans le cadre d'une relation débutante, non plus amicale mais intime, amoureuse et envisagée d'avenir, prêtez attention à la capacité, volonté, désir de l'autre d'être lui-même mais de jouer collectif. Ceci est d'autant plus souhaitable que chacun est actuellement de plus en plus individualiste.

En amour comme en amitié, il ne peut exister valablement ni absorption ni fusion, mais l'union respectueuse avec l'autre est indispensable.

L'autre est-il disposé, prêt, décidé (en actes, les paroles ne sont que du vent et celui-ci souffle fort en ce domaine dans les commencements) à tenir compte de vos besoins, désirs, habitudes, goûts… et donc à sacrifier éventuellement partie des siens ? À charge de réciprocité bien sûr (plutôt que sacrifier il serait plus sage, et plus durable, de dire modifier ou modérer). Ne faites pas abstraction des vôtres, pas plus que de vos contraintes, faiblesses ; tout le monde en a. Ne les oubliez pas, ne les dissimulez pas, ils et elles resurgiraient plus tard à l'improviste, entraînant incompréhension et rancœur de part et d'autre. Réclamez la réciproque. L'autre est-il disposé à, désireux d'encourager vos projets, ou de les décourager positivement soit en expliquant clairement ses réserves et en proposant d'autres pistes, ou au contraire reste-t-il indifférent, inerte, à leur énoncé (cet immobilisme qui se veut irresponsable est passablement destructeur). Sa tendance à cet égard, active ou passive donc, constitue généralement aussi une indication précieuse sur sa capacité à s'occuper de ses propres affaires et pas à vous en charger à tout propos et abusivement.

Simplement pour être concret et dans le désordre : désir d'enfants (1 ou 9), vie en grande ville ou à la quasi-campagne, appartement ou maison, goût et soin pour son intérieur, ordre ou désordre institutionnalisé, voyages, distractions, sorties plus ou moins fréquentes, fréquentations amicales et participation à des groupes, travail manuel ou intellectuel, comportement avec l'argent, place de la famille de chacun, besoin de temps à soi, mode de vie…

Également en moins tangible : concordance paroles et actes, vision au jour le jour ou normalement projetée dans l'avenir, goût pour et facilité de communication avisée et posée, aspirations dans le domaine idéaliste ou spirituel… Ceci en pondérant des facteurs de milieu, d'éducation, d'âge, de tempérament. En sachant aussi que le couple fonctionne suivant des compromis, mais qui doivent être équilibrés et conscients de part et d'autre et aussi suivant des répartitions de compétences et de goût (à toi les relations extérieures, le maintien du réseau amical, à moi les finances…[4]), ce qui implique distance et quelques renoncements pour le domaine de l'autre, compréhension et respect pour son action – mais pas délégation aveugle et définitive sinon l'antique prise de pouvoir surviendra forcément. Déléguer suppose de confier un domaine d'action à l'autre et de le laisser agir, ce n'est pas abdiquer.

La réalisation pratique des souhaits de chacun est une autre affaire, encore est-il mieux de les confronter, ou au moins que chacun dispose des éléments pour évaluer l'écart. Tout en sachant que les personnes évoluent (mais en général seulement jusqu'à un certain point, on ne les, et ne se, refait pas).

Tout ne nécessite pas alignement (ce serait aussi ennuyeux qu'irréaliste) et s'il vaut mieux ne pas être opposés, des complémentarités sont profitables à chacun. Cependant des désaccords avérés et persistants sur plusieurs points que l'un ou l'autre considère comme importants ou un simple manque d'un minimum de concordance sur certains considérés comme essentiels conduisent trop souvent à l'échec.

Sachez que les modes de vie cités un peu plus haut (goût et soin pour son intérieur…) ont plus d'importance à terme qu'on ne peut penser.

En amour comme en amitié, n'exigez pas que l'autre fasse ce que vous voulez, qu'il pense ce que vous pensez, qu'il ressente ce que vous ressentez. Ce serait d'ailleurs catastrophique, que vous apporterait-il sinon votre propre miroir – tel l'étang dans lequel se mirait Narcisse ? De plus, s'il peut et doit vous aider, ne lui demandez pas de combler vos manques. Par exemple : vous craignez les contacts, il les facilitera mais il ne les prendra pas à votre place... L'idéal, surtout en amour, serait d'aider l'autre à être plus lui-même. Respectez ses manies. Petit exemple : s'il ne supporte pas de partir à la gare avec moins d'une demi-heure de marge, c'est son affaire. Ne vous moquez pas et, si vous êtes du voyage, inclinez-vous gentiment. Le respect d'autrui commence là.

Sachez aussi que vous ne vous engagez pas sur votre vécu, votre amour, votre passion, votre ardeur, votre désir, mais sur votre et sur l'autre personne – une fois de plus sur votre considération du réel.

« *S'engager aujourd'hui pour celui* (celle) *que je suis envers celle* (celui) *que tu es pour construire un quotidien, un futur à inventer. Ne pas s'engager pour un* (une) *que je serai et que je ne connais pas, envers une* (un) *que tu deviendras et que j'ignore encore.* » (J. Salomé)

Les sages soucis énumérés plus haut ne doivent quand même pas assombrir votre joie, vous empêcher de rêver, de vous enthousiasmer, de construire... Le chemin se fait en marchant.

***

Je servirais à peu si je me contentais des évidences qui précèdent. Je place les considérations suivantes à la rubrique sur l'Amitié et l'Amour, et plus spécialement dans cette deuxième partie. Car c'est certainement là que le heurt de personnalités trop différentes est le plus sensible, le plus fréquent et tire le plus à conséquence. Mais il ne s'agit que de types de caractères qu'on pourra rencontrer dans n'importe quel contexte – autrement dit, l'emplacement de cette liste veut seulement signifier que c'est là qu'elle est le moins mal placée.

Certaines de ces remarques peuvent se recouper avec certaines des considérations exprimées précédemment dans diverses rubriques, Bazar notamment.

La sorte de catalogue[5] que je vais dresser s'il concerne autrui s'adresse aussi à nous-mêmes. Si nous nous observions, chacun de nous pourrait trouver encore d'autres traits à surveiller, mais comme c'est un passe-temps que je déconseille je ne saurais vous le suggérer. Cependant, si vous testez l'autre n'oubliez pas de vous tester vous aussi. Nul n'est parfait. D'autres qualités peuvent compenser les faiblesses que je vais citer. Bien sûr toutes les considérations qui suivent n'ont pas le même poids objectif. On peut aider quelqu'un de timide, de discret, de trop réservé à éclore, à s'affirmer, un dépendant à devenir plus autonome. Assouplir quelqu'un de naturellement totalitaire, revendicatif, buté ou rétif suppose une abnégation importante (que l'amour peut donner) et de disposer d'une tranche de vie devant soi.

Considérez que l'emploi que je fais ci-dessous du genre masculin s'applique tout autant au féminin. Également, mon catalogue est formulé négativement, mais vous pouvez aussi l'examiner positivement. Il, elle, est discret, calme, pondéré, réfléchi, décidé, fiable, fidèle, cohérent, rigoureux, adaptable, n'attend pas qu'on lui répète quinze fois une demande avant d'y répondre...

En amour – et en amitié dans une moindre mesure – identifiez et regardez bien où vous posez votre sac si ces conduites sont trop ancrées (certaines peuvent miner une relation). Et si vous, vous savez vous garder de ces attitudes, alors vous approcherez de la sainteté.

Que signifie l'expression : si ces conduites sont trop ancrées ? Que si elles sont assez systématiques, intégrées à la personnalité, elles ne peuvent guère être réduites sans un laps de temps non négligeable (années) et quelque patience. Ce qui n'est pas une raison pour se planquer et refuser d'encourager les gens (encore faut-il qu'ils l'acceptent). À ce propos, vous savez certainement que les encouragements vers le mieux sont nettement plus efficaces que les reproches. S'il faut apercevoir les déficiences citées ci-dessous, elles n'ont donc un vrai poids que si elles constituent une position de vie à laquelle la personne est décidée à se raccrocher. Vous avez alors affaire à un rocher et on ne bouge pas un roc – à vous de savoir si vous acceptez.

Même si, suite à vos encouragements, il se produit des évolutions louables et sauf conversion complète (cela existe), il faut s'attendre à ce que ces attitudes restent latentes et ressurgissent longtemps après sous d'autres masques et à travers des formes inattendues – même si leur manifestation est épisodique et atténuée. Sauf réelle conversion, j'insiste, *« le naturel revient au galop »*. Il n'est que de le savoir et d'y veiller. On ne refait pas plus autrui qu'on ne se refait soi-même.

***

Avant de nous divertir en énumérant quelques-uns des *vices* qui guettent l'humanité, soyez vigilant sur deux critères, car ils sont essentiels et, de plus, leur respect – ou non – saute aux yeux.

L'autre fait-il ce qu'il a dit qu'il ferait – ou, sinon et au moins, s'excuse-t-il spontanément d'y manquer en avançant des raisons (fussent-elles plus ou moins valables ; on peut feindre là de ne pas voir certains petits trucages humains). J'ai déjà évoqué cette exigence de base à la rubrique sur la Suractivité et la Dispersion et l'ai reprise à la note n° 7 de la rubrique Bazar en développant ce que signifiait le terme de rigueur.

À défaut de cohérence entre le dire et l'acte et, plus généralement, de rigueur, au mieux vous vous trouveriez en face d'un esprit décousu, brumeux, se voulant irresponsable et s'abritant derrière n'importe quelle *petite astuce.* Or cette situation est pénible à vivre et est source de frustrations continuelles et de conflits larvés. Au pire, vous seriez soumis aux combines malhonnêtes d'un esprit retors. Il est d'ailleurs curieux de remarquer que, même dans le premier cas, ce comportement dit *d'oubli* fonctionne toujours à sens unique ; soit jamais dans un sens défavorable à celui qui l'adopte – miracle statistique.

Si le désordre matériel est pénible à vivre, le désordre mental – toujours un peu suspect – l'est encore plus (les deux allant souvent ensemble). Vous vous tiendrez au fait que, quelles que soient les affirmations du *coupable*, le manque de rigueur révèle au moins l'absence de considération pour autrui.

Considérez le soin de l'environnement dans le comportement gestuel, la justesse des gestes par rapport aux circonstances et au but recherché, le sérieux de l'expression verbale quand nécessaire, la précision des informations fournies, le souci minimum de l'ordre. Vous pouvez relire des parties de la rubrique traitant des Gestes. Je confirme que celui qui n'a pas le respect des choses n'aura guère plus de respect pour vous. Les grands émotifs sont très souvent des gens dont le comportement gestuel est décousu. Mais, aussi incohérents dans leur expression verbale, on ne sait jamais s'ils voulaient dire ce qu'ils ont dit et, plus grave encore, on ne sait jamais quelle sera leur réaction, le ton de leur réponse à la moindre remarque même banale.

En clair, la fréquentation d'un hyperémotif est excessivement désécurisante et la communication s'approche vite du niveau minimum.

***

– Les comportements fusionnels de type totalitaire : *Ce qui est à toi est à moi* ; tes actes, tes pensées, tes soucis comme tes joies, ta famille et tes ami(e)s, tes placards et tes habitudes… (sous-entendu : je vais rectifier tout cela suivant ma science bienveillante et dominatrice et je n'attendrai même pas de remerciement). Ils prendraient possession non seulement de vos affaires mais également de votre esprit.

Cet impérialisme tranquille vous transformerait en esclave reconnaissant. Vous n'auriez plus aucun domaine à vous. Toute décision serait prise par eux, dans votre intérêt qu'ils connaissent mieux que vous-même. Une boutade anglaise (gens experts en accaparement) proclame : « *Ce qui est à nous est à nous, mais pour ce qui est à vous, on partage.* » Une variété atténuée se rencontre chez ceux que j'ai appelé les *grignoteurs* à la rubrique Bazar ; ceux qui vous dévorent l'épaule si vous avez eu l'imprudence de leur confier un doigt un jour.

– Les revendicatifs : *D'autres m'ont fait du mal,* soi-disant – ou *Les abominables racistes me poursuivent…* donc, on, le monde entier, me doit jusqu'à la fin des temps (voir remarques sur la position victimaire à la rubrique traitant de l'Exception). Vous risqueriez de payer une note – très douteuse – qui ne vous incombe pas. Dans ce cas, je me risque à être affirmatif : partez.

– Les esprits lents générateurs de paralysie. Ceux qui à quarante ans raisonnent comme à vingt, à soixante comme à quarante…, ceux qui préfèrent ronronner et laisser l'autre réfléchir et agir, qui se décomposent en trois types assez proches dont la caractéristique opérationnelle est justement de n'être pas telle, d'ignorer la réalité et la nécessité, de rejeter à priori toute décision ou à vous laisser seul dans son exécution pour ne pas se priver de vous la reprocher ensuite.

Ceux à qui s'appliquerait l'expression « *l'insoutenable légèreté de l'être* ». Vous reconnaîtrez les deux premiers types à ceux qui vous demanderont ce que vous pensez de tel projet sans vous dire jamais ce qu'ils en pensent, eux, s'autorisant ainsi, par leur absence de position, tous les retournements de veste, toutes les inversions. Moyennant quoi, et pour se racheter, ils se soucieront fréquemment des minuscules et insignifiants désirs qu'ils vous prêtent.

• Les fardeaux inertes, ceux qui refusent de porter leur vision plus loin que le jour même et rejettent, par indolence ou par paresse, tout effort de prospective, de sens, toute direction, toute prise de position, les amorphes ou les *planqués.* Ceux qui ne vous feront jamais aucune proposition autre que celle d'une occupation à très court terme. Ceux pour lesquels un entretien ne saurait déboucher sur quelque projet suivi au-delà de l'après-midi. Ceux pour lesquels la parole n'est qu'un leurre puisqu'elle ne reflète que le sentiment de l'instant à l'exclusion de tout projet, les gens de l'*immédiateté.* Ceux qui ayant toujours refusé de se mouiller seront volontairement toujours en retard de plusieurs trains jusqu'à manquer le dernier et à dormir sur le quai – en vous y laissant vous aussi.

Vous pédaleriez durement en tête du tandem pendant des kilomètres (des années) et quand vous vous effondreriez épuisé on vous reprocherait en souriant de n'avoir pas vu les fleurs le long de la route, qu'on voit effectivement mieux le nez au vent et les mollets au repos. L'impact de cette révélation dépend de chacun, de l'âge et des issues possibles – mais il est assez traumatisant.

L'autre peut être un conseiller utile, un soutien (quitte à être un frein parfois). Il peut aussi vous paralyser par son refus d'avoir la moindre idée, de prendre la moindre initiative, de s'engager dans un sens ou dans un autre, d'endosser la moindre responsabilité, de s'impliquer, vous laisser seul face à la difficulté, au problème… mais avec comme un boulet à traîner en plus – lui ou elle qui attend qu'on lui serve la soupe à son goût – lequel reste en plus à deviner. Plus haut j'ai évoqué les *planqués*, mais ce comportement est aussi celui de personnes trop soumises. Le résultat est le même, mais l'intention plus honorable.

• Les personnalités figées, butées, celles qui, à une nouvelle idée (sensée et argumentée, j'entends) commencent toujours par bloquer en rétorquant : *Tu as changé d'avis, l'année dernière tu avais dit que... autre chose, le contraire... Pourrais-tu te justifier...* (sous-entendu : je n'accepterai d'y réfléchir, peut-être, qu'après et ce n'est pas demain que tu auras ma réponse, si toutefois je consens à en donner une). On reconnaît ces gens à leur pratique usuelle du processus de non-réponse. Vous ne seriez plus locomotive essayant de s'adapter aux circonstances mais simple wagon prié de rester dans les rails et contraint, en plus, de se justifier et de s'excuser d'apercevoir une bifurcation possible, souhaitable ; inertie d'ensemble assurée.

• Les lâcheurs, ceux qui insistent sur un projet qui leur tient à cœur, parfois sensé, mais qui, à la première difficulté dans l'exécution, vous laisseront tomber, quitte parfois à vous reprocher ce qu'ils appelleront alors votre idée (souvent adeptes des fameux trous de mémoire).

Très proches de ces non-persévérants sont les irréfléchis qui arrivent un soir avec un projet mirobolant, mais irréaliste, mal ficelé, concocté en une heure avec autrui, et qui font une tête d'enfer parce que vous y voyez quelques inconvénients, mentionnez des difficultés ou simplement parce que vous n'êtes pas d'accord sur le principe et que vous vous en justifiez rationnellement.

Leur déception, compréhensible, vous contraindrait par souci d'entente à descendre jusqu'au compromis – soit jeu pour eux et quinze pour vous comme au tennis. Cependant veillez à accueillir les initiatives d'autrui sans rejet préalable de principe (rubrique sur les Initiatives).

– Ceux pour lesquels compte d'abord leur apparence sociale, ceux qui se multiplient partout, sauf dans le petit cercle où il le faudrait (voir la rubrique sur la Suractivité). Ils passent pour généreux, charitables, d'esprit élevé..., et c'est souvent exact. Cependant, leur théâtre continuel et leur superficialité de fait vous réserveraient de désagréables et répétitives surprises existentielles. Car, même si leur droiture n'est pas en cause, la précision (que j'appelle souvent rigueur) leur est étrangère de par la multiplicité de leurs activités ; tout comme ils jugent inconvenant le simple rappel de cette dernière qualité. Leur épuisement constant explique leur irascibilité. Elle ne la justifie pas. Au mieux, ils vous donneraient le tournis et vous laisseraient épuisé au bord d'une route qui n'existe même pas, puisqu'ils refusent de penser qu'il peut en exister une autre que celle qui consiste à cultiver leur réputation externe.

– Proches des précédents sont les activistes forcenés, ceux qui en font trop, en compagnie : invitations, copinages, sorties épuisantes autant qu'obligées avec amis et *tutti quanti*, services à rendre au monde entier… qui consacrent leur énergie à tout ce qui se situe hors de leur, et de votre, sphère. Ils sont partout sauf à leurs affaires. Ils ne trouveraient pas de temps pour vous, si ce n'est pour s'écrouler une fois rentrés en gémissant qu'ils sont épuisés et à bout de forces. Ne leur demandez pas de service. Leur énergie se dépense ailleurs. Par contre vous devrez être à leur disposition. Ils vous laisseraient la charge passionnante de s'occuper et des affaires communes bien entendu mais aussi parfois de contribuer à leurs activités tous azimuts puisqu'ils gisent temporairement dans le fossé tout en ayant encore mille occupations qui les guettent et pour lesquelles leur devoir est de se remettre debout dans un dernier effort. Au retour de leurs expéditions votre rôle serait aussi de toujours les accueillir avec un large sourire, de compatir à leurs aventures et de débroussailler pour eux un chemin auquel vous ne comprenez rien – sachant que de toutes façons ils en suivront un autre. Éclatés, dispersés, par leur vocation même, ils sont souvent incohérents en pensée, en parole, par action et par omission. Ils bondissent instantanément de sujet en sujet ou sautent d'itinéraire en itinéraire. Ils sont ceux auxquels vous devrez sans cesse rappeler qu'ils avaient dit qu'ils feraient et supporteront mal la remarque (leur fatigue amassée ailleurs étant l'excuse imparable). Ceux qui se font une spécialité de faire les choses à moitié comme de mal enclencher leur processus et vous laissent le soin de redresser la barque – après. Leur manque de cohérence est détectable en observant leurs zigzags dans leur marche, leur verbiage décousu, leur répugnance de tout entretien sur le fond qui les contraindrait à se situer et à décider une fois pour toutes ; comportement auquel ils répugnent, car le maintien de leur image sociale implique une souplesse d'adaptation constante.

– Leurs frères ennemis (rien de si proche), les obsessionnels qui refusent de décrocher de leur idée (des mois, des années après…), la plupart du temps sur quelque point de détail d'ailleurs : nous pourrions passer un week-end à Mont-de-Marsan ou nous abonner à telle revue sur l'élevage des ragondins en appartement… Après cinq implorations, ils ne renonceraient pas à leur idée mais vous menaceraient par l'usuel chantage affectif : *Tu me ferais vraiment plaisir si…*, sous-entendu : sinon je t'aiderai à culpabiliser et te ferai subir mes petites mesures de rétorsion, toujours sur le terrain et à l'heure de mon choix.

Ils vous contraindraient à taire vos moindres désirs par crainte de réveiller leur obsession à eux.

– Les tempéraments rétifs, ceux qui, à propos de remarques comportementales anodines que vous feriez, répondent par une agression (les adeptes de la contre-attaque) ou ne répondent pas mais pensent : Je ne veux rien entendre de tes suggestions, je n'en ferai toujours qu'à ma tête et ne t'opposerai même pas mon refus mais seulement mon abstention silencieuse plus éventuellement mes petites vengeances sur le terrain et à l'heure que je choisirai. Vous vous useriez vainement en petites frustrations pour finir par considérer qu'on vous prend pour un imbécile doublé d'un emm...(...) – rupture de communication garantie. Vous vivriez *Règlement de comptes à O.K. Corral* (bon western) mais dans votre cuisine.

– Les natures hypernerveuses, toujours promptes à vous faire n'importe quelle réflexion acerbe, usante et dévalorisante à la longue (voir les injonctions formulées sur un ton comminatoire à la rubrique traitant des Initiatives). Ainsi aussi sont celles qui passent en une heure de l'euphorie extrême à l'humeur la plus sombre et la plus revendicatrice ; les *cyclothymiques.*

Elles éroderaient votre estime pour vous-même. Vous ne sauriez jamais sur quel pied il vous est demandé de danser et évidemment vous danseriez à contretemps – ce qui ne manquerait pas de vous dévaloriser. Vivre sous la menace continuelle d'accès de nervosité et de sautes d'humeur, sur le qui-vive, est très insécurisant – vous lâcheriez tout pouvoir et tomberiez dans l'horrible culpabilité. Vous les détecterez quand vous serez assuré quant à vous de votre stabilité d'humeur et que, justement, par leurs provocations elles vous auront laissé dans votre coin, sans voix.

– Proches des précédents quant aux conséquences, les monarchistes, du type : *Moi, Je...* qui abusent des remarques critiques envers l'autre (dans son intérêt bien sûr) mais n'en supportent aucune à leur encontre. Parfois issus de milieux se prétendants supérieurs ils vous réduiraient au rôle de domestique, certes traité avec bienveillance, tout en vous contraignant à la frustration, à l'encaisse permanente et à marcher sur des œufs. On aperçoit une variété de ceux-ci chez ceux qui vous appellent au secours à la première difficulté ou fausse manœuvre, mais qui se fâchent tout rouge si vous leur rappelez que vous leur avez déjà montré dix fois la bonne manière de procéder pour ne pas se planter : *Je t'ai appelé pour me sortir de là, pas pour recevoir des leçons !* – en clair : *Tu es à mon service.* Vous êtes prié de dépanner dans la minute autant de fois que nécessaire et de la fermer. Vous pouvez aussi compter sur eux pour vous donner des ordres sans qu'ils mettent eux-mêmes la main à la pâte. Aucun employé ne supporterait une telle conduite patronale. Ce sont les mêmes qui enclenchent mal leurs affaires sans vous consulter alors même qu'ils se savent là incompétents, et qui vous solliciteront après en urgence pour démêler l'inextricable.

– Les futiles-malins, ceux qui prennent le pouvoir sur vous sans courir aucun risque, simplement par quelques phrases spontanées d'apparence anodine et, bien sûr, ne les engageant à rien – *paroles verbales* (voir les petites phrases anodines à la rubrique sur les Choix). Les artilleurs parlent d'un tir de semonce – en général d'une grande efficacité. Sur un ton léger, le plus souvent hors sujet : *Tu sais comme j'aime Béthune !* Comprenez qu'il vous faudra des années de maniement d'un bulldozer pour le ou la sortir de Béthune, plus l'édification de ponts d'or pendant le restant de vos jours pour vous faire pardonner[6].

– Les ultradépendants, ceux que la perspective d'une après-midi de solitude gêne, de deux jours angoisse, d'une semaine panique complètement. Ceux qui n'ont jamais envisagé un instant qu'on peut et doit savoir s'occuper soi-même.

Ils s'accrocheraient trop à vos basques. Allant de plaintes muettes en reproches audibles, ils finiraient par vous culpabiliser[7]. Ne supportant pas de ne pas participer à la moindre de vos activités, leur présence continuelle à vos côtés deviendrait un droit absolu. De même votre présence serait-elle requise sur commande alors qu'ils ont, eux, évidemment droit à leur pleine liberté, pour laquelle vous devez vous faire discret. Ils ont droit à votre présence quand ils l'exigent, comme vous devez bénir leur présence quand ils en ont envie. Vous-même êtes priés de n'avoir ni droit ni envie. Soumis à leurs humeurs, rythmes et horaires, vous tomberiez en un doux esclavage. Proches des fusionnels (voir plus haut), ils vous chargeraient à temps et à contretemps de leurs moindres soucis – ce qui peut finir par vous gêner pour vous occuper des vôtres.

On peut les reconnaître à leur dépendance téléphonique. Ils, elles, doivent appeler, sont appelés sans cesse, car ils dépendent de tout le monde et tout le monde, dont vous d'abord, finit par dépendre d'eux ; ainsi la boucle est-elle bouclée. Entre deux appels interminables – aussi indispensables que charitables – ils trouveront peut-être une minute pour vous. Mais, vous, vous finiriez par vous sentir obligé de demander la permission de vous absenter aux toilettes. De votre côté, ne vous transformez pas ou ne vous laissez pas transformer en personnage indispensable. Passé le temps d'euphorie à jouir de votre importance, vous devriez porter l'armure jusqu'à ce qu'elle ait fini de rouiller sur vous.

– Ceux qui vous saturent de mots (bien plus que d'actes) vous laisseraient vidés, décervelés. Ils finiraient par vous faire croire, un temps, qu'ils existent, brillent d'intelligence et ont quelque chose à vous apporter autre que leur verbiage – souvent prétentieux – et que vous n'avez qu'à les suivre aveuglément pour accéder à leurs hautes connaissances qui, naturellement, vous dépassent. Prenez garde aux discours éblouissants trop fréquents. Ils ne sont que pour flatter celui qui les prononce et aucunement pour vous. Demandez-vous si vous ne servez pas seulement de décor. Je pense aux jeunes « philosophes » de terrasse de café.

– En variété autre, les questionneurs impénitents sont bien innocents, mais leurs continuelles demandes de conseils sur les sujets les plus anodins : *Est-ce que je mets ces chaussures ? Combien donnerai-je au pompier qui est à la porte pour leur calendrier ? Irai-je à ce concert ?...* vous embrumeraient l'esprit.
Il vous faudrait distinguer si ces participations qu'ils vous demandent sans cesse sont dictées par un gentil souci de convivialité ou si elles ne relèvent pas d'attitudes coutumières aux gens qui ne s'occupent guère de leurs affaires, ce qui alors est ennuyeux. Ces sollicitations portant sur des détails servent parfois d'alibi pour masquer le fait que, sur l'important, vous n'avez pas votre mot à dire et qu'à vous incliner.

– Proches sont ceux qui vous posent des questions existentielles ou vous demandent des décisions pendant que vous vous brossez les dents – ce qui gêne toute élocution. Dès que vous êtes prêt à répondre à la question, il n'y a plus personne à portée de voix. Vous avez été planté là tel l'idiot ; en consolation il vous reste la salle de bains. Après un délai qui dépend des coutumes locales, ils ne manqueront pas de vous reprocher votre manque d'écoute et de négliger la sacro-sainte communication. Si encore ce type d'embuscade n'est pas utilisé pour vous forcer en vous faisant remarquer qu'on n'a pas cru entendre quelque innocent *glou glou* mais, bel et bien, une approbation sur quelque idée farfelue (ou pire parfois quelque tentative de tromperie).

– Les adeptes, eux aussi bien innocents, des allers et retours verbaux : *Oui, tu as raison, nous n'irons pas. Mais il aurait été quand même bien d'y aller...* On ne revient sur une décision prise que s'il existe des raisons – même subjectives – d'y revenir. Ils vous feraient douter de tout, du bien-fondé de n'importe quelle décision et de vous-même.

– Les personnages emportés, violents en paroles et en paroles seulement, sont fatigants. Ils ne sont pas trop à craindre si leur agressivité épisodique, quoique déplaisante, n'exprime que leur propre mal-être, s'ils reconnaissent leur violence et s'en excusent, ce qu'on doit quand même attendre d'eux en principe. Celle-ci peut être la marque d'un caractère passionné, entier et même souvent généreux, qu'il faudra cependant toujours raisonner et tempérer. Mieux vaut quelqu'un qui *plaque aux jambes* (terme de rugby) en plein jour et s'en excuse plutôt qu'un adepte du croc-en-jambe dans l'obscurité. À vous de savoir si vous avez affaire au premier ou au second. Ces personnages sont à fuir si leur agressivité leur sert à régler des comptes obscurs et jamais clairement affrontés, si elle est la marque d'une nature impérieuse, brutale, perverse qui cherche l'affrontement ou perd tout contrôle. Mais, s'il s'exprimait quelque raison dans l'accès de violence même, si des excuses suivent ou au moins quelque embarras, alors vous n'êtes probablement pas en face d'un pervers, d'un demi-fou ou simplement d'un petit morveux prétentieux.

– Enfin un mot des gens d'origine sociale marquée (aristocratie, grande bourgeoisie ou milieux vraiment prolétaires) du moins par rapport à la vôtre. Pas de préjugés ni dans un sens ni dans l'autre, mais quelle que puisse être la valeur et l'indépendance d'esprit des personnes, il restera toujours un soupçon de conditionnement (pas forcément négatif) chez elles. C'est aussi normal qu'inévitable. Il suffit de le savoir et – je me répète autrement – ces résurgences épisodiques peuvent s'avérer enrichissantes dans le cadre de votre relation. Elles ne seraient gênantes que si elles s'érigeaient en position de principe antagoniste. Vous pourriez détecter ce genre de position (celles émanant de classes dites supérieures) si, dans le cadre d'une question simple (administrative...) où vous êtes compétent et l'autre absolument pas, celui-ci se tenait à des affirmations invraisemblables (du type 2 plus 2 égal 5) pour défendre son prestige ou cacher quelque erreur et concluait par la fermeture autoritaire classique suivant laquelle sa parole ne saurait être mise en doute.

– Il est aussi une espèce peu répandue mais dangereuse, les *vengeurs planqués. « J'ai mille raison de t'en vouloir »* mais je me battrai, et te battrai, sur un autre terrain. Cette attitude incline au sabotage – et même au sabordage de ses propres intérêts. Je ne casserai rien (en apparence), ne ferai rien (là c'est bien certain) mais ne prodiguerai aucune attention à rien (dans une hypothèse indulgente) et tu te débrouilleras pour que la lumière, les gadgets électroniques, la voiture, les volets et tous appareils... que je massacre depuis tant d'années (sans trop savoir pourquoi, par nervosité, habitude, négligence...) reviennent promptement à mon service – de même la cuisine devra-t-elle être toujours être à mon goût et le frigidaire rempli à ma convenance laquelle est des plus changeantes. Il ne me déplaira pas de te voir le soir prendre escabeau, tournevis ou casserole et suer sang et eau. Et qu'on n'aille pas me reprocher ma frénésie gestuelle (rubrique sur les Gestes) ni ma négligence administrative (mes affaires...), je suis ainsi et bien décidé à le rester.

Il n'y a personne à incriminer, seulement une situation de fait. De multiples accrochages sur des points de détail vous ont conduit là insensiblement, à vous reprendre sans cesse, puis à même ne plus vous reprendre par lassitude. C'est le signe que vous vous êtes écartés, n'êtes plus faits l'un pour l'autre. C'est tout ce qu'on peut en dire.

Je sais moi, être descendu là, dans ce paragraphe, au très médiocre. Mais tout existe, même l'infini de la mesquinerie.

– Je n'ai rien dit des personnages autoritaires, car il y en a de tellement de formes : douces et discrètes mais terriblement efficaces, rudes et manifestes... Aussi parce que la plupart des attitudes recensées précédemment comportent une bonne part d'autoritarisme, affiché ou non. Il est donc difficile d'en faire une catégorie à part.

Nul ne doit se considérer comme une cible ni prendre l'autre pour telle. Même si l'expression est forte : nul n'est obligé de se laisser pourrir la vie, ou de pourrir celle d'autrui. On n'est en tranquillité affective et sécurité matérielle, on ne peut collaborer qu'avec quelqu'un dont le comportement (actes et paroles) est clair et conscient (pensé et réfléchi), directement respectueux de l'autre et, j'ose dire, intelligent, quelqu'un qui accorde la priorité à la relation plutôt qu'à son petit moi, à son image, et aussi au réel plutôt qu'à ses propres lubies.

Deux bonnes questions à se poser permettraient d'évaluer nombre de points de ce catalogue – les réponses étant de l'ordre de la sensation plus que de celui de la réflexion.

– En présence de l'autre suis-je souvent sur le qui-vive, en état d'inquiétude, d'insécurité ? Me tranquillise-t-il ou suis-je souvent déstabilisé ? Suis-je libre de parler ? Mais attention : tranquillisé ne veut pas dire qu'on n'est pas dérangé dans sa vision, ses intentions – cette remise en cause est souvent fructueuse. Déstabilisé signifie qu'on ne comprend ni le pourquoi ni l'intention ni le rapport avec la situation ou la conversation présente – qu'on reste sans voix, en traînant quelque amertume ensuite, en se demandant pourquoi, et incidemment, ce qu'on fait là.

– Suis-je considéré comme un partenaire qu'on écoute, dont on écoute les besoins, ou comme le domestique auquel on peut tout demander au gré de ses envies au jour le jour ?

Terminons ces lamentations par ce proverbe du XIII$^{e}$ siècle : « *Qui veut un cheval sans défaut doit aller à pied.* »

***

Avec un certain nombre des catégories précédentes, j'ai abordé des comportements dont certains peuvent conduire à la culpabilisation de l'autre. Mais on rencontre des praticiens véritablement doués, dans les relations affectives comme indépendamment de celles-ci (mauvais coachs, employeurs, la société en tant que pouvoir dominant...) qui ordonnent un choix impossible en interdisant tout commentaire sur l'absurdité de ces injonctions paradoxales.

Je veux évoquer ce qu'on appelle le *double bind* ou double contrainte qui consiste dans l'établissement de deux contraintes qui s'opposent et mettent celui qui les subit dans une situation insoluble, dans laquelle l'adhésion à l'une de ces obligations implique que l'on viole l'autre. Un seul exemple très compréhensible, et fréquemment maternel (au moins jadis) : Mon fils, tu dois être fort, autonome, volontaire, spontané, t'affirmer par toi-même… mais il te faut être toujours gentil, attentif, obéissant, conscient de tes devoirs et… Vous êtes assez grand pour en trouver des dizaines d'autres, ou au moins les détecter dès demain.

Un autre procédé de culpabilisation répandu consiste à faire assumer par l'autre un refus dont on sait l'évidence. *Pendant que tu vas à ton rendez-vous, peux-tu me prêter ton canot à moteur pour aller à l'île d'en face ?* Alors qu'on n'a jamais conduit le dit canot, ni d'ailleurs aucun canot.

***

« *Elle : Je me sens si seule. – Lui : Moi pas assez.* » (J. Dutourd)

En fin de rubrique sur le Langage j'ai dit l'homme plus porté vers l'action et la femme plus douée au niveau des sensations (vue, ouïe, élocution…), plus tournée vers son système relationnel. Lui est plus mutique (il parle pour informer), elle plus expansive (elle est tout à fait capable de parler en faisant autre chose, même en écoutant la radio ou en regardant la télé – aberration pour un homme). Lui traite les questions les unes après les autres ; il fonctionne séquentiellement. Surtout, face à une difficulté, affrontant un questionnement, tenez compte de ces comportements et de besoins très différents. Si nous étions pareils, le Créateur se serait fourvoyé en faisant deux fois le même produit. S'Il a différencié sur le plan corporel (merci à Lui), Il a dû aussi penser nos cervelles distinctement. En tout cas, Créateur ou pas, hommes et femmes sont différents – et pas que dans leur physiologie.

La femme a besoin d'être écoutée, entendue, approuvée, questionnée même. Cela peut lui suffire. Elle n'a pas forcément besoin qu'on lui propose des actions, des solutions. Elle pourra même considérer que c'est négliger son être et le ramener à trop de concret (comble du dédain tel que par elle ressenti). Interrompue, elle se fermera et se sentira incomprise.

L'homme a beaucoup plus tendance à garder ses soucis pour lui, à s'isoler, à chercher par lui-même. Il percevra souvent un conseil directif, une intervention extérieure immédiate, comme importun et hors sens. Comme il fonctionne en pas à pas, une demande impromptue – hors de la question immédiate – le désarçonnera, il lui faudra du temps pour y répondre (s'il le fait) et ce lui sera toujours déplaisant. Il se voit facilement critiqué et il déteste.

L'une a besoin d'être aimée, entendue, comprise. Elle a besoin de présence, de moments de qualité, qu'on s'intéresse à ses anecdotes. L'autre a besoin de se sentir utile et autonome, au point de s'isoler, parfois et provisoirement.

L'homme a du mal à écouter longtemps avant de sauter aux explications et aux solutions, alors que la femme peut ne chercher qu'une oreille attentive et nullement des réponses à ses questions ou problèmes.

Chez certaines, leur système de valeurs est déroutant. Son affichage peut servir, inconsciemment et objectivement, à dérouter complètement un homme. Mes exemples forcent le trait. À quelque occasion, un homme recherche et trouve un cadeau original, précieux, décroche la lune. Qu'il n'oublie pas de joindre une fleur (bouquet non indispensable) et/ou un petit mot écrit. C'est ce petit plus qui retiendra l'attention et vaudra reconnaissance, au point d'occulter le gros morceau. Il est pour les hommes, et dans ce domaine comme en d'autres, inutile – et parfois périlleux – de trop en faire. En tout domaine il faut faire ce qui compte. Et chacun ne compte pas de la même façon. Si un matin un homme s'aperçoit que la maison du voisin brûle, qu'il n'alerte quand même pas les pompiers avant d'avoir demandé à sa compagne si elle a bien dormi. Il y a des priorités à respecter.

Le féminin est extrême – bien plus que le masculin (beaucoup de bons auteurs l'ont constaté, La Bruyère...). Il transforme aisément des collines en montagnes et des fossés en ravins. Extrême sous tous aspects, dans le Plus comme dans le Moins (écartons les notions de Bien et de Mal) en patience, franchise, capacité de sacrifice, comme en impulsivité, ruse ou rouerie, dans le plaisir comme dans la peine, dans ses passions, dans ses actes de dévouement comme de détestation, dans l'amour altruiste comme dans la vengeance mesquine... Sur les petites choses il baigne aussi dans une atmosphère plus incertaine, plus changeante, plus impulsive, moins rationnellement explicable. C'est son charme et son danger – encore une fois il n'y a rien pour rien.

Cette atmosphère d'incertitude n'empêche pas la femme de prendre fréquemment – et généralement positivement – des décisions radicales sur les grandes choses devant lesquelles un homme reculerait.

Un homme souffrira autant d'un événement ordinaire, même bénin. Mais il en parlera moins aux alentours. Cette conduite plus discrète reflète certes le moindre besoin de s'extérioriser, de moins peser sur l'extérieur, peut-être aussi un Ego moins fort – ou plus fort (je ne sais). Ce que je sais c'est que le féminin est souvent facilement tragique, qu'il remplit souvent la fonction d'amplificateur de drames, qu'il voit une tragédie là où un homme ne verrait qu'une comédie.

On a pu parler aussi de la très riche mémoire féminine ; la femme oublie moins, les bienfaits comme les blessures (elle peut ressortir vingt ans après ce qu'elle a considéré comme une agression verbale qu'un homme aurait oubliée le lendemain). L'homme n'a pas de mémoire, il regarde devant. La femme regarde partout, même dans les vieux coins poussiéreux délaissés depuis longtemps. Cette aptitude à tout retenir et à ne rien oublier jointe à un peu d'avidité quelquefois lui confère une *supériorité* existentielle indiscutable. Les notaires et les familles savent tout cela. En contrepartie, les facultés féminines de dévouement, de patience, de pardon, de capacité de sacrifice sont nettement supérieures – je viens de le dire.

Gardez-vous bien de l'idée stupide et sinistre que les frustré(e)s et les marchands voudraient vous faire croire, soit que l'identité sexuelle n'est que psychologique ou sociale, ou pire qu'on la choisit (élucubration dite du *Gender)*. Elle est d'abord physiologique, c'est-à-dire du domaine du réel – et elle restera telle, heureusement, malgré les contorsions et les clowneries actuelles[8].

*« C'est l'inégalité qui était le moteur traditionnel du désir. »* (Éric Zemmour)

Les Chinois discernent (en complémentarité nécessaire) deux principes qui tiennent le monde en équilibre : le yin et le yang – le féminin et le masculin – qui s'appliquent, tout aussi innocemment, à tous les doubles qui animent la création et font son charme : l'esprit et la matière, l'aspect terrestre et l'aspect céleste, le négatif et le positif, le chaud et le froid, l'humide et le sec, l'ombre et la lumière, le mou et le dur, le fin et l'épais… le bien et le mal…

Peut-être aura-t-on trouvé dans cette section quelques-unes des raisons pour lesquelles la plupart des sociétés – qui redoutent l'excès et l'incertitude par peur du chaos – se sont toujours quelque peu méfiées du féminin ? Méfiance terminée en Occident où il reste cependant de bon ton d'évoquer sans cesse un prétendu machisme (c'est quoi cette bête ?) afin de jouir de la position victimaire et de sa résultante bénéfique le privilège d'exercer aveuglément toutes sortes de revanches.

Restera à nos filles à rencontrer des hommes ayant réussi à le rester dans cette ambiance. Peut-être est-ce pour compenser cette dernière situation sociologique de jadis et de fait que le Créateur ou la nature les ont munies de deux grands pouvoirs :

– celui de faire les enfants, de quasiment décider de leur venue et de les élever prioritairement (ce qui est aussi une charge, lourde, convenons-en).

– celui d'une grande puissance de séduction dont on sait assez combien l'homme, même le plus rationnel, est friand.

Il est inconvenant de dire – en notre temps égalitariste j'entends – combien le pouvoir de décider de l'enfantement est exorbitant (étymologiquement : excessif). Les hommes, s'inclinant cependant devant la réalité, n'en sont pas moins conscients d'être passés hors jeu sur cette question (cause partielle de la dévaluation actuelle de leur espèce).

Garçons, hommes, il vous faudra tenir votre rang, et dans un monde occidental devenu féminisé ce ne sera pas toujours confortable ni valorisant. J'ai évoqué cette exigence (cette contrainte ?) à la rubrique traitant de la Suractivité et de la Dispersion. Je me permets d'en rappeler deux idées pour que vous puissiez vous repérer :

– Garçons, rappelez-vous qu'en dernier ressort vous êtes détenteurs de l'autorité et générateurs de l'action. Votre entourage, votre épouse ou compagne, vos enfants surtout, attendent que vous remplissiez ces fonctions. Au fond, ils ne souhaitent pas trouver en face un zombie ronronnant, acquiesçant systématiquement.

– Ne confondez pas ce qu'on dit avec ce qu'on veut (ce serait trop simple). Mais il ne vous sera pas toujours commode de sacrifier à la forme exigée (apparence d'égalité absolue sur tous les plans) tout en veillant au fond souhaité mais bien rarement exprimé et reconnu – qu'en réalité l'initiative vous appartient.

D'une actrice du temps jadis, Julie Talma à Benjamin Constant, aussi médiocre amant que petit écrivain : « *Si vous pouviez seulement avoir l'air d'exister.* » La remarque meurtrière est riche. Elle est et sera toujours pertinente. Il vous sera demandé d'exister, mais de faire comme si vous n'existiez guère – courage. Ce ne sont pas que des mythes si Adam a précédé Ève, si les dieux grecs saisissaient des terriennes. Ces récits racontaient l'initiative qui appartient au masculin, initiative qu'il faut maintenir sauf à voir le monde s'effondrer dans un chaos indifférencié.

Un ami (plus jeune que moi mais déjà vieux *routier* de la vie) me confiait que chaque fois qu'il avait renoncé à quelque décision existentielle réfléchie, qu'il avait abdiqué son autorité afin de ne heurter personne et de maintenir un climat de consensus, au moins provisoire, cela lui était retombé sur le nez. Sans compter que, même inconsciemment, on lui en avait voulu de sa faiblesse. Note à payer, tôt ou tard, et sur tous les plans.

Enfin, jeunes hommes, gardez souvenir de cette simple phrase que je tire d'un roman et qui exprime si bien la sagesse et le potentiel de dévouement féminin : « *Nous pourrions être heureux tous les deux* ». Traitant du bonheur à la rubrique précédente, j'aurais pu ajouter que la femme était incontestablement plus douée pour le bonheur, que celui-ci était l'objet de sa recherche. Même si cette exigence est parfois lourde à supporter par celui qui est censé la satisfaire sans conditions, il faut savoir que c'est un apport essentiel pour toute société.

La saine demande féminine (peut-être avant quelque âge avancé – après, chacun verra) est simple. C'est une demande d'amour (ne limitez pas ce terme). La demande masculine est plus variée, plus fluctuante, voire plus déconcertante, d'où, homme, je ne sais qu'en dire.

***

Je vous épargnerai une citation longue et difficile à assimiler qui concerne nos relations avec l'autre et l'ailleurs et qui dit à peu près ce qui suit (je résume autrement, je ne tronque pas) : *Prendre peut-être ce qui vient d'ailleurs mais en le recyclant, sans surtout chercher à s'abolir devant l'Autre* (ça finit trop souvent mal), *sans fusion, sans confusion.*

Poussé à ses limites, le déracinement (je parle de déracinement personnel, culturel, pas de lieu) peut se révéler destructeur de soi.

Vous savez tous ce qu'est un *lien* sur internet, voici ceux de cette ultime remarque :

– Conserver le *Je* (rubrique : Regardez devant).

– Ne pas devenir un clone (rubrique sur l'Ambition).

– Un temps, écouter, regarder, suivre, aimer peut-être… mais rester soi sans aliéner sa personnalité (rubrique sur les Maîtres).

– Comprendre et apprécier la culture d'autrui ne signifie pas abandonner la sienne (suite de l'exception culturelle à la rubrique sur la Culture).

– Être et rester soi-même, sans abus de rêverie, sans excès d'idéalisme (ni de matérialisme !), soigneusement préservé de tout mimétisme c'est-à-dire d'imitation dépersonnalisante (rubrique sur les Choix existentiels et un peu partout dans ce document).

– S'aimer (sans excès), s'estimer, prendre soin de soi… (rubrique sur l'Estime de soi).

***

J'ai évoqué les religions dites orientales, aussi je dirai un mot, purement philosophique et personnel, d'un des aspects de celles-ci et également parce que la question est à la mode. Tant pis si je sors du sujet de cette rubrique et même m'éloigne beaucoup de l'objectif de ce document. Dans l'introduction j'ai avoué que je n'entendais pas m'ennuyer en vous écrivant.

Il est superflu de dire qu'un chrétien ne croit pas à la Réincarnation, incompatible avec la Résurrection. Il peut être utile de dire que cette notion est fondamentalement étrangère à la mentalité occidentale et que si on *« n'est pas né Persan »* (Montesquieu) on ne le devient pas non plus en cours de route[9].

Il n'est donc pas, en plus, surprenant que les Occidentaux branchés férus de réincarnation n'y comprennent rien et déforment complètement cette croyance orientale (où elle est considérée comme une punition et une souffrance et non comme un baume psychologique consolant de la mort et procurant une deuxième, troisième puis énième chance d'enfin se réaliser).

Le bouddhisme *parisien* n'a rien à voir avec la doctrine du Bouddha, seule subsiste l'étiquette du produit, zen, tantrique ou tibétain (le *summum* de la niaiserie de l'Occident grâce aux exhibitions continuelles du dalaï-lama).

« *Comment une doctrine du renoncement peut-elle séduire une société de l'implication mondaine ?* » (P. Bruckner)

Il est probablement osé, et je m'en excuse, de penser que la croyance à la réincarnation peut aboutir à une négation de la Personne créée en un lieu et en un temps, de son individualité au sens originalité et liberté, et donc, théoriquement, à une dilution de sa responsabilité (c'est son Karma !).

Ce qui n'empêche pas que la valeur morale de beaucoup de ses adeptes d'origine soit aujourd'hui tellement supérieure à celle de tant d'Occidentaux sans foi ni loi, incultes et spirituellement décérébrés.

Mais cette idée de vies terrestres multiples (innombrables), que je respecte, ne peut pas m'intéresser à titre personnel. En effet je serais certes assez volontiers alléché par la perspective de revenir ici, tel le magicien Faust, en restant moi-même avec des artères et beaucoup d'autres choses toutes neuves, prêtes à servir (en plus je ferais un tabac « *jeunesse pourrait et enfin saurait* »).

Mais il ne me dit absolument rien de revenir comme trappeur (demain sans gibier) dans les monts du Yukon, comme tireur de pousse-pousse (demain sans clients) à Tientsin, comme aguicheuse danseuse pour touristes-voyeurs à Louxor ou comme aide-comptable pointilleux à Nijni-Novgorod... sans souvenirs, dépouillé de mon être connu, revêtu d'un autre Moi entièrement distinct du Moi qui a existé, totalement étranger à celui-ci, inconnu de celui qui est à jamais disparu. S'il a jadis été rude garde du corps de Nabuchodonosor, sémillante cueilleuse de gui, généreux et gai chevalier de la Table ronde ou humble marmiton au service du pauvre Vatel, l'auteur n'en a gardé aucun souvenir, nulle expérience qui lui serait utile, aucune jouissance ni aucun désagrément, il ne lui importe donc.

Si, alors, « *Je est un autre* » (Arthur Rimbaud), cet autre qui ne sera plus moi me laisse encore plus indifférent dans le temps que des milliards d'autres aujourd'hui dans l'espace. La nouvelle feuille qui pousse sur l'arbre reçoit une sève similaire mais elle est toute autre que celle qui est tombée quelques mois auparavant et n'en a cure dans la saison qui lui est allouée.

Au plan existentiel, je ne nie pas l'intérêt de cette croyance pour son aspect lié à la *rétribution* (prise en compte ultérieure des actions bonnes ou mauvaises, donc maintien d'un certain ordre ici-bas) où elle remplit la même fonction que la croyance, hélas passée, de l'enfer dans les pays chrétiens. Mais ne serait-ce que parce que j'ai proclamé plusieurs fois dans ce texte que le soin, le souci de Soi, de sa propre Personne, était primordial, je préfère encore me retrouver Moi-même à méditer en enfer – *« Dieu m'a dit de croire à l'enfer, mais Il m'a interdit de penser, avec certitude, d'un seul homme qu'il était damné »* (Pierre Teilhard de Chardin) – plutôt qu'être transformé, réincarné, en un quelconque Autre inconnu dans quelque Goulag futur du Kamtchatka, ou en rhinocéros (s'il reste quelques spécimens de cette espèce et donc une place pour moi). La Résurrection chrétienne conserve ma Personne, mon Moi, l'ensemble de mon être créé. C'est le sens difficile à comprendre de la formule du Credo chrétien : *« Résurrection de la chair »* (expression qui signifie qu'elle concerne l'être dans sa totalité[10]).

Enfin, je terminerai cette digression divertissante, au moins pour moi, par une précision. Que nul ne prenne ces élucubrations sur la réincarnation pour une pierre lancée dans son jardin, seulement pour un divertissement.

Les croyances ancestrales et sincères, soit non empruntées par mode, ont tout mon respect – même si je ne me sens pas tenu de les adopter pour faire *branché*.

L'humanité a mis tant de temps et d'efforts à les élaborer et à les recevoir.

***

NOTES

[1] L'humilité ne consiste pas à refuser, négliger, dissimuler ses talents et ses motivations. Elle consiste, au contraire, à utiliser les premiers et à assumer les secondes, mais seulement avec discrétion. Soit donc sans trop s'enorgueillir de ses talents (intelligence, beauté, bonté, mémoire, voix de cantatrice, jambes de sprinter, capacité de...). *« Qu'avez-vous que vous n'ayez reçu ? »* (saint Paul)

[2] Vous reconnaîtrez un tel ami si, l'un comme l'autre, vous pouvez reprendre la conversation des années après au point presque où vous l'aviez laissée (soit sur un même ton, avec de vieilles expressions communes...). Cela signifiera votre communauté encore vivante et le fait que vous avez évolué de manière parallèle.

[3] Je m'adresse là surtout aux filles – comme futures mères – qui y ont plus tendance par promptitude naturelle. Elles seront en charge d'une lourde responsabilité : transformer des enfants en adultes, faire des hommes (les laisser se faire) que pourront apprécier d'autres filles. Ni la spontanéité ni la sincérité n'autorisent à se conduire comme un éléphant dans un magasin de porcelaine.

[4] Sachant que, dans son secteur, elle lui demandera souvent son aide pratique (tâches manuelles, administratives...) – que lui la sollicitera bien moins souvent mais s'attendra à recevoir du soutien, des conseils discrets. Ainsi sommes-nous faits. Mais peut-être que je raisonne au passé.

[5] Je prie que personne ne se livre à quelque divination ou projection. Aucune personne n'entre vraiment et totalement dans les schémas suivants, même si chacun de nous peut découvrir en lui et en n'importe qui des bribes de certaines de ces attitudes.

[6] Béthune est un endroit fort estimable où l'on vit très bien.

[7] Surtout si vous ne répondez pas présent à leurs incessants caprices du type : *Je ferais bien – J'irais bien – Je mangerais bien...*

[8] Sur les différences entre hommes et femmes on peut lire un livre sans prétention mais pertinent : *Les hommes viennent de Mars, les femmes viennent de Vénus*, de John Gray. Que les filles sachent aussi que, au plan de l'esprit, de la mentalité, les garçons progressent beaucoup moins vite qu'elles vers ce qu'on appelle la maturité. En effet, l'éclatante et profonde bêtise – qui s'apparente parfois à de la méchanceté – de certains (lors de la fin de l'enfance, au début de l'adolescence) disparaîtra quand ils seront devenus des hommes. Seulement, souvent, il leur faut du temps pour cela. 12, 15, 20, 25, 30 ans même (parfois plus) chez une fille ou un garçon ne recouvrent pas le même niveau d'évolution. Mais comme le monde est équilibré, peut-être ceux-ci vont-ils plus loin après ? Un âge avancé, 55, 60, 70 ans éloigne également, mais alors souvent à l'inverse. Jadis, comme garçon, la fable du *Lièvre et de la tortue* m'aurait assez satisfait, ou rassuré. Le gagnant c'est la tortue, le garçon – tout en pondérant du fait que dans ce domaine la course est plus importante, plus agréable et plus profitable que la ligne d'arrivée. Il faut profiter du temps de recouvrement – miracle. *« Les hommes sont plus susceptibles d'être riches en vertus acquises et les femmes en vertus naturelles ou natives. »* (J. Joubert)

[9] Note incidente qui dépasse largement la question particulière traitée dans le corps du texte. Élargissez toujours les remarques, les citations. Celle-ci rappelle, une fois de plus, qu'on ne revêt pas une peau totalement différente de la sienne.

[10] Cette toute dernière observation pour dire aussi que, en tout domaine, il ne convient pas de s'en tenir étroitement à l'apparence triviale des termes d'une formule, d'une maxime, d'un principe, d'un dogme, d'un rituel, d'une liturgie... Derrière il y a toujours quelque message, quelque sens profond. Encore faut-il faire l'effort de le chercher.

# XV
# VERSANT

– Changeons de versant.

Avec les trois rubriques suivantes nous passerons de l'Est (du Levant) au Midi soit vers des notions plus abstraites et plus d'entendement de notre environnement. Cette formulation est une anticipation du paragraphe sur les points cardinaux qu'on trouvera dans l'Épilogue et qui explique la progression que j'ai adoptée et qui accompagne toute vie humaine.

J'ai dit précédemment tout ce qui me paraissait utile à votre âge et pour les années qui sont devant vous. Pour les thèmes qui suivent, sentez-vous encore plus libres de penser et faire à votre idée. *« N'importe ce que vous chanterez, mais comment vous chanterez. »* (Charles Maurras) Le premier terme est un peu abusif, mais chanter juste dans la partition qu'on a choisie est déjà bien.

Comme je l'ai annoncé dans la première rubrique (En Selle) les deux rubriques suivantes (sur l'Exception et le Prêt-à-Penser) s'adressent essentiellement à un âge plus avancé – or celui-ci viendra.

Pour les nombreuses considérations historico-sociologiques qu'elle contient, la même réserve s'applique à la troisième, sur la Transcendance.

Dans cette introduction, j'ai expliqué pourquoi j'ai pensé souhaitable d'inclure ces rubriques et de leur donner un certain ton comme, également, j'ai indiqué le caractère tout à fait personnel et daté de certaines des réflexions qu'elles contenaient.

Il s'agit de nous détacher des mots, des propagandes et des émotions fabriquées, de l'apparence et des manipulations pour nous aider à percevoir le monde réel, de « *voir les choses comme elles sont et non comme on voudrait qu'elles soient* », pour reprendre Bossuet déjà cité[1], d'appréhender la réalité et non pas de se soumettre à des constructions de l'esprit, de ne pas se cacher derrière diverses formes d'illusion, de parvenir dans le *brouhaha* à être quelqu'un, soi-même.

On n'atteint à la liberté que par cette approche et, au-delà de la liberté, on finit par trouver une certaine sérénité. En effet, la liberté n'est pas donnée – c'est une conquête personnelle. Croire qu'il s'agit d'un droit, c'est vivre en plein rêve et, donc, s'apprêter à chuter de haut.

Dans les deux rubriques suivantes, sur l'Exception et le Prêt-à-Penser, c'est dans le domaine de la société que j'ai essayé de procéder à cet entraînement d'un raisonnement plus froid, qui donc rend plus libre[2]. Mais celui-ci s'applique tout autant dans les relations individuelles où, alors, son apparente dureté est à corriger par la dose d'entente, de compréhension, d'indulgence et même de sympathie active que nous devons à nos semblables comme nous aimerions à la recevoir d'eux[3].

J'ai d'ailleurs amorcé l'entraînement dont je parle dès la rubrique précédente sur l'Amitié et l'Amour et parfois avant, dans des incidentes. Ce, pour deux raisons :

– Parce que je le considère comme important pour la formation et la liberté d'esprit de quiconque.

– Parce que ce que j'appelle *l'apprendre à voir* est un tout qui ne saurait être dissocié entre le domaine personnel et l'aire sociale.

Dès le début, j'ai dit que j'écrivais pour vous décrire le monde réel (certes selon moi et selon l'époque et le lieu dans lesquels j'ai vécu et j'écris) et pas un monde fictif, utopique, purement imaginaire ou tel qu'imposé par les manipulateurs ou les inconscients. Mais soyez bien conscient que le Réel (ce qui apparaît comme étant) est loin d'être toujours Rationnel (ce qui est objectivement raisonné et justifié[4]).

Le monde ne l'est pas plus que nous ne le sommes, peut-être même encore moins, car à nos propres fantaisies, il surajoute celles émanant du conditionnement du troupeau.

Plus loin, à la rubrique Terminus, si je vous recommanderai d'être personnellement sérieux (dans les activités qui requièrent cette attitude), je vous conseillerai aussi de ne pas prendre le monde trop au sérieux.

Notre pays semble, depuis peu (2006/2007), péniblement évacuer ses tabous, s'extraire de la gangue de la pensée unique, raisonner autrement qu'en

...*isme* (et même raisonner tout court), retrouver l'approche de la réalité et moins fuir dans la contemplation narcissique et sclérosante de lui-même ; il semble qu'on puisse y parler (un peu) plus librement sans être ostracisé d'emblée.

Je ne peux que me réjouir (et vous également) de respirer un air légèrement meilleur, un peu moins étouffant et moins médiocre que celui des trente dernières dizaines d'années. Mais suivant le vieux proverbe, « une hirondelle ne fait pas le printemps » et nous partons de si bas. De plus la régression (retrouver ses doudous) est un délice que notre pays affectionne.

Enfin, si vous trouvez que parfois j'exagère ou me fais trop plaisir, passez et revenez-y trente ans après.

*« Écrire c'est penser. L'écriture est la fin même de l'œuvre, non sa publication »* (Roland Barthes).

***

NOTES

[1] On pourrait traduire aujourd'hui le deuxième terme de la citation par : et non comme on voudrait vous les faire voir.

[2] Il est possible que certaines remarques de ces deux rubriques aient perdu et sens et valeur quand vous les lirez. Pour la plupart d'entre elles je ne pourrai que m'en féliciter (et vous de même).

[3] « *L'amour est devenu le sacré de notre époque.* » (E. Zemmour)

C'est à dessein que je n'emploie pas le mot d'amour, terme galvaudé, mot caméléon. Le terme d'amour, amour gratuit d'autrui (rien à voir avec le désir amoureux) souvent utilisé en certains milieux (religieux notamment où, à partir des Évangiles, on insiste peut-être trop sur leurs parties *sucrées* acceptables dans l'air du temps au détriment d'autres plus rudes) est très ambitieux et peut même se révéler trompeur. Il induit une proximité réciproque (de moi à lui et de lui à moi) obligatoire et par là même insoutenable.

L'entente, la compréhension, la *complicité*, ne vont pas d'elles-mêmes. Si tel était le cas, elles perdraient toute valeur, toute humanité. L'abus de ce terme d'amour est dangereux. Il est souvent l'arrière-fond idéologique et la justification trompeuse des totalitarismes qui commencent toujours par le terrorisme (le terrorisme intellectuel étant aussi efficace que les bombes). Les rêves délirants d'humanité parfaite ont toujours très mal fini.

Le véritable amour participe autant de la raison que de l'affectif. Actuellement clamé bien plus que réellement prodigué, sans vérité ni exigence ni rigueur, l'intoxication contenue dans le mot corrompt tout, comme on dit d'un enfant qu'il est gâté (à tous les sens du terme). L'amour (hors des très proches et du domaine amoureux, j'insiste tellement le terme est galvaudé) est un don – précieux car rare. Abuser du terme, faire croire qu'il va de soi, qu'il est d'une part un devoir et de l'autre un droit, s'illusionner et illusionner est mentir, pire trahir autrui. Les humains ne peuvent guère y compter, mais ainsi illusionnés, s'attendant à être heureux, aimés, si cela ne se produit pas, certains d'entre eux s'estiment floués et deviennent fous de rage. J'emprunte cette dernière remarque à un auteur américain de roman policier. Elle me parle. Elle dit l'Amérique, l'Occident, l'illusion bien pensante, confortable et nocive.

D'ailleurs où que ce soit, en tout milieu humain y compris en Église (même si là à un degré plus raisonné et suivant une pratique plus franche), ce n'est pas parce qu'on parle de quelque attitude qu'on la pratique (il arrive même que ce soit l'inverse). On parle toujours de ce qui manque, comme pour le faire exister.

Concrètement l'incantation verbale n'est qu'une vitrine. Abstraitement elle relève de la magie (le mot fait exister la chose). « *Rien de plus malléable qu'une bonté sans pensée ; rien de plus terroriste qu'une bonté qui s'appuie sur un savoir congelé, sur une pensée irrévocable, et qui prétend avoir réglé, une fois pour toutes, le problème de l'Autre... Et c'est parce que la sagesse et l'amour ne sont pas des divertissements... mais des charges lourdes à porter, que l'humanité oscille entre les deux pôles d'une morale sans délibération et d'un impérialisme sans morale.* » (A. Finkielkraut)

[4] Un très grand philosophe allemand, Hegel, XVIII^e^-XIX^e^, a énoncé une formule célèbre : « *Tout le réel est rationnel, tout le rationnel est réel.* » Ce postulat a eu une grande influence historique, négative si on la juge à ses résultats.

La première partie en hissant l'État (prussien alors, entre autres) au rang d'entité suprême auto-justifiée – facilité bénie que bien d'autres États se sont empressés d'utiliser ensuite pour devenir omnipotents et écrasants.

La deuxième en sacralisant les théories marxistes ultérieures orientées vers la maîtrise autoritaire de l'avenir suivant lesquelles la raison peut contraindre et dominer la réalité.

« *Jusqu'à présent les philosophes n'ont fait qu'interpréter le monde, ils ont maintenant à le transformer.* » (Karl Marx)

# XVI

# EXCEPTION – IMAGE ET REALITE

Ne vous fondez pas sur l'**exception** mais sachez reconnaître celle de qualité. Ne confondez pas : **image**, **réputation** et **réalité**.

N'ayez pas peur de la rencontrer : l'exception. *« L'idée d'exception est productrice de sursaut, de mouvement. »* (Julien Benda)

Seulement choisissez les exceptions qui sont susceptibles de vous apporter, pas celles qui risquent de vous détruire. C'est vite vu même si vous voudrez bien vous souvenir qu'il est dans l'ordre des choses que vos parents voient plus vite et plus clairement.

N'ayez pas trop peur d'en être. Mais, dans ce cas, il faudra alors tenir cette position sans excès, modestement, et savoir que s'y situer soi-même est souvent inconfortable et que cette position peut s'avérer périlleuse.

*« Penser ou agir autrement que tout le monde est injurieux pour la multitude. La vraie morale c'est d'être en troupeau, de ressembler à tout le monde. »* (Léon Bloy)

Tout groupe humain présente une propension au totalitarisme (lequel est toujours une tentative dérisoire d'échapper à l'incertitude qui caractérise notre condition humaine).

*« Chacun est prié d'ajouter foi à ce qui est dit, d'aimer ce qu'il faut aimer, de trouver enthousiasmant ce qui veut être trouvé enthousiasmant ; et à tout le moins de faire semblant… »* (F. Taillandier)

Le monde se méfie de qui n'est pas *monsieur, madame tout le monde*, et ceci est vrai quel que soit le milieu où on se trouve. En prenant le risque de vous positionner différemment, d'adopter la posture de réfractaire à la sacro-sainte opinion générale, vous prendrez le risque de vous différencier et donc de vous séparer. Sortir du rang (il y a des rangs dans tout milieu) est toujours dangereux.

Le monde peut même rejeter férocement ceux qui se singularisent ainsi s'ils dénoncent des ententes matérielles qui font l'affaire de quelques-uns, s'ils désapprouvent des déficiences morales considérées dans l'air du temps comme légitimes et quasi obligatoires, ou simplement s'ils s'écartent trop de l'observance de la conduite dominante pratiquée.

Par contre le même monde apprécie beaucoup les moutons, ceux qui suivent ce que critiquait le cardinal J. Ratzinger – devenu Benoît XVI – quand il écrivait : « *Le point de repère de l'action n'est plus la réalité, ce sont les réactions présumées des autres.* »

Au moins, en évitant de vous placer dans une position de dissident et de contradicteur systématique, ce qui est vain et pénible pour tous : « *La révolte érigée en système pétrifie autant que le conformisme*[1] » (Gustave Thibon), ne vous laissez ni leurrer ni prendre par cette forme douce de clonage qu'est le conformisme et son associé l'unanimisme. Ces deux complices alimentent sans cesse le puits sans fond des préjugés (étymologiquement : jugements dictés par d'autres et reçus d'ailleurs, donc juger avant de voir, sans savoir).

Sachez bien que la raison profonde du conformisme – systématique j'entends – est une énorme peur du rejet social (il faut : être, penser, dire, faire comme tout le monde), ce qui manifeste une estime de soi assez basse ; donc souvent un manque de fierté dangereux pour autrui (voir les phénomènes de foule à la rubrique suivante).

Ne vous laissez pas devenir un de ceux que F. Nietzsche nommait les « *esprits automatiques* » ; aujourd'hui, entre autres, les adorateurs de la pensée unique, les laquais du politiquement correct, les fanatiques des fameux sondages… en résumé ceux qui croient et désirent systématiquement tout ce que l'on croit et désire autour d'eux.

Comme nul n'est obligé de participer à ce que Philippe Muray appelait « *l'hyperfestivisme contemporain* » (nuits blanches, délire footballistique, apéros géants…), même s'il est normal que les jeunes apprécient (au moins certaines de ces festivités). « *Le moindre progrès spirituel nous retire le concours des autres hommes qui voient en nous un être qui commence à se suffire.* » (Louis Lavelle)

Le terme spirituel peut s'entendre comme philosophique ou simplement comme reflétant une prise de distance justifiée avec le convenu dominant en un lieu et en un temps. Le monde de ceux qui ne se suffisent pas n'aime guère ceux qui y parviennent.

Savoir accepter nos différences, c'est reconnaître et affirmer l'autre en tant que personne et donc soi-même tout autant, ce qui implique un effort certain et exclut la facilité simplificatrice. Si, ici ou là où vous vous trouvez, sur un sujet complexe, tout le monde a la même opinion, vous gagnerez beaucoup de temps et sauvegarderez votre autonomie personnelle en allant faire la sieste. Sauf exception – il y en a toujours – si on incite tout le monde à applaudir ou tout le monde à siffler, il y a de grandes chances que le sujet ou l'objet ne mérite pas tant d'honneur ou tant de mépris[2].

« *Toute idée publique, toute convention reçue est une sottise, car elle a convenu au plus grand nombre.* » (Chamfort) La formule est un peu exagérée, mais il y a une idée à retenir. Plus la sottise est grosse, plus elle a d'avenir auprès des médias et des foules.

Partout et toujours, mais particulièrement au sein des groupes dont j'ai parlé à la rubrique sur l'Isolement, comme pour détecter les personnalités que j'ai évoquées à la rubrique sur les Maîtres à rencontrer, regardez plutôt les arbres que la forêt, ou, tout au moins, distinguez les uns et l'autre. Les premiers vous en apprendront plus. Cependant, n'admirez ou ne condamnez pas une institution, un groupe, un mode de vie... en raison d'une exception qui vous semble positive ou négative. L'exception n'est pas la règle. Un ensemble comporte des sous-ensembles mais ne se confond avec aucun.

– Un bel arbre droit peut se trouver dans une médiocre forêt de taillis, s'il est bien de le voir, il ne la transforme pas.

– Un arbre contaminé, pourri, peut se trouver dans une forêt majestueuse, s'il..., il ne la dénature pas.

Il faut savoir voir, apprécier et juger la partie et l'ensemble indépendamment l'une de l'autre. En effet, tout ensemble humain a sa substance propre, son existence, son fonctionnement, son harmonie ou sa disharmonie relativement distincts des membres qui le composent.

Un groupe de personnes réunies est autre que la somme de ses membres, comme tout éleveur sait que le troupeau constitue une entité distincte des animaux pris isolément et peut avoir un comportement différent de celui de chacun considéré séparément.

On dit, fort justement, que quand on agit il faut se conformer aux règles (ou mieux encore à leurs raisons si on les sait) et, quand on juge, avoir égard aux exceptions. Toute collectivité, toute institution possède ses règles explicites ou tacites. Tant qu'on en est membre on doit les respecter. Néanmoins il n'est nullement interdit d'évaluer leur pertinence et d'en penser...

Toute époque engendre son totalitarisme d'ambiance intellectuelle, on peut refuser « *les lieux communs du temps, ne pas se plier aux génuflexions d'usage* » (F. Taillandier). Le port de l'uniforme n'est pas obligatoire.

***

Ne confondez pas la carte et le territoire. Pour connaître le terrain, bougez-vous. L'écart peut-être énorme entre *être informé, penser* même et *connaître par contact.* En tout domaine, si on veut savoir il faut y aller voir soi-même, sans préjugés qui faussent tout, mais avec ouverture et bienveillance à priori, ou au moins saine curiosité, ce en gardant sa faculté d'examen, sa lucidité ; se chausser et, éventuellement, prendre son parapluie.

La répétition obstinée de ce qu'on n'a pas éprouvé par soi-même est l'amorce de la sottise. Pour sauvegarder la liberté de notre esprit, il convient de se garder de l'enchaînement trop systématique de nos idées, « *Nous nous enchevêtrons nous-mêmes* » (J. Joubert). Si on est dépendant de préjugés et qu'on souhaite au fond, par confort, n'y rien changer, autant rester chez soi plutôt que de prendre froid, de perdre son temps et faire perdre celui des autres.

« *Revêtons-nous de nos préjugés ; ils nous tiennent chaud.* » (Maurice Barrès) On a dit fort justement que ceux qui ne se rétractaient jamais s'aimaient plus que la vérité. Il n'y a que les imbéciles qui ne changent pas d'avis (et les politiciens accrochés au fonds de commerce qui les nourrit si bien). Cette espèce de perroquet est tellement nombreuse qu'elle peut se passer de vous. Si tout au long de votre vie vous n'avez jamais changé d'avis, alors vous êtes un héros ou un saint (espèces assez rares) ou un *inexistant* (espèce plus répandue).

« *Nos systèmes de croyances sont comme ces chevaux qu'il faut changer, échanger contre d'autres.* » (C. Singer)

Il faut savoir entrer dans les idées des autres et il faut savoir en sortir, comme il faut savoir sortir des siennes et y rentrer peut-être ensuite.

Vous serez souvent surpris du décalage entre la réalité interne et l'image externe, la réputation, surtout si celle-ci provient des médias, grands éleveurs de benêts-conformistes, de ceux que j'ai déjà appelés et définirai en fin de rubrique suivante (note n° 1) comme les *gogos.* Ceux qui sont informés de tout par leurs maîtres à penser et condamnés ainsi à ne rien comprendre.

Les médias ne sont pas chargés de promouvoir la vérité – mot qu'on n'y entend jamais employé, omission révélatrice dans leur déluge verbal. Leur rôle, pris très au sérieux, est de servir les plus grandes gueules et de fabriquer un consensus artificiel par le culte bruyant du sensationnel en éliminant tout ce qui ressemblerait à une analyse de fond et en flattant certains instincts – notamment le voyeurisme et le larmoiement des sots – les plus médiocres étant usuellement les plus accessibles. Quelqu'un a appelé très justement la télévision : télé de foire du Trône[3].

La diversité des supports d'information ne garantit nullement leur autonomie de pensée. En effet, tous (ou presque) se copient en surenchérissant les uns sur les autres, tous sont réalisés par le même petit groupe de personnes interchangeables dans lequel la réussite matérielle est la valeur suprême, ce qui implique soit la soumission conformiste – parfois servile – soit le passage à la trappe. Bien sûr, là aussi on trouve des exceptions, au moins relatives.

Un autre piège à l'indépendance d'esprit provient de ce qu'on appelle la rumeur. La plupart du temps dépourvue de fondement, partie d'on ne sait où, elle se répand comme un virus, de bouches à oreilles, sans jamais offrir la moindre preuve ni justification. Elle attribue gratuitement à quelqu'un, à un groupe, à une collectivité, des vilenies ou des intentions mauvaises. Elle vise en général des gens ou des groupes fortement identifiés, moins soumis à l'air du temps, se tenant à l'écart de l'unique pensée officielle. *On dit qu'il aurait dit... qu'elle aurait fait... Il paraît qu'ils sont tous...* Ce sont souvent des rumeurs qui sont à l'origine des plus grandes persécutions du passé (les soi-disant empoisonneurs de puits du Moyen Âge...). « *Ce ne sont pas les faits, mais les bruits, qui causent les émotions populaires. Ce qui est cru fait tout.* » (J. Joubert)

***

Exemple : j'ai passé 35 ans dans une entreprise qui avait une réputation déplorable à l'extérieur (presse-citron de ses employés notamment, mépris des personnes, les jetant après usage...). Or j'y ai toujours très bien vécu et je dois reconnaître même qu'à l'occasion de quelques erreurs flagrantes au début et ensuite lors de certains passages à vide (en 35 ans !) mes supérieurs comme mes collègues (et mes clients) m'ont toujours soutenu, abrité et jamais enfoncé, bien au contraire. Il est vrai que j'étais d'habitude efficace et me conduisais loyalement, sans trucs, ni jérémiades, que je m'efforçais de donner avant comme de rendre ensuite, que j'étais là quand il y avait un coup de collier à donner – et sans demander de récup. ![4]), que je savais aussi me défendre. Mais je n'ai pas été un cas à part, il s'agissait là plutôt d'une règle officielle de conduite, de management – dont quelques-uns d'ailleurs et évidemment abusaient.

Il faut reconnaître aussi que :

– L'époque était professionnellement bien plus facile, ce qui rend l'atmosphère plus confortable (à pondérer par la constatation que si on stressait moins, on travaillait plus ; je crois avoir déjà dit qu'il n'y avait rien pour rien).

– Les gens qui composaient partout alors les directions et l'encadrement faisaient preuve d'une importante rigueur morale – ce qui me semble être moins le cas aujourd'hui. On n'a pas beaucoup démoli depuis quarante ans sans en payer le prix.

Néanmoins l'ambiance interne n'avait rien à voir avec l'image externe convenue et sans cesse assenée par des gens qui n'y connaissaient rien et surtout ne voulaient rien savoir, englués dans leurs préjugés, dans la commodité qu'il y a à répéter ce qui a été édifié une fois pour toutes comme une évidence.

***

Le décalage – dans n'importe quel sens – entre réalité et réputation est vrai pour toute institution, comme souvent aussi pour les personnes.

Je n'entonne pas le refrain sur les exclus et l'exclusion dans la société, on l'a suffisamment entendu. Mais, au cas par cas, un individu exclu d'une collectivité, d'une communauté, n'est pas toujours le pelé, le galeux que l'on décrit ensuite au sein de ce groupe – pas plus qu'à l'opposé, la vedette d'aujourd'hui n'est le phénix qui éblouira le monde ou le dieu dérisoire qui le sauvera.

On peut avoir fait payer au premier son esprit anticonformiste, sa personnalité, souvent il peut avoir été victime de conflits de pouvoirs sordides, la cible sur laquelle le groupe a défoulé son agressivité pour des raisons qui sont tout sauf nettes et pures. Ce n'est pas là une règle, il a pu mériter son sort, les minoritaires, les isolés, les virés n'ont pas toujours raison. Je veux dire qu'ils n'ont pas toujours eu systématiquement tort.

Si on veut savoir il faut aller y voir, écouter les deux sons de cloche, réfléchir, *savoir voir.*

*« Le minoritaire n'est pas celui qui répond différemment aux mêmes questions, mais celui qui en pose d'autres. »* (F. Taillandier) De même, dans les histoires personnelles, le fautif n'est pas toujours celui qu'on désigne.

Exemple : je pourrais en prendre d'autres – qu'on pense à un Soljenitsyne avant que son cas ne finisse par émerger – tant d'autres partout et à toute époque. Mais, quand c'est possible, je préfère des exemples plus ordinaires, moins austères, tellement plus modestes. Dans ce cadre, j'en aurais concernant d'autres personnes que moi mais je ne peux m'autoriser à les diffuser, même de façon restreinte, sans trop les déformer.

Donc, prenons un exemple qui me concerne, fort peu grave et plutôt drôle, qui a cependant l'avantage de comporter plusieurs enseignements pour vous, ainsi que celui de refléter l'absence de sérieux du monde (à laquelle il faudra vous habituer tôt ou tard).

Au milieu des années 90 (il y a donc bien plus de dix ans) j'ai failli me faire expulser du groupe de bénévoles en soins palliatifs dont j'étais membre depuis des années, ce dans les règles mais brutalement : convocation au siège de l'association, réunion du groupe de bénévoles avec procureur présent… le grand tralala, les chefs allaient montrer qu'ils étaient chefs, qu'ils servaient à quelque chose, on allait voir ce qu'on allait voir…

Le dossier avait été patiemment fabriqué et garni de maintes enjolivures mensongères au point d'abuser les responsables de l'association et même la surveillante des infirmières alors toute nouvelle dans le service de cancérologie et qui ne me connaissait pratiquement pas.

L'apparence, habilement formulée, était que j'étais peut-être tout à fait OK avec les malades et le personnel soignant (détail pour des bureaucrates) mais que lors des réunions de notre petit groupe de bénévoles je ne me prenais pas au sérieux et ne nous considérais pas comme les admirables-héros-remplis-d'abnégation-sauveurs-de-l'humanité-souffrante et pas plus l'association en tant que telle que ses membres, sacrilège, et que je faisais parfois rire mes collègues, sainement certes, mais quand même – scandale[5].

La *mission* devait impliquer le profond sérieux compassé de rigueur et l'obligation d'arborer une gueule de croque-mort (nos *clients* auraient apprécié ce genre de visites anticipées !), même entre nous, même à la maison peut-être ?

Dans leurs chambres, à une mine compassée (pré-mortuaire) la plupart de nos patients préféraient un échange adulte c'est-à-dire revenir sur leur vie à eux, plaisanter même parfois afin de s'efforcer de tenir encore la *grande faucheuse* à distance. Attitude qui leur était plus facile avec un étranger capable d'écouter ces dernières *parades* existentielles et de les partager – à bonne distance mais avec empathie.

La réalité, occultée bien sûr, était qu'une de mes collègues bénévole, la patiente fourmi monteuse du dossier ici et là, s'offrait depuis longtemps en vitrine avec insistance en affichant une nette prédilection lassante pour le spectateur que j'étais, qu'elle eût voulu amateur empressé. Sans montrer de muflerie ni lui faire part de ma réserve, la marchandise ne me tentait pas. Nul n'est obligé de fréquenter les expositions, avec illuminations et sono poussée à fond en plus.

En passant, sachez, garçons et filles, que cette position de retrait peut vous valoir de farouches inimitiés. Ne vous en étonnez pas, restez sur vos gardes.

Leçon annexe que vous pouvez étendre, mais surtout valable dans ce domaine intime : s'il vous arrive de blesser un Ego surdimensionné, fût-ce par abstention, garez-vous. Son possesseur n'aura de cesse avant d'avoir exercé quelque vengeance et elle sera sournoise à la mesure du doux plaisir (par compensation) qu'il, ou elle, y trouvera.

Je n'ai pas la vocation de l'agneau qu'on égorge. Si on me cherche on me trouve. J'ai des griffes, j'avais dans le groupe des ami(e)s solides ni manchots ni muets ni naïfs, le médecin-chef du service, peu loquace, était venu pour l'unique fois à notre réunion et, après avoir écouté les uns et les autres, d'une phrase de ferme soutien à mon égard, a démoli le technocrate-accusateur (un bon type d'ailleurs que ses collègues-dirigeants plus prudents avaient fait monter en première ligne).

Je n'empêche personne d'imaginer aussi que, en dehors de leur amitié réelle pour moi et de la clairvoyance propre à leur sexe, les autres membres féminins du groupe n'ont guère éprouvé de réticence à descendre leur collègue-femme, qui l'avait bien cherché. Le bureaucrate improvisé procureur a quitté l'association. On n'a plus revu l'alléchante bénévole (absente de cette réunion par prudence ; il n'y a que les kamikazes pour rester assis sur leurs bombes). La surveillante, confuse, m'a fait ses excuses pour être tombée dans un piège aussi banal et vieux comme le monde (même la Bible en parle dans l'épisode de Joseph et d'une dame nommée Putiphar). Je suis resté des années encore.

Les amis c'est utile, mais si je n'avais pas su me défendre, moi d'abord, ils se seraient interrogés, ils auraient faibli et se seraient plus ou moins planqués (c'est humain) et je serais passé à la trappe en douceur comme *perturbateur* (tel était le motif de l'accusation).

Soyez irréprochable dans vos activités, ayez des amis et pour cela soyez estimé, apprécié. Mais sachez vous défendre, vous d'abord. Vous êtes le premier responsable de votre salut. Apprenez à voir sous le couvercle (qui a posé la mine, réglé le détonateur et camouflé l'ensemble), à discerner les mécanismes humains (pour quelle raison réelle au-delà des justifications apparentes). L'unique intérêt de s'être frotté aux politiciens, c'est d'avoir acquis un peu d'expertise en déminage.

Mais bien sûr, on se déconsidérerait en sur-réagissant, en ne proportionnant pas sa riposte à l'attaque, en la prolongeant par sadisme ou intérêt, en l'érigeant en triomphe, en pulvérisant l'adversaire[6].

C'est pour ce dernier paragraphe que je me suis étendu sur cet exemple, pas pour évoquer mon charme peu méritoire en l'occurrence et qu'il faut encore relativiser pour la raison que les mâles sont une espèce rare, et appréciée, dans les associations bénévoles (à un point tel que certains petits futés y voient autant un terrain de chasse qu'une occupation plus ou moins altruiste ; perception que je ne recommande pas).

Également pour introduire la rubrique suivante sur le Prêt-à-Penser, et plus précisément sur les distinctions à faire entre le monde tel qu'il s'affiche et tel qu'il est, entre la propagande et la réalité, entre les bons sentiments et les intérêts (au sens large), entre l'Être et l'apparence qu'il se donne ou qu'on lui donne…

***

Il est une autre constatation qui mérite aujourd'hui qu'on s'y attarde.

Outre sa propre sauvegarde, l'affirmation de sa fierté personnelle, il n'est pas bon de laisser l'erreur, le mal (considéré en son sens large, là plutôt la faute) l'emporter. Il est pourtant fréquent, mais nuisible, que quelqu'un se laisse enfoncer dans la position confortable de victime, par faiblesse naturelle, lassitude, épuisement, absence de réaction, manque de fierté…

Cette déficience d'être, souvent temporaire, est nocive pour lui-même mais risquera aussi de le devenir pour d'autres un jour (complètement hors du coup original) auquel il pourra faire payer aveuglément et hors de prix son abandon provisoire et précédent à trop de mollesse.

Veuillez prendre ces deux termes à la légère, mais les victimes qui se sont écrasées sur le moment font souvent ensuite les meilleurs bourreaux. Bourreaux parce que martyrs, au-delà même des dettes, réelles ou amplifiées, plongés dans l'ivresse de la revanche (à exercer sur n'importe qui) et l'ardeur passionnée (souvent intéressée) de prétendus droits à faire valoir.

Ce, d'abord par compensation à retardement de leur honte, ensuite avec la découverte du vulgaire intérêt moral et matériel que présente leur position de victime clamée et même revendiquée haut et fort.

*« Victimes et bourreaux ont une fâcheuse propension à échanger sans cesse leurs rôles ; les victimes n'ont rien de plus pressé que de se changer en bourreaux, et les bourreaux en victimes. »* (J. d'Ormesson)

D'où il ne convient pas, pour viser au moins un peu loin ou ne serait-ce même que par fierté, de se laisser placer en position de victime, et ensuite de porter son innocence comme un drapeau en culpabilisant l'autre. Si c'est parfois plus ou moins faux, c'est souvent définitivement nocif tôt ou tard, quelque part. C'est un confort de faibles (naturels ou occasionnels) et souvent de futurs revanchards.

En effet, en résultante cette position ne peut qu'enclencher le cycle de la vengeance – comme dans ces *vendettas* entre familles dont les causes sont oubliées mais qui n'en finissent pas. Intérieurement, elle reflète souvent un masochisme dont on sait l'origine perverse et les effets destructeurs.

La posture de victime est déplorablement répandue de nos jours, elle reflète parfaitement la société émotionnelle, sans colonne vertébrale ni fierté, tour à tour larmoyante, féroce et cupide engendrée par les médias dans laquelle tout le monde est victime de tout le monde et jouit du *« plaisir de l'accusation ou du reproche… qui donnent parfois à celui qui l'adopte ou s'y complaît le sentiment d'exister ou celui d'un certain mérite. »* (J. Salomé)

*« S'il suffit d'être victime pour avoir raison tout le monde se battra pour occuper cette position gratifiante. »* (P. Bruckner) Suivant cet auteur, ces positions sont devenues des brevets de respectabilité qui se transmettent de père en fils (heureux bénéficiaires par héritage).

Derrière les jérémiades trop prononcées, répétées, promues et *publicitées* devinez la petitesse dans laquelle on se complaît, les chamailleries infinies des revendications, les couteaux qu'on aiguise (image certes, mais pas toujours), les doses cumulées d'envie, de sadisme, et de cupidité, les inversions de position – victimes, bourreaux – qui mijotent.

Plus généralement, la posture victimaire est, bien souvent, devenue rémunératrice – procès intenté à tout et hors de propos : *pour l'exemple et pour l'honneur* dit le plaignant, pas pour le fric bien sûr. Quelle vilenie que de penser qu'on pourrait y songer un seul instant ! A-t-on jamais vu un proche de victime aller en justice en reconnaissant qu'il (elle) y allait pour obtenir le plus d'argent possible ?

« *Les imbéciles aiment la tragédie, qui les rehausse à leurs propres yeux, fait d'eux des personnages exceptionnels par leurs infortunes. Ils sont bien plus à l'aise dans le malheur qu'on ne le croit communément. Celui-ci leur fournit une merveilleuse occasion de gémir, de se poser en victime, de se parer de la ridicule supériorité d'avoir souffert. La tragédie est la justification de la bêtise, sa sublimation ; elle la sanctifie, elle la transforme en légende.* » (J. Dutourd)

Il n'y a plus que des victimes arrogantes : individus, groupuscules, communautés, nations, continents… et des repentants s'humiliant lamentablement avant de vider leurs poches en implorant pardon tout en s'enfonçant dans le mépris d'eux-mêmes et de leurs ancêtres.

Or, « *ce n'est pas faire preuve de courage que de s'en prendre à des choses séculaires ou désuètes, pas plus que de provoquer sa grand-mère* » (A. Finkielkraut) – pas plus « *qu'on ne condamne des morts au nom d'idées et de valeurs qui se sont élaborées bien après eux* » (E. Berl). Autant s'en prendre à Tout-Ankh-Amon.

Dans ce psychodrame de la domination et de la servitude que se joue la société, que reste-t-il, de part et d'autre, non pas même de la vérité – dont tout le monde se moque – mais d'un minimum de dignité ? Où a-t-on pris que la vie devait être un *long fleuve tranquille* ? (titre d'un film). En Occident (et ailleurs par contamination), on voit plus de cohortes de pleureurs et de pleureuses que d'hommes et de femmes debout.

***

Profitons-en pour préciser, alors au plan personnel, une notion d'équilibre qui aurait pu trouver place avec les rubriques sur la Suractivité ou sur le Bonheur ou encore sur l'Amitié et l'Amour.

Quand je n'assume pas toutes mes responsabilités j'adopte la position, le rôle, de victime (A).

Je fuis, me résigne et abdique ; tout provient d'autrui ou d'ailleurs.

– *Les policiers étaient planqués et m'ont collé une amende* – non, je suis passé au rouge.

– *Comme c'était trop bon et abondant, j'ai été malade* – non, j'ai trop mangé.

– *En province, il est impossible de se faire des amis* – inexact, souvent long et pas facile, mais pas impossible.

Quand j'assume trop de responsabilités (plus qu'il ne m'en incombe), c'est-à-dire quand je prends en charge les actions, les paroles, les émotions d'autrui comme si j'en étais la cause, je m'enfonce dans des sentiments nocifs de culpabilité dès que les événements ne tournent pas favorablement (B).

– On se sent coupable de la souffrance d'un être avec lequel on a jugé bon de rompre.

– On se sent responsable de la dépression, de l'échec, de la mauvaise humeur, de la colère, de la nervosité d'autrui, de sa fatigue (alors même qu'il se disperse et s'épuise dans des activités superflues).

Une technique d'analyse de nos modes de communication, de comportement, accessible, simple, l'analyse transactionnelle, exprime trois positions d'être ; je simplifie énormément.

– La victime (A) : *Je n'y arrive pas – Il faudrait – J'en suis incapable – Je suis un sot – C'est trop difficile – Si on m'aidait – Ce n'est pas ma faute – On n'y peut rien changer...*

– Le sauveteur (B) : *Je vais t'aider – Je prends en charge – Fiche-lui la paix – Mon chéri je suis là – Je m'en occupe – Je fais mon affaire de cette difficulté...*

– Le persécuteur : *Tu devrais – Tu n'es pas capable – Tu n'as qu'à – Cela suffit, j'ai dit et tu la fermes...*

Bien est de connaître ces schémas classiques, d'avoir idée de la position où on s'est situé dans tel entretien et celle dans laquelle se trouvait l'autre ; les deux s'influencent. Mais constatons qu'il est illusoire d'essayer de s'en apercevoir sur le moment. Il est déjà parfois assez difficile de se comporter de façon sensée et cohérente, n'essayons pas en plus de nous observer en pleine action, seulement après et si cela peut apporter, permettre de comprendre ce qui s'est passé, de rectifier.

Utile aussi est de savoir que la position de sauveteur – valorisante dans l'immédiat – risque de vous attirer ensuite les pires mécomptes (incompréhension, exigences, revendications, ingratitude à coup sûr). On attendra et demandera de vous plus que vous ne pouvez donner ou qu'il n'est en votre pouvoir. Alors on vous fera chuter lourdement du piédestal sur lequel vous étiez imprudemment monté et on risquera de vous faire payer longuement et savamment votre imprudence d'une période.

Cette position rentre dans la catégorie du : *trop en faire*, dont il a déjà été question (voir la note n° 3 à la rubrique sur la Suractivité et la Dispersion).

Généralement, *on en fait trop* de soi-même, spontanément. Mais vous pouvez aussi y être poussé par autrui (ravi de se planquer et de vous repasser l'affaire) pour peu que vous ayez déjà adopté cette attitude avec lui. Le sauveteur entendra alors les : *Tu feras bien – Tu nous trouveras bien – Tu es bien plus capable de...* Il devra marcher, non plus de lui-même mais au fouet.

***

J'ai dit au début de cette rubrique que le monde n'appréciait guère qui n'était pas *monsieur, madame tout le monde*, soit l'exception, ceci est vrai au niveau de l'individu et restera la norme suivant laquelle on en juge.

Mais, à l'inverse et pour être exact, la société actuelle a quelque tendance à se prosterner devant n'importe quelle forme de marginalité, à condition qu'elle démolisse toute règle existante, qu'elle soit endossée par un groupuscule soutenu par n'importe quel leader d'opinion (personnage en vue) sachant faire sa publicité en invoquant des principes de liberté, de tolérance... du droit de chacun de se promener en marchant sur la tête ou bien d'aller travailler en sautant à cloche-pied[7]...

Ce que Jean Baudrillard appelait : *« L'orgie de compréhension politique et psychologique de l'autre »,* à laquelle vous éviterez de participer si vous voulez préserver votre intégrité mentale et ne pas basculer dans la niaiserie.

Ces deux positions (pas celles corporelles, celles du monde, de la société) – l'exigence de l'uniformité d'une part et l'admiration pour la marginalité d'autre part – sont contradictoires. Elles ne sont pas incompatibles. Notre environnement social est plein de ces contradictions (lesquelles sont des facteurs éminents du stress ambiant).

Le respect des personnes s'il conduit à la tolérance des comportements ne devrait pas induire l'incitation à les suivre, à les encourager, ni même à les expliquer. Car quand on veut tout comprendre, tout expliquer, quand on ne sait plus dire Non, on est déjà décidé à tout justifier, on n'est plus qu'un otage soumis et honteux de surcroît. C'est le propre d'une société qui ne croit plus en elle que d'applaudir à tout ce qui la détruit.

*« La tolérance c'est tout est dans tout et restons donc couchés. »* (d'après Pierre Dac, humoriste)

Les droits de l'homme, idée belle, généreuse et indispensable, n'ont pas à être édifiés comme un culte sauf à mettre la société au service de l'individu conçu comme l'entité suprême et indépassable[8].

Ainsi conçus et renforcés par la soumission aux modes (c'est-à-dire aux diktats du moment) ils peuvent conduire à accorder une valeur identique à n'importe quel choix personnel. En conséquence, ils risquent d'entraîner la disparition de toute norme (toutes les opinions, tous les styles, toutes les façons de vivre et de s'exprimer... sont supposées se valoir). Alors, toute vérité est relative, l'erreur, la faute n'existent plus, elles sont bannies. Il n'y a plus ni beau ni bon ni vrai ni juste ni leurs contraires, on respecte tout pour n'avoir plus rien à admirer, tout est au même niveau, le monde est enfin plat. Il n'y a plus qu'un grand supermarché des options individuelles où chacun vient se servir en obéissant aux puissants haut-parleurs des médias qui clament quels sont les rayons bien fréquentés et fréquentables. Je viens d'évoquer cette maladie honteuse de la société occidentale : le relativisme.

Cette doctrine – ou plutôt absence de – est une déconstruction, une démolition pierre par pierre, de toute idée générale sur laquelle s'appuyer, soit de toute civilisation. Il n'y a plus que des interprétations au gré de chacun ; c'est-à-dire suivant les pressions dominantes dictant les intérêts et les modes.

À partir du moment où on remet tout en question, c'est la raison qui est la première contestée. Suit la destruction de la volonté, car la volonté ne consiste pas seulement à choisir quelque chose mais à en rejeter beaucoup.

Un relativisme quasi absolu devient un totalitarisme, le pire, celui issu du néant et qui retourne au même après la phase d'anarchie puisque chacun a *sa raison* et que la conscience ( ! ) de chacun est érigée en guide suprême. Or on sait l'extrême fragilité de cette dernière faculté.

Sans oublier que *« Dans un monde sans règles définies tous les coups sont permis. »* (É. Zemmour)

L'exception est respectable. Elle est toujours à considérer, parfois à encourager, je viens de le dire plus haut ; elle n'a pas à s'établir en règle impérieuse, à énoncer n'importe quel droit à... ou droit de..., à exiger le soutien et l'approbation obligatoire. *« On croit observer les progrès de la tolérance ; on ne s'aperçoit pas que c'est une intolérance qui se substitue à une autre. »* (cardinal H. de Lubac)

***

Après avoir souhaité que vous considériez attentivement l'exception, il est nécessaire de rappeler une exigence, contradictoire en apparence, dont la dénomination même est oubliée. Il s'agit de ce qu'on a appelé pendant des siècles *le devoir d'état.*

L'expression signifiait qu'il était de devoir d'adopter un comportement – officiel au moins – conforme à ce qui pouvait être légitimement attendu de la fonction que l'on occupait, qu'il y avait là une exigence d'ordre public et de respect de soi et des autres.

Soit, et quoi que parfois ils puissent en penser intérieurement :

– Un juge (et même parfois un avocat) tenait sa langue et restait pondéré.

– Un enseignant gardait une dignité et une distance qui justifiaient son autorité.

– Un personnage politique se souciait effectivement de l'intérêt général, gardait quelque hauteur et ne descendait pas au niveau de la *calinothérapie* pour électeurs pleurnichards.

– Un religieux gardait conscience de la transcendance qu'il représentait.

– Un journaliste se contraignait à une culture minimum, rejetait le copinage et mettait ses interlocuteurs en valeur plus que lui-même.

– Un animateur de spectacles ne versait pas dans la vulgarité.

– Une vedette quelconque n'abusait pas de sa célébrité pour donner des leçons sur tout.

– Un P.D.G. gardait décence en sa rémunération.

– Un syndicaliste veillait aux intérêts de ses camarades sans démolir leur entreprise.

– Un père, une mère de famille ne se livraient pas à des assauts de démagogie et d'infantilisme afin de paraître jeunes et de plaire à leurs mômes, à plus forte raison des grands-parents…

Dans votre rôle, dans votre *habit*, gardez la dignité que ceux-ci vous confèrent – ce qui ne vous empêche nullement de vous y montrer indépendant, mais en ascension pas en chute libre dans le ruisseau – ne serait-ce que parce qu'il y a beaucoup de chances qu'il y ait moins de monde en haut. Si vraiment *l'habit* vous gêne trop, changez-en avant de vous ébrouer, mais ne le salissez pas alors que vous le portez, vous vous saliriez avec.

De plus, l'écart entre d'une part le rôle officiel tel qu'on l'a voulu, tel qu'on continue à le remplir – médiocrement sans doute – et la conduite personnelle, même privée, finirait fatalement par déchirer, par faire *exploser* (terme de cyclisme) le sujet.

En psychologie cette coupure en deux de l'Être, de la personnalité, s'appelle schizophrénie. J'ai connu des gens, dans les catégories que j'ai citées plus haut et d'autres, qu'une pratique prolongée de cette sorte de double jeu a quasiment détruits et qui en ont grandement souffert passée la période d'aveuglement, soit bien plus tard, trop tard pour bien s'en remettre.

Dans une situation proche : si vous avez un ami que vous pouvez considérer comme une sorte de complice et qui est revêtu d'un quelconque *habit* (tel que cité plus haut), lors de vos rencontres il appréciera sans doute de poser son *habit* pour plaisanter légèrement. Mais ne le forcez pas lourdement à oublier son statut et son rôle, observez des limites.

Vous feriez œuvre destructrice, méchante. Accessoirement, si l'ami entend rester digne, vous perdriez à coup sûr une amitié.

L'Être moderne croit – à tort – pouvoir affronter la dissociation. Il la vit très mal. Il voudrait être un et il est vrai que cela lui est parfois difficile. Mais il lui est encore plus difficile et surtout plus pénible d'être multiple. D'ailleurs il ne saurait supporter cet état sur quelque durée.

Ce ne sont certes pas là des caractéristiques de l'Être moderne, seulement celui-ci s'étant cru seul souverain de lui-même il n'a même plus ni conscience de sa condition et de sa fonction ni respect pour elles, d'où les rébellions stupides et les dépressions profondes.

Proche du devoir d'état est l'intelligence des situations et l'adéquation de notre comportement à celles-ci, soit le fait d'adopter une conduite adaptée à l'environnement.

– Entre copains, on est entre copains, et entre inconnus on est, provisoirement au moins, entre inconnus.

– Des gens rencontrés récemment – même paraissant décontractés de prime abord – ne sont pas de vieilles connaissances complices.

– Un salon n'est ni un bistrot ni une cantine.

– Si on entre dans une mosquée, on se déchausse – parce que cela est ainsi.

– Si on assiste à un office chrétien, on se lève respectueusement lors des moments essentiels.

– Si on joue en équipe de France, on chante l'hymne national.

Nul n'est obligé d'entrer dans un salon, un bistrot, une mosquée, une église, de jouer en équipe nationale… Mais si on le fait ou si on y est on s'adapte – par respect – aux coutumes du lieu, sans se contrefaire mais surtout sans comportement provocateur infantile de surface. Si on ressent cette dernière envie, un bon conseil : rester dehors.

Reconnaissons d'ailleurs l'extrême rareté de telles inconvenances (sauf dans le dernier cas cité plus haut), constatation tout à l'avantage de nos semblables.

***

NOTES

[1] Ce qu'on appelle l'anarchisme, qui n'est rien d'autre qu'un nihilisme, qu'une envie de retour au chaos, ne mène qu'à la désespérance personnelle et à la catastrophe sociale. On peut lire un grand roman de Dostoïevski : *Les démons* ou *Les possédés*.

[2] Par provocation, E. Levinas, disait que *« si tout le monde était d'accord pour condamner un prévenu, il fallait le libérer, car il devait être innocent »*.

Même si vous pensez être d'un avis contraire au groupe, à l'assemblée (visite d'exposition, audition d'un discours…), osez l'exprimer (quitte à ce que ce soit à posteriori, en petit comité) et vous vous rendrez compte souvent que sous l'apparent unanimisme de façade, d'autres partagent plus ou moins votre opinion sans oser l'avouer les premiers.

[3] Et aussi à titre de liaison avec la rubrique suivante. Merci de ne pas généraliser.

Quand je parle des médias je pense essentiellement à la télévision et à ses journaux d'information, à nombre de débats orientés, de prétendues enquêtes biaisées ou d'émissions de bazar prétendues historiques ou psychologiques, à la téléréalité (toutes réalisations sur lesquelles chacun peut affûter son discernement en cherchant, au-delà de l'apparence et du tintamarre, quel message, à peine caché, ces émissions veulent faire passer).

Le grand Louis-Ferdinand Céline n'a connu que fort peu d'années la télévision des débuts, qui était cependant alors de qualité, cela lui a suffi pour affirmer : *« Avec la télé, demain on pensera sans effort, puis on ne pensera plus »*.

Je ne vise pas d'excellents grands films et surtout documentaires, comme aujourd'hui à titre d'exemples : *Ushuaïa, Thalassa, Des racines et des ailes, C'est pas sorcier* et heureusement bien d'autres ; ou les intelligentes retransmissions du Tour de France (pour qui aime). Si ces émissions ont disparu quand vous me lirez, demandez à vos parents, ils comprendront ce que je veux dire.

Pour autant, je n'excepte pas de ma réprobation la radio-bavardage et surtout la radio-déballage avec ses animateurs-voyeurs-manipulateurs (certaines émissions pour les jeunes ! dites de *libre antenne*), les magazines dits *people*, idiots et pour idiot(e)s (ce dernier qualificatif ne s'appliquant qu'à partir d'un certain âge qui n'est pas encore le vôtre), les titres racoleurs de la presse quotidienne.

Avec la diffusion de l'énervement et de l'excitation, de l'émotion perpétuelle – *La tyrannie de l'émotion*, titre d'un livre d'un bon praticien du monde des médias – trois des grandes fonctions de ceux-ci sont :

– Garnir le monde de bruit sans intérêt. D'où leur détestation du silence et de la simple tranquillité. D'où leur fabrication artificielle et continuelle de polémiques qui n'intéressent que quelques trois ou quatre riches personnages parisiens désœuvrés, avides de publicité (et les associations fantômes qui les font exister – et, parfois, *se sucrer)*.

– L'imposition féroce de ce qu'on a pu appeler (Xavier Patier) : *« Un ordre moral mou et son cortège de devoirs insidieux »* (devoir de tolérance totale, devoir de voyeurisme privé, devoir d'apitoiement universel et infantile…). Cet ordre moral étant censé compenser la transgression et l'avilissement de toutes les valeurs (l'affichage des pulsions les plus malsaines, domination, humiliation, cynisme, cupidité…) que la téléréalité pousse à l'extrême.

– La promotion de la culpabilisation générale, dont le procédé le plus courant est aujourd'hui celui qui consiste à déformer l'Histoire pour cracher sur nos pères, et indirectement se persuader grâce à cette manœuvre que nous leur sommes supérieurs. Alors, qu'en fait, cela revient à cracher sur soi-même (objectif que visent les manipulateurs).

À la rubrique dite En Selle, j'ai évoqué l'exploitation (malveillante) qui peut être faite de phrases ou même de mots isolés de leur contexte. C'est le procédé usuel utilisé par les médias pour abattre les personnes que l'idéologie dominante déteste parce qu'elles osent dire ce qu'il ne faut pas dire, parce qu'elles ne se soumettent pas à la dictature du *politiquement correct*, et accessoirement, parce que pour occuper le peuple (sans aucun sens péjoratif) et le distraire des magouilles, il faut périodiquement lui désigner des boucs émissaires.

Le bruyant orchestre des médias se met en branle immédiatement sur un terme isolé, les politiciens apeurés et les donneurs de leçons patentés renchérissent. Le lynchage médiatique est réussi.

Dans le vacarme la victime est nue, personne ne l'écoutera sauf pour lui cracher dessus plus encore. Quand les médias et leurs laquais (qui sont parfois leurs commanditaires) vomiront sur quelqu'un (je ne parle pas d'un vulgaire assassin), plaignez-le certes, mais d'abord estimez-le. La meute des loups ne se déchaîne que contre ceux qui essayent de rester droits.

Ces procédés conjugués étant parfaitement adaptés aux objectifs poursuivis :

– La déconstruction de la société par le laminage des personnalités individuelles et de toute réflexion.

– La fabrication en masse de laquais affolés et anxieux passant instantanément et au commandement des larmes à l'indignation, des applaudissements aux sifflets et vice versa sur des questions qu'ils ignorent et dont ils n'ont strictement rien à faire – c'est-à-dire d'aliénés (terme dont le sens premier n'est pas *fou*, mais *rendu autre, hors de ses intérêts*), d'esclaves ravis de l'être, d'adeptes de la *« lutte de tous contre tous »* (livre de l'Apocalypse).

Un jour, vous pourrez lire le mythe de Platon connu comme *La Caverne*, dans l'ouvrage *La République* VII, 514, qui décrivait déjà fort bien, il y a 2400 ans, l'immuable *gogo*. Même si le philosophe se plaçait sur un plan autre que le mien, c'est bien du tintamarre médiatique (alors par simple bouche à oreille) qu'il parlait.

Cette charge contre les médias n'a pour but que de vous préserver de l'hystérie qu'ils répandent et de vous faire vous interroger sur qui les tient (au sommet ; la base suit pour garder son *job* et par arrivisme). Elle ne signifie pas qu'il ne faut pas se tenir informé, surtout à votre âge, se tenir au courant des opportunités ponctuelles comme des grandes tendances de fond des sociétés qu'on ne trouve pas dans les paillettes, les flonflons, l'événementiel, le conformisme et les manipulations. Il est aussi permis de se divertir grâce à des émissions amusantes, de se former avec des émissions sérieuses.

[4] Il faut être cohérent. On ne peut pas garder sa liberté d'horaires, soit parfois arriver à midi ou disparaître tout un après-midi et accepter – sans parler d'exiger – de récupérer quelques heures. Suivant une vieille expression : « *On ne peut pas avoir le beurre et l'argent du beurre.* »

[5] Conformément à ce que j'ai dit à la rubrique sur le Langage, aucune de mes remarques en réunion de groupe ne pouvait blesser qui que ce soit – surtout parmi les patients : en contexte c'eût été déplacé et frôlant l'indécence.

[6] Ce serait d'ailleurs une erreur car la situation pourrait un jour s'inverser (ce ne pouvait être le cas dans mon exemple), on pourrait avoir le dessous avec le même adversaire. Mieux est qu'il n'éprouve pas trop de rancœur à notre égard. Il est réconfortant de constater que, fréquemment, notre intérêt se recoupe avec une certaine modération ou moralité dans notre conduite.

[7] Ce genre d'individu, leader d'opinion (souvent dans le rôle de l'éditorialiste) se pare habituellement du titre de philosophe afin de passer pour sage et désintéressé aux yeux des *gogos*. L'espèce remplit les tribunes des journaux, elle est très présente sur les plateaux de télévision, elle sait tout sur tout et ne se préoccupe bien sûr que de l'intérêt général, jamais du sien. Pour parodier Rémy de Gourmont visant Victor Hugo : *« Ils crient ce qui ne vaut pas la peine d'être pensé. »*

Dans l'atmosphère et avec nos médias, les vrais philosophes, Socrate, Platon, Aristote, et leurs successeurs jusqu'à Bergson et Heidegger se seraient peut-être livrés à un tel exhibitionnisme profitable (la nature humaine est ainsi faite), mais au moins ceux-ci avaient-ils quelque chose à dire.

Il existe encore aujourd'hui de vrais philosophes qui ont à dire sans se préoccuper de leur *aura* médiatique (soit de leur compte en banque). Il faut chercher un peu pour les trouver (rubrique sur les Maîtres : une élite sera toujours cachée), comme les médias feront toujours tout pour les tenir à l'écart. Ces gens peu connus feraient dégringoler l'audimat (donc les tarifs de la seconde de pub). Ils risqueraient de dire ce qu'il ne faut surtout pas dire et d'ailleurs ils refuseraient de venir pour être agressés par un présentateur (ou une présentatrice de l'espèce louve) arrogant, brouillon, inculte et la meute d'un public barbare, trié et rameuté pour les lyncher à la moindre de leur remarque s'écartant des platitudes ambiantes.

[8] « *L'homme n'étant pas un, on ne voit pas comment il pourrait être pris comme unité de mesure.* » (Georges Bastide) Entendre à la fois que nous sommes tous uniques et différents et que, même, nous sommes différents de nous-même d'un instant à l'autre et, comble d'aberration, non unifié en un unique et même moment.

Nous ne connaissons que trop nos contradictions, nos désirs opposés, nos tiraillements intérieurs, nos volte-face, notre appartenance à l'humanité qui dit Non et à celle qui dit Oui.

Une civilisation véritable – qui entendrait servir et durer – s'efforcerait de limiter ces déchirements inévitables plutôt que de les exciter en acclamant n'importe quel agissement d'Hector ou d'Héloïse.

Enfin, en reprise de ce qui a déjà été dit : on ne parle que de ce qui n'est pas, que de ce qui manque. C'est le XX^e^ siècle qui a, sinon édifié, au moins vulgarisé l'idée des droits de l'homme et c'est le XX^e^ qui les a piétinés au moins autant que tout autre, mais avec plus de moyens : Verdun, Dresde, Hiroshima, les *camps*…

Juste avant-hier, on formait une coalition surpuissante pour bombarder les Serbes au nom du droit *d'intervention humanitaire* (qui aurait certainement pu s'exercer autrement) ; les mots servent à garantir la propreté de l'action (voir la rubrique suivante) et à cacher les manipulations.

# XVII
# PENSER

Par respect pour vous-même tenez-vous, au moins relativement, à distance du **prêt-à-penser** que le monde sert impudemment, a toujours servi et servira toujours, à l'usage des gens crédules, même si le tissu et la coupe des articles diffèrent d'une époque et d'un lieu à l'autre.

Cette rubrique est délicate, les considérations qu'elle contient (il ne s'agit aucunement de recommandations, même pas de souhaits, plutôt de constatations personnelles) sont rudes. Son froid réalisme est peu de votre âge, mais vous l'apprécierez un jour.

Donc, ne vous y attardez pas, mettez en conserve, n'abandonnez pas les rêves légitimes de la jeunesse, rectifiez un peu seulement à l'occasion et, aussi, écoutez vos parents. Ils vous aiment, vous connaissent et en savent un peu plus que vous, comme vous en savez vous-même bien plus que lorsque vous êtes brillamment sorti de maternelle.

Une pensée vraie est une pensée qui s'efforce de s'arracher au pouvoir de l'habituel. C'est une pensée interrogative. Elle formule la question : *Qu'est-ce que ?* Elle cherche la réalité à travers les masques. Mais *« Qui cherche le sens des choses, on ne veut plus qu'en être ému »*, s'interrogeait déjà le polémiste Charles Maurras à une époque où l'émotion n'était pas encore divinisée.

L'Histoire ne sera jamais objective. Même honnêtement présentée, elle sera toujours réduite à présenter non ce qui a été mais ce qui en a été dit.

De plus, l'Histoire officielle est écrite, racontée par les vainqueurs, les gagnants (comme l'avouait Winston Churchill : *« l'Histoire sera très gentille avec moi puisque c'est moi qui vais l'écrire »).* La vérité ne se confond pas obligatoirement avec la victoire. *Avoir raison* signifie *être au pouvoir,* être du côté du manche. Si on ne peut effacer le passé (encore que le taire revient au même), du moins peut-on en changer le sens, le magnifier ou le dévaluer. Et on n'y manque jamais. La falsification est d'autant mieux reçue que l'humanité aime le drame, et ce d'autant plus qu'il est simplifié (bons et méchants, héros et lâches, complots, trahisons, haines…).

*« Les événements ne sont pas ce qu'ils sont, ils sont aussi tels qu'on les présente pour les besoins de telle cause. Chaque pays se donne à lui-même des mythes sur sa propre histoire… se fabrique-t-il des légendes dorées, se chante-t-il des hymnes à sa propre gloire »* (André Drijard, grand historien).

Ainsi, telle que contée et peu en rapport avec la réalité des faits, l'Histoire assume une fonction moralisante et même disciplinaire. L'histoire collective certes, mais souvent aussi les petites histoires privées. Chaque collectivité, chaque personne souvent, se fabrique ses contes de fées.

À posteriori, les individus et les historiens trouvent toujours des causes objectives présentables à tel événement, tel comportement… (alors que souvent il s'agissait d'erreur grossière, d'emballement, de rancune, de coup de tête ou de cœur, d'intérêt personnel…). Les hommes, comme les collectivités, s'efforcent toujours de rationaliser leurs rôles – à leur avantage.

Un dicton populaire dit que *« Qui n'entend qu'une cloche n'entend qu'un son. »* Très généralement le monde dominant d'une époque et d'un lieu, qui veut s'afficher propre comme dans une publicité de lessive, ne vous en fera entendre qu'un seul, ne vous montrera que sa prétendue blancheur immaculée.

Comme contrefort de ces cocoricos, *« une société incapable d'entraîner l'adhésion a besoin de toutes sortes de repoussoirs »* (F. Taillandier), soit : des personnes, des groupes, des opinions, des pensées, des idées, des attitudes, des événements actuels ou passés… Ce qui explique son besoin d'ennemis – de boucs émissaires. C'est vrai dans la société considérée en général mais c'est également vrai dans des ensembles beaucoup plus restreints.

Des sociétés, des personnes paisibles, équilibrées et heureuses peuvent certes rencontrer des ennemis, mais elles n'ont nul besoin de les cultiver, parfois de les fabriquer.

La tonalité d'une seule cloche, l'émission d'un son unique (dont le ton d'ensemble est : nous avons raison, nous sommes bons et même les meilleurs…) se pratique dans tous les milieux, y compris les entreprises, les associations, les petits groupes… Ce n'est pas malsain en soi, ce peut même être utile, si cette propension à l'autosatisfaction reste modérée ; mais c'est rarement le cas. J'ai bien dit tous. Vous chercheriez en vain une exception constamment établie, et dans l'espace et dans la suite des temps.

La déformation historique d'envergure était jadis principalement réservée aux pouvoirs étatiques. La situation est pire maintenant avec ce qu'on appelle le *communautarisme* (où l'identité des personnes se définit d'abord par l'appartenance à des sous-groupes), ainsi chaque collectivité (ethnique, raciale, sexuelle, locale...) se prévaut-elle de sa propre histoire particulière ou du moins n'évoque-t-elle que certains de ses aspects.

Or, le monde n'est pas si simple, blanc d'un côté et noir de l'autre. Il ne convient pas de le juger par des sentences qui vont de *« jugements derniers en jugements derniers »* (E. Berl). Sa complexité ne saurait être réduite à une vision fermée sur deux dimensions antagonistes et irréductibles, laquelle représente une abdication de la raison humaine.

En philosophie, cette représentation tronquée s'appelle le *manichéisme.* Son simplisme confortable en fait pour l'homme une tentation permanente sans cesse renaissante et mortelle pour l'esprit, et quelquefois pour bien autre que pour l'esprit[1]. Le monde réel où nous avons à vivre est simplement gris clair au mieux ou gris sombre au pire, suivant notre tendance à voir le verre à moitié plein ou à moitié vide. Ces écarts représentent, en fait, des différences énormes, mais il n'existe pas de couleur pure dans notre environnement sociologique. D'une certaine façon, c'est plutôt rassurant quand on s'aperçoit par mégarde, ou par lucidité, de notre propre (si je puis dire) côté foncé.

Tendre au gris sombre c'est aller vers le noir. Tendre au gris clair c'est aller vers le blanc, mais sans jamais avoir l'illusion de pouvoir y parvenir totalement ; c'est cela aussi la pesanteur du péché originel.

*« La lumière ne se comprend que par l'ombre, et la vérité suppose l'erreur. Ce sont ces contraires mêlés qui peuplent notre vie, qui lui donnent la saveur et l'enivrement. Nous n'existons qu'en fonction de ce conflit, dans la zone où se heurtent le blanc et le noir. »* (L. Aragon)

***

Il faut tendre vers toujours plus de clarté, on trouve dans cet effort : joie, plaisir, valorisation de soi-même et paix intérieure. Franchir une petite marche, modifier légèrement sa propre nuance, c'est déjà considérable. Seuls des êtres d'exception réussissent à anéantir leurs *démons.* Les meilleurs, parmi les autres, se contentent de les connaître et de les brider.

Il n'existe aucune institution ni aucun être et bien peu d'actes entièrement purs, pas même le nourrisson qui se présente d'abord comme une sorte de tube digestif glouton. Vous ne trouverez jamais un milieu sans impuretés et même sans scandales parfois – sans vous heurter à la part d'ombre qui existe partout et en chacun. Il faut s'y faire et ce n'est pas grave dans la mesure où on le sait. *« Ce monde ne sent pas toujours la rose, mais c'est celui où nous vivons. »* (Raymond Chandler, créateur du roman noir américain)

L'office catholique débute par l'aveu, la reconnaissance, que nous sommes tous pécheurs (traduisez : très imparfaits, fautifs), le prêtre officiant comme tout le monde. C'est la reconnaissance qu'il ne s'agit pas de s'évader par quelque pirouette, qu'on ne peut échapper à ce que nous sommes et au monde dans lequel nous sommes plongés.

C'est constater une sage évidence, au fond valorisante, celle de notre responsabilité. Une évidence que le monde rejette parce qu'il ne peut se passer de s'attribuer, de s'inventer une parfaite bonne conscience, tellement commode, laquelle position implique de trouver les méchants en dehors de soi-même afin de justifier la permanence inéluctable du mal.

Il faut accepter la remarque de Jean d'Ormesson : *« Rien n'est plus fort que les hommes dans la beauté, dans le courage, dans la recherche de la vérité, dans le bien. Et rien n'est plus fort que les hommes dans la laideur, dans le crime, dans le mensonge et dans le mal. Les hommes sont à la fois le miracle et la tache. Ils sont la faute et le pardon, ils excellent dans la grandeur comme ils excellent dans la bassesse. »*

***

Dire : ceux-ci étaient bons et ceux-là vilains, c'est du Walt Disney – acceptable jusqu'à 10 ans ? Comme l'affirmait pertinemment une petite fille : *« À la fin, ce sont toujours les Bons qui gagnent »*. Évidemment puisque seuls les gagnants sont admis à raconter l'Histoire et à décider du Bien et du Mal. Ils se proclament forcément bons et désignent les perdants, leurs vaincus, comme des affreux, y inclus ceux qui ont survécu mais qui n'ont qu'à raser les murs et à la boucler. *« L'histoire ne donne raison qu'à ceux qui ont le dernier mot, c'est-à-dire ceux qui ont le plus fait tuer. »* (J. Dutourd)

Comme pour les trucs des prestidigitateurs, plus c'est gros, mieux ça passe. Une formulation fine et les esprits curieux, pourtant assez rares, douteraient, et surtout la masse des *gogos*[2] qui exige des certitudes s'inquiéterait. La simplification doit être complète, systématique, implacable. Elle ne saurait tolérer l'exception aux règles de pensée qu'elle impose. *« L'issue de tout conflit est une différence, celle qui distingue le vainqueur du vaincu – et cette différence est toujours arbitraire, figée et du sens du vainqueur. »* (J. Baudrillard)

Si on parle sans cesse d'une chose c'est qu'elle existe peu : solidarité, communication, amour comme il a été dit et redit plus haut…

De même si on vous répète inlassablement, si on vous assène quelque idée, si toutes les voix proclament la même *vérité*, enfoncent le même clou, c'est très probablement que cela correspond à une stratégie (dite du bouc émissaire) laquelle garantit, par conséquence, la bonne conscience du pouvoir présent et des individus. Il serait extrêmement naïf de considérer que ce matraquage est le fait du hasard ou, au mieux, qu'il n'existe pas d'autres vérités partielles en dehors de celle qui est ainsi clamée, imposée. Aucune vérité n'a besoin d'être si obstinément, et si souvent farouchement, répétée. La pensée unique n'est pas forcément mensongère, mais elle vise toujours à occulter d'autres réalités.

Tout pouvoir qui impose une vérité officielle sera féroce pour les contestataires (en URSS de jadis : goulag ou asiles psychiatriques ; partout : boycott d'abord avant la mise au ban de la société et parfois la ruine par la *Justice*). Revoyez l'inconfort de la position d'exception à la rubrique précédente.

Comme dans les mythes ancestraux, la vérité officielle ne peut être contestée, aucun avis minoritaire, dissident, ne peut et ne doit exister. Rien d'étonnant à ce rapprochement puisque ces pratiques reflètent une position sacrificielle identique à celle des mythes religieux archaïques ; position reprise par le manichéisme moderne, soit l'imposition d'une séparation tranchée et définitive entre les *Bons* et les *Méchants* ou, à tout le moins, le refus de consentir à l'adversaire le moindre crédit, la plus petite parcelle de bonne foi.

*« Les hommes seront des dieux pour eux-mêmes »* ironisait F. Nietzsche au XIXe siècle. Il faut donc trouver des démons pour expliquer, justifier les erreurs-horreurs historiques, mais fatalement ceux-ci ne peuvent se trouver que chez les voisins – les plus faibles ou les plus vulnérables, soit les vaincus, à un moment donné. C'est là un exorcisme infantile pour classe maternelle.

Si l'autre est vilain, si l'autre a tort, si je le proclame et le répète avec tout le monde, c'est donc, par évidente opposition, que je suis bon, que j'ai raison, que je suis du côté du Bien ; foutaises aussi agréables que confortables, mais foutaises quand même. Plus on diabolise l'autre, plus on minimise ses propres fautes, sa propre responsabilité.

Cet aveuglement est tout bénéfice mais ce jeu de bascule est simpliste, puéril et faux. Il permet aussi à celui qui le pratique d'entrer dans l'unanimisme et le conformisme imposés, de s'abriter dans une soumission paisible et douillette, sans se poser de questions dérangeantes, autre avantage.

D'ailleurs l'idéal du confort est que les méchants soient morts. On n'est vraiment assuré du silence que de ceux-ci.

*« Le dogme de l'innocence est virtuellement exterminateur… Nous serons débarrassés du mal si nous éliminons ceux qui l'incarnent. »* (Jean-Claude Guillebaud[3]) La sagesse inciterait même à se garder de trop parler du mal, de trop le montrer, le décrire. Tout policier sait cela. Les journalistes et les manipulateurs

d'opinion (souvent exhibitionnistes) font semblant de l'ignorer. Conformément à cette exigence, et pour faire court :

*« La haine du mal peut même rendre les hommes méchants si elle est trop forte, trop dominante… Des leçons trop violentes d'humanité en furent suivies de cruautés épouvantables… La pitié fut tournée en rage… Le pathétique outré est pour les hommes une source funeste d'endurcissements. »* (J. Joubert)

Attention, ce que je viens de dire dans cette section ne concerne pas, ou rarement, ce qu'on appelle les faits divers où il y a là, effectivement et la plupart du temps, de vrais innocents et de vrais coupables. Cela concerne l'Histoire officielle dominée par cette philosophie de dessin animé, comme celle-ci imprègne l'esprit de la multitude des *gogos*.

***

Quelques exemples de bruit d'une seule cloche, de son unique (écho sonore de la pensée unique), de la fabrication d'épouvantails, du manichéisme qui soutient tous les pouvoirs et comble tous les esprits soumis.

Il y a quelques dizaines d'années, d'un côté on clamait que les USA étaient le pays de la liberté, de l'autre et pour d'autres que c'était l'ensemble qui constituait alors l'URSS. Ces affirmations étaient fausses ici comme là, même si alors nettement moins inexactes du côté ouest, la situation pouvant s'inverser d'ailleurs ; un jugement sur un état de fait ne peut être valable qu'au moment où il est prononcé – le monde bouge, il ne doit pas être vu suivant les vieilles notions, mais suivant la réalité du moment[4].

Chez nous, on a toujours présenté le monstrueux et stupide abattoir de la guerre de 14-18 comme une admirable épopée française, puis la deuxième mi-temps, 39-45, de la même façon (toujours les gentils et les méchants) ; événements présentés comme indépendants, à l'origine desquels nous n'avions évidemment aucune responsabilité et au cours desquels nous avions su garder des mains immaculées, alors que les autres ! Et cela dure encore des dizaines d'années après, et ça marche[5] !

De tout temps, et dans tous les conflits, ce sont les mêmes qu'on appelait lâches terroristes hier qui sont devenus du jour au lendemain de glorieux héros pendant que simultanément ceux qui tenaient ce dernier rôle se transformaient en traîtres infâmes ; qu'à propos de toutes les guerres on a érigé en règle absolue une chose aussi extraordinaire qu'admirable, soit qu'on n'a jamais recensé aucune atrocité commise par les nobles vainqueurs, aucun criminel de guerre parmi eux, alors qu'elles et ils foisonnent de la part et parmi les odieux vaincus.

D'ailleurs des faits de sauvagerie sont toujours considérés isolément, sans jamais faire mention des provocations, bien peu innocentes, qui les ont précédés (sans pour cela les justifier). Deux poids = deux mesures ; le vainqueur est tout blanc, le vaincu tout noir. *« Suivant que vous serez puissant* (vainqueur) *où misérable* (vaincu), *les jugements de cour vous rendront blanc ou noir »* (La Fontaine : *Les animaux malades de la peste).* Il faut, impérativement, ne montrer que deux faces extrêmes, réduire l'histoire à un roman pour midinettes.

Il y a deux sortes de dirigeants, de groupes humains, de peuples : les loups (les perdants) et les agneaux (les gagnants). Il y a deux sortes de bombes, les sales, celles des salauds (les perdants), et les propres, celles des justes (les gagnants), parfois mille fois plus dévastatrices mais qui n'ont fait bien sûr que répliquer après une infinie patience – ce pourquoi sans doute on ne cite que les premières, les secondes sont oubliées. Les populations civiles d'ailleurs, c'est bien connu, bénissent les bonnes bombes, celles qui leur apportent la fameuse liberté et la démocratie qu'elles n'ont pas toujours demandée (au moins sous cette forme). Il y a deux sortes d'époques, les années x pendant lesquelles tout était noir immédiatement suivies de l'année x+1 où tout est devenu rose d'un coup de baguette magique, ou vice versa.

Au : C'est vrai parce que je l'ai lu (dans quelque journal) ou vu (à la Télé) ou trouvé (dans le fouillis internet) s'oppose son complément nécessaire : Cela n'existe pas, puisque je ne l'ai ni lu ni vu ni trouvé nulle part.

*« Vous voulez tout expliquer par les faits qui vous sont connus. Mais les faits que vous ignorez ? Que diraient-ils ? »* (J. Joubert)

Exemple : depuis deux siècles les manuels officiels d'histoire se sont tus sur l'horreur du génocide vendéen, *« La Vendée doit n'être qu'un grand cimetière »* (général Turreau, révolutionnaire de 1793) et il a tenu parole avec ses colonnes infernales. Mais les manuels sont aussi des cimetières historiques pour ce qui contredit l'idéologie officielle, ou ce dont nous n'avons pas de raison d'être fier. De même, Soljenitsyne mort (c'est fait), le mot *Goulag* sera-t-il oublié, peut-être censuré ? Ce qu'on rabâche existe, ce dont on ne parle pas n'existe pas ; premier axiome de toute désinformation.

Comme l'Histoire telle que racontée révèle que ce sont toujours les gentils agneaux qui finissent par gagner, il faut en conclure que, bien qu'étant toujours lâchement agressés, moins forts et se conduisant, eux, avec droiture, ils sont plus chanceux ou plutôt que le Ciel est avec eux, ce qui prouve que, dans ces cas, le Ciel choisit bien.

Justice encore plus évidente de nos jours où le vaincu doit en plus se frapper la poitrine et reconnaître que le vainqueur avait raison. Culpabiliser un peuple sur les atrocités commises en son nom, c'est certes, pour le vainqueur, alimenter sa bonne conscience, mais surtout éviter qu'on parle jamais des siennes[6].

Le slogan des Romains : *« Vae victis »* (malheur aux vaincus) n'est en rien dépassé, il constitue toujours la trame qui sous-tend l'histoire officielle, la grande et les petites, qui soutient tous les Pouvoirs, la petite musique qui charme et endort les *gogos.* Les vaincus sont toujours coupables et leurs juges sont toujours leurs adversaires les plus acharnés. Il n'y a que pour les *gogos* ou les opportunistes que le flux et reflux de l'histoire rendent juste ce qui est injuste ou injuste ce qui est juste.

Si, un jour, vous voulez vraiment approcher le réel, hors des livres d'Histoire (d'histoires !), vous pouvez commencer par lire le livre *La vingt-cinquième heure* (du Roumain Virgil Gheorghiu). Si vous l'abordez ne croyez pas que vous êtes dans la fiction. J'ai eu un vieil ami qui aurait pu conter des *aventures* similaires, les siennes, en d'autres lieux (entre la France, la Rhénanie, la Syrie et retour vers la Ruhr, sans compter d'autres endroits de transit) et à la même époque. Aucune agence de voyages ne l'aurait autant *promené,* gratuitement, pendant neuf ans. Un prisonnier capable de travailler ça se vend et se revend, et qu'importe l'acheteur – même si après quelques détours c'est l'ennemi en manque de main d'œuvre. Le monde change mais, depuis l'Antiquité et sans doute avant, rien ne bouge de l'essentiel.

Remarque : comme dans les petits conflits personnels il faut s'efforcer d'abandonner la réciprocité, l'escalade de la symétrie antagoniste, renoncer aux représailles, aux « vendettas ». C'est ce que dit Jésus quand il propose de *« tendre l'autre joue ».* Historiquement ces oppositions ont toujours engendré l'horreur : la conquête arabe et les croisades, l'envie-crainte franco-allemande de Louis XIV à hier (trois siècles !) qui a dévasté la civilisation européenne, aujourd'hui Al Quaida et l'Occident, les Palestiniens et les Juifs…

On n'en sortira – illusion – que par la renonciation au mimétisme, par la réconciliation, laquelle implique la reconnaissance de l'autre, le dépassement vers le haut, donc obligatoirement vers une transcendance, de forme diverse certes, mais reconnue et honorée.

Cela fait sans doute des milliers d'années que nos ancêtres savent qu'un monde sans transcendance, purement matériel, est voué au déluge. L'orgueilleuse et stupide modernité qui rejette toute transcendance n'a rien compris – c'est désolant même si cela n'est que provisoire.

***

Le *gogo* est un grand amateur de toutes les simplifications. Elles le rassurent, il s'en délecte et en redemande. Il les répercute à l'infini sans jamais se lasser. Le propre du *gogo* est de tout avaler. Le propre du *gogo* est de ne jamais penser par lui-même. Pour parodier l'abbé de Rancé en respectant sa pensée : *« Il croit n'avoir ni intérêt ni passion, parce qu'il n'en a point de propre et de particulière... étant engagé dans ceux et celles des autres sans s'en apercevoir. »*

Le seul lieu possible pour le *gogo* est du côté du manche, de l'opinion dominante qu'on lui serine sans cesse, sa part d'initiative est d'applaudir ou de huer au coup de sifflet. La seule ambition du *gogo* est d'être toujours dans le vent (ce qui est une *ambition de feuille morte,* disait plaisamment Jean Guitton), ou, plus exactement, sa peur constante est d'être en dehors.

*« Qu'en pensera-t-on ? dit alors celui qui ne pense rien. »* (Gustave Thibon)

Quel confort que de choisir le même ennemi que ses voisins ; c'est ce qu'on appelle l'esprit partisan.

Le propre du *gogo* est d'emprunter sa personnalité pâlotte à son milieu, et cela se voit promptement. Le *gogo* n'est pas, de prime abord, un être contrariant. Vous le reconnaîtrez infailliblement à ce qu'à n'importe quelle remarque hors des sentiers battus et rebattus, sensée et argumentée j'entends, même sur les sujets les plus anodins, il répondra invariablement et presque toujours gentiment (mais en vous faisant clairement entendre qu'il n'y croit pas un seul instant, qu'il l'oubliera aussitôt et que, de toute façon, il s'en moque complètement) : *Ah, je n'y avais pas pensé !* aveu parfaitement superflu de sa part[7].

Même intelligent, cas rare, il fera toujours semblant de ne pas saisir ce que vous dites afin de ne point être dérangé dans son cocon.

Mais sa tolérance n'est que façade, un être soumis ne supporte pas longtemps qu'on dérange les certitudes qu'on lui a inculquées et qui lui tiennent lieu de réflexion. Si vous insistez, il verra rouge et vous rejettera violemment. Le *gogo* est un bloc de béton. Comme tout être esclave de ses émotions, soit de celles qu'on lui a dictées, il peut se révéler un monstre froid. Sa servilité le rend mûr pour tous les fanatismes. Or la rancune du *gogo* est aussi tenace que les certitudes qu'il a ingurgitées avec délice et auxquelles il doit son si profond sommeil qu'il ne pardonnera à personne de troubler.

Bien sûr, on ne relève de la condition de *gogo* qu'arrivé à une maturité et à une expérience certaines jointes à un niveau culturel minimum. Avant, ou autrement, on n'est que naïf, ce que nous avons tous commencé par être.

À partir d'un certain âge, encore vaut-il mieux penser faux que de ne pas penser du tout ou répéter comme un perroquet ce qui se clame dans l'air, conditionné, climatisé, du temps et du lieu. L'erreur est souvent rectifiable, certains vides ne peuvent être comblés.

*« Qui pense peu se trompe beaucoup. »* (Léonard de Vinci) Et aussi : *« La pensée est d'essence si rare que partout où l'on en découvre une manifestation l'on est tenté, non seulement de la goûter, mais de l'approuver. »* (cardinal H. de Lubac)

***

La soumission complète de l'esprit à n'importe quel système humain que ce soit est stérilisante. Ne confondons ni la soumission aux modes ou aux diktats d'une époque et dans un lieu ni le ronron de nos habitudes mentales avec la vérité. Cependant *« L'absence de système est encore un système, mais le plus sympathique. »* (Tristan Tzara) Cette absence est donc préférable à la soumission à quelque système. Mais le vide ne suffit ni ne dure. La liberté est inséparable de la croyance en une vérité objective, soit indépendante des modes, des propagandes, des pressions… *« La raison ne crée pas des vérités mais les découvre. »* (saint Augustin) Le relativisme (voir à la rubrique précédente) est démission, servilité.

Il vous sera utile un jour pour votre construction personnelle, pour votre compréhension bienveillante du monde, pour l'estime que vous vous porterez à vous-même, de vous écarter ou au moins de comprendre le monde dans sa réalité, bien au-delà de l'apparence officielle affichée dans le lieu et à l'époque. Mais attention, discrètement – ne le criez pas, il se vengerait pour maintenir la fiction sur laquelle il repose, celle de faire croire qu'il possède l'unique vérité, qu'il est tout blanc, tout pur et tout bon et qu'il va tout droit.

*« En France on laisse en repos ceux qui mettent le feu et on persécute ceux qui sonnent le tocsin. »* (Chamfort)

Dans tous les domaines, même les plus innocents, la tolérance ne se pratique guère avec ceux qui ne pensent pas et ne disent pas comme on leur a appris avec tant de soin à penser et à s'exprimer. J'insiste, faites attention, le taux de tolérance qu'on accorde aux déviants, même seulement en pensée et paroles, par rapport à la doctrine officielle se restreint d'autant plus que la société est en crise. J'espère que vous n'aurez pas à vous en souvenir.

Réfléchissez, jetez un coup d'œil sous la table. Quand il y a trop de vacarme demandez-vous un peu pourquoi, qui l'a organisé et à qui, d'un côté, il peut profiter (personne, groupe, lobby, idéologie…) et, de l'autre, qui (idem) est le bouc émissaire ou le dindon de la farce, quel type de consensus, de dictature de la pensée, il vise à établir.

En lisant un roman policier le pire des abrutis se pose la question élémentaire de savoir à qui profite le crime. Curieusement très rares sont ceux qui se posent la question de savoir à qui profite tel tapage de la meute médiatique savamment synchronisé, bruyamment orchestré. Plus le bruit est intense, plus on agite l'émotion, plus l'intention maligne est manifeste.

*« Le vulgaire se prend toujours aux apparences et ne juge que par l'événement »* (Machiavel). Les médias ont retenu la leçon et lui servent des *événements* à la louche – quitte à les tripoter.

Blaise Pascal célébrait ce qu'il appelait « *le devoir de la pensée* ». Exercez-le, ne serait-ce que pour votre satisfaction personnelle. « *L'essentiel, dans le doute, ce n'est pas qu'on ne sache pas – c'est qu'il y ait quelque chose à savoir* » (J. d'Ormesson). Réfléchissez, c'est toujours un bon exercice mental, même quand il ne mène nulle part. Ce qui ne signifie cependant pas qu'il faut douter de tout, tout remettre en cause sans cesse. C'est simplement toujours plus complexe, moins partiel, moins unilatéral qu'on ne le présente.

Le sceptique attend de son doute le même service que le conformiste attend de sa soumission. L'un et l'autre font profession de ne s'étonner de rien pour s'épargner de s'indigner de quoi que ce soit. Donc, n'en soyez pas pour cela méfiant en tout, sur tous et sur tout, ce serait également déplorable. Vous vous placeriez dans une position symétriquement inverse à celle du *gogo* et pas plus brillante. Il existe un snobisme intellectuel de l'anticonformisme qui, passé un âge primesautier, signe une extrême vacuité autant qu'une impuissance personnelle. « *Le sceptique radical est condamné au silence verbal et intellectuel.* » (Spinoza)

Pierre Dac, déjà cité, disait plaisamment qu'il était « *pour tout ce qui était contre et contre tout ce qui était pour.* » Quand elle n'émane pas d'un humoriste cette position est celle d'un enfant qui, par rage, tape, vainement, du pied.

***

L'esprit critique, l'esprit de vérité, n'est pas l'esprit ironique et nihiliste tel que le pratique l'émission de TV dite des *Guignols* qui *descend* un peu trop au niveau du ruisseau.

Je prends cet exemple car il est caricatural, c'est le cas de le dire, et aussi parce que l'émission perdurera sans doute. Je ne mâche pas mes mots, et pourtant nul ne peut m'accuser de complaisance pour les célébrités, politiques notamment, qui y sont maltraitées (ou *publicitées*, car certaines ont fait des pieds et des mains pour y apparaître, soit pour obtenir leur brevet de popularité).

Les égoûts sont inévitables. Mais je ne vois aucun plaisir à s'y baigner. Même s'il faut convenir que, depuis au moins trente ans, les pratiques de nos dirigeants, et plus largement des gens connus, sont trop souvent lamentables.

Soyez critique, mais que votre critique, même formulée plaisamment, reste au-dessus de la ceinture. J'ai parlé bien plus haut de fierté indispensable, il n'en est pas dans la dérision pratiquée systématiquement et par tous moyens. Elle n'aboutit qu'à la nullité de la pensée et, comme la nature a horreur du vide, à la soumission à une pensée totalitaire, et, qui plus est, dérisoire.

« *Ne pas frapper de dérision les actions humaines, ne pas les déplorer, ne pas les maudire, mais les comprendre.* » Le précepte de Spinoza, XVII^e^ siècle, sera toujours actuel. Méfiez-vous de la bassesse, elle dégrade tout, plus rapidement qu'on ne le croit, même chez des êtres d'exception, espèce assez rare.

*« Le monde est bien bossu quand il se baisse. »* (Honoré de Balzac)

***

Ne vous laissez pas endoctriner : *« Quand les talons claquent, les cerveaux se vident. »* (maréchal Lyautey) On met des années à comprendre qu'on a été floué. Et ce, encore seulement si on est assez courageux et fier, assez assuré de sa valeur, pour reconnaître qu'on s'est trompé (et si on s'est trompé c'est beaucoup parce qu'on l'a bien voulu). Elles impliquent humilité (donc fierté authentique) et une distance vis-à-vis de soi assez rare.

Après, il resterait quand même toujours déplaisant de savoir que, dans ses propres errements, on s'est révélé de la même espèce que ceux que Lénine appelait cyniquement les *« idiots inutiles »* en parlant des intellectuels-compagnons de route du Parti. Exemple : l'auteur dans la décennie 70.

Dans tous les domaines, quelles que soient les conceptions, il y a toujours des idiots inutiles prêts à s'enthousiasmer – *« suralimentation idéologique »* – pour toutes les variétés d'idéologie, et pire sans même qu'il y aille de leur intérêt, ce qui serait une justification sinon une excuse. Le *bobo* étant le type parfait de cette espèce[8].

La mise en œuvre effective, toujours d'essence totalitaire (nous avons la bonne et l'unique formule, notre doctrine est, enfin, l'avenir historique indépassable de l'humanité) de toute idéologie, se révèle toujours déséquilibrée, souvent catastrophique et parfois mortelle : derniers exemples d'importance, le communisme, le nazisme *« ces deux formes politiques qui firent la sinistre originalité du XX^e^ siècle. »* (A. Finkielkraut)

Le premier ne voulait rien moins que créer une humanité universelle harmonieuse, le second une humanité supérieure, les deux, un homme nouveau. Ces deux expériences ne signifiaient rien de moins que l'enterrement de la dignité inaliénable de l'espèce humaine apportée par le christianisme et confortée par l'humanisme laïc du XVIII^e^ siècle.

Qui sont ceux qui endoctrinent, d'où viennent les idéologies (j'ai précisé ce qu'était une idéologie à la note n° 3 de la rubrique sur les Gestes) ? De ceux que Julien Benda, un penseur du début du XX^e^ siècle, appelait : *« les clercs »*. Ou, plus exactement, de ceux qui aujourd'hui prétendent assumer cette fonction tout en ayant abandonné les valeurs qui en faisaient la grandeur ; ceux qui se font appeler les *intellectuels.* Sachant cependant qu'il y a de nombreuses exceptions à cet abandon de la grandeur de la fonction ; notamment beaucoup de ceux que je cite dans ce document.

Ceux qui voudront pourront lire un jour avec profit deux des livres de J. Benda, *Belphégor* et surtout *La trahison des clercs* (de ces ouvrages fondamentaux dont j'ai parlé à la rubrique sur la Culture, de ceux qui vous apprennent quelque chose). Par le terme de clercs il entendait ceux qui composaient jadis la vraie élite pensante et auxquels nous devons notre civilisation : Socrate, saint Thomas d'Aquin, Descartes, Spinoza, même Voltaire parfois, Kant, Bergson, Emmanuel Berl…, ceux qui auraient crié d'horreur devant le relativisme actuel.

C'est-à-dire ceux pour lesquels les valeurs étaient à la fois :

– statiques : la justice abstraite, la vérité abstraite, la raison abstraite, soit semblables à elles-mêmes par dessus la diversité des circonstances, de temps, de lieu ou autres.

– désintéressées : justice, vérité, raison ne visant à aucun but pratique. La pensée n'ayant pas à se vouloir au service de qui et de quoi que ce soit.

– rationnelles : ne reposant sur aucun autre sentiment que la raison et surtout pas sur quelque émotion que ce soit.

Le clerc de jadis n'avait pas à changer le monde, mais à rester fidèle à un idéal dont le maintien était nécessaire à la moralité de l'espèce humaine (et donc à sa survie). Les clercs expliquaient le monde, ils n'avaient pas la prétention de le refaire – à leur profit.

C'est Karl Marx (dans sa deuxième version, celle d'agitateur) qui a théorisé l'opinion contraire par sa phrase redoutable pour l'espèce et pour n'importe quelle civilisation (phrase déjà citée à la note n° 4 de la rubrique intitulée Versant et que je rappelle) : *« Jusqu'à présent les philosophes n'ont fait qu'interpréter le monde, ils ont maintenant à le transformer »* – avec les résultats que l'on sait.

Or les trois critères de J. Benda sont, et seront, toujours pertinents.

On voit combien la frénésie actuelle de changement, la cupidité ou la vaine gloriole (recherche de l'admiration des foules), la manipulation émotionnelle érigée en instrument de pouvoir ont détruit ces valeurs.

Beaucoup de prétendus clercs d'aujourd'hui ne sont que de piteux personnages remplis d'eux-mêmes, que les médias font passer pour des penseurs, presque des surhommes, et dont la seule préoccupation est de signer des pétitions, de battre le pavé et de hanter les plateaux de TV pour faire parler d'eux et ainsi conforter leurs solides intérêts matériels.

En quoi tel écrivain, tel prétendu « philosophe », et jusqu'à tel champion de n'importe quel sport, tel chanteur, telle actrice, est-il (elle) qualifié(e) pour dicter la loi sur les questions complexes d'économie, d'immigration, de logement, de nucléaire, de sécurité, des mères porteuses, du sort des embryons humains… ? D'où de tels médiocres tiennent-ils leur autorité pour s'arroger ce droit de jugement sur des sujets ou sur des personnes qui les dépassent ?

En quoi l'opinion de tel milliardaire révolutionnaire (l'espèce n'est pas rare) pèserait-elle plus que celle de mon épicier – lequel est nettement plus sensé et moins intéressé ? Mais comme le peuple ne pense pas toujours comme eux, on s'abstient de le consulter sur les questions de société qui lui importent au premier chef – sans bien sûr cesser d'évoquer la sainte démocratie confisquée par ces grandes gueules.

Le comble de l'arrogante présomption – et de la servilité des médias qui font écho – est atteint quand un politicien (Alain Juppé) fait savoir au monde entier (soit à sa petite cour et aux médias chargés de parler de lui) que : *« Ce pape commence à poser un problème. »* Éructation sans conséquence mais typique de l'arrogance totalitaire de ces gens.

Aujourd'hui, méfiez-vous (les exceptions sont rarement à la télé, au moins aux heures de grande écoute) de ceux qui affirment vous aider à penser.

*« Ils préfèrent l'émotion à la raison, la posture esthétique à l'obéissance au réel… ils adoptent les passions… ils exaltent l'attachement au particulier en flétrissant l'universel. »* (J. Benda)

***

À peu près à la même époque que Julien Benda un révolutionnaire italien fort intelligent, Antonio Gramsci, développait l'intuition que le pouvoir (entendre au sens large) se conquiert non par les armes mais par les mots, la subversion culturelle, la propagande, l'exaltation d'idées envahissant les esprits et disloquant la structure et les fondements de la société, donc son équilibre délicat. Il n'est nul besoin d'une grosse mèche, ni d'une forte explosion pour mettre à bas une baraque dont on a déjà sapé les fondations par le *Verbe*.

La démonstration de la valeur de la thèse de Gramsci fut remarquablement fournie par les conséquences de la brève période dite de Mai 1968 en France où en quatre à six semaines d'agitation fort peu violente, plus culturelle que sociale, la société fut plus bouleversée qu'en cinquante ans (je n'exagère pas).

*« Les grands événements ce sont les grandes pensées… Les événements se déroulent dans la réalité de l'esprit avant de se manifester dans la réalité extérieure de l'histoire. »* (Heinrich Heine)

La révolution française – fille de la propagande dite des *Lumières* – manifeste excellemment la pertinence de cette réflexion. Paul Valéry qui s'était volontairement – et héroïquement – retiré de tout ce qui est événementiel disait des événements qu'ils sont comme *« l'écume des choses »*.

En l'année 1806 se déroula la bataille d'Iéna (qui n'a d'importance que par la maladresse politique avec laquelle Napoléon géra sa victoire). Mais cette même année paraissait l'œuvre philosophique majeure de Hegel, *La phénoménologie de l'esprit,* qui conditionna la pensée européenne, et donc l'Histoire européenne, jusqu'à nos jours (ce pourquoi, une fois de plus, je me permets de citer une date aussi lointaine pour vous).

Vous vous apercevrez vite que les événements marquants de votre vie ne sont que la conséquence de vos réflexions, retournements, décisions – ou de leur absence. Ce pourquoi, pour rester au ras du sol et en revenir à votre actualité, je vous conseille d'être attentif à ce qui s'éveille en vous – fût-ce lentement et inconsciemment – plutôt que de vous obséder ou de vous disperser sur les événements minuscules d'aujourd'hui – afin de sentir, voir et agir pour demain (rappel de la rubrique sur les Choix).

***

Les procédés d'intoxication des esprits sont excellemment décrits dans un roman, captivant, de Vladimir Volkoff intitulé *Le montage.*

Accentuer un événement ou au contraire le taire, inverser le sens d'un autre, souligner un détail en omettant l'essentiel, ne jamais solliciter la raison mais l'émotion et les sentiments d'envie, d'admiration, de détestation…, toujours se camoufler et agir à travers des masques honorables : associations, organismes, personnages bien vus du naïf public…

Pratiqués à la perfection par le communisme triomphant, il serait aberrant de s'imaginer qu'ils ont miraculeusement disparu avec la chute d'un mur et l'éclatement d'un empire. La profusion d'informations (médias en tout genre, dans lesquels j'inclus internet) n'ouvre que plus de possibilités à ce qui s'appelle la désinformation.

Quelques petits extraits simplifiés d'un autre livre de Vladimir Volkoff : *Petite histoire de la désinformation.*

– La meilleure façon d'interdire certaines façons de penser, c'est d'en imposer d'autres.

– Les bons thèmes de désinformation doivent être simples et échapper à la vraisemblance et à la logique, car un thème vraisemblable ou logique donne prise à la contestation, ce qu'il faut éviter par-dessus tout.

– Anesthésier l'esprit par des choix tranchés en créant un manichéisme fondamental où les bons sont tout bons et les vilains tout méchants (sanctifier les uns et diaboliser les autres).

– Créer l'hystérie en répandant le thème mobilisateur du complot, des vilains. Les bons agissent dans la lumière alors que les méchants restent cachés et sont donc d'autant plus dangereux – et vicieux autant qu'extraordinairement puissants.

– Dites-leur (aux lecteurs, spectateurs, auditeurs…) ce qu'ils veulent entendre, et seulement cela.

– Triez (ou même inventez) le courrier des lecteurs ; et maintenant les commentaires des internautes.

– Abritez-vous derrière l'écran de l'anonymat : *Une rumeur court que…, d'éminentes personnalités, des sources bien informées pensent que…*

– Utilisez le trésor des adjectifs et adverbes : magnifique, dévoué… ou honteux, scandaleux…

– Usez pareillement des mots clés évocateurs d'un côté ou de l'autre : libérer ou occuper, tués ou assassinés, victimes ou bourreaux, libéraux ou intégristes, solidarité ou discrimination, démocratie ou dictature, générosité, tolérance, camp, charnier, purification ethnique, racisme, impérialisme, brutalité, sottise, double peine, rouges, fascistes, nazis[9]…

– Ne vous adressez à l'intelligence du public qu'en surface ; en profondeur adressez-vous à sa sensibilité : au cœur, aux tripes, au bas-ventre, les passions étant toujours plus fortes en l'homme que les convictions.

– « *Poids des mots, choc des photos* » disait la publicité d'un hebdomadaire (que je ne vise pas spécialement dans ce paragraphe). L'impact d'une image (truquée ou extraite d'archives qui n'ont rien à voir avec le sujet, procédés courants), d'un dessin, est bien supérieur à celui de n'importe quel texte.

– À défaut de disposer d'événements, fabriquez-les. Même le mensonge démonté (jamais reconnu) il en restera toujours quelque chose (le fameux charnier de Timisoara en Roumanie dans les années 1990 – même si là il s'agissait plus pour les journalistes de télé de se faire mousser et de gonfler l'audimat, ou de simple stupidité, que de désinformation orchestrée).

– Début d'émission, première page, long article ou au contraire entrefilet perdu quelque part dans la masse (que personne ne lira, mais qui permettra de s'abriter derrière le : *On en avait parlé !).*

Les services de renseignement du monde entier (peu enclins à jouer les *gogos)* notent la qualité de la source (média, journaliste, pays, informateur…) et la vraisemblance du renseignement ; souvent de A à F et de 1 à 6.

Sans être aussi rigoureux que ces professionnels, interrogez-vous sur ces deux points.

On peut rajouter une nouveauté qui fait les délices de la meute médiatique (laquelle adore remuer la boue) et qui sert sa vocation : monopoliser l'attention des *gogos* afin de les empêcher de s'occuper des affaires qui leur importeraient : dès que trois excité(e)s se mettent à hurler à propos d'un mot d'un courageux qui a exprimé ce que tout le monde sait mais qu'il est interdit de dire, parler d'abord d'un *tollé,* d'une émotion qui envahirait le pays et empêcherait les paisibles villageois de dormir. Ensuite, saturer journaux et émissions pendant des jours avec une prétendue polémique systématiquement à charge (appelée *buzz* aujourd'hui par les *branchés).*

Polémique qui n'intéresse que les associations incendiaires et cupides ainsi que les quelques riches « intellectuels » parisiens en service commandé qui tiennent là leur occasion hebdomadaire de s'indigner et de montrer leur grandeur d'âme en insultant et en démolissant le malheureux qui a osé dire l'évidence.

***

Les psy ont parfois une excellente question : « *D'où parles-tu ? d'où parle-t-il ?* » Pour notre sujet, il s'agit de percevoir la situation, les intérêts du donneur de leçons (ne serait-ce souvent que l'image valorisante que certains veulent se donner), l'appartenance à une coterie (du show-biz par exemple), l'obéissance obligatoire (pour sauvegarder sa position matérielle) à la pensée unique, au *pétitionnisme* bien-pensant, au soutien aveugle de n'importe quelle cause faisant larmoyer... et même parfois de considérer l'environnement de proximité (époux(se), ami(e)s, relations avec parents, situation et dépendance sociale, de jeunesse...) – sans compter de possibles faiblesses passées ou présentes qui peuvent rendre quelqu'un aussi soumis que manipulable par ceux qui savent (et savent se taire, sauf si...).

Petits exemples généraux :

– Il est facile, confortable et valorisant pour un riche grand bourgeois des beaux quartiers de mépriser le sentiment d'insécurité qu'éprouvent des citoyens moins privilégiés, habitant ailleurs, plus vulnérables.

– Le même confort mental vaut pour ceux qui tolèrent objectivement la récidive en matière de violences, par exemple sur des enfants, alors qu'eux-mêmes, ou elles-mêmes, ont refusé l'idée même d'en avoir pour pouvoir se consacrer pleinement à leur fortune et à leur célébrité.

Si on exclut les notions de richesse et de célébrité, ces deux remarques peuvent s'adresser à quelques religieux qui s'alignent par trop sur le laxisme et la faiblesse de notre époque – au nom de l'amour universel, passablement dévoyé. Dans son ensemble, elles concernent beaucoup de pseudo-intellectuels richissimes et donneurs de leçons au petit peuple, ainsi que les *accros* (membres des classes aisées, les nouveaux bien-pensants) à la liberté totale : celle des truands, des chauffards, des pédophiles, des fraudeurs d'allocations multiples, des possesseurs de molosses dangereux...

En deçà de la sociologie, dans vos vies personnelles essayez toujours de savoir d'où parle votre interlocuteur : qu'est-ce qui le structure, qui est-il ?

J'ai abordé, de façon très élémentaire, cette interrogation sur la position de vos interlocuteurs à la rubrique sur les Choix : les avis... émanant trop clairement de l'expérience personnelle de l'autre. À ce membre de phrase on ajoutera : reflétant ses passions, ses intérêts, son milieu...

Si les psy posent une bonne question en interrogeant sur la source, ils rendent un mauvais service en *« cherchant des causes que l'autre transformera forcément en raisons en s'aveuglant ainsi derrière une rationalité protectrice qui n'existe pas toujours dans les conduites humaines. »* ( ?)

Tout terroriste utilise cette argumentation : opprimé – qu'il prétend être – il pose des bombes. L'argument secondaire (tourné alors non plus vers le passé ou le présent mais vers un futur idyllique) étant tiré du vieil adage des fourbes : « *Qui veut la fin veut les moyens.* »

Plus haut, dans cette rubrique, j'ai parlé de réciprocité, de représailles... Toutes les formes de vengeance reposent sur l'établissement d'une raison par une cause. La réalité de celle-ci n'empêche pas le mécanisme d'être pervers, nuisible.

En ce qui vous concerne, ne transformez pas les causes en raisons (soit en justifications) ; ou ayez au moins l'honnêteté de ne pas vous leurrer vous-même sur vos motivations. Les deux domaines sont autres, les enchaîner dans sa tête fait retourner à l'animalité et se transformer en robot mécanique.

– Une cause, un motif, n'est pas une raison.

– La cause peut être une réalité existentielle (on est agi).

– La raison résulte d'une volonté personnelle (on agit).

*« La malhonnête rationalisation de masse du motif, justification de la vulgaire excitation pathologique. »* (Malcolm Lowry)

***

Penser, c'est aussi savoir ramener les choses, les événements à leurs justes proportions, refuser l'invraisemblance, l'outrance, avoir une idée du sens et de la portée des mots, de l'ordre de grandeur des nombres (surtout dans une société où tout est compté, mesuré, à défaut d'être pensé : sondages, points de croissance, taux de ceci et de cela...).

Or le tintamarre médiatique transforme des succès infimes en triomphes grandioses et de petits incidents ou désagréments en tragédies cosmiques ; le sens et la mesure disparaissent.

Je crois devoir m'expliquer tellement notre pays qui était jadis un modèle d'équilibre, de finesse, de bon sens et de raison a perdu ces qualités pour tomber dans une enflure grotesque due à l'emphase médiatique, et aussi parce que je doute que l'école d'aujourd'hui vous ait appris le respect du sens, la distance à garder avec l'émotionnel, la logique, l'évaluation des ordres de grandeur... enfin tout ce qui fait une tête d'homme.

Le mesuré Paul Morand disait d'une personne qu'elle *« pensait par majuscules »*. Maintenant c'est l'ensemble de la société qui pense ainsi. N'importe quoi est avalé et restitué tel quel, même par des gens passant pour habituellement sensés. C'est bien en vain qu'en 1920, Charles Maurras affirmait déjà qu'il n'y avait pas de tâche plus urgente que de *« restaurer l'intelligence »*. Confronté à la démesure actuelle dans les mots et sur les nombres, que dirait-il ? Dans les relations matérielles entre personnes, la non considération de l'ordre de grandeur des nombres ressort aussi très souvent de la simulation à intention intéressée.

– On lit couramment sans pouffer de rire des expressions aussi ridicules qu'ineptes telles que : *l'immortel chanteur, l'éternelle vedette du show-biz, l'inoubliable actrice, le film culte, la vénération qui entoure cet artiste, le génial réalisateur, l'immense exploit de cette équipe, ils sont entrés dans l'histoire ou dans la légende, ce moment ou cet acte historique, cette œuvre géniale, immortalisez vos meilleurs moments* (photos)... pitoyable grandiloquence.

– N'importe quel navet est qualifié de chef-d'œuvre (pourvu que le producteur et l'acteur ou l'actrice tête d'affiche soient bien en cour). D'ailleurs on ne se contente pas d'aimer, on adore ! tout simplement.

– Le décès d'un vulgaire saltimbanque (parfois dépravé) prend l'envergure d'un drame national et même mondial (alors que Mozart fut enterré tout seul à la fosse commune).

– En sport, pour le football notamment, on trouve des expressions extravagantes relevant de l'épopée guerrière vue de son balcon ou de la simple stupidité ; titre de journal la veille d'un match de coupe du monde : *« Le cœur des Français va cesser de battre »*. Heureusement, le lendemain, et malgré la raclée encaissée, il battait toujours. Un joueur de tennis se foule la cheville : c'est une *tragédie.*

– Aussi, quelle belles et nouvelles expressions que celles de *croissance négative* ou de *créances toxiques* !

– Le tsunami de Noël 2004 en Asie aurait fait quelque 220.000 morts (en réalité, nul n'en sait rien), ce fut une grande catastrophe. Il fallait plaindre les victimes et leurs proches, agir pour, prier pour... mais ce nombre (sans doute gonflé comme d'habitude) représente à peu près dix-sept heures de la mortalité normale mondiale et encore suis-je assez généreux quant à l'espérance de vie moyenne universelle. De ce point de vue, c'est comme si l'année 2004 avait eu 365,7 jours. Cette pondération (qualifiable de très incorrecte) n'enlève rien à l'horreur ni à la tristesse.

– Tel jour, il y aurait eu un million de participants, de manifestants à Paris – pourquoi s'arrêter à un ? Un habitant sur quatre ou six (y compris les bébés, les enfants, les vieux, les malades, les hostiles, les indifférents, les occupés ailleurs, ceux qui avaient autre chose à faire, à travailler éventuellement).

À Paris, un million de personnes cela représente l'occupation de plus que l'ensemble du périphérique en cohortes serrées (supposons des rangs de 25 de large x 1000 mètres = 25.000 au km x 36 km = 900.000 individus, serrés comme des sardines, 1 par mètre carré).

Question subsidiaire : ça met combien de temps à s'écouler ? si ça arrive à s'écouler. Tout fonctionnaire de police (comme un apprenti géomètre) sait cela, pas un journaliste censé informer !

– Un journal réputé sérieux énonce que le gaz a augmenté de 317%. Bien évidemment il faut lire 31,7%. Mais s'il fallait demander aux rédacteurs de tenir compte des virgules et de se relire pour contrôle de vraisemblance ! Après des lecteurs – un peu bornés – colporteront les nombres les plus invraisemblables sous l'alibi du : *c'est vrai, c'était dans le journal.*

– Un ministre s'investit à 300% dans ses dossiers, bravo pour un tel dévouement surhumain. Encore qu'un plus travailleur, un plus arriviste, un jaloux, arrivera certainement un jour à y consacrer 500% de son énergie.

Si l'école ne vous pas appris à réfléchir, à ne pas associer deux termes incompatibles, à pondérer, à évaluer, vous pouvez toujours vous y mettre. Ne comptez pas trop sur l'université. Les enseignants sont issus des mêmes écoles, 20 ans avant, et ils n'ont pas tous pris l'habitude de réfléchir par eux-mêmes, de plus l'exercice de la faculté critique n'est pas toujours bien vu dans leur milieu. Plus le cri, plus le hurlement est perçant, plus l'enflure est énorme, plus il faut situer, rectifier, mettre en rapport avec le contexte, revenir à des formulations, des mesures équilibrées – ce qui, une fois de plus, veut dire qu'il faut raison garder pour garder la tête bien faite.

C'est aussi cette faculté que j'appelle : *apprendre à voir* – ce qui survient d'autant mieux qu'on ne s'enivre pas de délire et d'intoxication d'origine médiatique. La démesure conduit à toutes les aberrations, à tous les excès.

Sur les nombres (fondement de l'esprit scientifique), vous pouvez regarder la dernière rubrique Jeux, section C.

***

On trouve un autre exemple de cette prise en mains des personnes, du conditionnement à l'infantilisme, dans la profusion d'inutiles gadgets techniques ; source infinie de pannes en plus.

Je viens de changer de voiture : l'éclairage intérieur s'allume hors de mon contrôle, la machine qui pense pour moi m'avise que je n'ai pas enlevé la clef de contact, que ma porte est ouverte… La mise du chauffage entraîne la climatisation, si je branchais le limiteur de vitesse l'engin veillerait pour moi, je serais donc habilité à faire n'importe quoi, changer l'heure suppose de s'y retrouver dans 174 pages de documentation. Même le chef de l'État ne pourrait obtenir qu'on change une roue de ce véhicule si on n'a pas la clef individualisée (si on la perd on est mis au rebut de l'humanité). Encore ai-je évité, sans le savoir, les phares qui s'allument tout seuls quand il fait sombre, les essuie-glaces qui s'agitent à la première goutte d'eau, la sirène qui mugit au franchissement d'une ligne jaune...

J'ai vraiment l'impression de n'être plus maître et surtout celle d'être traité comme l'idiot qui ne sait pas que sa porte est ouverte, qu'il fait sombre, qu'il commence à pleuvoir... Je n'y connais rien, mais je sais traduire les directives émises d'urgence après un *crash.* Le pilotage automatique sur les avions c'est très bien. Mais si les capteurs débloquent (cela arrive) et quand alors cet automatisme décroche sous l'afflux d'informations incohérentes, il peut être trop tard de quelques secondes pour que l'équipage comprenne ce qui se passe et reprenne la main – surtout si sa vigilance est atténuée par la confiance excessive que confère trop de technologie.

La technique est fort utile. Mais, bridant à l'excès l'initiative humaine, elle trace aussi un enclos à la pensée humaine. Martin Heidegger parlait de « *l'arraisonnement du monde à la technique* » comme d'une folle course en avant. Comme un excellent historien (Arnold Toynbee) a pu soutenir que « *la technologie avait remplacé la religion comme intérêt majeur de l'homme* ».

Zéro défaut, automatisation de tout, tyrannie abusive du principe de précaution... cultes modernes des illuminés et des froussards, ceux qui prétendent colmater toutes les brèches, chasser l'ombre, l'imprévisibilité, la liberté, dans ses moindres recoins. Tous à la merci de la dictature des fanatiques du progrès, des faiseurs de normes édictant quoi et comment faire, des hautes autorités de ceci et de cela, des commissions et des comités enseignant ce qu'il faut dire et surtout ne pas dire, des tyrans de la formation permanente... tous encadrés, normalisés, laminés, mis en rangs et en boîtes.

Tout est pensé par la conjonction des élus et des experts (et des affairistes). La conscience individuelle est bannie – le troupeau, materné, toujours cocu, toujours content, n'a plus à penser. Juste hier pour vendre un logement il ne fallait que sept certificats (présence d'amiante, de plomb, de cafards, de punaises, suspicion d'apparition de revenants...), maintenant il en faut huit, demain ? Pardonnez ma vulgarité, mais l'ambiance précautionneuse et totalitaire de la société me fait parfois me demander si demain je pourrai « *pis...* » sans qu'on ne me dise comment, quand et où. Déjà, en 1797, Joseph Joubert disait : « *Je veux bien qu'on me coupe les morceaux mais je ne veux pas qu'on me les mâche* » – que dirait-il aujourd'hui ?

Tous contraints d'être irresponsables, incapables... En tout cas c'est ainsi qu'on rend les gens. El les sondages ne manqueront pas de nous apprendre que ceux qui ne bénissent pas leur servitude ne sont qu'une infime minorité d'affreux. Plus généralement, le progrès ne résulte même plus de notre décision ni de la décision de personne, il va tout seul, il vit sa vie… Il n'y a plus de main pour le guider. La technique propose (ou plutôt impose) et l'opinion publique, la masse, la foule répondent : *Essayons, pourquoi pas ?*

Ne vous laissez pas avoir par cette frénésie de tout maîtriser, vous tomberez de moins haut. « *Une application méthodique à ne plus rien laisser à part, à ne plus rien laisser dans l'ombre ou dans le lointain, à domestiquer tout le réel. Une rage de la gestion… Rien qui ne soit marchandisé… réglementé…qui ne soit pris dans une mécanique invincible d'optimisation de toutes les ressources de tout.* » (F. Taillandier)

La contrepartie de cette obsession de tout maîtriser, c'est que, bien qu'étant irresponsables, nous devenons responsables de tout (une contradiction de plus). Il faut des coupables. Qui a fait – ou a laissé tomber – cet arbre sur le chemin ? inadmissible. On ne peut, encore, empêcher qu'il neige. Mais elle doit être neutralisée *illico,* quitte à répandre tout le sel des océans.

Saint-Jacques-de-Compostelle à partir de 30 €, annonce une compagnie aérienne ; le pèlerinage qui a bougé toute l'Europe pendant des siècles, à pied, lentement, afin que chacun se trouve lui-même.

« *Si on vous donne tout vous n'avez plus rien à ajouter, c'est-à-dire à donner en échange, en vous en donnant trop on vous retranche tout* » (J. Baudrillard). Karl Marx voyait juste quand il pressentait que « *la marchandise abolirait tout… jusqu'aux relations personnelles* ». Elle abolit même la faculté d'être soi, celle de se tromper, la marge d'initiative de l'être.

La démocratie présentée comme l'organisation parfaite tend inévitablement à un système où le pouvoir politique prétend représenter et même avaler la société civile et donc tout régenter, tout annexer[10].

Tout ne ressort pas de la Loi, même en bavarde démocratie où l'individu est considéré comme l'abruti et l'incapable auquel on doit dire ce qu'il doit faire et quand et où et comment. Pour se valoriser et se rendre indispensables les élus accumulent les lois, les règlements… bâclés, dont beaucoup ne font que multiplier les injustices et les possibilités de fraude dans une population où la morale individuelle est devenue une survivance puisque cette faculté ne saurait coexister avec la promotion de l'irresponsabilité.

Les exemples de cette section et de la précédente relèvent d'une industrie aussi développée que sa clientèle, la fabrique des *avaleurs de n'importe quoi*, des assistés et des irresponsables.

Jadis Benjamin Constant demandait à l'État qu'il se borne à être juste en ajoutant que nous-mêmes nous chargions d'être heureux. Maintenant les autorités, la horde des politiciens, des experts, des psy et des coachs en tout genre (sans compter les animateurs de TV) nous enseignent comment l'être. Il suffit de regarder les têtes dans le métro pour apprécier leur réussite.

***

Comme il serait aussi extrêmement infantile et benêt de faire semblant de croire qu'une société féminisée[11] est, ou sera, par là même et automatiquement, un monde de douceur harmonieuse.

On attend et espère, mais pour l'instant on ne peut pas dire que l'émergence des femmes dans les sociétés occidentales ait humanisé et adouci les comportements. Au moins dans les lieux où il est aisé d'observer la conduite des personnes : les entreprises et la politique. On ne note encore guère de réduction de la diffusion des peaux de bananes, des complots de couloirs, d'atténuation des haines farouches et de renonciation aux luttes au couteau qui ont cours dans ces vitrines des mœurs ; pour s'informer, on peut aussi lire les faits-divers.

Elle est ou sera simplement autre que l'ancien monde qui était prétendument dominé par le masculin – du moins en apparence, car le vrai pouvoir est rarement sur le devant de la scène, bien plus souvent dans les coulisses[12]. Elle sera meilleure ici, pire là. Elle est ou sera autre et elle fonctionnera autrement – espérons pas trop suivant des passions qui mènent aux extrêmes et à la manipulation émotive. Car si l'excès de consentement à l'émotion personnelle nuit et avachit l'être jusqu'à le priver de toute raison et consistance, l'émotion hystérique collective se révèle très souvent meurtrière.

Autre mode, sœur du féminisme, ce qu'on appelle le *jeunisme*, soit l'exaltation sans retenue de tout ce qui est jeune : *l'admirable-enfant-roi, le tyrannique-ado-prince-sachant-et-décidant-de-tout, le ridicule-cinquantenaire-s'efforçant-d'en-paraître-vingt-cinq, le lamentable-septuagénaire-dynamique-encore-décidé-à-faire-des-enfants,* et en corollaire le dédain pour qui assume tranquillement son âge. Cette exaltation effrénée ne reflète pas un élan mais révèle plutôt les regrets nostalgiques d'une société fatiguée. *« L'œillade au juvénile est signe de la décadence du peuple »* (Platon). D'ailleurs dans le cadre de la déliquescence du langage : *nouveau* maintenant veut dire *meilleur* (d'après A. Finkielkraut). Le septuagénaire me rappelle un de mes camarades qui, ayant passé 60 ans et annonçant sa nouvelle paternité, s'entendit rétorquer par sa fille : *Mais, papa, un petit-enfant, j'allais t'en donner un prochainement.*

*« Comment un jour avons-nous pu faire semblant de croire que des gamins de vingt ans pouvaient avoir raison et porter le monde »* a avoué le grand cinéaste Federico Fellini, revenu désabusé, honteux mais lucide et honnête, de ses égarements d'adulte durant la période, si lointaine pour vous, de l'emballement juvénile enthousiasmant mais terriblement destructeur sur certains points des années 1968 aux États-Unis, en Europe de l'Ouest et surtout en France[13]. Je ne cite pas Fellini pour rabaisser la fougue juvénile. Elle doit être mais en sa-

chant qu'elle n'est pas raisonnable – ce qui est le propre de la fougue – ne bridez pas la vôtre.

Que les adultes – pour vous ce n'est que demain – gardent leur rôle, sinon, le délire passé, ils encourront de justes moqueries en même temps qu'ils ressentiront au moins quelque gêne. Comme pour le devoir d'état, que chacun reste à sa place. Il n'y va pas que de l'estime de chacun pour lui-même, l'enjeu est la continuation de la civilisation.

Ce n'est pas parce qu'une chose est à la mode (d'ailleurs la suivante détrône la précédente) qu'il est indispensable de s'extasier et d'applaudir au commandement à toutes les idées provisoirement reçues.

Suivre aveuglément la mode en matière intellectuelle (pour les fringues, à votre âge, c'est compréhensible et sans conséquences) révèle à coup sûr le manque d'autonomie, un tempérament de mouton incompatible avec la moindre personnalité. Suivre la mode en général c'est obéir à des modèles suggérés – et même imposés – alors même que, lorsque nous les suivons, ils nous donnent fallacieusement l'impression d'être nous-mêmes.

Si on tient à tout prix à être, comme on dit, *à la page*, il faut savoir qu'une page est vite tournée et qu'on se trouvera vieilli, dépassé, ridicule, bien plus rapidement et brutalement qu'on ne le pense. *« Le monde est ainsi fait que le triomphe d'un système marque déjà son déclin. »* (J. d'Ormesson)

Lisez dans un vieux journal datant seulement de vingt ans les opinions pontifiantes, les déclamations péremptoires de pseudo-dignitaires et vous comprendrez combien vous seriez grotesque d'en être encore là, comme les vieilles marionnettes qui cultivent encore les chimères du temps de leur jeunesse alors qu'ils sont tout ridés.

Ce qu'on appelle *l'air du temps* n'est qu'un léger vent de circonstance soufflé par Messieurs et Mesdames *on-ne-sait-qui* et repris en fanfare par la meute médiatique avide de nouveauté. Il ne saurait jamais être un air longtemps respirable pour qui tient à la santé de ses bronches.

Heureusement pour celles-ci, il retombe dès que le vent suivant se présente – ce qui ne manque jamais d'arriver.

*« Ne côtoyez pas le monde que comme contemporain de vous, des idées de votre lieu et de votre époque, il est espace vous le savez, mais il est temps aussi. »* ( ?)

Sur les modes : nos ancêtres et leur mode de vie n'étaient pas parfaits (rien ne le sera jamais) mais ils n'étaient pas obligatoirement des imbéciles, des demeurés ou, pire, des salauds. Vous n'aimeriez guère qu'on le pense de vous aux siècles qui viendront, de plus ce serait archifaux. S'il est dans l'ordre des choses que les fils pensent faire mieux que les pères, et les filles que leurs mères, il n'est pas sain qu'ils y croient vraiment et trop longtemps.

« *Aucune civilisation ne peut recouvrir l'autre en effaçant les valeurs de la précédente* » (J.-C. Guillebaud), et c'est pourtant ce qu'elles tentent toutes de faire.

Une société – comme une personne – qui passe du mépris de soi ou de ses racines à leur exaltation en même temps qu'à l'attitude strictement inverse dans le regard qu'elle porte sur les autres relève de la douche froide (sans beaucoup d'espoir de guérison d'ailleurs).

Combien de modes indispensables, incontestables, géniales, en tout domaine, l'humanité s'est-elle offertes pendant la longue ère de l'homme de Néandertal, puis pendant celle de son successeur, Cro-Magnon (modes sûrement différentes des précédentes), puis depuis ?

On dit que les cimetières sont remplis de gens indispensables (qu'on proclamait tels de leur vivant), on doit y trouver aussi toutes les lubies de l'humanité, impressionnant fatras. Même s'il faut y tenir et les défendre, dans la mesure où on les sait utiles à l'époque et au lieu, mieux vaut savoir que nos petites certitudes existentielles n'ont pas plus de valeur que celles de nos ancêtres. L'avenir se chargera de les bousculer avant de les enterrer. Elles n'auront bientôt pas plus de valeur que celles – assurément extraordinaires et enfin définitives – que nos descendants – enfin intelligents – claironneront à leur tour un aussi bref instant.

***

Soyez réticent vis-à-vis de la foule mais n'hésitez pas à la côtoyer. Si une manifestation vous semble légitime et sympa, allez-y ; vous y apprendrez (rappel de la rubrique sur l'impératif du non-isolement)[14].

Ce sans perdre de vue que la foule – comme l'opinion publique – n'a jamais aucune idée, aucune existence autonome par elle-même, qu'elle ne fait qu'accepter les modes et les slogans dont on la comble et dont elle se gave goulûment, ou les manipulations avec lesquelles on la trompe, qu'elle est inaccessible à toute forme de raison.

« *La foule croit qu'elle sait et comprend tout ; et plus elle est sotte, plus ses horizons lui semblent vastes.* » (A. Tchekhov) Émile Zola disait rudement que les foules n'avaient aucun tempérament. N'oubliez pas non plus que le propre des foules est leur versatilité, soit le fait de brûler aujourd'hui ce qu'elles ont adoré hier. Lors du dimanche dit des « rameaux », à l'entrée de Jésus à Jérusalem, la foule était dans la liesse ; cinq jours après elle hurlait : « *À mort* ».

Laissez-vous aller un moment à la chaleur humaine dégagée, mais reprenez vite vos esprits, votre raison, soyez lucide sur les objectifs (sur les affichés et surtout sur les cachés).

Sachez que dans les manifestations de type revendicatif, corporatiste, votre présence sert les intérêts d'arrivistes qui ne se soucient, et ne se soucieront, que de leurs carrière et privilèges, nullement de vous. Vous ne leur servirez le plus souvent que de marchepied, soyez-en simplement conscient.

Même si vous ne la partagez pas recueillez l'opinion de vos parents. Ils ont un double avantage, celui d'avoir eu votre âge et celui d'en savoir un peu plus.

Mais allez-y voir quand même, sous les réserves précédentes, pour apprendre et faire un peu la fête. Je parle de manifestation car chez nous certains sont des passionnés de ce ridicule. Sociologiquement, ce phénomène est devenu aujourd'hui une sorte d'équivalent laïc, infiniment moins noble et si souvent vulgaire dans son comportement et par ses braillements, aux processions ou pèlerinages collectifs d'antan qui rassemblaient et unifiaient sainement des collectivités dans le pour et non pas dans le contre, par le haut et non par le bas[15].

– Dans des situations paisibles la foule peut être porteuse d'enthousiasme, de solidarité chaleureuse – assez factice au fond – son contact peut se révéler plaisant un moment (surtout s'il fait beau et chaud), enrichissant parfois par sa diversité.

– Dans des situations de crise, quand elle est assemblée *contre*, sans guides pourvus de beaucoup de rigueur morale et d'au moins un peu d'autorité et que certaines formes hystériques d'émotion s'emparent littéralement d'elle, spontanément ou par manipulation de meneurs pervers, elle peut aussi devenir incontrôlable, enragée, monstrueuse. N'importe quel groupe de personnes ordinaires et paisibles peut se transformer en un instant et provisoirement en un troupeau, en une meute de clones aveugles et furieux. Le Grec Platon appelait la foule le « *Gros Animal* » ; expression claire ce me semble.

L'émotion peut si facilement devenir folie et fureur collectives, passagères mais hideuses, ramener à la bête un bref instant des gens *raisonnables*. Un instant certes, mais suffisant pour faire des dégâts irréparables que la mémoire collective transformera, ensuite et évidemment, en actes de justice, ou occultera honteusement. « *La preuve du pire… c'est la foule* » (disait Sénèque déjà cité et connaisseur car contemporain et mentor du monstrueux empereur romain Néron – rien de changé). « *Les psychoses collectives engendrent naturellement l'appel au sang.* » (Vladimir Volkoff)

Quand la foule stupide et toujours au fond sanguinaire excitée (quasi sexuellement) par des médias voyeurs et fabricants d'émotion tordue, par les clameurs de meneurs criminels, se déchaîne dans l'opprobre et la vindicte on doit tourner le dos – par respect de soi-même et pour la sauvegarde d'un minimum de sens, c'est-à-dire de civilisation.

La tragédie grecque, qui date de millénaires, dévoile déjà ces déchaînements soudains et très peu prévisibles par lesquels une collectivité expulse le mal qui est en elle. Ainsi, par le lynchage (pas toujours au figuré) d'un bouc émissaire, personne ou groupe, par l'exercice quasi spontané d'une violence primitive qui remonte à la nuit des temps et perdure, elle dissout sa propre culpabilité, restaure provisoirement son unité précédemment éclatée dans l'individualisme préalable de ses membres. La foule n'est alors, pour un bref moment, qu'une meute (a donné le mot : émeute). Tout le monde participe et nul n'est responsable, comme dans la vieille lapidation biblique. Ainsi la communauté est ressoudée par un même acte commis par tous et par personne. Rappelez-vous certains épisodes déplaisants de cour de récréation.

Dans notre stupide et trompeur, mais qui sera très provisoire, angélisme contemporain, on ne veut plus en entendre parler, mais, sous nos illusions, la nature humaine, la réalité demeurent.

Plus une société est individualiste, éclatée, plus elle aura tendance à se ressouder, temporairement, dans un déferlement aveugle de haine meurtrière. Plus elle craindra l'éclatement qu'elle provoque sans cesse, plus elle s'abritera derrière des modes totalitaires, des mots tabous, une pensée unique, plus elle s'approchera du rite du lynchage.

À la rubrique suivante vous trouverez des considérations sur ce qu'on peut appeler un des aspects sociologiques de la Révélation chrétienne qui touche à cette composante des collectivités humaines. En effet, ce n'est pas réduire le sacrifice religieux que de comprendre aussi son rôle indispensable – irremplaçable – dans l'exorcisme de l'extrême violence humaine aveugle. Quoi qu'il en soit, celui qui a eu l'occasion de voir concrètement ces éruptions, ou croit à la notion de péché originel, ou se ment complaisamment à lui-même.

Exemple : j'en ai des souvenirs personnels de spectateur fort désagréables (alors que j'approchais de mes onze ans), passons, mais sachez seulement qu'il n'y a pas de limite humaine, plutôt dans l'inhumain, qu'une foule excitée ne puisse franchir, un instant, quelques heures, en période de crise, ce en notre doux pays, qui passe pour évolué, civilisé.

Le pouvoir n'est pas toujours propre, rien d'humain n'est parfaitement tel, mais laissé à la foule anonyme et hystérique, c'est l'abjection. J'espère que vous n'aurez pas d'exemples personnels un jour. Leur souvenir est pénible.

Ah l'émotion (son côté négatif bien sûr), quel alibi pour libérer la bête grégaire qui sommeille en l'homme, pour qu'en période trouble se déchaîne l'ignoble *justice* populaire de rue, qu'on puisse d'un même mouvement assouvir son goût du sang, régler ses comptes, soigner ses intérêts bien concrets et poser ensuite en pur héros. Incidemment, ces scènes de rue m'ont amené à revoir mes notions de base d'alors sur la douceur féminine (en circonstances exceptionnelles, j'entends) et ce n'est pas la lecture des faits divers d'aujourd'hui qui ressuscitera mes illusions.

Le génocide perpétré par les Khmers rouges dans les années 70 et, plus typiques encore, les atrocités ethniques au Rwanda en 1994, dont on a si peu parlé, eu égard à leurs dimensions. C'était en Asie ou en Afrique ! et surtout les faits faisaient exploser la doctrine officielle imposée, celle de l'homme devenu subitement et miraculeusement raisonnable ; philosophie de comptoir ou de colonie de vacances. S'il repasse, allez voir le très beau film *Gandhi* et les quelques scènes discrètes sur la partition Inde/Pakistan en 1947. En prime, vous y découvrirez ce que tout le monde peut appeler un Maître.

***

Plus bas, en note[16], j'essaie d'expliquer le terme et le mécanisme de progression de la pensée qu'on appelle le processus dialectique. Ce dernier était déjà connu des Grecs – ce n'est donc ni une nouveauté ni une découverte.

Il pourra vous servir dans l'existence pour rompre des schémas de pensée trop unilatéraux et ensuite pour vous extraire de contradictions érigées en impasses. En effet, la dialectique est une marche du raisonnement fonctionnant par confrontation de contradictions surmontées. Son maniement pourrait vous être utile à l'occasion de choix, de décisions à prendre ou non, vous éviter de longues périodes de doute, d'incertitude, de pénibles balancements, vous aider à vous extraire des pièges du *double bind* (évoqué à la rubrique sur l'Amitié et l'Amour).

D'ailleurs tout le monde le pratique plus ou moins, sans le savoir.

***

En conclusion essayez de chercher l'adéquation entre votre pensée et ce qui peut constituer la réalité telle que vous l'apprendront peu à peu, en positif comme en négatif, votre fréquentation du monde et des hommes. Selon Aristote c'est dans cette concordance que se trouve – ou s'approche – la vérité.

Je citerai ce mot splendide de Paul Eluard (excellent poète même si égaré dans ses choix existentiels mais, pour lui, sans frais) : « *La lucidité est la blessure la plus proche du soleil.* » C'est de la poésie, et la poésie ne s'explique pas, elle se sent au moment où il convient.

Et aussi, celui d'un remarquable écrivain d'un tout autre bord qui s'est égaré également (mais l'a payé, lui, au prix maximum, exorbitant s'accorde-t-on à penser maintenant) : « *La lucidité est la forme la plus belle du courage.* » (R. Brasillach) Leurs égarements opposés dans le monde n'enlèvent rien à la justesse de leurs jugements[17].

Une phrase lue récemment m'a frappé. « *Je m'inquiète, je commence à préférer un méchant cultivé et intelligent à un imbécile gentil.* » (dans *Peintres de ba-*

*tailles* de Arturo Perez-Vererte, romancier espagnol et reporter témoin un peu partout des heurts de notre temps) Le moraliste Chamfort disait la même chose avec : « *Les gens faibles sont les troupes légères de l'armée des méchants. Ils font plus de mal que l'armée même. Ils infestent et ravagent.* »

En effet, on peut parfois s'arranger avec le méchant, bien rarement avec l'imbécile. Ne prenez cependant cette préférence que comme expérimentale et non morale. Je n'inclus les deux citations précédentes que pour continuer à vous faire approcher du principe de réalité et aussi parce que le monde et moi, comme vous plus tard sans doute, avons relativement moins à craindre du premier cité par Perez-Vererte que du second.

Pour parodier le roi de France qui disait : « *Gardez-moi de mes amis, mes ennemis je m'en charge* » (début de la rubrique sur l'Amitié et l'Amour), on peut remplacer dans l'ordre les deux qualificatifs par ceux *d'imbéciles* et de *méchants*. L'apparent froid réalisme que révèlent ces citations est fort peu de votre âge[18]. Il n'est guère confortable, mais l'existence n'est pas qu'agrément, sinon d'ailleurs ce serait lassant.

Petits exemples : au risque de choquer les bonnes âmes (dont on connaît la sensibilité), je prétends que :

– Le dirigeant qui met les fonds dans sa poche ou arrose les copains n'est guère plus coupable que le crétin qui donne à n'importe quelle association caritative sans avoir essayé de s'assurer personnellement de sa rigueur et donc de la bonne destination de son argent.

– Le vilain nationaliste qui part à l'assaut baïonnette au canon est moins redoutable (en tout cas plus estimable) que le planqué qui l'excite vulgairement en crachant sans cesse le mot « *boche* » – ou tout autre aujourd'hui.

Le méchant ne prospère et ne se multiplie vraiment que dans le terreau que lui fournissent les nigauds dans les questions bénignes ou les lâches (plutôt une ambiance de lâcheté) en matière de violence.

***

« *Il croit qu'il sait, il ne sait pas qu'il croit.* » (Alain Besançon, au sujet de Lénine) C'est la place, à la jonction de cette rubrique et de la suivante de placer une réflexion sur la prétendue opposition entre *Savoir* et *Croyance* (largement inspirée par J.-C. Guillebaud).

Pour simplifier énormément, rattachez le premier terme à la science, le second à n'importe quelle foi (religieuse, construction d'une société meilleure à défaut d'être idéale…). La pensée usuelle fréquente (parfaitement totalitaire) est : les autres ne font que croire, alors que moi, je sais. La modernité a choisi la première position, le savoir, alors qu'elles marchent ensemble. La modernité a eu tort. Le vingtième siècle et les débuts du siècle actuel le démontrent assez.

Les croyances négligées, méprisées, se sont vengées, parfois en revenant sous des formes sinistres. Résultat : nous sommes tombés dans un scepticisme aussi dangereux.

Les deux domaines sont loin d'être aussi opposés qu'on le prétend – même s'il faut les distinguer. Un savoir, une pensée, un raisonnement ne se substituent pas à une foi en quelque chose et une croyance ne dispense pas d'examiner, de tenir compte des faits et des hommes.

Un scientifique – un vrai – croit à une théorie (la mécanique quantique…) dans le cadre de laquelle il pousse ses recherches. Il s'appuie sur une croyance. Un religieux, un humaniste, croit à la médecine, aux phénomènes climatiques, respecte les faiblesses humaines. Il s'adosse à un savoir.

Une société sans croyances vigoureuses est une société du vide (c'est ce que ne cesse de dire Benoît XVI), sachant que celles-ci doivent être tempérées par le savoir, par la raison, et encadrées par une rigueur tolérante (ce qu'exprimait le beau concept de laïcité tolérante). Un monde habitable suppose des conditions matérielles, mais également spirituelles (au sens large).

Le relativisme (tout se vaut) qui n'est qu'un scepticisme généralisé, la variante moderne et édulcorée du nihilisme (négation de toute croyance et finalement de tout savoir), est castrateur de tout élan. Et comme l'élan vers *un quelque chose* est condition et aboutissement de la vie, son rejet mène au désenchantement chez les uns, au dogmatisme chez d'autres, et inévitablement au-delà, au terrorisme (au moins intellectuel)

Ne vous laissez pas piéger par cet antagonisme artificiel et absurde dressé entre *savoir* et *croire*. Ces deux domaines sont distincts mais ne s'opposent pas. Nous marchons mieux sur deux jambes.

***

NOTES

[1] Historiquement, si au XIII^e^ siècle, la conception unilatérale du monde des cathares-manichéens (désespoir existentiel total, refus de la nature, rejet de la création, le mal est extérieur à l'homme, la nature, la vie sont irrémédiablement mauvaises, sombres – conclusion : ne faisons plus d'enfants) l'avait emporté – ce quelle qu'ait pu être la qualité personnelle de beaucoup d'entre eux – c'en était fini de l'humanité. Ce, au moins localement, ce qui eût été regrettable pour moi et donc en conséquence pour ma descendance qui sommes, très vraisemblablement et au moins pour partie, issus de ces régions.

Il y a des philosophies, des idéologies, des positions intellectuelles simplistes et donc séduisantes mais qui sont mortelles pour l'espèce ; des déviations qu'on peut tolérer et même accepter tant qu'elles ne s'érigent pas en normalité dominante assortie de la prétention inévitable à dicter la loi générale.

[2] *Gogo*, vieux terme popularisé par une bande dessinée de mon enfance, *Les Pieds nickelés.*

Il représentait l'individu que le trio de plaisants escrocs plumait sans vergogne, généralement pendant que l'un des compères détournait l'attention en faisant miroiter quelque lune.

Le *gogo* était celui auquel on faisait tout avaler. Le *gogo* était généralement représenté en foule, ou plutôt en troupeau, c'était parfaitement bien vu.

L'équivalent récent le plus proche serait *pigeon.* Mais même ce terme disparaît, sans être remplacé, puisque tout le monde l'est ou doit l'être. Sinon, la publicité tomberait à plat, l'audimat serait désespérant, le petit univers des médias si dévoué à nous informer et empressé à nous distraire serait accablé de trop d'ingratitude, les magazines *people* sans lecteurs, les pouvoirs contrôlés et contraints à la rigueur, les corrompus considérés et traités comme tels, les groupes de pression privés d'influence… et le monde sevré de sa drogue émotionnelle se retrouverait face à lui-même et au réel.

Le *gogo* est celui dont Bernanos disait *« il est informé de tout et ne comprend rien »*. En littérature on le rencontre sous les traits de Joseph Prudhomme, de Bouvard et Pécuchet, du pharmacien Homais dans *Madame Bovary…*

[3] Pour se débarrasser du mal (ou d'un prétendu mal) on introduit tous les totalitarismes : de la terreur révolutionnaire à la terreur communiste ou fasciste, du Goulag aux camps nazis, toutes les barbaries : des invasions sauvages et déportations aux bombardements aveugles (Dresde, Hambourg, Tokyo et en feu d'artifice Hiroshima et Nagasaki).

[4] À titre d'exemples, les sociétés orientales furent pendant des siècles plus évoluées et plus cultivées que ne l'étaient les sociétés occidentales d'alors, pendant longtemps l'Empire ottoman a été plus riche, plus vaste, plus peuplé, plus puissant que tous les royaumes européens réunis, hormis le Japon l'Asie n'existait pas économiquement il y a quelques dizaines d'années.

[5] Ne prenez pas cette note comme une information (dont vous avez peu à faire), mais comme un exemple de compréhension d'événements par leur indispensable mise en contexte.

Aucune attitude humaine ne surgit *ex nihilo* – comme cela, de rien, par miracle… Les hommes qui avaient survécu à l'ignoble boucherie de 1914 n'en voulaient plus, plus jamais pour leurs enfants ni pour l'humanité. *La « der des der »* disaient-ils en rentrant des tranchées et évoquant la guerre. Entre 1918 et 1939, il ne s'est écoulé que 21 ans. Les gamins survivants de 20 ans étaient dans la quarantaine, âge d'un certain équilibre. Beaucoup furent ceux qu'on désigna ensuite sous l'appellation de *collaborateurs* parce qu'ils acceptèrent l'occupation (au moins au début), à contre-gré et quel que soit le prix, déplaisant et provisoire, à payer pour mettre fin à ces horreurs périodiques. La plupart des leaders étaient des hommes qui avaient été de gauche. *« Hitler ne nous plaît pas, mais il n'est pas éternel, et des Verdun plus jamais ça ! »* ( ?)

Il n'y a que dans les livres d'Histoire que le héros est tout bon, tout gentil ; conte de fées (ce qui ne veut pas dire – par inversion aussi coupable – que le vilain est un ange). La *pure* histoire contée par les vainqueurs présente toujours les événements comme hors du temps, elle oublie la chronologie, soit, là, la durée de la vie humaine. Elle recommence toujours à zéro. Mais les hommes ne recommencent pas à zéro, surtout ceux qui ont eu, tout jeunes, des expériences horribles. Sans idée du temps, les événements sont isolés, incompréhensibles.

[6] On s'est gaussé d'une personne qui avait employé l'expression : *responsable mais pas coupable.* Elle avait pourtant raison, la responsabilité n'est pas la culpabilité. Cette distinction est à la base du droit ; nul ne peut être incriminé que pour les actes qu'il a commis ou sciemment laissé commettre. Mais au royaume de l'émotion, qui se soucie du droit !

[7] On reconnaît aussi le personnage à sa vénération pour les expressions ou slogans à la mode. Il se caractérise par une crédulité infinie qui lui sert de bouée pour tous les aléas. Pour lui (grâce aux médias) tout a une explication, et même une solution, mais rien n'a un sens. Il refuse obstinément le *Rien pour rien.* C'est un grand adepte du *Tout pour rien.*

– *Développement durable* : le *gogo* s'en délecte sans s'apercevoir de la contradiction qui existe sur une planète limitée entre les deux termes – entre lesquels il faudra bien choisir, assez vite.

– *Plus de pétrole, qu'importe, nous roulerons aux biocarburants...* : certes mais y aura-t-il assez de terres pour nous nourrir ? Et la faim dans le monde ?

– *Sortons du nucléaire, les énergies renouvelables feront tout...* (c'est très dans le vent si je puis dire) : combien faut-il d'éoliennes et de leur bruit pour fournir 87% de l'électricité en France (part du nucléaire) ? L'électricité ne se stockant pas, les jours sans vent on s'éclaire à la bougie, on se gèle, on met l'ordinateur et la télé au placard (l'horreur absolue pour un *gogo* ! plus personne pour lui dire ce qu'il faut penser). Bien entendu le même écervelé gémira ensuite devant les paysages et les sites massacrés.

– Toujours à l'affût de plus pour moins il se précipite vers toute nouvelle offre de service (de son opérateur téléphonique, de la Poste, de son banquier, d'une des multiples compagnies de transport...). Comme ça ne marche pas, pour son entourage il rengaine son mécontentement. En effet le *gogo* ne s'avoue jamais floué. « *Rien ne trahit tant le vulgaire que son refus d'être déçu.* » (E. Cioran)

[8] La similitude phonétique entre le vieux terme de *gogo* et le nouveau terme de *bobo* (jeune bourgeois bohème, souvent parisien, aussi branché qu'aisé, inconséquent et béat – version modernisée de la belle âme bien-pensante) est aussi réjouissante que pertinente.

[9] Les mots sont des serviteurs, mais aussi des pièges. Ils peuvent servir à tricher avec le réel. Puisque cette rubrique est essentiellement historique, rappelons l'invention par l'historien Michelet (XIXe siècle) de l'expression « *guerres de religion* » qui farcit les oreilles de générations d'écoliers pour le plus grand ravissement de leurs maîtres souvent farouchement athées. Alors que l'aspect religieux, s'il fut le détonateur, ne tint ensuite qu'une place secondaire, les facteurs essentiels se trouvant dans l'affirmation de l'autonomie et de la vitalité germaniques contre le formalisme latin et le classique affadissement moyen-oriental, puis en une lutte d'affranchissement des peuples d'Europe du Nord contre la puissance dominante d'alors, l'Espagne catholique.

Pour comprendre le langage d'aujourd'hui et le prétendu *choc des civilisations : « Dieu est convoqué par des belligérants déjà aux prises les uns avec les autres. Il n'est pas à l'origine de leurs différends... La religion est alors la première victime d'une confiscation idéologique... La référence divine est embrigadée.* » (J.-C. Guillebaud)

De tous côtés, les pouvoirs ont toujours instrumentalisé la religion pour masquer leurs intérêts bien concrets. Il est plus noble de combattre contre la superstition et le fanatisme ou contre des « infidèles » que pour accroître son pré carré. Rien de nouveau.

Les mots servent aussi à masquer le vide de la pensée de l'auteur quand, faute d'en avoir une, il s'abrite derrière un mot tabou qui est censé tout expliquer à lui seul. Dans les creuses élucubrations d'une soi-disant philosophe (pas moins !) sur la pudeur, j'ai lu « *qu'une des pires offenses est celle faite à la pudeur : regardez ce que faisaient les nazis* ». On peut reprocher beaucoup de choses – et des pires – aux nazis (abréviation de national-socialiste, pour votre culture) mais là je n'ai pas trop compris le rapprochement. Je n'ai été gratifié d'aucune autre explication sur ces offenses à la pudeur. Je suppose que le mot nazi était supposé tout me dire à la place de l'auteur – laquelle d'ailleurs n'avait vraisemblablement rien d'autre à dire.

L'invocation d'un mot tabou avoue toujours le manque de réflexion, de travail, la superficialité, très souvent la manipulation. Nous tomberions épuisés avant d'avoir ébauché une liste des mots tabous, les positifs et les négatifs et leur confiscation idéologique.

[10] Tout pouvoir souverain est nécessairement absolu. La démocratie plus que d'autre puisqu'elle est anonyme et s'abrite derrière le mythe de la « souveraineté populaire » (c'est quoi ? c'est qui ? c'est où ? c'est quand ? cela se voit, se touche ? où est le responsable ?).

À voir le nombre de candidat(e)s se précipitant au service du bien public, la férocité avec laquelle ils et elles se battent pour s'y dévouer corps et âmes, le soin qu'ils et elles prennent de multiplier les élections et assemblées (afin de donner à tous la chance de se sacrifier), la multiplication des comités et hautes autorités (afin de fournir un bon fauteuil au maximum de copains, copines), on ne peut que convenir de la perfection de l'organisation démocratique quand on lui laisse dévorer la substance d'un pays et neutraliser les consciences individuelles, au profit d'une mythique opinion publique définie par les sondages.

[11] Outre son boulot naturel d'épouse et de mère, la femme libérée, moderne, doit en plus être un homme comme les autres (et même un peu plus). « *Moi, si on me proposait d'être une femme en plus d'un homme je me méfierais !* » (d'un humoriste contemporain).

Il est vrai que le féminisme (justifié quand il respecte l'intérêt de la femme et ne vise pas à faire disparaître à côté le peu qui reste de masculinité) a été promu, en France principalement, par de grandes bourgeoises sans enfants issues du microcosme parisien, avides de célébrité et réglant des comptes parfois aussi obscurs que leurs motivations.

Les curieux pourraient retrouver entre autres deux écrivains (doit-on dire écrivaines ?) ayant sévi dans la deuxième moitié du XX$^e$ siècle – si on ne les a pas complètement oubliées d'ici là.

En plus de se révéler extrême (voir à la rubrique sur l'Amitié et l'Amour), le féminin a toujours été ressenti comme élément permanent d'émotion, donc d'imprévisibilité et d'incertitude.

Si comme le veut le féminisme de combat la femme devenait productrice d'elle-même, si elle se trouvait là où on la pense et la veut, c'en serait fini de son pouvoir, de sa séduction (pas exclusivement à finalité sexuelle), de sa maîtrise du règne des apparences que lui donnent la complexité et l'imprévisibilité – le plus souvent innocentes – de son être. Je n'ai pas trouvé cela tout seul, bien que je l'entende clairement. C'est tiré de Jean Baudrillard.

« *Cette féminité, l'éternelle ironie de la communauté.* » (Hegel)

[12] Il faut ne pas se douter du nombre de décisions qui ont été prises sur l'oreiller. « *Cherchez la femme* » disait un vieil axiome policier.

Il faut méconnaître ce que sait tout apprenti révolutionnaire, tout politicien de village, tout syndicaliste débutant, tout médiocre publiciste... : que sans la participation – ou au moins le consentement – de la partie féminine du groupe humain concerné on ne réussit ni révolution ni réforme ni élan guerrier ni grève ni campagne d'achat...

Les exemples historiques tiendraient un volume : un seul, c'est quand les femmes sont parties de Paris en octobre 1789 pour aller chercher les « boulangers » (la famille royale à Versailles) et les ramener à Paris sous la contrainte que la révolution de 1789 a trouvé sa dimension populaire et que la royauté s'est virtuellement effondrée. Il faut ignorer : Néfertiti, Cléopâtre, Agrippine et sainte Geneviève, Jeanne d'Arc, Diane de Poitiers, les lionnes de la Fronde, les duchesses de Montbazon, de Longueville, de Berry, Mmes de Montespan, de Maintenon et de Pompadour… Marie de Médicis, Anne d'Autriche, Catherine de Russie, la reine Victoria et Louise Michel, mesdames Gandhi, Thatcher et Merkel…

[13] Il y a eu bien plus grave que ces mouvements peu et même non-violents : la rue et la société chinoises livrées à la rage destructrice et aveugle des tout jeunes gardes rouges lors de la révolution culturelle à la fin des années soixante, la pression idéologique des aussi jeunes *Hitlerjugend* en Allemagne, des *pionniers* rouges en URSS.

[14] Mais, par considération pour vous-même, ne tombez pas dans les pitreries dont auraient eu honte nos très lointains ancêtres, même en remontant jusqu'à l'époque des singes. Allez manifester, pour un objectif que vous comprenez et sur lequel vous pensez avoir prise, ou simplement pour rigoler, mais pas contre le Sida ou la crise. Le Sida n'a qu'à se terrer quand on lui oppose des concerts et la crise à s'enfuir quand on organise des marathons contre elle.

Ces phénomènes n'ont rien à faire d'une petite troupe excitée, hurlante, agitant des tambours, brandissant des banderoles et dansant sur des chars ; défilant pour, défilant contre. Demain on manifestera contre le soleil trop chaud ou les nuits trop froides – et pourquoi pas contre la mort – en demandant à son patron ou à l'État de faire cesser ce scandale. Il fait partie de l'indigne vulgarité moderne que de voir des troupeaux rugissants revenus des millénaires en arrière retomber dans les vieilles incantations magiques. Vous redescendriez à quatre pattes (que les animaux moins stupides me pardonnent cette comparaison dégradante pour eux).

Qui a jamais vu la tuberculose terrassée par une manifestation de braillard(e)s hurlant(e)s devant des micros et des caméras ? Pasteur, Flemming (la pénicilline), les professeurs Lejeune et Montagnier (le chromosome de la trisomie 21, le virus du Sida)… ne hurlaient point. Ils se sont contentés de travailler, en silence. On peut les remercier.

N'allez même pas voir certains cortèges si vous voulez garder un peu d'estime pour votre espèce. S'il est un spectacle dégradant c'est bien celui de l'hystérie collective. Devant certaines des *manifestations* et autres *parades* en Occident, on comprend le mépris qu'éprouvent des civilisations orientales ou asiatiques moins abêties.

Sachez aussi le goût des régimes totalitaires pour les grandes manifestations destinées à promouvoir et à souder un enthousiasme collectif habilement suscité. Il est curieux, mais logique, de voir la gauche libertaire emprunter ses procédés de propagande aux régimes qui lui sont, ou lui ont été, les plus opposés – même abrutissement.

Hors de cette remarque actuelle, un exemple historique de la stupidité bestiale des foules, de ses tendances sacrifico-héroïques, du délire qui saisit parfois l'homme en groupe (le monde est tout sauf rationnel) dont on a quelques archives grâce à la photographie et au cinéma débutant : les cortèges hystériques aussi enthousiastes que haineux qui accompagnaient les mobilisés vers les gares en août 1914 – à Berlin comme à Paris. Les participants étaient saisis du même enthousiasme unificateur, ressenti comme une rupture bienvenue avec l'individualisme et l'ennui de la vie quotidienne.

*« Nous avions quitté les salles de cours, les bancs de l'école et les brèves semaines d'instruction nous avaient fondus dans un grand corps brûlant d'enthousiasme. Élevés dans une ère de sécurité, nous avions tous la nostalgie de l'inhabituel, des grands périls. »* (Ernst Jünger, *Orages d'acier*)

Tous les révolutionnaires de tous les temps auraient pu, pourraient, parler comme Paul Eluard avec les mêmes conséquences : *« Vous qui êtes mes frères parce que j'ai des ennemis »*.

Remarque : je n'évoque parfois 1914-1918 que parce que cet événement est fondateur :

– Origine d'un changement de monde (tout le reste s'ensuit) et du désenchantement du monde occidental.

– Affaiblissement et déconsidération des puissances européennes et, corrélativement, réveil des peuples et des nationalismes africains et asiatiques.

*NOTES*

– Politiquement et sociologiquement : un modèle de la déraison humaine à tous les niveaux, dans son déclenchement et encore plus par la suite. En quatre ans, la raison (reste de civilisation, diplomatie, intérêts bien compris...) fut emportée par l'émotion et la technique. Entre août 14 et novembre 18, un monde sépare l'ordre des troupes, leur matériel, l'artillerie, l'aviation – même le niveau de mensonge des propagandes a progressé à l'unisson.

– Suivi par un traité (dit de Versailles) dont la rudesse bornée est la cause du long chaos en Allemagne et de l'avènement d'Hitler – donc de la suite (deuxième mi-temps).

– Entrée dans l'ère de la radicalité (c'est-à-dire : attitude, procédé ou moyen immédiat, d'une efficacité certaine, sans compromis et définitif) – pas de compréhension, oppositions tranchées et irréductibles, exclusions, scissions, des camarades à la vie à la mort et en face des crapules, des scélérats ; retour au vieux manichéisme (à vrai dire jamais abandonné).

Note : Rassurez-vous jeunes gens, un désenchantement n'est jamais que provisoire. Il ne s'agit que d'oublier le vingtième siècle, au moins sa première moitié.

[15] Comme on peut bien se faire quelque plaisir, il m'est plaisant de penser combien ce rapprochement entre manifestation et pèlerinage, que je crois valable sociologiquement, hérisserait nombre de manifestants et surprendrait ceux qui seraient capables de le comprendre et surtout de l'accepter.

[16] Le processus dialectique s'établit en trois étapes, *thèse, antithèse, synthèse,* dont il faut remarquer qu'aucune ne rejette la précédente, mais au contraire la conserve.

On ne nie pas la chose opposée ; l'opposition ne devient pas négation.

– On se situe ou se positionne sur un état, une situation, un point de vue.

- Le nourrisson, le tout jeune enfant, est tout entier en lui-même, « tout puissant ».
- Je souffre (remords, sentiment de culpabilité) d'une faute que j'ai commise jadis.

– On considère, ou on est confronté avec, ou on adopte la position inverse.

- Dès un certain âge (deux ans ?) le même est confronté aux limites de son être, de l'environnement, du monde, aux interdits nécessaires...
- J'écarte ces influences néfastes en les relativisant, en les négligeant, en m'excusant moi-même. Attention, je ne nie pas la réalité passée, il ne se serait rien passé (ce qui serait ce qu'on appelle un *déni* – le fait persistant resurgirait tôt ou tard, à mon insu).

– La contradiction n'est pas effacée. Elle est conciliée par son acceptation, sa domination, une sortie par le haut en quelque sorte (*j'assume* diriez-vous).

L'esprit n'est plus divisé. Apaisé, il « *devient certain de lui-même* » (Hegel, philosophe, réintroduisant la vieille dialectique grecque).

- La maturité consiste en la connaissance acceptée des limites de notre condition sans cependant tolérer une négation, une dissolution, de l'être personnel, du Moi.
- J'accepte et la réalité de ma faute passée et de poser sur elle un regard détaché (comme je considérerais une tempête, une inondation) – ce fut et c'est tout.

Là et dans ce deuxième exemple, il s'agit de ce qu'on appelle le pardon à soi-même.

[17] La lucidité est une volonté – avant d'être un état – celle qui consiste à ne pas succomber aux apparences, de chercher la réalité qui se trouve derrière. Si elle entraîne parfois une blessure (ce pourquoi elle demande du courage) elle débouche sur le soleil. Contrairement aux idées reçues (donc toujours à questionner), elle génère un détachement léger.

[18] « *Être réaliste c'est composer avec la nature humaine, au lieu, comme les uns de la flétrir et de prétendre la corriger par des discours édifiants, ou, comme les autres, de la nier purement et simplement en imputant tous les vices des hommes à un mauvais fonctionnement social.* » (A. Finkielkraut)

# XVIII
# BONNET ROND ET SOULIERS CARRÉS

J'ai beaucoup prôné la vision et l'adaptation au réel tangible, soit un souci de notre environnement horizontal. Mais, nous portons tous en nous une autre dimension, celle-ci verticale.

Vous pourrez songer à la symbolique de la tenue des mandarins chinois (en reste-t-il ?), *« souliers carrés et bonnet rond »* dont la signification se lit ainsi :

Les pieds, membres terre à terre, et le carré, symbole universel de l'existence terrestre, concrète, soit souci du matériel (au sens large), des biens, de l'existence… Moi, dans le monde. La tête, siège de l'esprit, et le cercle, symbole universel du Ciel, soit souci du spirituel, religiosité ou esprit philosophique… Autre, Plus et Ailleurs que mon petit moi. Cette expression signifiant que l'homme réunit deux dimensions. Je me suis permis d'inverser ci-dessus les deux termes de l'expression originale pour rester cohérent avec le sens, surtout existentiel, que je voulais donner à mon propos dans ce document.

L'étape devant vous est longue, profitez-en au mieux. Si c'est à votre pleine satisfaction, ce sera probablement à la satisfaction générale. Quand vous aurez accompli un bon chemin sur ce long parcours-là (mais ce peut être bien avant), vous réaliserez (pour certains, découvrirez) – vraisemblablement – le besoin de transcendance inhérent à l'homme, sa soif de spiritualité.

*« Sans le mystère, le monde serait irrespirable. »* (Gabriel Marcel)

Ce n'est nullement une obligation, c'est simplement beaucoup de sérénité et de paix qui vous attendent là, patiemment. Un jour, simplement, on passe à la vitesse supérieure, c'est un choc, le choc, bénéfique, même s'il faut subir et accepter pas mal de remises en cause de soi-même.

Là aussi, je dirais volontiers qu'on ne cherche que quand on en sent l'envie, le besoin… même si j'hésite un peu sur cette position qui peut sembler restrictive. Je veux simplement dire par cette phrase ambiguë que la question est trop personnelle pour que je souhaite que vous me ressentiez comme accélérateur ou frein. Je ne suis maître de rien mais dans ce domaine encore moins. Si j'ai pu sembler directif précédemment dans les autres rubriques, excepté dans les rubriques immédiatement précédentes – j'en profite pour rappeler ce point – je refuse fermement de paraître tel dans celle-ci.

Si, donc, dans cette rencontre, avec la Personne bienveillante qui est Dieu et que vous aurez entendu ; Dieu est unique, ce ne sont que les hommes qui Lui donnent de multiples formes, qui le pensent différemment. Il est discret, on ne L'entend que si on écoute, que si on ouvre sa propre porte, vous serez (car vous ne pourrez ni ne voudrez l'empêcher) un temps submergé d'émotion.

Fénelon disait à une pénitente : *« Taisez-vous donc et Dieu vous parlera. Comment voulez-vous qu'Il se fasse entendre quand vous faites tant de bruit ? »* Ce trouble, cette plénitude délicieuse – que vous n'oublierez jamais – seront sains alors car décentrés de votre petit moi et le dépassant tellement. Rassurons-nous d'ailleurs, cela ne durera pas, même si cela revient moins intensément mais fort heureusement et joyeusement. Il faudra en vivre sans y succomber, sans se dissoudre trop facilement et trop confortablement.

Cette complaisance provisoire nuirait à vous et peut-être à d'autres indirectement et le Dieu que je connais, *fréquente* et aime, Jésus-Christ, n'est pas venu parmi nous pour ne pas nous comprendre et nous accompagner là où nous sommes, là où nous en sommes, ici et maintenant, puisqu'Il est venu, aussi, pour épouser notre humanité, notre fragilité et assumer nos épreuves…

Je ne peux pas ne pas aborder ce sujet, ne serait-ce que pour la raison que je suis persuadé qu'un jour il sera utile à X ou à Y, et aussi parce que j'ai décidé dans ce document de ne pas cacher ce qui me fut important dans la mesure où cela peut servir et est montrable. Sinon ce n'était pas la peine de l'écrire.

Notre histoire personnelle ressemble tellement à l'histoire collective, pleine de bruit, d'ardeur et de passions vraies et parfois décousues, de joies et de tristesses, de succès et d'échecs, d'accomplissements et d'abandons, de gloriole, d'erreurs et de fautes, comme de quelques grandeurs aussi par-ci par-là.

***

Sortant du monde sensible, touchant à l'invisible, la foi ne peut pas s'écrire.

D'ailleurs Dieu ne s'atteint que par le silence. Dieu est autant absence que présence ressentie. On ne peut donner sa foi (comme on disait jadis) et la recevoir qu'à et d'une Personne, fût-elle à une distance infinie, pas à une théorie, à un système, à une collectivité... On a pu dire que le christianisme n'était pas une religion mais une Personne, une rencontre. Ce pourquoi, sans doute, il est si difficile d'en parler, de parler de foi – ce qui peut vous expliquer une réserve que l'on reproche au croyant, sans la comprendre (puisqu'on ne peut comprendre que ce qu'on a touché – et là bien plus encore). Si elle se consolide par le réalisme – l'impérative nécessité d'une religion – la foi surgit de l'affectif. Or celui-ci est intransmissible. Il n'est pas deux êtres qui approchent Dieu par le même chemin. Car Dieu ne se prend pas. Il se donne si on s'est mis en condition de Le recevoir et si...

Aussi me tiendrai-je au visible, à l'existentiel, l'Église, que j'aime malgré et même à cause de ses faiblesses ; sachant que cet aspect, à notre portée, est incommensurablement restrictif, bien loin de la dimension de la foi, qu'il n'a que modestement à voir avec le « *Dieu sensible* » de Pascal et le Dieu miséricordieux de tous ceux qui L'ont approché, un instant.

Si on ne connaît le monde d'abord que par ce qu'on nous en apprend, on n'entrevoit Dieu, dans un premier temps, que par ce qui nous est transmis, fût-ce silencieusement. En effet, parce que nous sommes du monde sensible, nous ne recevons d'abord que de celui-ci, soit de tout ce qui participe de la création, notre être, autres êtres, institutions, nature...

Si on peut dialoguer avec Dieu (« *Je L'avise et Il m'avise* » disait un paysan), par respect de notre liberté Il ne se révèle pas tout seul, sans être invité, fût-ce inconsciemment, et sans passer par quelque élément de sa Création, par un médiateur terrestre ; autre homme, événement (bien souvent du genre de l'épreuve)...

Contrairement à des idées reçues, la religion ne saurait se restreindre à un acte purement personnel ; c'est aussi un acte social puisque l'homme est un animal social. Seul, isolé, quelle que soit notre bonne volonté nous ne pouvons qu'errer – ce pourquoi, ceux qui croient pouvoir *croire en...* tout en se passant d'un minimum de structure, d'Église, imitent Narcisse en toute bonne foi mais avec une grande et vaine prétention.

Comme les fumeux « *mystiques sans Dieu* » qui ne croient pas plus *avec* que les précédents, mais même pas *en...*, en autre chose que leur propre plaisir et fabrication personnelle. « *Un Dieu qu'on fait à sa mode... n'incommode pas. La liberté qu'on se donne de penser tout ce qu'on veut fait qu'on croit respirer un air nouveau. On s'imagine jouir de soi-même et de ses désirs et, dans le droit qu'on pense acquérir de ne se rien refuser, on croit tenir tous les biens...* » (Bossuet)

D'ailleurs, si Dieu est relation (ce qu'exprime la notion de Trinité, ce que manifeste son Incarnation : Dieu qui s'est fait homme), alors nous devons être relation comme, dès l'origine, furent créés non pas un être mais deux, proches mais distincts et différents, Adam et Ève.

Trouver ou retrouver Dieu, le Dieu chrétien au moins, ce n'est pas fuir, au contraire c'est renouer avec notre nature, se débarrasser d'obsessions idéologiques (sans en substituer une autre si possible !) et/ou combler un manque, un vide, une absence. Ce n'est pas remplacer des idées, ou leur absence, par un sentimentalisme religieux valorisant et caressant. C'est tout au contraire s'ancrer dans le réel. Lorsque l'un des personnages de Dostoïevski se convertit, pour rendre grâce au ciel il embrasse la terre (geste symbolique que reprenait Jean-Paul II). Cela exprime l'attachement de l'Être au concret, à la Création, à l'Espèce et ainsi à lui-même.

***

Les Grecs, les Romains, civilisations hautement abouties (d'autres certainement aussi, les peuples alors qualifiés de barbares de l'Est européen…) ont abandonné, consciemment (les soubresauts de la foule stupide lors de la fin d'une société finissante qui se sait telle et sottement le refuse sont inévitables) le paganisme (usage poétique mais solitaire d'un univers fictif qui s'avérait dépourvu du sens indispensable à l'homme) pour l'adoption d'une origine et d'une finalité, en quelque sorte d'une ambition pour l'humanité[1].

Ce passage à une transcendance linéaire découlant d'une origine et tendant vers un but est directement la cause de la valeur individuelle reconnue à l'homme ainsi que du foudroyant progrès technique des quelques dernières centaines d'années, en Occident au moins. Ce pour le meilleur comme aussi pour le pire quand l'homme délaisse sa condition de créature intelligente mais limitée et subalterne, saccage la création et subvertit toutes les valeurs pour finir par s'ériger lui-même en valeur suprême.

Ce fut le Monothéisme issu d'une Révélation (révélation à l'humanité comme il s'en produit individuellement pour tout homme devenant croyant) qui opéra le désensorcellement du monde. Soit, le Judaïsme, le Christianisme et l'Islam (ainsi classés dans le seul ordre historique).

– En rejetant les cultes idolâtres du paganisme pour lesquels les dieux étaient dans les êtres et les choses ou bien le mythe castrateur de l'éternel retour.

– En détachant la créature de son Créateur désormais placé hors de sa création et conférant ainsi à l'Être son autonomie, sa responsabilité, sa liberté, sa possibilité de refus radical…

Ce fut le Dieu unique impliquant une relation personnelle entre deux personnes, Lui et moi, conciliant la distance infinie entre Dieu et l'homme et cependant leur proximité constante.

À l'inverse d'autres philosophies, on y trouve :

– Un refus explicite des multiples formes d'évasion individuelle hors de la réalité où l'homme est placé qu'il le veuille ou non – ce qui revient à l'ancrer dans un certain réalisme pratique.

– L'adoption d'un sens, d'une finalité reconnue à l'Histoire (alors sur un très long terme) et au devenir, en dépit de tous les aléas ponctuels – ce qui implique pour l'humanité une vision optimiste (sur le même long terme) et la reconnaissance d'une commune origine autant que l'appel à une même destinée, et par là même sa solidarité dans l'espace et le temps.

*L'Un* est un terme essentiellement religieux, l'unité de soi-même certes, mais au-delà, celle du genre humain, lequel englobe le temps tout autant que l'espace, soit aussi les défunts et ceux à naître. C'est en ce sens qu'il faut lire le mot catholique qui vient du grec et signifie : universel, dans l'espace mais aussi dans le temps, universalité qui ne peut point se passer d'unité.

***

Cédant à la pression de la société excitée des années 1960 qui commençait alors à la fois ses revendications et ses pleurnicheries, le christianisme s'est parfois écarté, en France du moins et pour un certain temps, d'un langage d'homme et a pu tomber dans un excès d'humanitarisme terre à terre. Oubliant son vieil et solide ancrage dans la matière humaine, il a pu sembler s'inspirer du lamentable sentimentalisme activiste et larmoyant ambiant et de sa conséquence, le nouveau moralisme laïc, comme alors de la *communisation* générale et déformée des esprits[2].

Ainsi quelques chrétiens refusent encore de voir que leur égoïste et peu coûteuse petite bonne conscience personnelle alimente indirectement les grandes lâchetés collectives (tolérance de fait et permis de recommencer pour les salauds impénitents en tout genre).

Certes le Christ est venu pour les pécheurs (nous tous) mais il n'a jamais dit être venu pour les pervers (au contraire Il chassait les démons, ce qui serait très incorrect aujourd'hui, et se préoccupait d'abord des victimes, ce qui serait presque inconvenant aujourd'hui). Il ne rechignait pas à rejeter les hypocrites, à chasser les marchands du Temple.

Oubliant qu'Il a dit être venu d'abord pour les gens de son peuple, les mêmes négligent les populations locales pour réserver tous leurs soins aux gens les plus lointains, en application du principe tordu suivant lequel les proches seraient négligeables et les derniers servis, quand ils ne sont pas à ignorer (mépriser) purement et simplement.

Cette docilité à l'ambiance sembla faire délaisser au christianisme, mais en surface seulement et pour un laps de temps qu'on peut espérer bref, sa tâche fondamentale de veilleur sur les intérêts spirituels (et même matériels tout à fait légitimes) des hommes de son lieu et de son époque et sur l'avenir du groupe humain.

Ce suivisme déplacé de la contestation-démolition universelle et des lamentations infantiles généralisées s'est évidemment manifesté par une expression publique timorée, édulcorée et dérisoire telle que la dicte toujours la soumission au monde.

La compassion déréglée – qu'elle soit d'origine laïque ou religieuse – se transforme vite en insouciance pour l'intérêt général, en valorisation narcissique de soi-même, en intolérance, avant de conduire à l'anarchie, laquelle finit d'habitude en barbarie, toujours au détriment des plus faibles. Cette évidence n'est pas superflue pour votre formation d'hommes et de femmes du XXI$^{e}$ siècle. C'est pourquoi elle figure là, et aussi parce que peu vous parleront ainsi.

Il y a des conséquences dont on ne parle jamais, en aucun milieu, qui sont tabous, qui feraient éclater la langue de bois. S'il doit exercer – discrètement si possible – la charité, un chrétien n'est pas chargé de se joindre aux pleurnicheries publiques. Il est, pour une part infime, en charge de l'équilibre du monde, de celui d'aujourd'hui et de celui de demain.

Ces errements étant, en Église, en passe de disparaître et de perdre de leur crédibilité[3], nous allons revenir à l'essentiel qui se joue sur un fond tellement plus vaste et une échelle de temps incommensurablement plus longue que l'accompagnement des braillements circonstanciels de groupuscules agités en une petite province, notre pays et l'Occident, durant quelques décennies.

Incidemment, l'affadissement provisoire du message chrétien au niveau du sentiment et d'une actualité changeante mais toujours encombrée d'émotion irréfléchie n'a pas dû peu contribuer à écarter des églises les classes populaires, qui se savent existentiellement plus vulnérables, ainsi que beaucoup d'esprits conscients des inévitables contraintes à respecter dans l'intérêt de l'équilibre de l'humanité et même de la planète.

***

En termes savants (pour ceux que cela ne rebute pas) ce que je vais faire – parfois de façon critique – s'appelle de l'apologétique, soit défense, justification d'une personne, d'une chose.

Ce n'est pas un discours superflu pour garder sens de nos jours, même s'il se réduit à l'histoire et à la sociologie. Sachant que, indépendamment de la foi (elle est ou n'est pas), une appréciation sur un phénomène sociologique aussi complexe qu'une religion ne peut être simple, tout d'une pièce. Elle est forcément contrastée. Me limiter là à ma religion n'est aucunement signe de dédain pour les autres.

– Il ne faut pas oublier que le christianisme fut, et reste, expert en humanité, qu'il a porté celle-ci, dans nos régions au moins, à bout de bras pendant de longs siècles obscurs et durs, souvent à ses dépens d'ailleurs, qu'il a tenu bon contre la sorcellerie, la magie noire (les sacrifices d'enfants) jamais vraiment éteintes.

À l'écroulement de la civilisation romaine, avant et pendant le Moyen Âge (ce n'est pas si éloigné de vous que cela, voyez la rubrique Jeux) il fallait bien que quelqu'un civilise les *Barbares*, prenne le relais organisationnel et culturel pour maintenir un minimum de cohérence, de sens et d'espérance. Ce fut l'honneur de l'Église que d'assumer ; et assumer c'est mettre la main à la pâte et donc, parfois, accepter de ne pas garder les mains immaculées.

Contrairement aux idéologies humaines catastrophiques qui l'ont tenté, récemment encore, l'Église sait que, si on peut peut-être, légèrement, améliorer l'homme, l'homme ne créera pas une humanité nouvelle. Contrairement à toutes les idéologies qui réclament une foi aveugle, le christianisme admet et respecte le doute.

– Pendant près de quinze siècles, c'est l'Église qui a sauvegardé et assuré la transmission de la culture, pris en charge l'éducation, formé les élites (qui parfois se sont retournées contre elle : personnages de l'époque dite des Lumières, tous les révolutionnaires de 1789 comme plus tard Staline, ex-élève d'école religieuse), fondé les hôpitaux, assuré tout ce que recouvre le vaste terme d'assistance…

D'ailleurs, c'est l'université médiévale (catholique) qui a instauré la pratique intellectuelle du *libre examen* bien avant Descartes, le protestantisme et les philosophes des Lumières. Ce sont les monastères qui ont défriché l'Europe. C'est dans les monastères qu'a été conservée la culture antique et par eux qu'elle a été transmise aux hommes de la Renaissance.

Il était impensable pour les pouvoirs d'alors, féodaux ou monarchiques, de faire entrer leurs hommes d'armes dans ces enclaves de paix, ces lieux de refuge qu'étaient les églises, les monastères et l'université (création religieuse, comme les hospices…). Cela parle ! L'institution de la trêve de Dieu limitait autant que possible les violences, donnait ses chances à la réconciliation, souvent provisoire mais bienvenue, surtout chez les petits[4]. Sans la présence et l'action de l'Église beaucoup d'entre nous ne seraient pas là ou seraient autres. Il est pour le moins indécent de l'oublier.

Il est vrai qu'en nos régions il s'est trouvé que, pendant des siècles et pour les raisons précédentes, le christianisme fut érigé en religion d'État – à tel point qu'on a pu parler d'alliance du trône et de l'autel (pour le protestantisme tout comme pour le catholicisme – Luther et son encouragement à l'écrasement de la *révolte des paysans).*

Qui l'a voulu ? (l'œuf a fait la poule et vice-versa). L'Histoire roule son train sans les hommes. Néanmoins la plupart des pouvoirs trop autoritaires ont trouvé l'Église sur leur chemin à un moment ou à un autre : sous Louis XIV, époque pendant laquelle l'État et l'Église étaient cependant étroitement liés, on a pu dire que « *la chaire des prédicateurs, alors la seule inviolable, avait donné asile à la liberté politique.* » (Chateaubriand)

Il suffit de connaître les dires publics des Bossuet, Fénelon, Vincent de Paul… De nos jours intolérants les médias les lyncheraient.

L'Église a reçu sa vocation d'un Dieu incarné (fait homme). Sauf à trahir, elle ne peut pas se dérober aux tâches quotidiennes (fussent-elles déplaisantes ou parfois mal faites), refuser de se mouiller en se cantonnant dans un splendide isolement au sein d'un cocon sécurisant – pas plus qu'aucun de nous ne peut le faire sans abdiquer. De par son fondateur divin mais incarné, il lui est impossible de rester inerte face au monde, ce peut être sans les mains (le pouvoir) qu'elle avait jadis, ce qui est mieux pour elle – mais pas sans dire ce qu'elle doit dire.

Je dirai plus loin qu'il ne faut pas confondre l'Église temporelle, humaine, et la communauté d'esprit autour du message évangélique, le messager et le message, pas plus qu'il ne faut confondre quelque médiocre professeur de mathématiques rencontré en quelque classe avec la mathématique. Sachant cependant qu'il n'existe pas plus de message sans messager que de connaissance sans enseignant, instructeur… sauf pour les *illuminés* de naissance.

***

Ce n'est pas la place ici de s'étendre sur les accusations partiales, Inquisition, catharisme, Galilée… des pseudo-historiens d'aujourd'hui, ou celles des excité(e)s avançant des mensonges sur la place et le rôle des femmes enfin pour justifier des inepties délirantes sur une prétendue phallocratie comploteuse[5].

Je pense là à un livre récent, à grand succès, qu'on aura oublié quand vous lirez ce texte, suivi bien sûr d'un film – quand le fric rentre, il faut épuiser le filon. L'argent n'a pas plus d'odeur pour un auteur que la mentalité-gogo des lecteurs n'a de limite. D'ailleurs, plus c'est énorme plus c'est excitant. Dans le présent contexte de crédulité, la quincaillerie ésotérico-fantastique jouit d'un avenir radieux, juteux et désespérant.

Mais je suis à la disposition des curieux pour leur donner d'autres points de vue jamais évoqués. « *C'est l'État qui a attiré des évêques pour en faire des conseillers de l'empire, et en a fait des princes séculiers ; ce sont des souverains temporels qui ont entrepris des baptêmes de force, des rois et non des papes, qui ont introduit l'Inquisition et allumé des bûchers, des aventuriers laïcs qui ont sur la conscience les horreurs du temps des conquistadors* » d'un auteur que je garderai anonyme, mais qui connaissait l'Histoire mieux qu'un quelconque arriviste anglo-saxon inculte d'aujourd'hui, jouant sur le sensationnel par gloriole et cupidité.

À propos de la fin de la citation, pourquoi ne parle-t-on jamais des véritables murailles de crânes humains édifiées par les Aztèques (grands adeptes des sacrifices humains) lesquelles frappèrent de terreur les êtres frustes qu'étaient les *conquistadors* espagnols, qui pourtant devaient être des rudes ?

Il y a neuf cents ans, le pape Urbain II appelant à la première croisade avait bien plus de raisons géopolitiques (et même humanitaires) que le président G. Bush lançant sa croisade mondiale contre l'axe du mal et les États-voyous. D'ailleurs, si on comparait les discours des deux personnages, on s'apercevrait que le pape ne se permettait pas de qualifier ses adversaires (les Sarrasins alors) de sous-hommes, de les ravaler à l'animalité – ceci autorisant tous les excès.

On savait combattre alors, mais aussi respecter l'adversaire de part et d'autre. La coexistence des royaumes chrétiens avec le milieu musulman pendant plus de deux siècles le prouve assez. C'est avec les guerres modernes, les conflits des peuples dressés les uns contre les autres – il n'y a guère plus d'un siècle – qu'a commencé la diabolisation de l'autre.

Comme je serai à la disposition de ces curieux pour réfuter ceux qui parlent, c'est-à-dire répètent, sans savoir :

Pourquoi les prêtres ne peuvent-ils pas se marier, et pourquoi les femmes ne peuvent-elles pas être prêtres… et pourquoi et pourquoi… et gnan, gnan… et pourquoi n'est-il ni raisonnable ni digne ni sain ni fructueux – ni d'ailleurs forcément plaisant – de faire l'amour suivant nos pulsions soudaines tels les chimpanzés, avec n'importe qui et n'importe… et…

Au moins sur le premier point et plutôt que de réclamer à leur place, peut-être serait-il bon de connaître l'avis des intéressés ? Mais les drogués de médias savent tout mieux que quiconque. Ils sont *informés*, eux, et les intéressés directs sont évidemment stupides et bornés.

En référence à l'évidente nécessité de règles propres à toute institution, pour l'Église comme pour toute collectivité structurée, et dans notre monde où n'importe qui sait tout sur tout, ceci est aussi une occasion de nous référer à une observation de la rubrique dite Bazar. Il est aussi avisé de ne pas trop l'ouvrir quand est abordée une question sur laquelle on ignore tout et qui, de plus, souvent ne nous concerne pas.

Plus généralement, et pour reprendre un dire de Chesterton, toujours actuel : *« Je me considérerais comme déshonoré de lire sur le dalaï-lama la moitié des sottises dites sur le Pape. »* À l'époque de l'auteur, le terme de sottises équivalait quasiment à celui de saletés aujourd'hui. C'était aussi une époque où les termes d'honneur et de déshonneur gardaient encore un sens et une valeur pour la plupart des gens, où, pour garder son intégrité mentale autant que par respect élémentaire de soi-même, on ne lisait pas, n'écoutait pas, ne regardait pas, n'importe quoi.

***

– Le christianisme est une religion (la seule ?) qui respecte, par principe, les pouvoirs temporels locaux, tout en s'efforçant de les humaniser de l'extérieur – il y a des raisons théologiques et existentielles à cette séparation exigée par les Évangiles : *« Rendez à César ce qui est à César et à Dieu ce qui lui appartient. »*

Si, historiquement, il y a eu beaucoup d'exceptions à cette règle de conduite, elles proviennent bien plus d'empiétements du pouvoir temporel que d'initiatives de l'Église.

Ce qui n'a pas empêché celle-ci de fonder de son côté la première, et toujours l'unique, société mondiale unifiée mais respectueuse de la diversité de ses membres, ce qui correspond à la vocation à l'universalité du catholicisme. L'ONU, les institutions Bidule, Machin, Fourbi… n'en sont que de dérisoires copies où s'exerce la loi du plus fort, sous couvert de l'habituelle fiction démocratique.

Les frontières sont des créations laïques récentes. Elles n'entrent pas dans le cadre de la vision catholique du monde (dont un modèle, partiel, fut l'Europe unifiée sur le plan intellectuel et spirituel, depuis la fin de l'empire romain jusqu'à la fin du Moyen Âge). Même si, pour l'Église, cette conception globale n'est pas une uniformisation qui négligerait les particularités et les intérêts légitimes de chaque région, de chaque personne.

*« Il y a au fond de l'évangile la vue obséдante de l'unité de la communauté humaine. »* (cardinal H. de Lubac) Depuis que le christianisme est sorti du monde judaïque (dès son origine), la communion de l'humanité (ne pas confondre avec la *communion eucharistique*) est son ambition temporelle constante – et c'est bien pourquoi les pouvoirs locaux s'en méfient toujours.

Si, historiquement, l'Église prit ancrage au Moyen-Orient et en Europe, ce serait montrer une vision très courte que de croire qu'elle est liée à un espace géographique ou à des civilisations et à des régimes politiques transitoires. Elle est déjà et sera encore plus là où des fidèles entendront le message du Christ, pour leur bien et au grand dam d'un Occident ingrat.

– L'Église est un caravansérail (c'est un de ses charmes, sa force et sa faiblesse), soit on y trouve et on arrive à y concilier toutes les couleurs et toutes les races, tous les milieux sociaux et tous les âges, les opinions temporelles les plus opposées, les formes de piété et d'attachement les plus variées…

En effet, le christianisme n'est pas réservé à un groupe d'initiés (comme toute secte en tout temps ; de *parfaits*, comme prétendirent l'être les cathares jadis), à une race, à un peuple, à une terre… Ouvert à tous, il est *sorti du temple* dès son origine. D'ailleurs, dès celle-ci « *il a été prêché par des ignorants et cru par des savants* » (Joseph de Maistre). Les accidents de l'Histoire ont pu paraître parfois et inévitablement le conditionner. Il n'est cependant jamais lié même « *s'il est difficile d'être l'Église des Barbares et des Romains, des saints et des pécheurs.* » ( ?)

Caravansérail si on considère ses fidèles, mais aussi en ce qui concerne ses pasteurs. « *Elle maintient dans une unité organique* (et une communauté d'esprit) *des humanistes, des formalistes, des réformateurs, des rebelles et des conformistes puritains, des ecclésiastiques politiciens et des sœurs infirmières, des prêtres mondains et des anticléricaux… elle permet une extraordinaire divergence dans sa discipline interne.* » (Morris West)

– Jésus était proche des petits et ce sont les puissants qui l'ont exécuté. Le christianisme est une religion de l'inversion des valeurs. Le message évangélique (même si altéré par la suite et par des humains) est radicalement (soit définitivement et implacablement) subversif – les persécuteurs de tout bord et de tout temps l'ont bien compris. Le Christ triomphe dans l'échec temporel.

Contrairement aux apparences clamées et vues de l'extérieur, le catholicisme est la religion des petits et l'Église s'efforce de suivre son exemple (plus ou moins bien certes suivant les lieux, les époques et bien sûr ses membres).

D'ailleurs ce n'est pas à un notable ou à un intellectuel que Jésus a remis la fondation de son Église. C'est à l'un de ses disciples, Pierre, issu des milieux populaires, fidèle mais assez fruste, impétueux, au franc-parler… (on en sait beaucoup sur lui et sur d'autres). Il suffirait de consulter la liste des papes depuis celui-ci, sauf à de rares époques – où une pratique différente s'explique historiquement – et notamment depuis deux siècles, pour constater que nombre d'entre eux, presque tous, venaient de milieux excessivement modestes. Comme aussi les plus grands saints et saintes que l'Église a consacrés et que le peuple chrétien vénère. Est-ce un hasard ou un message si la Vierge n'est apparue qu'à des petits, des pauvres, des gens sans influence (le paysan Juan Diego, les gamines illettrées de Lourdes, Fatima…) ?

D'ailleurs, tout était déjà dit sur le renversement des valeurs du monde quand l'inquiétude et l'émerveillement du monde, qui avaient été fixés de tout temps sur l'infiniment grand, s'étaient tournés vers l'infiniment petit, un enfant dans une étable, nourrisson dépendant de parents humains. Nourrisson qui fut visité d'abord par d'humbles bergers du « coin » qui eurent le privilège de l'annonce, puis par des rois mages, la puissance et la science s'inclinant devant la petitesse et la pauvreté. Des hommes n'auraient jamais « fabriqué » un dieu comme Jésus : né d'une femme, dans une étable, pauvre, petit et finalement en échec complet (cloué sur une croix).

– Aujourd'hui, l'Église est encore la seule institution à ne pas être tombée dans la folle – et provisoire – société de consommation et à privilégier la Personne sur le matériel. Sa mission est d'être en charge du sacré[6]. Or celui-ci est aussi indispensable à l'homme que le pain. Si on n'a pas compris cela, on n'a rien compris à l'homme, soit à soi-même.

D'ailleurs la modernité n'a pas fait disparaître le sacré, elle l'a seulement dévalué et transporté de la sphère religieuse, personnelle, à la sphère civile, collective. Toutes les révolutions et les sociétés les plus férocement athées s'empressent de s'inventer un nouveau culte, de se bricoler un *sacré* en carton pâte (drapeau, Être suprême, « père des peuples », grand architecte de l'univers, droits de l'homme, idéologie de la démocratie, technologie toute puissante, croissance et progrès, vénération pour la réussite et l'argent, spectacularisation des médias, émissions, bonheur pour tous…), de sacrifier à des rites dérisoires (commémorations, anniversaires, journées de…, fêtes de…).

– Il faut se rappeler que le christianisme a eu très généralement l'intelligence d'absorber sans les éradiquer la plupart des anciennes coutumes et fêtes locales païennes (sans sens péjoratif), en les récupérant certes, mais cette assimilation douce est tellement préférable pour la mémoire, le respect de nos ancêtres et de l'humanité passée, à la pratique de la terre brûlée qu'ont exercée tant d'autres institutions et toutes les révolutions – pratique que la modernité sauvage pousse toujours au saccage du patrimoine culturel ancestral[7].

– Qu'il est à l'origine non seulement des sciences mais d'une profusion d'œuvres d'art, de réalisations architecturales que nous serions bien incapables de refaire, d'une liturgie musicale chantée dont la beauté et la portée d'élévation sont sans égales ; certains hymnes, notamment byzantins, le chant grégorien… Quel dommage que beaucoup se privent, par dogmatisme ou ignorance, au moins de cet enchantement esthétique.

Sans l'entente d'un pape (guerrier par ailleurs) et d'un génie (Michel-Ange), vous ne contempleriez pas, un jour, le plafond de la chapelle Sixtine à Rome ni...

Comme il est maintenant, en Occident au moins, le seul lieu où s'exerce encore la puissance médiatrice d'évocation de la symbolique, essentielle à l'homme[8]. Position qui s'accorde parfaitement avec l'apologie de la raison, laquelle tient une place centrale dans la théologie chrétienne ; alors que les sociétés civiles y ont renoncé pour sacrifier au délire progressiste unilatéral et sans issue, ainsi qu'au verbiage de la *communication* qui met tout au même niveau afin de ne parler de rien et d'occulter l'essentiel.

– Que la Révélation chrétienne concilie le *jamais vu ni jamais fait* (et c'est un des appuis rationnels de ma foi), c'est-à-dire la croyance entière en l'individu incarné et dans le respect de son identité avec la promesse de la participation éternelle à l'Être absolu – d'où d'ailleurs l'équilibre délicat qu'elle requiert.

Impératif et contrainte d'équilibre qu'on retrouve dans bien d'autres tensions[9]. Celle existant entre l'amour et la miséricorde à porter aux personnes et l'exigence de rigueur pour la sauvegarde de l'espèce humaine afin de la protéger de ses errements néfastes. C'est-à-dire le difficile impératif de tenir ensemble la charité et la vérité, de ne brader ni l'une ni l'autre.

Celle, vieille de deux mille ans, entre ses origines judaïques et l'universalité de son ouverture au monde suivant le message de Jésus qui, manifesté sur terre dans une appartenance précise (le judaïsme), n'était pas venu pour s'y limiter (ce que d'ailleurs son milieu n'a guère supporté).

– Il faut réaliser (et c'est aussi un de mes appuis...) qu'elle a anéanti la fiction sur laquelle reposait l'ordre antique basé sur la violence sacrificielle. Ordre dans lequel la victime, le bouc émissaire (substitut, victime de rechange) était évidemment coupable et la foule massacreuse, rassemblée, ressoudée plutôt dans l'unanimisme factice du *tous contre un seul*, (un seul pouvant d'ailleurs à l'occasion être groupe, minorité) avait les mains pures.

Démystifiant l'ordre ancien du sacré, nous sortant du religieux antique, la foi judaïque, puis chrétienne, nous remettait debout, libres et donc responsables.

Ainsi l'allégorie du sacrifice d'Isaac par son père Abraham, empêché par Dieu – si mal comprise par les incultes ou les adeptes de l'interprétation littérale (les mêmes) – signifie le refus des sacrifices humains courants alors.

Plus largement, elles opéraient progressivement, puis soudainement, ce qu'on a pu appeler la rectification biblique du mensonge mythologique : la victime, celle des psaumes de persécution, du livre de Job, comme les prophètes lynchés, comme Jésus crucifié, n'est plus coupable et la foule lyncheuse n'est plus innocente.

Alors que dans tous les mythes – reflets probables et mensongers de lointains événements réels – la victime est proclamée coupable (Œdipe...) et la foule bien avisée de s'être débarrassée du *fauteur de troubles.*

Nous savons désormais que la violence est l'affaire des hommes et non des dieux (je parle de la violence humaine, pas de celle de la nature). Nous sommes devenus responsables de l'Histoire – et si c'est une promotion ce n'est pas forcément un confort : « *Votre maison vous est laissée* » (Évangiles). La véritable nature des rapports humains est dévoilée avec la fin des sacrifices expiatoires destinés à ressouder la communauté éclatée aux dépens d'une victime de rechange.

C'est là la lecture non religieuse du récit de la Passion de Notre Seigneur dans les Évangiles et d'autres textes bibliques préalables et parfaitement clairs.

À la rubrique précédente j'ai suggéré qu'il était radicalement impossible de penser le christianisme, et aussi toute religion, si on se mentait sur la violence humaine – mais cela est particulièrement vrai en chrétienté. Oubli – coupable – de la violence humaine et déchristianisation vont sociologiquement de pair puisque ce qu'apporte le christianisme (et antérieurement le judaïsme), c'est le rappel de l'arbitraire de la violence et l'abandon du système protecteur des boucs émissaires, ce par la déconstruction des vieilles structures religieuses.

« *Le Christ a révélé aux hommes l'inanité des sacrifices et leur a retiré leurs béquilles sacrificielles... La croix inverse la structure archaïque du sacrifice, la victime n'est pas coupable, elle n'a donc plus le pouvoir d'absorber la violence... Elle est la révélation d'une vérité déstabilisatrice sur le plan social.* » (R. Girard)

C'est à nous à nous arranger avec notre violence. C'est le message temporel du Christ venu révéler aux hommes la logique de leurs relations. On peut se douter que le *gogo,* l'imbécile ne le lui pardonnera jamais.

« *Ils m'ont haï sans cause* » et « *Père, pardonne-leur car ils ne savent pas ce qu'ils font* » et « *C'est la miséricorde que je veux et non le sacrifice* » (Évangiles) ne sont pas des expressions vaines ou à prendre à la légère.

Mises en contexte, elles expriment (avec bien d'autres, le livre de Job...) le discernement et le refus, pour la première fois, des déchaînements de foule, de la causalité magique, des accusations stéréotypées, des manipulations et réconciliations hypocrites sur le dos d'autrui dont l'humanité est friande – notamment pour se laver les mains et réconcilier ses membres.

***

Quand la Vierge Marie, de même nature que nous alors, a reçu de l'ange l'annonce de sa maternité, la naissance de Jésus à travers elle, elle a d'abord demandé : « *Comment cela se fera-t-il, puisque je ne connais point d'homme ?* » et l'ange a accepté cette première réponse en forme de question.

Cela veut dire deux évidences complémentaires : le respect de Dieu pour sa créature et la raison humaine, ainsi que sa demande pour la collaboration de l'homme.

D'où peut-être son apparente complexité – et la fureur qu'elle inspire à certains. « *Le chrétien répondait aux païens que son Dieu ne ressemblait ni à Zeus ni à Dionysos, mais plutôt à l'Être Suprême dont parlaient les philosophes…* » (ceux d'alors, entendre les Grecs). « *Le choix ainsi opéré signifiait l'option pour le 'logos' contre toute espèce de 'mythos', la démythologisation définitive du monde et de la religion… La foi chrétienne a opté contre les dieux des religions pour le Dieu des philosophes, c'est-à-dire contre le 'mythos' de la seule coutume pour la vérité de l'être lui-même.* » (Cardinal J. Ratzinger – Benoît XVI : *La foi chrétienne hier et aujourd'hui*, Cerf-Mame, p. 80, 81, 84).

– *Logos* : à la fois le sens, la raison et la parole, une raison qui est créatrice, capable de nommer, de se communiquer, d'être contredite – mais justement comme raison et par celle-ci.

– *Mythos* : pêle-mêle de légendes fabuleuses ou de délires insensés (voir l'expression mythomane dans votre dictionnaire).

Le changement d'optique sur l'homme fut fondamental, historiquement ré-vo-lu-tion-nai-re. L'Église fut la première à tenter d'associer la raison et la religion ; à l'opposé de tous les paganismes mythologiques de jadis, aujourd'hui matérialistes, qui acceptent aveuglément les croyances de leurs foules violentes et transforment toujours le monde en labyrinthe.

Les termes, forts, qu'emploie J. Ratzinger ne sont pas anodins.

Cette position n'exclut pas, cela est dit par le même auteur et bien d'autres, qu'il existe des fragments de logos dans toutes les religions, dans toutes les cultures, chez tous les Êtres.

« *Ne pas agir selon la raison est contraire à la nature de Dieu.* » (Benoît XVI)

Ce que je comprends aujourd'hui de ce que dit Benoît XVI et de ce qu'ont dit ses prédécesseurs chargés de veiller, c'est que si la raison disparaît l'espace sera libre pour n'importe quel irrationnel régressif et ensuite pour tous les totalitarismes.

Je me permettrai d'ajouter que cette liberté et cette dignité ainsi conférées à l'homme coûtent cher à l'institution, l'Église, qui les défend contre toutes les facilités, renoncements et régressions vers les multiples formes de servitude qui guettent l'homme, et vers lesquelles il tend toujours à s'abandonner.

Les dictateurs modernes (de Cromwell à Staline), comme les médias actuels, ont toujours su lui faire savoir quelle gêne sa constante affirmation représentait.

La citation suivante relève du domaine existentiel, elle n'est pas négation de ma foi, mais simple affirmation de la valeur temporelle de ma religion.

Elle exprime la position fondamentale du christianisme : la distinction entre le mécanisme de la nature et la souveraineté de la conscience, entre la matière et l'esprit.

*« La sécularisation, et donc la laïcité, sont en substance des produits du christianisme... le christianisme est la religion de la sortie de la religion... il n'est pas une religion au sens propre du terme, mais le principe de déstructuration de tous les cultes archaïques »* (P. Antonello reprenant d'autres penseurs, Max Weber...).

On a pu dire évoquant le christianisme : *« Grâce à Dieu, je suis athée. »*

Cette distinction radicale entre deux ordres explique pourquoi *« Pascal n'est gêné ni par sa foi, comme physicien, ni par sa physique, comme chrétien. »* (E. Berl)

***

*« Le christianisme est la prise de conscience culturelle et morale de la nature sacrificielle de notre culture et de notre société. »* (R. Girard)

Expulsons-le et l'antique ordre sacrificiel reparaîtra dans toute sa plénitude – à plus grande échelle d'efficacité et de tromperie vu nos moyens matériels et de propagande et on verra, comme d'habitude, la victime finir par consentir à et avec les bourreaux pour maintenir l'habituelle fiction de la victime coupable : Socrate boire la ciguë et le vieux bolchevique du *Zéro et l'infini* s'accuser fictivement quand les puissants satisfaits et la foule repue s'en iront en se congratulant.

Car le christianisme c'est justement et aussi la fin du sacrifice – par celui qui les abolit tous.

Le XX^e^ siècle a bien vérifié l'exclamation d'un des personnages de Dostoïevski : *« Si Dieu n'existe pas, tout est permis »* Le règne de l'homme (on commence à s'en douter) ne s'annonce pas sous de bons auspices. Mais Dieu, comme l'homme, en ont vu d'autres.

Est-ce vraiment un hasard si les plus grands et les plus stupides massacres de l'Histoire, relevant tout à fait de la vieille coutume sacrificielle et avec la même fausse bonne conscience, se sont produits alors, au cours du premier siècle vraiment déchristianisé et ouvertement revanchard sur le christianisme ? S'ils ont été déclenchés au sein des sociétés prétendument les plus « civilisées » (au sens de la modernité), les peuples européens ? Au moins dans sa première moitié, ce siècle fut celui du triomphe de l'absurde.

Silence des pseudo-historiens, des philosophes et des sociologues, et, à l'usage des *gogos* même tintamarre à sens unique, rabâchage identique d'une propagande meurtrière et férocement partisane datant du siècle précédent, le XIXe, héritier du siècle dit des Lumières (le XVIIIe, le précédent encore).

Un siècle réalise, et pas qu'en matière d'écologie, ce qu'a mijoté son prédécesseur. « *C'est au XIXe siècle que l'Histoire remplace Dieu dans la toute-puissance sur le destin des hommes, mais c'est au XXe siècle que se font voir les folies politiques nées de cette substitution.* » (François Furet, historien contemporain)

Quand le grand polémiste Charles Maurras, agnostique (celui qui ne nie pas, ne refuse pas Dieu comme l'athée, celui qui pense simplement qu'il n'a aucun moyen de Le connaître, d'Y accéder…), disait à sa manière concise : « *Il faut que le pape soit* », ce n'était pas une formule creuse. Il résumait là les paragraphes précédents et anticipait l'avenir. Le peuple a senti comme Charles Maurras lors de la mort de notre Saint Père Jean-Paul II (époque de la première rédaction de ce document).

Quand le saint curé d'Ars (curé de campagne dans un village de l'Ain au XIXe siècle) disait : « *Privez une paroisse de prêtres pendant 50 ans, on y adorera les bêtes* », il savait ce dont il parlait. On n'a pas confessé des dizaines de milliers de personnes sans pénétrer la complexité de l'âme humaine et, parfois, en être atterré[10].

Traduisez *bêtes* aujourd'hui dans notre monde qui ne croit plus à rien (et donc guère à lui-même) par : loteries et jeux, violence et sexe, usage parfois dépravé d'internet, fuite dans les fictions régressives, d'anticipations ou magiques, disparition dans la drogue, astrologie, occultisme de pacotille, déviations en tout genre, culte d'escrocs-arrivistes-arrivés[11] ou de gourous, fascination pour l'argent et les biens matériels, angoisse des crises à répétition, sentimentalisme de midinette, humanitarisme de repus, agitation dépourvue de sens entraînant l'angoisse corrélative de cette fébrilité infantile qui n'est que vaine recherche d'un sens introuvable… Et la crainte du curé d'Ars est réalisée.

L'Église est la seule autorité morale qui ose encore parler – et bien sûr cela déclenche la canonnade médiatique relayée par tous les braillards et les perroquets. « *L'Église est devenue le grain de sable qui empêche notre époque de suivre la pente d'une vision purement scientifique et marchande du monde… Sans le contre-pouvoir culturel de l'Église il n'y aurait tout simplement pas de bioéthique*[12]. » (Pierre-André Taguieff)

Aucune loi, fût-elle ferme, aucune morale laïque purement horizontale ne peuvent constituer des barrières suffisantes face au dérèglement, à la violence qui guettent toujours l'humain[13] (criminelle, démente, routière, incendies volontaires… parfois gratuite – lire les faits divers, connaître l'Histoire). Il ne peut y avoir d'obligation morale s'il n'y a pas quelque part quelque chose d'absolu. En l'absence de tout sacré, de tout dieu, de toute transcendance, il n'y a plus aucun rempart contre la folie humaine.

Une collectivité n'est pas constituée que d'individus d'élite, et ce à tout moment de leur existence. Toute société payera très cher l'orgueilleux abandon d'une morale reconnue, intégrée en chacun – ou au moins la plupart – reposant sur une transcendance, par définition supérieure au sujet, à ses dérisoires, si provisoires et quelquefois coupables, élucubrations mentales.

Le subjectivisme moral (l'individu décide de ses propres règles, et encore au mieux, s'il y pense) anéantit la toujours fragile cohésion sociale. Ce subjectivisme, autrement nommé relativisme, est fils de la démocratie dévoyée quand elle accepte tout, permet tout, diffuse tout et rejette tout sens au nom d'une prétendue *liberté* de chacun. Il ne peut que mener celle-là et celle-ci à leur perte – comme toujours au détriment des plus faibles.

***

Les limites humaines, comme celles des ressources matérielles, la mort inéluctable, la violence toujours sous-jacente, la différenciation sexuelle origine de la vie – et aussi source de la variété et du charme du monde – sont des réalités et on ne leur échappe pas.

La prétendue liberté de l'homme, car elle n'est que très relative, ne saurait effacer celles-ci, heureusement peut-on dire. Les mythes grecs de Prométhée, du vol d'Icare, les récits bibliques de la pomme du paradis, du déluge, de la tour de Babel, de la destruction de Sodome le proclament, chacun à leur façon.

Contrairement à ce qu'on essaye de faire croire, les religions sont basées sur le respect d'un ordre naturel ; sinon d'ailleurs on ne les rencontrerait pas, sous diverses formes, partout et toujours. Toutes donc, à des degrés divers, postulent et préconisent un mode d'emploi de l'homme et, très directement, de notre environnement, donc de la Création. Existentiellement, c'est-à-dire indépendamment de toute spiritualité, toute religion est une science sur l'homme. Elles postulent un commencement et une fin, comme chaque vie ; en bref un sens.

Si elles affirment et défendent une morale ce n'est pas par sectarisme ou obscurantisme, ce n'est que pour aider à atteindre au bonheur ou, au moins, à éviter les grands malheurs. Elles contiennent un savoir fondamental sur la violence des hommes (sachant qu'enseignées et pratiquées par des hommes faibles et faillibles, plongés dans l'histoire, il a pu arriver – et qu'il peut encore arriver – qu'elles entraînent cette violence même que leur essence réprouve). Elles révèlent et disent l'évidence, que l'homme ne peut pas se trouver un mode d'emploi tout seul. C'est le sens de la déclaration parfaitement justifiée d'un pape affirmant que « *l'Église était experte en humanité* ».

Comme les massacres du XX^e^ siècle, le saccage de la nature a vraiment commencé avec le déclin des religions, et notamment du christianisme, quand l'humanité a cru pouvoir s'émanciper de tout, quand l'homme a cru pouvoir se passer de toute transcendance.

C'est Descartes, précurseur des Lumières, qui a parlé de l'homme « *comme maître et possesseur de la nature* ». Dans la Bible, Dieu a remis entre les mains de l'homme la maîtrise de la terre, de Sa Création – pas la possession du propriétaire, mais la responsabilité du gérant.

Le Christ ne s'est pas incarné pour sauver uniquement l'homme, mais la Création tout entière, même si c'est à travers l'homme ; son délégué oserait-on dire. Au XVII^e^ siècle, les Jésuites défendaient les animaux. Ils avaient pressenti qu'après le tour des bêtes viendrait celui des humains. Tout se tient encore une fois. Juste hier, Jean-Paul II n'admettait l'expérimentation sur celles-là qu'au bénéfice de la santé humaine et s'il n'existe pas de méthode de substitution – pas pour fabriquer des cosmétiques. Le cardinal Ratzinger s'élevait contre l'élevage en batterie (il arrive bien plus souvent qu'on ne le croit – et ne le dit – que l'Église se préoccupe, seule et la première, de *détails*).

La morale chrétienne, comme toute morale religieuse, incite à une attitude de dépossession à l'égard des choses, au respect de la Création. On voit le décalage par rapport au gaspillage éhonté actuel, aux illusions et aux habitudes.

Ne croyons pas que l'Asie serait mieux protégée par les religions orientales ; illusion de *bobo*. La Chine est dramatiquement déboisée, ses fleuves génèrent des inondations fantastiques, elle pollue pire que l'Occident ; et le pire est devant. La violence des convulsions sociales (émeutes…) en Asie n'a rien à envier à celle de l'Occident d'hier, comme également l'avidité matérielle. Il ne doit plus rester lourd du Confucianisme, du Taoïsme et autres doctrines de sagesse.

« *La marchandise démolira toutes les murailles, bien plus efficacement que les canons des féodaux, elle abolira tous les rapports sociaux… famille…* » (Karl Marx que je ne cite toujours que comme sociologue et historien, celui qu'on appelle le premier Marx – pas comme l'agitateur, le deuxième).

Un supermarché n'a jamais suffi à faire une communauté ; sauf parfois un regroupement fugitif de pillards.

***

Même indépendamment de toute catastrophe, une société sans mystère et sans âme, un monde réduit à une vision purement horizontale où l'homme se réduirait à son minuscule lui-même et à ses rapports sociaux, à son immédiat si temporaire, constituerait un environnement désespérément plat et morne et entraînerait la déprime généralisée.

« *Dans un univers 'expliqué', rien n'aurait encore un sens, si ce n'est la folie... Il tombe sous le sens que Dieu était une solution et qu'on n'en trouvera jamais une aussi satisfaisante* » (E. Cioran, personnage par ailleurs peu enclin à se tremper dans les bénitiers). S'il n'existe pas un Dieu – un sens et un aboutissement suprêmes – alors l'univers est un chaos sans aucune signification. Le cri de Nietzsche « *Rien que la terre !* » ne saurait être psychologiquement et sociologiquement tolérable plus que fort peu de générations.

Nous serions affranchis certes mais « *plus d'échappées... assignés à résidence ici-bas* » (P. Bruckner). On verrait des « *millions d'êtres presque absolument vidés de toute vie intérieure... monstrueusement disponibles... le désespoir de ces médiocres libérant d'énormes disponibilités de haine* » (G. Bernanos). On l'a déjà vu.

Il n'y aurait même plus de tentative de réponse à la question fondamentale : Pourquoi y a-t-il quelque chose (temps, espace, matière, vie...) plutôt que rien ? Et, dans le futur, élargir notre espace ne nous ferait pas échapper à l'interrogation ; notre extension ne la rendrait que plus lancinante encore. La pensée n'a pas pu produire quelque chose qui la dépasse, qui ne fut mise en nous, soit l'idée de l'Infini (qu'on prendra comme on voudra) – preuve de l'existence de Dieu pour Descartes.

Ce monde s'effondrerait sur lui-même comme un trou noir (astronomie), mais plus rapidement. C'est la promesse, et c'est bien la seule promesse qui serait tenue, que nous fait la laïcité – quand elle ne sait plus rester neutre mais devient sectaire, militante et combattante, je précise.

La fameuse modernité occidentale ne pourra pas longtemps faire silence sur l'essentiel, comme on le sent et le sait déjà, mais un peu tard, dans le domaine des ressources matérielles. « *Dans un monde qui ne connaîtrait plus ni Dieu ni diable il ne resterait plus à la pauvre humanité qu'à se débrouiller avec le péché en nous organisé.* » (P. Claudel)

Aucune société n'est viable sans l'axe fédérateur d'une religion quelconque, d'une transcendance qui la dépasse et en même temps l'unit en lui posant des limites. « *Si la société temporelle est le Tout dont l'individu reçoit tout ce qu'il est, comment celui-ci aurait-il en face d'elle aucun droit ?* » (cardinal H. de Lubac), d'où l'invention des *droits de l'homme* pour tenter de résoudre – dérisoirement – cette contradiction.

Si on pense qu'on vient de rien et qu'on va vers nulle part, alors la vie n'a ni sens ni valeur, la sienne et celle des autres. On sait où mène rapidement ce nihilisme.

*« Si l'homme n'est rien d'autre qu'un nœud de rapports sociaux, on risque de voir dans un adversaire social l'ennemi total... force et dureté deviennent les vertus essentielles... »* (cardinal de Lubac)

Nous serions la première société humaine à fonctionner ainsi, autant dire qu'elle n'a aucune chance. Mais cette position de pointe ne semble impressionner personne et cependant *« pour la première fois une société ne connaît pas sa raison d'être. »* ( ?)

Une humanité qui n'aurait de comptes à rendre qu'à elle-même deviendrait folle, tel l'individu figuré par Narcisse. Historiquement, aucune civilisation n'a jamais subsisté sans qu'elle se fasse une représentation transcendante d'elle-même – sinon la dislocation rapide et violente est assurée. *« Une civilisation de l'homme seul ne dure pas très longtemps. »* (André Malraux)

Bien sûr, l'opinion officielle qui devine la folie d'une telle prétention et qui aime tant à se donner bonne conscience proclame sans cesse son admiration pour Jésus, *homme parfait,* mais en le réduisant à son humanité, ce qui lui permet avec une grande hypocrisie de jouer la bienveillance tout en manifestant concrètement sa détestation pour Son Église, c'est-à-dire en fait pour Son message et finalement pour Lui-même. Ainsi ces purs esprits, à défaut d'être esprits purs, se lavent-ils les mains du sort de la création dont fait aussi partie l'humanité.

D'ailleurs si, comme le sait la science, nous ne connaissons des choses que leur manifestation, leur donné, leur apparence, il faut bien convenir que la religiosité est un *donné* qui s'est toujours imposé à l'humanité. La refuser revient à refuser ce que la philosophie appelle le phénomène soit ce qui est sous nos sens sans qu'il n'y ait d'explication (qui démontrera le phénomène que présente une amitié ? Qui établira si l'état amoureux signifie quelque chose ou non ?).

La refuser revient à mettre à l'asile tous les astronomes qui ont *inventé* les trous noirs, les quasars, et même les électriciens... qui, les uns comme les autres, n'ont jamais vu l'objet de leur activité.

***

Mon propos n'est pas de vous convertir au christianisme malgré ma foi, ma reconnaissance et mon attachement, seulement de vous faire reconnaître sa valeur si souvent décriée. D'ailleurs, il n'y a que pour les produits matériels qu'on peut persuader quelqu'un en vantant ses qualités – or une religion n'est pas une voiture ou un ordinateur.

Espérons seulement que le monde n'aura pas trop besoin du concours de l'Église dans le domaine de la sauvegarde de l'essentiel et du maintien d'un minimum de civilisation.

Elle s'en passera vraiment très volontiers. Mais si besoin, il n'y aura qu'elle, malgré sa grande faiblesse et la négligence où la tient le monde, à relever ses manches et à essayer de rassurer contre vents et marées la collectivité humaine désemparée[14]. Elle en a l'habitude depuis deux mille ans – comme celle d'accepter le mépris et les ingratitudes – à l'imitation de sa tête, Jésus. Les autres, les *grands* d'un instant, les batteurs d'estrade, les *faisans*, se seront planqués depuis bien longtemps.

Encore heureux si notre société droguée à la revendication permanente irresponsable ne lui tire pas dessus plus encore en exigeant de son Dieu qu'il répare au plus vite les effets de notre inconséquence, de notre légèreté, de notre gaspillage, de notre démesure et nous guérisse de l'angoisse sous-jacente que nous nous sommes fabriquée[15].

Car en période de crise c'est bien souvent le pire qui l'emporte d'abord.

Mon propos est de vous informer, même pendant le temps nécessaire, indispensable et joyeux de l'action, de l'usage raisonnable du monde, dont je viens amplement de vous prier de ne pas vous détourner, et afin que jamais vous ne vous sentiez seul(e), perdu(e) : *« Qu'après avoir bu au torrent, l'homme revient tremper ses lèvres à la source »* et que, miracle, elle est toujours là, accueillante (c'est du Paul Claudel). Trop souvent, il ne le fait jamais que quand il a vraiment soif, et que ce peut être pour vous comme ce fut le cas pour tant d'autres, dans un plus tard imprévisible ?

Là, je répète mon incapacité à savoir, mon absence de toute pression sur votre esprit. Mais je suis sûr que que la source, le Père, Son veilleur (certains disent Ange gardien) est toujours là, que Quelqu'un (Une Personne et non quelque fumeuse entité abstraite) vous attend patiemment et qu'Il répondra présent quand vous aurez besoin de Lui en confiance.

Exemple : ma reconversion en mai 1988 (pour une fois que je ne cite pas une déficience !). Ainsi que je l'ai esquissé plus haut, elle fut le fruit d'une rencontre personnelle et soudaine avec une Personne, Jésus – non préméditée (comme si on pouvait !).

*« La nouveauté de l'annonce chrétienne ne réside pas dans une pensée mais dans un fait : Dieu s'est montré. »* (Benoît XVI)

L'adhésion à et la compréhension de sa représentation sur terre, Son Église, ne viennent qu'ensuite. C'est d'abord – et ensuite et cela reste – un Lui à moi. Surprise extrême que de découvrir en un *flash* qu'on est passé à côté de soi-même pendant cinquante-quatre ans. Après, tout reste toujours à faire, mais on a passé une porte.

Je n'ai pas reçu de plus délicieux compliment que celui d'un très proche qui m'a dit, reflétant l'avis d'autres et visiblement avec grand plaisir : « *Tu nous as surpris* », sous-entendu « *tu as tellement changé...* ». Je n'avais pas changé. Celui qui m'a saisi alors sur l'instant m'avait changé. À moi la suite : le boulot, les faiblesses, les chutes, les ingratitudes, les questionnements, les doutes, les inévitables turbulences...

On découvre vite que l'éblouissement de l'instant et le *confort* ultérieur ne vont pas sans contreparties – rien pour rien comme en tout et toujours.

« *En l'absence de conversion spirituelle nous serons libres de tout, mais nous serons libres pour rien.* » (Georges Bastide)

S'il vous plaît, ne limitez pas ce que j'appelle conversion au spirituel, au religieux. Toute modification profonde d'état d'esprit, d'attitude envers les autres, l'environnement et donc d'abord envers soi-même que l'on éprouve comme bénéfique, apaisante, évidente... est une conversion.

Il y a des conversions d'ordre matériel ou philosophique. Si elles sont généralement moins soudaines, moins prenantes et moins ravissantes qu'une conversion religieuse, toutes ont en commun une longue maturation cachée, inconsciente – une sorte de *préparation.*

Une conversion est un retournement (comme en ski) dont la nécessaire évidence surgit brusquement à une conscience prête à la recevoir. En chrétienté, son apparition relève d'un terme bizarre, indéfinissable, la *Grâce* (jonction, union, d'un récepteur prêt et d'un Émetteur en un instant – nul n'en sait plus).

Note sur ce déclic de conversion et sans rapporter mon propos à moi-même ni le restreindre à cet événement fondateur. S'il vous arrivait d'entrer, longuement, dans des modes de fonctionnement déplaisants ou néfastes ou dans une phase dépressive (voir aussi aux rubriques sur l'Isolement et sur l'Estime de soi), ne cherchez pas trop la solution dans de longs et pénibles processus (médications, analyses...). Consentez plutôt à quelque déclic externe, presque toujours soudain, lequel implique de consentir à regarder devant et ailleurs qu'en soi-même, de se penser et se situer autrement, de lâcher les rênes, d'accepter d'aller vers l'inconnu, de recevoir. On peut être surpris alors de ce qui vient, survient – et même parfois de Qui survient.

Aujourd'hui et demain, pour vous, le rôle que vous devez accomplir repose sur votre ambition de justement jouer un rôle, sérieux, clair, droit, ici et maintenant. Pendant ce parcours, pensez que vous n'êtes pas seul, sur une terre froide, issu par le plus grand des hasards de grand-papa saurien (même si issu de millions d'ancêtres, voir la rubrique Jeux).

Être homme c'est bien plus, c'est difficile, mais si c'était facile ça se saurait et il serait resté, au mieux, un chat ronronnant ou ronchonnant (plutôt de l'espèce Garfield) en bien moins gracieux. Nous ne serions pas debout, au moins un tant soit peu, et toujours menacé dans notre fragile équilibre.

*« L'homme est un dieu tombé qui se souvient des cieux. »* (Lamartine)

***

Je ne veux pas négliger un sujet qu'on vous serinera certainement et dont je n'ignore pas qu'il est encore dans beaucoup d'esprits – ceux restés à hier.

Je sais, mieux que ne le savent des gens plus jeunes, que l'Église dont je parle a exercé, disons jusqu'aux années 1960 et depuis quelque temps auparavant (que je ne saurais évaluer, je n'y étais pas et j'ai dit ce que je pensais de certains historiens), une contrainte fort pressante et souvent excessive sur ce qu'on appelle les mœurs.

J'entends par mœurs, les attirances naturelles auxquelles nous devons et la vie et bien du plaisir (et aussi pas mal d'ennuis !). Je ne pense pas au vacarme obsessionnel actuel, pas plus qu'aux déviations étrangères à l'espèce animale (dont nous faisons partie que cela plaise ou non) et aux manipulations de filiation délirantes et coupables dont on mesurera assez vite mais trop tard les dégâts. Je simplifie la question à l'extrême, l'amour est aussi, mais également tout autre chose, que ce qu'on entend aujourd'hui par ce terme galvaudé, dont la réalité est trop souvent devenue hors sens, abîmée, salie, *friquée*.

Accessoirement, et suivant mon expérience limitée à quelques camarades de qualité de ma génération, il est probable que l'éducation ambiante abusivement rigoriste, souvent indûment soupçonneuse, reçue, notamment alors dans certaines écoles confessionnelles, en a détourné plus d'un de la religion.

À tort – je dois dire – car c'est confondre les fondations durables avec le mobilier, toujours étroitement lié à une période, à un contexte, à une ambiance générale, je n'ose dire à une mode, c'est confondre le fond avec une ou des formes provisoires.

La forte restriction chrétienne passée est d'autant plus étrange (le terme est inadéquat, mais je n'en ai pas d'autre) que le christianisme est la plus charnelle de toutes les religions. Les Écritures ne cessent d'évoquer les corps : Dieu les a créés et *« vit que cela était bon »*, Jésus s'est incarné (en un corps), Il nous a donné le sacrement de son corps et a promis de ressusciter les nôtres. La liturgie catholique romaine était, et reste quand même, amplement emplie de sensualité (au bon et large sens du terme).

Je cite un prêtre d'aujourd'hui : *« Comment les disciples d'un Dieu 'fait corps' ont-ils pu, dans le passé, avoir une telle suspicion, un tel dédain platonicien pour le corps ? »*

La chute originelle (qu'on trouve dans toutes les religions et philosophies) n'est pas péché de chair (historiette pour obsédé(e)s). Elle est conséquence de manifestation d'orgueil ou de désobéissance, constatation de rupture entre esprit et matière, en même temps que création d'un antagonisme entre les deux faces (féminine et masculine) de l'humanité.

D'ailleurs cette dévalorisation du corps (pendant probablement guère plus de deux cents ans), un temps excessive et malheureuse parce que mal formulée et mal comprise, ne fut pas l'apanage du christianisme.

Trouvant ses origines dans la crainte de l'empire tyrannique des passions, de l'esclavage physique, de l'abdication du contrôle de la raison et de l'esprit, elle est bien antérieure et répandue dans toutes les religions ou sagesses philosophiques ; chez les Grecs : Platon, Socrate, les stoïciens et même les épicuriens, chez les gnostiques et les cathares, chez les protestants puritains (quakers fondant les États-Unis)... Elle est au cœur du bouddhisme : tout désir est source de souffrance, faire *« cesser cette soif »*, s'en libérer (paroles du Bouddha, qui ne visait pas que l'appétit sexuel, mais celui-ci aussi).

La puissance de l'Éros, sa tyrannie, ses séductions, ses excès, ses aberrations, jusqu'à ses ravages parfois, sa faculté d'arracher l'Être à ce qu'il croit et veut être, de démanteler son identité, sa capacité à faire exploser toutes les barrières sont tels qu'aucune société – y compris dans sa composante athée – ne peut se désintéresser de cette dynamite, et qu'elle s'y intéresse plus souvent maladroitement qu'adroitement. Ne serait-ce que parce qu'il est susceptible de contrarier l'ambition totalitaire de tout groupe qui réclame l'assimilation uniformisée de ses membres. L'amour, pour banal qu'il paraisse, est *« l'élément dans l'homme qui s'oppose le plus fermement à l'assimilation au système technocratique. »* (Josef Pieper)

Il se peut que, globalement et contrairement aux siècles bien antérieurs, l'institution en tant que telle – et non tous ses membres – ait fortement manqué de charité et de lucidité dans ce domaine. Il est même certain qu'elle s'est arrogé, sans bien en saisir la portée, un pouvoir trop absolu sur les mœurs qui, sur beaucoup de points, excédait le cadre de sa mission. Dans d'autres domaines, l'esclavage des Indiens dès le XVI^e^ siècle, la traite des Noirs dès le début du XVIII^e^, la question sociale au XIX^e^, la dégénérescence et l'abdication morale aujourd'hui, elle a vu clair et s'est plus que bien comportée et battue.

Cependant la modernité récente a-t-elle fait autre chose que de transférer une réprobation en une obligation ? La sexualité n'est plus suspectée au nom de Dieu ou d'une certaine réserve mais son absence, ou son insuffisance, sont implicitement réprouvées (bonjour l'angoisse et merci Viagra !).

Sa pratique est même recommandée dans les stupides publications pour troisième âge, sauf à être mis à l'index et à passer pour attardé(e), déprimé(e), prêt(e) à *crever*...

Mais si on reproche à l'Église tout et n'importe quoi y compris son contraire, qui songe à reprocher aux Anglais le rigorisme féroce de l'Angleterre victorienne du XIX^e^ siècle (siècle dont nous parlons surtout dans cette partie de rubrique) ? Rigueur qui d'ailleurs a fait alors la puissance et la fortune de ce royaume et de ses habitants – une fois de plus, il n'y a rien pour rien.

Dans d'autres domaines songe-t-on à reprocher aux influents instituteurs de la République, sectairement athées alors, le nationalisme exacerbé qui a conduit notre peuple à s'enthousiasmer à la perspective et lors du déclenchement de ce monstrueux monument de stupidité et de saleté qu'a été l'horreur de 1914 ? Événement autrement plus grave que le dédain relatif et temporaire de la sexualité[16].

Songe-t-on à reprocher aux révolutionnaires de 1789 d'avoir mis le feu à l'Europe (après la France), d'avoir institué la conscription et la levée en masse, donc les guerres idéologiques des peuples contre les peuples (fait nouveau à l'époque) et, après que la plupart se soient exterminés entre eux, d'avoir confié cette tâche d'incendiaire à un talentueux arriviste, le général Bonaparte – lequel s'en accommoda et s'en acquitta au-delà des espérances les plus folles de ceux qui lui avaient abandonné le pouvoir.

À l'Église catholique, et à elle seule, tous les coups et d'abord ceux qui marchent le mieux : les plus bêtes, les plus bas, les plus sournois, les plus haineux (ces quatre adjectifs vont parfaitement ensemble).

Pourquoi sert-elle (ainsi qu'actuellement et un peu différemment l'Islam) de bouc émissaire ? Je ne parle pas de possibles critiques informées, saines, potentiellement exactes, mesurées et constructives qu'on n'entend jamais à son sujet. Il serait psychologiquement (et politiquement) assez intéressant de savoir pourquoi les enthousiastes de ce si paisible monde moderne n'ont qu'une seule cible : les religions en général et l'Église catholique romaine en particulier (tout en refusant de rien y comprendre). Quel projet, ou plutôt quelle absence de projet, nous – et se – cachent-ils[17] ?

D'ailleurs étant donné la propension de notre société à inverser les valeurs et à ne rien vouloir comprendre au fond, peut-être ces assauts féroces et continuels constituent-ils un hommage involontaire aux religions, et en particulier à la mienne, révèlent-ils quelque nostalgie d'un *Eden* perdu.

***

L'Église de cette époque reflétait, tout en les renforçant certes, les mœurs de la société de son temps comme également les moyens disponibles, l'ambiance et la vision de la société dans laquelle elle était plongée. Le clergé d'alors facilement qualifié d'un peu obtus (celui du XIX$^e$ siècle) n'était pas plus tel que la bourgeoisie de son époque – et souvent moins. Mais comment penser autrement que comme on pense dans son temps ?

Aucune institution, aucun régime, aucun système ne doit être jugé hors de son temps, pour la simple raison que ses membres en sont forcément issus et sont dedans. Il n'existe sur cette planète ni extra-terrestre ni surhomme, rien que des hommes. Certains sont plus avancés, meilleurs... ils sont néanmoins de leur temps et de leur lieu ; comme vous l'êtes vous-même, comme je le suis en écrivant ce texte[18].

Qu'on m'explique comment il pourrait en être autrement. Autant s'étonner que Napoléon ne soit pas rentré plus vite lors de la retraite de Russie – en avion. *« Nous sommes nés à un moment donné, en un lieu donné, et nous avons, comme les crus célèbres, les qualités de l'an et de la saison qui nous ont vus naître. »* (Carl Jung)

Il ne faut pas confondre d'une part l'Église institution, avec ses fautes parfois, avec certaines de ses positions temporelles exceptionnellement liées à un lieu, à une époque (je ne parle pas de sa position essentielle et immuable visant à la sauvegarde de la vie et donc de la condition humaine), avec ses dignitaires (cependant bien plus hommes de service que de pouvoir) avec sa hiérarchie (nécessaire), ses prêtres d'ici et ses fidèles de là, et d'autre part l'Église communauté d'esprit.

Étendons un instant notre cadre. J'ai dit plus haut qu'il ne fallait pas juger du fond selon la forme (rubrique sur les Initiatives). Un message mal ou médiocrement transmis n'en perd pas de sa valeur pour autant (si on s'arrête sur cela, on peut s'apprêter, en tout domaine, à ne rien recevoir du tout). Si on exige la perfection du messager, il faut s'astreindre de son côté à être le récepteur parfait ; bon courage !

Je viens de décrire l'attitude, adoptée en tous domaines, de tant de nos contemporains devenus ainsi incapables de rien recevoir et bien décidés à rester creux.

Cette Église-là, d'une époque, de son époque, ne sera plus. Mais même non-croyant, il faut maintenir une Église qui veille sur plus et autre que sur le beefsteak[19]. Nul ne fera le travail à sa place, et celui-ci est ingrat, dur, trop souvent calomnié. Ce ne sont pas les politiques en quête d'approbation démagogique et de réélection profitable qui prendront le risque d'ériger des barrières (aujourd'hui hélas devenues totalement théoriques) pour l'avenir. De plus on sait ce que valent à terme les belles déclarations, les lois, les constitutions, les traités... (« *chiffons de papier* » a dit un connaisseur, Hitler), les innombrables hautes autorités de clowns ou comités de zigotos (dont la principale utilité est de représenter de gras fromages pour les copains et les copines)...

Il faut que quelqu'un dise, différemment, non en son nom mais au nom d'une réalité supérieure hors du temps et de l'espace immédiats... et il recevra des cailloux... comme le Christ et les prophètes (vieille histoire toujours actuelle). Lors d'un naufrage, et l'humanité frôle toujours celui-ci, et le frôlera de plus en plus (le progrès scientifique entraîne toujours des effets opposés, la génétique promet, mais comme l'atome, à tous les sens du terme – et demain les nanotechnologies encore discrètes), un phare, une chaloupe ne sont pas que les bienvenus, ils sauvent.

Quelle est au monde l'institution structurée (États, organismes importants comme associations, syndicats, partis, autres religions...) qui a osé reconnaître des fautes commises, souvent seulement par omission, et en demander pardon, comme notre Saint-Père Jean-Paul II a osé le faire ? On conviendra que ce n'était ni évident ni facile ni motivant pour la base, l'ensemble des religieux.

Que ce grand pape me pardonne d'étendre sa pensée à un domaine autre que ceux qu'il mentionnait, à ma connaissance du moins (mon appréciation sur l'excès de rigueur en matière de sexualité). Connaissant l'honnêteté et l'humilité de mon Église, de nos pasteurs, elle et ils rectifieraient peut-être, je ne pense pas que je serais complètement désavoué.

Quand vous verrez une de ces institutions ou simplement un de nos grands politicards agir de même, alors le monde sera en chemin pour changer. Comme aurait dit Jeannette (rubrique sur les Personnes signifiantes) qui a contribué à m'élever et m'a tant appris avec son franc-parler plein de sagesse ancestrale : « *C'est pas demain la veille.* »

***

Au début de la rubrique précédente j'ai pris la précaution de dire que la tare que représente la vision unilatérale, le point de vue unique, n'épargnait, bien qu'à des degrés divers, aucun milieu. Comme au sein de toute institution, il existe en Église un consensus implicite sur ce qui se fait, se dit, ne se fait pas, ne se dit pas, un *catholiquement correct.* Un catholique se doit de le respecter formellement, il n'est pas tenu de s'incliner servilement.

Ainsi aussi le milieu religieux n'est pas à l'abri (et d'ailleurs ne prétend pas l'être) de ce qu'on peut appeler globalement la pesanteur de notre condition humaine, du péché originel et de ses suites. C'est même le seul milieu où on en parle, pour s'en garder autant que faire se peut et où on veille – où parfois même on devrait veiller plus fermement[20].

Il n'y a pas de miracle qui préserve certains de ses membres, même rares, des faiblesses humaines, des conflits de personnes et de pouvoir, d'afficher la déplaisante certitude d'avoir toujours raison, de refuser toute critique (sensée, non viscérale, j'entends), d'exercer un certain autoritarisme, de suivre aveuglément l'air du temps dès qu'on leur tend un micro ou leur propose de donner leur avis dans quelque feuille avide de sensationnel. L'Église est une société composée d'hommes. Un de ses avantages sur d'autres est qu'elle le sait.

Donc, bien sûr, comme les hommes, fussent-ils parmi les meilleurs, ne sont que des hommes, il faudra toujours veiller, de loin, pas à courte vue, pas dans l'immédiateté, pas avec l'exaltation nihiliste d'un *Ego* gonflé et partial, qui plus est inculte et à côté de ses pompes, refusant de regarder plus loin que le bout de celles-ci… simplement avec une intelligence réfléchie et bienveillante à priori, en gardant, autant que faire se peut, le souci de l'intérêt général et de l'avenir que nul ne connaît.

– Un arbre malade ne dénature pas une belle forêt.

– Une erreur passée ne conditionne ni le présent ni l'avenir.

– Ne pas s'en laisser conter dans un sens ou dans l'autre, ni dans la démolition systématique ni dans l'encensement aveugle, là comme ailleurs : *Apprendre à voir*, soit re-gar-der, ré-flé-chir, com-pren-dre, se dis-tan-cer.

Je l'ai dit : la vie d'une personne est devant, c'est là que cela se passe, jamais derrière. Le regard tourné vers le passé relève de la faiblesse et souvent de la rancune aveugle et infantile. Les prétendues analyses rétrospectives (même justes, ce qui est loin d'être le cas en ce qui concerne l'Église catholique) n'ont jamais porté et ne porteront jamais aucun fruit.

Il faut regarder les institutions comme on regarde les personnes, au moins si on est honnête et consciencieux. « Qu'a-t-il fait ? Qu'ont-elles fait ? » doit être remplacé par : « Que peut-il faire ? Que peuvent-elles faire ? » ici et maintenant, et aussi demain dont on ne sait rien. Cette attitude est la seule forme non seulement de la charité, mais aussi de l'efficacité. Elle est la seule qui permette au soleil de se lever après la pluie et vice versa.

Il n'y a qu'en France qu'on se complaise autant dans le passé, à encenser nos indiscutables *joyaux* bien à nous et à remuer l'imaginaire *boue* d'autrui, à exalter nos propres exploits et à souligner les défaillances des autres, à exalter Pierre, Paul et Jacques et à descendre Truc, Machin et Chose.

C'est là une des multiples manifestations du manichéisme (voir la rubrique précédente) pour décadents. C'est là une posture de médiocre, une mentalité de craintif, de demeuré (terme particulièrement adéquat ici). C'est aussi un procédé classique de manipulation. Ne regarde pas devant, mon âne, ainsi tu ne verras pas que je te mène à l'abattoir. De plus cette attitude fait partie de la minable arrogance française que j'ai stigmatisée à la rubrique sur la Culture.

***

Je tenais à la section sur la sexualité parce que je sais l'importance de la question, même si j'ai limité ce rapide examen à la critique d'attitudes passées alors qu'il eût été bien plus facile et confortable de justifier les positions de fond présentes. Je ne suis revenu sur le passé que parce que la meute des nuls ne peut, ne veut et ne sait que se tenir là, là où est l'inutilité, là où n'importe qui peut affirmer n'importe quoi.

Si on regarde le présent et l'avenir – qui seuls importent – il serait plus pertinent de reprocher à l'Église d'aujourd'hui son délaissement relatif de la protection existentielle des groupes humains locaux – je dis bien locaux – (comme elle a su le faire durant des siècles) et corrélativement son adaptation au sentimentalisme universaliste falot dans l'air du temps.

Elle n'en a plus ni le pouvoir ni les moyens et la dictature démocratique s'affolerait bien trop pour le lui permettre, mais les classes populaires, elles, entendraient. J'ai pu constater – avec plaisir d'une part et regret de l'autre – que certaines positions fermes de Benoît XVI étaient bien mieux comprises dans mon bistrot kabyle (où les habitués sont peu enclins aux génuflexions) que dans certains milieux catholiques.

J'en profite pour enfoncer le clou que j'ai planté dès le début de ce document : Regardez devant, aujourd'hui et plutôt demain. Derrière, hier, il ne se passera plus rien. Terminé, fermez le ban, allons nous reposer, demain sera un autre jour – bien différent (pas trop, espérons le).

On a bien mangé, ou mal, mardi 17 mai, qu'en reste-t-il le 20 ? La légitime préoccupation de connaître le menu du 21. La remarque ne vole pas haut. Elle révèle où réside le sens, unique préoccupation, sauf à radoter :

– Ah, de son temps, de leur temps ! – Mais de mon temps à moi !

– S'ils avaient fait autrement ! – Si moi j'avais été à leur place !

– Oui, mais, chez lui, chez eux, alors ! – Chez moi, chez nous, maintenant, c'est pas pareil !

Lamentables litanies et rodomontades. Nos descendants auront leur opinion sur nous et notre temps. Comme la vie est bien faite, nous ne l'entendrons pas.

***

Je vais ci-dessous plus qu'emprunter à Jean d'Ormesson dont la profonde légèreté me plaît.

« *Tout ce qu'on peut faire avec Dieu, ce n'est ni de le connaître ni d'accumuler des arguments pour ou contre son existence. Ce n'est même pas de parler de lui. C'est d'espérer qu'il existe.Il faut donner sa chance à Dieu. Il faut lui laisser le bénéfice du doute* [le pari de Pascal]. *Dieu ne se donne pas comme un fait, comme une évidence. Où serait le mérite des hommes si Dieu était une évidence ?* [...] *Dieu est une recherche, une conquête, une tension, une espérance. Dieu est un rêve et une tâche infinie. On ne peut le trouver que si on le cherche. Il est là parce qu'Il est absent* [...] *Nous ne pouvons décréter ni qu'il existe ni qu'il n'existe pas. Nous avons seulement le droit d'espérer qu'il existe. S'il n'existe pas notre monde est absurde. S'il existe, mourir devient une fête et la vie, un mystère* [...] *Une espèce de joie m'envahit. Je n'ai plus peur de la mort puisqu'il n'est pas interdit d'en attendre une surprise.* »

En deçà de toute question de foi, « *le catholicisme romain a depuis longtemps cette vertu mystérieuse de mettre en fureur les imbéciles* » (F. Taillandier). Ceux dont la nullité ne supporte aucune grandeur (je ne parle pas des indifférents dont la position peut être parfaitement légitime). Cette marque de qualité est tout à son honneur et déjà réjouissante en soi. D'abord par la profondeur de son message bouleversant les hiérarchies humaines, par sa beauté esthétique de forme (écoutez du grégorien dans un monastère) et ensuite parce que le monde, les autres et nous-mêmes sommes inaccessibles sans les notions de Chute, de Rédemption, du Mal, de Charité et même de Damnation et de Sainteté... – voir toute, ou presque, la littérature de toujours et de partout.

La conclusion de cette rubrique, conclusion de connaissance personnelle, intime, est due à saint Cyrille d'Alexandrie : « *Père est, en une certaine façon, le nom le plus vrai de Dieu, son nom propre par excellence* » *;* désolé si cette formulation choque un musulman.

***

Remarque : dans ce texte, pour simplifier, j'ai souvent utilisé indifféremment les termes chrétien et catholique. Vous n'ignorez pas que, dans un grand ensemble, il peut coexister différents sous-ensembles présentant de grandes caractéristiques communes et de légères différences.

Bien que l'écart puisse sembler faible, avec le protestantisme ou les orthodoxes par exemple, il est clair que je suis catholique et catholique romain.

***

NOTES

[1] Les concepts d'avenir, de projet, d'espérance, de progrès qui sont au cœur du système de pensée contemporain – en résumé l'aspect positif de la modernité – sont directement issus de l'héritage judéo-chrétien.

[2] Ainsi se vérifiait déplorablement l'affirmation datée de plus d'un siècle de l'Anglais G.K. Chesterton, qui parlait déjà du monde moderne envahi des « *vieilles vertus chrétiennes devenues folles* » (vérité, pitié, charité, solidarité, humilité…) devenues telles parce que tenues isolées les unes des autres et illusoirement érigées en obligations sociales alors qu'elles ne peuvent être que des vertus personnelles. Il y voyait, de façon prémonitoire alors, un germe de décadence collective puisque ces valeurs étaient bradées indépendamment des exigences qui les fondaient d'une part et des aspirations qui leur donnaient prix d'autre part, en ajoutant, ce qui est moins connu mais encore plus aiguisé, que : « *Pour être trop humain on peut devenir réellement l'ennemi de l'espèce humaine.* » Il devinait les conséquences de l'angélisme contemporain (excuse aux coupables, admiration pour les plus éloignés et oubli des voisins…), qui n'est qu'un égoïsme valorisant de nanti privilégié et protégé sous le prétexte d'humanisme et de solidarité. Isolées de leur contexte, les affirmations de Chesterton peuvent sembler difficiles à accepter, aussi je citerai la source : *Orthodoxie*, début de *Suicide de la pensée.*

À la même époque, F. Nietzsche énonçait, plus brutalement, des idées assez proches. Les bien-pensants – ceux de jadis – ne le lui ont pas pardonné. Cette attitude faiblarde des milieux religieux rejoignant l'avachissement soudain de la société n'a pas peu contribué à l'infantilisme lamentable qui consiste à ne voir dans la politique que des questions émotionnelles et non rationnelles, à élire des dirigeants en fonction de leurs supposées qualités de cœur dont ils se parent sans vergogne. La dérive a commencé bien avant les années 1960 citées dans le texte.

Dès la deuxième moitié du XIX^e siècle, une bourgeoisie sociologiquement triomphante, marquée par le romantisme de l'époque (culte de l'Ego et fuite du réel), culpabilisée par sa réussite matérielle, qui n'est jamais parvenue à se considérer en tant que classe sociale entre aristocratie et peuple et donc à s'assumer, châtrée de plus par une morale abusivement étroite, exagérément soucieuse de son « salut », a laissé filer la société (alors majoritairement chrétienne) vers une émotivité coupable, une dévirilisation dangereuse et des formes d'apitoiement pleurnichardes et pitoyables dont nous voyons les effets aujourd'hui dans pratiquement tout l'Occident (avec l'hypocrisie que ce genre de renoncement à l'intérêt général comporte en plus).

La dégénérescence du sens fut bien plus le fait d'une partie de la bourgeoisie chrétienne que du clergé d'alors. Ce qui conduit à signaler – pour votre information – qu'il ne faut pas toujours confondre la base et l'encadrement ; surtout depuis que chacun a commencé à décider par lui-même (c'est-à-dire pour lui-même, anarchiquement). Celui-ci est souvent plus sage que celle-là – d'où la nécessité d'une hiérarchie.

Si on fait abstraction des préoccupations de morale et de salut devenues désuètes, nous retrouvons l'actuel *bobo*, seulement passé des boulevards du baron Haussmann aux petites rues du Marais et de la Bastille. Admirable constance de l'humanité dans ses errements.

Je voudrais qu'il soit bien noté que :

– Quand je prononce un avis sur un groupe social, ici la bourgeoisie, ailleurs les gens des médias, du show-biz, je ne vise pas les personnes mais la conduite de ce corps (voir la remarque à la rubrique sur l'Exception : un groupe de personnes réunies est autre que la somme de ses membres).

– Je ne prétends pas que j'aurais fait mieux, ou qu'aujourd'hui je ferais mieux.

– Que chaque époque a son ambiance, ainsi a-t-on appelé la fin du XX^e siècle : les années-fric, celles de la tartufferie, du cynisme et de la prétention (exemples : les colonnes de Buren défigurant le site historique du Palais royal, la grande arche décatie de La Défense pompeusement nommée « de la fraternité », l'apparition des *reality show* et du culte des *people*, l'argent vénéré comme jamais et excusant tout...).

[3] Grâce à l'action de Jean-Paul II et surtout à celle de son successeur, le pape actuel Benoît XVI. Ce qui explique la haine féroce à son égard des médias rendus littéralement furieux par sa lucidité et son courage contre ce qu'il faut bien appeler l'instinct de mort d'une partie de l'Occident.

[4] Pendant ce qu'on a osé appeler – bien à tort – la longue nuit du Moyen Âge le pauvre paysan terré dans sa chaumière environnée de sombres forêts ne disposait pas des numéros d'urgence tel le 17. Pour sa sécurité, il ne pouvait compter que sur la peur de l'enfer que les brigands, au moins beaucoup, partageaient avec lui. Comme, lors des époques de famine, il ne survivait souvent que grâce aux réserves sagement accumulées du plus proche monastère.

[5] Sur l'Inquisition : certainement pas une institution parfaite. Mais si j'avais été soupçonné de sorcellerie à l'époque, j'aurais préféré un procès devant les juges de l'Inquisition (qui ne devaient certainement pas tous être ni des sadiques ni des niais) plutôt que d'être mis en pièces par une foule furieuse. Peut-être faut-il comprendre les institutions en fonction de leur époque et non de la nôtre. Tout jugement moral qui ne tient pas compte des mœurs de l'époque est anachronique, sinon pervers. C'est pourtant une pratique constante de nos sociétés prétentieuses.

*« L'historien doit voir les faits comme les contemporains les ont vus, pas comme l'esprit moderne les imagine »* (Fustel de Coulanges, un vrai historien). Sur cette question on pourra lire plus loin dans le texte quelques considérations sur l'impératif de pondérer le jugement sur les hommes et les institutions en tenant le plus grand compte de leur époque.

C'est aussi un souverain temporel, l'empereur Frédéric II de Hohenstaufen (tant admiré aujourd'hui pour son humanisme !) qui a contraint les papes à instaurer l'inquisition dont il avait besoin pour contrer les résistances à son absolutisme impérial, en Sicile notamment.

Sur la prétendue phallocratie : si on est choqué par le fait que certains religieux se soient montrés misogynes, on se demandera d'abord s'il n'y en a jamais eu parmi les athées avant et depuis la révélation chrétienne. Ainsi on pourrait considérer l'extrême perversité que les mythes païens (grecs) attribuent à la première femme, Pandora, créée par les dieux et, par eux envoyée dans le monde aux hommes pour y répandre tous les maux.

Le caractère plus extrême du féminin comme l'atmosphère d'incertitude et le penchant à l'émotionnel qui l'entourent ont aussi leur importance ; il faut en convenir. Plus encore que celle de l'homme la nature de la femme est double. N'en déplaise aux féministes forcenées, les rôles masculins et féminins ne seront jamais identiques – heureusement, la femme aurait tout à y perdre. Pour soutenir les inepties à l'origine de ce renvoi il faut ne jamais avoir lu les Évangiles. Il faut notamment oublier que Jésus est *né* de l'acceptation d'une femme, que c'est à des femmes, dont la *pécheresse* Marie-Madeleine, que le Christ s'est montré pour la première fois après Sa Résurrection. Il faut ne pas considérer qu'il s'adressait aux femmes (attitude rare alors) et qu'elles l'ont entouré jusqu'à sa montée au Golgotha, que c'est à une femme qu'Il a *obéi* pour ressusciter Lazare. Il faut négliger le fait que les saints les plus vénérés et priés sont des saintes. Il faut ignorer ce que signifie le fait que toutes les grandes cathédrales sont dédiées à Notre-Dame. Il faut faire fi, par ignorance ou mauvaise foi, de l'extraordinaire vénération du peuple catholique (surtout des plus humbles) et de ses pasteurs pour la Vierge Marie ; à un point tel que les protestants (qui lui portent un culte certain mais moindre) en parlent respectueusement mais avec une douce ironie comme la *quatrième personne de la Trinité.*

[6] La mission de l'Église est d'être en charge du sacré, d'une transcendance qui, par définition, nous dépasse. S'il est de sa vocation d'avoir des préoccupations sociales et une forte action dans ce domaine, là n'est pas le principal message de son fondateur, Jésus-Christ. Elle n'est pas une mutuelle, une société d'assistance, une ONG... Or c'est toujours vers une telle réduction

de sa mission que le monde veut la restreindre – par peur du sacré, par ignorance ou suivant des intentions plus obscures. Elle est d'abord transmission de la *révélation* d'un Sauveur, d'un Consolateur ; et je puis attester que son rôle là est incommensurablement plus vital que dans « l'hygiène sociale » matérialiste dans laquelle se complaît, et tente de s'absoudre, la mauvaise conscience du monde. L'Église est fière de l'action de beaucoup de ses membres, mais c'est la réduire jusqu'à la faire disparaître que de la voir sous le seul aspect du secours catholique, de l'activité charitable de l'abbé Pierre, de mère Teresa ou de sœur Emmanuelle. C'est en tout cas n'y rien comprendre.

[7] Contrairement à la vision réductrice actuelle, le patrimoine culturel ne consiste pas uniquement en édifices ; les traditions, les coutumes, les usages, la langue, la littérature... en sont aussi parties intégrales – même si on les néglige au point de les détruire, quand encore la société ne prend pas plaisir à ce véritable sabotage. Sans notions sur la religion chrétienne, tout ce qui fut le patrimoine intellectuel et artistique de l'Occident et ce qui fit sa grandeur devient incompréhensible. Il risque de ne rester que l'horizontalité, la culture-fric, la *musique* rap, les tags, la *marchandisation* de tout, les gribouillages de l'*art moderne*, les *parades* grotesques, l'exhibitionnisme, le chacun pour soi, l'inculture sauvage et l'agitation sans origine ni finalité. Sans excuser le terrorisme (qui doit être combattu) on peut comprendre le rejet par une minorité (ceux qu'on baptise pour les accabler du nom d'intégristes) du spectacle désolant qu'offre l'Occident dans les domaines intellectuels, moraux et spirituels.

[8] Symbolique : l'homme ne peut pas se passer d'idées abstraites ordonnées et il n'est pas capable d'y accéder sans passer par la nature et recevoir de quelque intermédiaire concret, de quelque institution.

Depuis des millénaires et plus : l'eau purifie, fertilise, évoque la naissance mais détruit – le feu évoque l'illumination, purifie aussi mais par anéantissement – le vent inspire ou rend fou, évoque l'Esprit ou bien les esprits mauvais – la terre est nourricière autant qu'ingrate – le sexe comble et vide – la mort est une fin et un passage... la couleur verte renvoie à la nature, à la végétation, au printemps, à la croissance, à l'espérance, d'autres couleurs...

La symbolique est intelligence des archétypes (modèles mentaux sur lesquels fonctionne l'humanité depuis qu'elle s'est mise debout). L'acquisition de ce qu'on appelle la *sphère symbolique* est ce qui a dû séparer jadis la culture humaine de la culture purement animale.

Le caractère ambigu de la plupart des symboles, à la fois bénéfiques et néfastes, nous rappelle sans cesse notre double marque, divine et bestiale (comprenez : limitée, animale.... pas forcément brutale). Elle nous introduit au processus dialectique (voir la note n° 16 de la rubrique précédente) de dépassement des contradictions qui nous sont imposées et, par là, elle est élévation, libération par acquisition de distance, révélation de la grandeur humaine.

Elle est langage pour s'adresser à notre inconscient et, par là elle est unificatrice de nous-même. *Syn* vient d'unir alors que son inverse *dia* vient de séparer, diviser (diabolique). Elle est une voie d'accès vers l'unité par prise de conscience de notre relativité, de notre dualité, de nos contradictions, donc une approche du sens, un enseignement pour le vivre, un pas vers la sérénité parce qu'elle est transfiguration d'un tangible médiocre en même temps que relation à sa nécessité. Notre société ne refuse pas la symbolique, elle ne la comprend plus – par inculture et prétention – c'est pourquoi le moindre choc la laisse affolée, pétrifiée, nue.

Un mot sur notre dualité qu'il faut accepter. Nous voulons le bien et nous voulons le mal, nous agissons et simultanément nous nous regardons agir, le monde s'oppose à nous mais il est l'élément qui nous nourrit et nous complète, nous aspirons au calme de notre village et nous ambitionnons l'ouverture vers de grands espaces, l'humanité nous déçoit et nous réconforte, nous supportons mal la solitude et la collectivité nous sature, notre conscience sensible reçoit tout du monde (sensations, souvenirs, émotions, projets...) – soit ce que le monde ou l'instinct provoque en nous – pendant que notre conscience abstraite (la pensée) regarde ces péripéties de loin, sans vraiment y participer, toute la nature relève des cycles opposés de la naissance et de la mort (printemps, automne).

Le travail d'intégration de soi – que les sociétés occidentales ont oublié – est dans un effort vers une marche harmonieuse de ces doubles. Même l'être le plus obtus sait qu'il est esprit et matière. La double nature du Christ (divine et humaine) reflète cette évidence, et celle-là d'ailleurs peut se comprendre aussi à la lumière de cette comparaison un peu audacieuse avec notre humanité. Il est descendu vers nous en tout – sauf le péché.

[9] Peut-être que la reconnaissance de sa complexité est un des plus beaux hommages qu'on puisse adresser à l'Église, au sens où, au sein même des tensions qui la traversent et qu'elle surmonte sans cesse, elle reflète notre nature humaine. Complexité que des esprits simples comprennent et admettent beaucoup mieux que de soi-disant grands esprits.

[10] Comme un notaire quand il a traité une centaine de successions.

[11] À propos d'escrocs-arrivistes-arrivés je ne peux résister au plaisir de citer ce mot de Rivarol (catégorie de ce petit paragraphe, plaisir personnel) : *« Mirabeau est capable de tout pour de l'argent, même d'une bonne action »*. Ce ne sont point les Mirabeau qui manquent aujourd'hui, les médias les adorent et ils le leur rendent bien – échange de services réciproques.

[12] Ce qui n'est pas une excuse lui permettant de faire fi, d'ignorer complètement, les limites matérielles évidentes de notre planète ainsi d'ailleurs que celles de la solidarité humaine. Ce n'est pas le rôle de l'Église de les rappeler, mais il serait salutaire qu'elle n'affecte pas de les ignorer.

[13] J'évoque beaucoup la violence car celle-ci est toujours l'aboutissement ultime du désordre, celui-ci fût-il simplement émotionnel, presque de bonne foi pourrait-on dire, la violence-conséquence ne commencerait-elle à s'exercer d'abord que contre soi-même avant de s'étendre sans fin. Dans la Bible, l'histoire de l'humanité commence par le meurtre d'Abel par son frère, Caïn. La fondation de Rome commence par le meurtre de Rémus par son frère, Romulus, lequel est ensuite tué par son entourage (sachant que ces figures mythiques peuvent être des noms collectifs, représenter des groupes, des tribus, des foules). Plus certains historiquement, c'est le meurtre collectif de César qui engendre l'empire romain, celui de Louis XVI qui consacre la république…

Une intuition féconde de Sigmund Freud, qu'il n'a malheureusement pas poursuivie, lui fait « dater » le commencement de la civilisation, et donc de la culture, par le meurtre du Père-Chef par la horde des fils (livre *Totem et tabou*).

Tous les récits mythiques – c'est-à-dire fondateurs – ne content-ils pas une histoire de meurtre, symbolisé par la suite, recréateur d'ordre, de trêve, de paix et d'accord unanime après l'apogée du désordre et des déchaînements de violences réciproques risquant de détruire la communauté ? Histoire ensuite rappelée, mythiquement symbolisée, par des rituels censés empêcher le retour de la violence. Leurs auteurs, nos ancêtres, ne voulaient-ils rien dire ? Sinon que l'humanité – double – oscille toujours entre la division et la réconciliation et que celle-ci s'opère en réorientant la violence qui a surgi soudainement et s'est répandue vers quelque bouc émissaire chargé de tous les maux.

Sur toutes ces questions de violence, sur leur rapport au religieux, sur le sens du sacrifice, sur les déchaînements de foule, sur le désir mimétique (voir à la rubrique sur les Choix), c'est la lecture des ouvrages de René Girard qui m'a permis de conscientiser des impressions. Je n'ai rien inventé, je dois le dire. Je me suis contenté d'approuver ce que je pressentais confusément. La lecture (rubrique sur la Culture) est souvent l'éclaircissement d'un ressenti jusqu'alors confus.

Bien moins gravement, réprouver la fraude, la corruption à tous niveaux et prétendre qu'une société peut se passer de morale transcendante (c'est-à-dire supérieure aux contingences) ressort de la bêtise prétentieuse ou de l'escroquerie intellectuelle et toujours de la complicité objective. Dans cette abdication – dont les petits font toujours les frais – on rencontre l'éternelle alliance des contraires : d'un côté les libertaires excité(e)s que le simple terme de morale fait entrer en fureur et de l'autre certains moralisateurs qui cependant pratiquent l'angélisme coupable des belles consciences sans soucis autres que d'elles-mêmes et de leur prétendue générosité, toujours satisfaites, toujours béates d'optimisme.

L'union de tous les obsédés d'une fausse conception des *droits de l'homme*, de ceux qui comprennent, excusent et pardonnent tout et de ceux qui, par déficience intellectuelle, ont oublié notre pesanteur – que celle-ci soit due au péché originel ou non, elle est un fait. « *Vouloir rassurer c'est toujours contribuer au pire* » (R. Girard). C'est s'illusionner sur la bonté de l'homme, c'est aussi nier l'extrême fragilité du monde.

[14] Beaucoup de grands films catastrophiques d'anticipation (je pense à un excellent vieux film, *Soleil vert*) nous montrent des foules paniquées, désemparées, se précipitant dans les églises. N'est-ce pas là la manifestation d'un inconscient collectif toujours vivace ? Dans les villes allemandes bombardées, éventrées, incendiées, les églises étaient pleines, même pendant les alertes (selon une opposante et résistante allemande, Gertrud von Le Fort).

[15] Il est curieux de constater que ce sont toujours les gens qui ne se sont jamais souciés de Dieu, ni même de son existence, qui Lui reprochent de laisser se produire les dures épreuves individuelles ou les catastrophes collectives. Mais rien là de surprenant, le processus psychologique s'apparente à celui que j'ai décrit à la rubrique sur l'Amitié et l'Amour avec la phrase : Certaines personnes, plus qu'on ne le croirait, ne pardonnent jamais à ceux à qui elles ont fait du tort. La méthode de fuite et de renvoi est classique. Le bon vieux bouc émissaire sert toujours.

« *Qui êtes-vous pour dire à Dieu ce qu'il doit faire ?* », réponse humoristique du grand physicien Niels Bohr à Einstein sur une affirmation quelque peu péremptoire de celui-ci.

[16] C'est pratiquement seul et contre tous (y inclus contre des clergés nationaux trop soumis ou trop frileux) que le pape de l'époque, Benoît XV, s'est efforcé d'arrêter ce massacre, ce délire. Il n'est même pas excessif de dire qu'il est mort de chagrin de ne pouvoir arrêter cette folie collective. Ce grand pape doux et sensible que le président du Conseil français Clemenceau (l'homme de la guerre jusqu'au bout, celui du mépris cupide pour l'adversaire, le dictateur du traité de Versailles qui engendra directement la guerre suivante) traitait alors élégamment de *boche*.

[17] J'ai assez montré que j'avais une certaine culture marxiste (doctrine qui n'est cependant pas ma tasse de thé) pour exiger de prétentieux simplets qu'ils se cultivent un peu avant de répéter et de hurler sur commande. Dois-je préciser que je ne confonds pas un contradicteur marxiste solide (rare espèce) et intellectuellement honnête (autre rareté) avec un *gogo* vide, ou plutôt gonflé de niaiseries à lui dictées qu'il portera comme une bannière jusqu'au cimetière ?

[18] Tenez compte aussi de l'histoire personnelle des gens, de leur âge, de leur époque, de leur milieu, de leur vécu, de leurs contraintes... Pour descendre dans le détail, on pourrait même aller jusqu'à dire de leur rang dans la famille : un enfant unique est autre que le membre d'une fratrie, un second n'est pas un aîné, un petit dernier est encore autre... ce même âgés.

Les points d'observation, de références, de chacun sont différents. Où seraient la diversité et la richesse du monde si nous étions tous pareils ? Qu'on ne vienne pas prétendre que quelqu'un (mon père), né avec le siècle, élevé en nourrice pendant des années, petit dernier (après la perte de trois sœurs en bas âge), enfant pendant la guerre de 14 (frère mutilé et porté disparu), adolescent s'engageant en 1918, deux ans avec la Légion dans un fortin au Maroc pendant la guerre du Rif, débutant sa vie adulte dans les années 1920 et dans l'atmosphère déprimante de cette décennie (issue des épouvantes et de l'horreur de la guerre de 1914 où s'effondrèrent toutes les illusions sur l'intelligence européenne), affrontant la crise des années 1929 et, en pleine maturité, de fortes inquiétudes de 1939 à 1944 ainsi que des privations des années après encore (objectivement légères en comparaison... mais qu'on jugerait insupportables aujourd'hui), assistant déjà âgé au changement de monde des années soixante, pouvait avoir la même optique qu'un de ses petits-fils né justement dans ces années-là et n'ayant tout à fait normalement rien connu d'autre.

[19] Ce qui ne dispense pas l'Église de faire le ménage chez elle. Par exemple de simplifier certaines procédures qui se sont accumulées au fil d'un temps très récent et que le christianisme des origines ignorait : *préparation* au baptême, au mariage, à ceci, à cela... dont la lourdeur enchante peut-être quelques pieux laïcs (souvent pieuses) gravitant avec un dévouement certain autour de l'institution mais qui peuvent rebuter des gens de bonne volonté. Si ceux qu'on appelle les Pères de l'Église ou les fondateurs : saint Martin, saint Ambroise... en avaient demandé un quart, ils seraient restés bien seuls. Puisse l'Église d'aujourd'hui – sans rien renier sur le fond – se souvenir de : « *Il ne faut pas tracasser les païens qui se convertissent à Dieu.* » (Act. 15) Je pense notamment à ceux d'entre vous qui ne sont pas baptisés et qui voudraient...

[20] Je n'ignore pas que certains religieux (États-Unis, Irlande, Allemagne...) se sont conduits sexuellement et il n'y a pas si longtemps de façon scandaleuse. Si leur conduite est méprisable (encore qu'il faudrait distinguer cas par cas, faits et rumeurs ainsi que les accusations possiblement intéressées ou manipulées), j'ai plus de honte et suis plus triste encore que leurs supérieurs locaux aient ignoré et parfois couvert ces agissements. J'ai évoqué un cas particulier à la rubrique sur les Initiatives (remarque sur les lettres anonymes).

Les laïcs (sensés et obéissants, j'entends, pas les excité(e)s) qui ont approché l'institution savent bien que sa gestion (au niveau intermédiaire) des ressources humaines n'est pas un modèle d'efficacité et parfois même de charité.

Cela ne touche ni ma foi ni ma fidélité en mon Église prise collectivement. Cela ne fait qu'entretenir le souci de vigilance qu'il ne faut jamais abandonner vis-à-vis de quelque institution et de qui que ce soit (préoccupation dont j'ai souvent rappelé la nécessité sous le terme de *lucidité* ou avec l'expression *apprendre à voir).*

# XIX
# TERMINUS

Je vais résumer les principaux points qui m'ont incité à rédiger ce texte.

– Restez toujours proche du **réel**, lequel ne coïncide pas toujours avec notre vision, notre sentiment du moment.

Les plus grandes erreurs, les plus grandes fautes que l'on paye ensuite, proviennent fréquemment de cette distance et de notre extraordinaire faculté de nier inconsciemment la réalité, pour un confort mental personnel aussi illusoire que provisoire. Je pense là aux deux plans, le matériel et l'affectif.

– Regardez **devant** et faites passer le **Je** actif avant le **Moi** passif. Le passé n'a aucune valeur opérationnelle. Restez dans l'**ici** et le **maintenant**. *« Si vous avez à choisir entre une idée, un résultat, un moyen et un sentiment, un plaisir, une illusion, privilégiez l'un des trois premiers il vous donnera sans doute l'un des seconds en prime »* (Honoré de Balzac) – alors que l'inverse est rare.

Privilégiez le raisonnement sur l'émotion, la vision d'ensemble sur la vision parcellaire, la perspective de demain sur celle d'hier (tout en gardant le souci constant du présent et des démarches ordonnées pas à pas), la considération pratique sur l'idéalisme rêveur, le souci d'accepter et de respecter la réalité externe plus que vos humeurs et lubies, le soin de vous-même avant celui d'autrui (sauf exceptions parfois).

– Ne vous mettez pas en situation d'avoir à regretter un jour votre manque d'**ambition**, à la mesure de vos possibilités, lesquelles sont toujours supérieures à ce qu'on croit avant de les avoir éprouvées. En général – car ceci dépasse l'ambition pure – adaptez vos tâches à vos forces et au réalisable mais visez haut, sans prétentions infondées ou rêveries, par définition irréalistes.

Ce, tout en étant toujours conscient que vos forces (au sens large) sont bien plus grandes que vous ne pensez et qu'il ne se fait jamais rien de grand, même dans des microcosmes et dans l'anonymat de tous les jours, si le talus d'à côté représente la seule ligne de crête que l'on vise pour y grimper.

Ne perdez pas de vue qu'un objectif s'atteint non en le contemplant de loin, mais par une suite persévérante de mouvements, d'actions, qu'il faut mener correctement les uns après les autres.

– Pas d'**isolement** : le contact, la communication, le partage, l'action commune sont indispensables pour grandir, se connaître vraiment, s'évaluer, se situer, prendre conscience de ses talents et les développer comme pour apercevoir ses lacunes et les combler, au moins partiellement ; ainsi que pour approcher le monde, le comprendre, s'y insérer justement et, une fois de plus, garder le contact avec le réel. Nous n'existons jamais au singulier. Néanmoins restez vous-même sans vous laisser conditionner par le regard des autres.

– Trouvez des **maîtres**, ou ceux qu'on appelle maintenant des **personnes signifiantes**, des gens qui vous apportent un sens nouveau pour vous, un plus à ce que vous connaissez, valez, qui parlent un langage d'homme, des gens que vous pouvez admirer, respecter au moins… Cherchez ceux qui peuvent vous élever, vous faire monter d'un cran. Ne laissez pas passer l'occasion. Si vous déchantez, voyez vite et juste. Ce ne sera pas grave, il est rare de trouver des pépites d'or au premier coup de pioche.

– **Cultivez-vous** : en quoi que ce soit, en un domaine au moins (métier), soyez assuré de votre compétence, de votre valeur. Choisissez un métier qui vous convienne et vous plaise. Changez-en si besoin. *« Remplissez de votre mieux votre tâche terrestre, non par doctrine, mais parce que là vous trouverez un soutien. »* (J. Chardonne) Sans compétence, l'être est creux, vide, dépourvu d'appui – douloureux certes, mais vrai.

Ne restreignez pas le terme culture à l'aspect intellectuel, il englobe tout autant l'aspect manuel. Cependant, en supplément de la culture professionnelle, ne négligez pas la culture générale, gratuite, elle apporte plaisir, indépendance d'esprit, autonomie de comportement, qualité de relations, faculté de supporter quelque solitude… autrui la sent. Défiez-vous du tintamarre, de la quantité. Ce n'est pas parce qu'un livre a été acheté (ce qui ne veut pas dire lu !) par des milliers de gens qu'il est bon – même raisonnement pour un film. Il en est des œuvres de qualité comme des maîtres. Elles sont rares il faut les vouloir et les chercher.

– Rejetez **suractivité** et **dispersion** : dépense d'énergie inutile et inefficace, stress, omissions et erreurs, négligence de l'important, impression de piétinement... **Concentrez-vous** sur la tâche que vous effectuez à l'instant ou sur une période de temps. En tout domaine, faites tout le nécessaire, mais n'en faites pas trop. Son activisme débridé ne fait jamais illusion qu'une heure sur le vrai potentiel de quelqu'un. On sait, ou on devine, que le suractif est toujours habité par une inquiétude engendrée par un trouble intérieur (qu'il ne faut pas voir comme nocif, mais comme déséquilibrant). Prenez du temps pour vous, hors agitation, pour ne penser à rien, perdre votre temps, lâcher prise, vous vider l'esprit de l'actuel, regarder ailleurs ou nulle part... afin de laisser survenir de nouvelles idées, d'autres points de vue, d'apercevoir des opportunités, des écueils, et aussi afin de ne pas tomber dans l'**obsession** sur une affaire – laquelle position est à l'opposé de la dispersion mais aussi nocive.

– Examinez, sans précipitation et aussi objectivement que possible, l'intérêt et l'opportunité des **initiatives** qui peuvent vous venir spontanément à l'esprit.

Laissez-les survenir, puis mûrir. Ne vous précipitez pas. Ne rechignez pas à les abandonner, même si elles vous ont enchanté sur le moment. Cet enchantement même les rend suspectes et doit vous faire vous interroger sur leur pertinence.

– Tenez à vos **idées, projets**, accrochez-vous, mais méfiez-vous de toutes celles et ceux qui prendraient forme trop obsessionnelle en vous. Vous risqueriez d'entrer dans des pièges. Essayez de les regarder de l'extérieur, comme s'appliquant à un étranger, à un autre que vous-même.

– Maîtrisez, disciplinez, autant que faire se peut, votre **comportement externe**, au niveau de l'**expression** (forme et fond ; veillez avec grand soin à vous faire comprendre) et de l'**activité gestuelle.** Cette discipline contribuera puissamment à vous construire une personnalité qui vous convienne certes, mais compréhensible, homogène, cadrée, fiable, soit prévisible et d'abord paisible, dont les actions et réactions seront contrôlées, sensées, claires et cohérentes aux yeux de tous et au fil du temps.

– Soyez attentif à la **première impression** que vous pourrez faire. Personne ne change d'avis facilement, certains médiocres s'y refusent par principe.

– Soyez **clair.** Si vous commettez une **faute**, une **erreur**, reconnaissez-la, ne vous abritez pas. *Oui, d'accord* : ce sera un signe de droiture et de fierté. On vous fera confiance pour la suite. Alors que nul ne fera confiance à celui, celle, qui abuse des : *J'étais fatigué – Je n'y ai pas pensé – Ma mémoire ne vaut rien – J'étais débordé – Je ne l'ai pas fait exprès...*

– Dans vos **choix** importants, ne manifestez pas trop de hâte – et aussi ne laissez pas passer les occasions – informez-vous, essayez, goûtez, touchez (méfiez-vous de l'imagination). Considérez qu'ils engagent et sont faits pour votre satisfaction d'aujourd'hui et surtout de demain, jamais pour répondre à une envie d'hier, par définition dépassée. Ayez à l'esprit que les mauvais choix sont les plus grands consommateurs d'énergie, qu'il y a des chemins qui ne mènent nulle part. Mon envie émane-t-elle bien de moi et correspond-elle à ma situation présente et future ? Ne l'ai-je pas empruntée à quelqu'un d'autre ? Ne provient-elle pas d'une situation différente, dépassée ? Regardez autour : est-ce bien la bonne voie ? N'en existe-t-il pas une autre, juste à côté ?

Vous n'aurez rien ou peu si vous exigez (dans la vie professionnelle, sentimentale, intellectuelle, spirituelle) – l'**exigence** est une forme de l'activisme, de l'obsession, parfois de l'orgueil. Vous obtiendrez plus que vous ne pensez si vous vous mettez en condition de recevoir et d'accepter, peut-être en demandant mais sans réclamer de l'existence, sans revendiquer. Au cours de celle-ci, plus de choses nous sont données, si méritées, qu'obtenues en forçant.

En reprenant la rubrique sur les Choix : on obtient rarement ce que l'on souhaite lorsqu'on le recherche avec trop d'empressement[1].

– Dans ces **choix**, au moins quand ils concernent des **activités**, des **amis**, des **relations**, sans tenir de balance comptable étriquée, examinez périodiquement ce qu'ils et elles vous apportent, comme d'ailleurs ce que vous apportez, aussi impartialement qu'il est possible dans ces domaines. Puis laissez décanter suffisamment avant que de modifier votre orientation. Est-ce satisfaisant sur au moins un point ? Si c'est vraiment *Non* faites le ménage, avec douceur. Dans ces choix, mais aussi dans les **choix concrets, existentiels** (vocation, travail, lieu de vie, union durable…), prenez garde aux rêveries sans consistance, à l'excès d'idéalisme ou d'altruisme (à son inverse, l'égoïsme également), plus encore au désir par procuration, le désir mimétique, que j'ai essayé d'expliquer et sur lequel je vous ai fortement mis en garde à la rubrique sur les Choix.

– Dans ce qui se trouve au paragraphe précédent comme dans vos spectacles, vos lectures, vos distractions, privilégiez ce qui **élève** et écartez-vous de ce qui **rabaisse**. On ne fréquente pas impunément la petitesse même en s'imaginant pouvoir garder sa distance.

*« Il est bon de suivre sa pente pourvu que ce soit en montant »* (André Gide, pourtant fin descendeur). L'alternative, là, est entre grandir ou rapetisser et, j'ai dit en rubrique traitant de la Culture qu'il y avait des seuils irréversibles. Mais c'est, hélas, encore plus vrai dans le deuxième sens. Vivre au-dessous de soi (ambition, relations, culture…), c'est vivre mal.

– Ayez, gardez et préservez une bonne **image** de vous, de votre place dans la société. Existez ; sans être jamais abrupt, qu'on ne vous situe pas toujours comme trop **lisse**. Respectez vos engagements, tenez votre parole. Restez droit et debout même dans l'adversité ; ce qui définit ce qu'on appelle le **courage**. En sachant regarder ailleurs : les autres, l'environnement (au sens large), la nature… Occupez-vous d'abord de vos affaires et de celles de vos proches. Ne cédez pas à la confusion, à l'imitation, à la fusion tentante (surtout à votre âge) avec autrui. Si vous devez être solidaire, vous êtes un être unique, différencié.

Ne vous abandonnez pas à la sensiblerie ambiante qui n'est souvent que caresse à sa propre personne – elle ne ferait que vous affadir, vous rendrait transparent (être sans intérêt). Ne laissez pas se dégrader l'**estime** que vous avez pour vous-même. Si le sillon que vous suivez vous semble mauvais, pénible, stérile, changez-en radicalement.

– Le **bonheur** est relié au sens de sa vie. Le **plaisir** découle de moments privilégiés. S'il vous plaît, ne réduisez pas ce dernier terme, je l'entends largement : entretien satisfaisant, action correctement pensée et réalisée, taille de ses rosiers, un chat ronronnant, satisfaction de soi le soir ou contentement de se trouver dans un matin ensoleillé, paix d'un instant…

**Bonheur** et **plaisir** sont d'un ordre différent, encore qu'ils soient souvent joints, « *les petits ruisseaux faisant les grandes rivières* ». Le premier nous accompagne sur un long parcours. Il est en nous plus qu'alimenté par l'extérieur, il est stable (relativement) même s'il nous apparaît mieux lors de certaines *haltes* dans l'existence. Il nous vient. On l'apprivoise. On se met en condition de le voir venir mais on ne le conquiert pas. Il faut le voir et le sentir, l'accepter, parfois savoir se contenter de celui qui est. Le second est valable aujourd'hui. Il provient de l'environnement, il fluctue et surprend, demain il faudra le retrouver, le réinventer.

– Ayez des **amis**, des vrais, avec lesquels vous pouvez partager (sans vous étaler), sur lesquels vous pouvez compter (sans abuser). Pour cela soignez-les, apportez-leur, mais gardez la juste distance, sans trop d'aspect fusionnel. Respectez-les. Ils ne sont pas vous, vous n'êtes pas eux. Une amitié c'est une personnalité à côté d'une autre personnalité, qui se rejoignent sans se confondre. L'Amour qui dure fonctionne de façon très proche. Dans ce contexte, rêvez mais, de temps en temps, jetez un coup d'œil au sol. Est-il confortable pour les deux ? Est-ce le parcours attendu par moi, par l'autre ? Cet examen vous permettra au moins de rectifier – en commun si possible. Soyez clair avec vous-même et sur vous-même – et ce sans traîner ni tarder. N'hésitez pas à recenser, et à faire savoir, ce que vous aimez et ce qui vous est inacceptable (pas forcément de grandes choses), à accepter que l'autre en fasse autant.

En amour comme en amitié, comme en toute relation, ne confondez pas les mots et les actes. Seuls ceux-ci font sens, vous font exister et permettent à l'autre de vous, et de se, situer. Ce n'est pas une règle générale, mais souvent celui qui dispense le plus de mots (bienveillants) manifeste ainsi qu'il ne se dépensera pas trop en actes.

– Sans toujours et forcément admirer l'**exception**, prenez garde à la sclérose mentale engendrée par le refus de la voir, soit par le conformisme et son cousin l'unanimisme. Dans les domaines un peu complexes, il y a très souvent quelque chose de suspect dans ces deux attitudes qui vont de pair, de même que le tintamarre (médiatique) qui, à la fois, les provoque et en résulte est toujours louche.

– Apprenez à Voir.

• Les **gens** : ceux sur lesquels vous pouvez compter… et les autres, ceux qui vous lâcheront, ceux qui sont au fond peu fiables ou imbus d'eux-mêmes ou affamés de pouvoir ou inintelligents, ceux qui glisseront des peaux de banane sous vos pas… discernez leurs vrais mobiles, leur mécanique interne.

• Les **groupes** ou les **lieux** : les enrichissants et les appauvrissants, leur fonctionnement réel au-delà des paillettes et de l'apparence qu'ils revêtent, leur apport pour vous.

• Les **événements** : ne sont-ils pas gonflés ou sous-estimés ? qu'y a-t-il derrière ? qui bénéficie du fait qu'on les enfle ou qu'on les réduit et pourquoi ? qu'annoncent-ils ?

• Les **évolutions** : les chemins de fer, l'automobile, l'aviation, le téléphone, la télévision hier, l'informatique, l'explosion d'internet, le poids de la démographie ou la charge de la dette aujourd'hui, la génétique, les nanotechnologies, les changements climatiques demain ne sont-ils pas mille fois plus importants pour l'homme-individu et l'homme-social qu'une élection d'arrivistes que réunissent la même médiocrité et une égale cupidité ou un *sommet* des mêmes une fois « arrivés » – non-événements dont on sature cependant l'espace médiatique[2].

• La **beauté** : la droiture, la simplicité, l'humilité, la gentillesse, le calme et le silence, les splendeurs architecturales, picturales, littéraires… que nous ont léguées nos ancêtres.

– Gardez-vous du sensationnel comme du non-dit. Veillez à ne pas vous faire une opinion définitive sur une personne, un milieu, un événement, une doctrine, une décision à prendre, à cause d'un détail ou d'une présomption, du vacarme ou du silence faits autour. Même expérimenté, on ne *voit* bien qu'en prenant son temps, un peu de recul. Cette faculté, appelée **discernement**, est aussi peu compatible avec trop d'émotivité (je vais y venir) qu'avec la hâte. Si vous êtes un tant soit peu concerné, faites silence, écoutez, chaussez-vous et allez voir.

– Tenez à vos **opinions**. Mais la vie est longue, l'expérience dure à acquérir. Ne vous transformez certes pas en girouette (en *gogo*) en suivant le dernier qui a parlé. Mais parmi ceux qui n'ont jamais changé d'opinion sur quoi que ce soit, on trouve plus de paresseux et de médiocres (de lâches parfois) que d'êtres debout. S'il est un obstacle à la sympathie à laquelle nous sommes naturellement portés envers nos frères humains, c'est la rencontre du mur de leur sclérose mentale (j'entends quand il s'agit de gens d'un niveau minimum et mûrs, placés entre fin de jeunesse et grande vieillesse). Sachant que pratiquer la compréhension d'autres points de vue apporte mais n'implique pas de les approuver.

– Partout et toujours gardez votre **lucidité**, votre **clairvoyance**, mais écartez tout ce qui peut ressembler à de la méfiance à priori. Cette attitude est castratrice, elle vous fermerait à quantité d'aspects intéressants dans l'existence.

Mieux vaut se casser la figure, pas trop souvent, pas trop durement et en se rétablissant vite, que de se momifier avant l'heure. Il est à la fois inconfortable, indigne et vain d'endosser pour soi cette boutade de Chateaubriand qui disait en pensant peut-être déjà à l'homme moderne, soit à tant de nos contemporains : « *On est bien près de tout croire quand on ne croit à rien.* »

– Dans tout ce que vous recevrez de l'extérieur considérez le **sens** (ce qui est exprimé) plus que la **forme** qui n'est qu'annexe (quelquefois maladroite, outrancière ou trop discrète, telle qu'utilisée par des gens qui souvent disent quelque chose qui leur tient à cœur et parfois a valeur[3]...) Rappelez-vous que si la seule personne au monde qui pense comme vous, au même moment, c'est vous, personne non plus ne s'exprimera exactement comme vous le feriez. Cette double tolérance – sur le fond et sur la forme – vous préservera de la fermeture mentale et de l'autoritarisme si fréquents.

– Ne cherchez pas trop la **quiétude**, mais vous la trouverez si vous êtes un peu maître de vous, assuré dans votre comportement, certain de votre valeur et conscient de vos faiblesses. Comme aussi si vous avez le courage d'écarter ce que vous soupçonnez relever de l'illusion, si vous ne vous sentez pas tenu de suivre les modes, si vous ne paniquez pas à la perspective d'un peu de solitude temporaire, physique ou morale, d'ingratitude ou d'incompréhension provisoire[4]. Et si vous savez faire coexister en harmonie les deux hémisphères dont le Créateur a bien voulu garnir l'espace entre nos deux oreilles (raison et rationnel d'un côté, intuition et sensibilité de l'autre, pour simplifier), équilibrer votre *Moi* social et votre *Moi* intérieur.

– Ne pas craindre les **déceptions**, ne pas chercher à prouver quoi que ce soit à autrui, confère une grande force ainsi que la tranquillité d'esprit (ce que j'ai appelé la sérénité), rend audacieux et efficace (si on reste quand même conscient de ses quelques limites et des contraintes externes insurmontables).

Le rayonnement à l'extérieur dépend du fond intérieur (de l'Être, on dit *l'essence*), de son équilibre, de sa cohérence, de son détachement par rapport aux aléas (qui n'est qu'une légèreté apparente et courageuse, loin de l'insouciance) et aussi de sa richesse propre – laquelle résulte de notre travail sur nous-même (là, on pourrait se référer à presque toutes les rubriques).

– Acceptez une contradiction – cela n'en fera qu'une de plus. Vivez le monde, et vous dans le monde, **sérieusement**. C'est la garantie d'en être et d'y être. Mais ne le prenez pas trop au **sérieux**. Il ne l'est guère, nous non plus d'ailleurs. C'est un théâtre avec ce qu'il faut d'esbroufe pour nous intéresser et même nous amuser. Cette attitude garantit la joie de vivre, un minimum de distance, de la souplesse, permet d'amortir quelques chutes – et finalement d'y jouer un rôle consistant.

Soit, prenez des engagements, mais sachez garder quelque distance, vous dégager même (je pense là à des engagements publics) ; *« Faute de quoi, en chacun, le meilleur risque d'être étouffé par le pire, la générosité par la polémique, l'amitié par l'abstraction. »* (E. Berl)

***

Aucune des perspectives précédentes n'ira d'elle-même, sans efforts ni erreurs de temps en temps. Mais, je le répète, sans exiger, sans forcer, en se mettant seulement en condition de... Vous n'aurez rien pour rien, mais beaucoup pour peu ou peu pour beaucoup. Là, c'est la chance. Mais elle aussi se mérite.

Dans beaucoup de ces avis, il y a une constante, derrière, en filigrane : vivez, travaillez, amusez-vous... pour... avec un des projets... pour vous, votre couple, votre famille, votre entourage, votre tribu... C'est le secret du bonheur, celui de votre valeur. Avoir une raison d'être, c'est être.

*« Celui qui a un pourquoi qui lui tient lieu de but, de finalité, peut vivre avec n'importe quel comment. »* (F. Nietzsche) D'accord sur l'importance du début de la citation mais n'interprétez pas mal la fin. L'utilisation de mauvais moyens dans l'action corrompt même un objectif louable jusqu'à pourrir sa réalisation.

Vous changerez très probablement d'objectifs, de buts, maintes fois, comme on change de cheval épuisé lors d'une longue course. Rien à dire à cela. Lors de ces changements pensez cependant toujours aux précautions à prendre quant aux initiatives et aux choix, à conserver votre lucidité et à discerner sur l'environnement, à garder l'œil et l'oreille ouverts quant aux amitiés et amours. Cet examen, tranquillement fait, et peut-être sagement conseillé (il faut accepter que d'autres en sachent un temps plus ou autrement que nous), allez…

Est-on sagement et utilement conseillé ? c'est toujours difficile à discerner. Sauf exception – s'il s'agit d'un vrai maître – l'autre ne peut raisonner qu'en fonction de son vécu, de sa propre expérience et de sa situation actuelle lesquels ne coïncident jamais exactement avec les vôtres[5].

Il vaut mieux ne s'adresser qu'à des gens d'une certaine expérience sur la question, sachant s'élever au-dessus des détails, capable de garder une certaine distance et la tête froide, dans lesquels on a confiance et pour lesquels on éprouve de l'estime. Néanmoins, *« Si tous doivent être appelés en conseil, c'est que souvent le Seigneur révèle au plus jeune ce qu'il y a de mieux à faire. »* (règle de saint Benoît) Donc, ne prenez pas la remarque précédente pour exclure un avis émanant d'un jeune. Pondérez seulement de l'expérience qu'il n'a pas – peut-être heureusement car son conseil n'en sera que plus net, dépourvu des précautions dues à celle-ci et à trop de respect.

Si on est attentif, on sent si l'autre s'exprime en fonction de lui-même, de ses habitudes, manies ou préjugés, par routine, par automatisme ou, pire, par idéologie, ou s'il fait l'effort de comprendre et de s'adapter à notre cas tel que nous le présentons et tel qu'il nous connaît nous.

En clair, mieux vaut pas de conseils que ceux d'un bavard qui ne vous parlera que de lui en ne faisant qu'étaler un prétendu savoir ou ceux d'un esprit esclave du monde, d'idées fixes… Seulement, sachez qu'on ne peut conseiller que quelqu'un qui existe, qui se livre un peu, qui veut ou ne veut pas – qui est clair avec lui-même et dans ses explications. Il n'est pas possible de conseiller valablement qui se cache (note n° 3 de la rubrique sur les Choix).

Pour vous amuser : en cette matière on voit de tout, même des jeunes gens, pourtant hautement civilisés, aller demander des conseils existentiels (travail, logement, amours…) à des membres de communautés religieuses choisis comme conseiller spirituel. Deux erreurs – en dehors du caractère parfois un peu déplacé de la demande (ces derniers n'ont pas vocation à trancher dans des domaines tout à fait matériels).

– L'une que tout le monde voit (sauf le demandeur) : l'incompétence (très possible) du conseiller.

– L'autre moins évidente : un tel conseiller ne peut pas répondre en faisant abstraction de son habit et des valeurs qu'il implique : bonté, charité, pardon… lesquelles ne sont pas forcément totalement adaptées à la situation très concrète qui lui est présentée.

Autant demander un conseil d'ordre intime à son épicier, un avis boursier à un poète (encore que, vu la compétence des banquiers, le poète est peut-être le plus sage !). Cela rappelle l'échange que conte le comte Tolstoï, à l'époque des guerres napoléoniennes. Un officier s'adresse à un subalterne en train de frapper un soldat du rang, pour quelque faute : *« Vous n'avez donc pas lu les Évangiles ! »* et l'autre de rétorquer : *« Vous n'avez donc pas lu les règlements militaires ! »* (cité par Julien Benda).

Certains domaines sont distincts, même s'il est souhaitable qu'ils s'enchevêtrent un peu et communiquent beaucoup pour s'inspirer et parfois se modérer. N'oubliez pas non plus que si on est tenu d'écouter un conseil, on n'est nullement obligé de le suivre.

***

Ce n'est pas par négligence ou parce que je radote complètement que je suis revenu tant de fois sur l'aspect nocif que pouvait présenter un excès d'émotivité. J'ai préféré ce terme à celui de nervosité afin de privilégier la conséquence opérationnelle, mais trop de nervosité est bien la cause principale qu'il convient de maîtriser.

C'est parce que cet abus, si on le tolère plus qu'un instant et pire si on s'y complaît, peut mener à des états d'abattement ou à l'inverse d'exaltation susceptibles de faire décrocher de la réalité et donc nuire sur tous les plans. En nous privant provisoirement de raison, l'excès d'émotion empêche de rester lucide, de garder les pieds sur terre. Ceci en plus de son caractère pénible, éprouvant, pour celui qui ressent cet état.

Cet excès, qui tend à dramatiser un événement quelconque, empêche effectivement de considérer quelqu'un, quelque chose, une situation, de façon calme, objective, globale, soit raisonnablement et sous tous ses aspects. Il conduit à se satisfaire d'une vision parcellaire privilégiant, à tort, un détail, d'ailleurs souvent mal vu, à endosser trop facilement le point de vue d'un autre qui peut être partial ou partiel ou bien à le rejeter sans examen alors qu'il pourrait s'avérer valable.

Dans certaines situations, on peut même alors être perçu comme proche de la mauvaise foi. En effet, nul n'ignore que certains usent et abusent de l'émotion pour manipuler autrui afin d'atteindre des objectifs tout à fait concrets, matériels, et qu'en conséquence il est normal d'avoir des doutes sur leur droiture.

Bien sûr, un adolescent est toujours émotif, les filles plus et c'est légitime (tout au moins le cachent-elles moins), mais contrôlez. Ce sont souvent, chez les adultes au moins, les êtres un peu froids, calmes, pondérés et distants d'apparence qui se révèlent être les meilleurs compagnons, les soutiens les plus sûrs.

Ne confondez pas l'émotivité avec la sensibilité. On peut être sensible, triste ou enthousiaste, et contrôler sa tête, ses nerfs, son imagination, son impulsivité et même, un peu, son cœur. On a le droit d'être ému par un tableau, un coucher de soleil, un paysage, un enfant, une musique, une inclination partagée... On peut et se doit de sentir et ressentir... La sensibilité (ouverture du cœur) n'est pas la sensiblerie laquelle est sensibilité débridée. Ne confondez pas l'émotivité avec le fait d'être impressionnable. Les uns sont plus impressionnés que d'autres par certains spectacles réels ou mis en images (cinéma), par des réflexions ou des actes déplaisants... Ils réagissent plus fortement par la tristesse, la peur parfois... C'est leur caractère et c'est tout à fait normal chez eux.

Mais il n'est pas bien ou mal de ressentir tel événement ou tel spectacle. Ce qui a une valeur c'est ce que nous faisons de ce que nous ressentons.

L'émotion dont je déplore les effets préjudiciables, est celle qui anéantit la raison et le sens (A et B) ou les empêche d'émerger (C).

A – Soit une émotion individuelle excessive et durable consécutive à des événements personnels qui peut se présenter aussi bien comme positive que négative (exaltation disproportionnée avec son objet, abattement excessif par rapport à sa cause) qui annihile provisoirement toute appréciation objective et entraîne donc facilement des actions irraisonnées, déplacées, que l'on regrette ensuite, ou qui, parfois, occulte des choix, des décisions qui seraient pertinents. De plus, et là je ne désapprouve pas, je compatis. La personne qui ressent ce type d'émotion éprouve des souffrances pénibles (déception possible après surexcitation, énorme peine immédiate).

Attention, du côté positif, il ne s'agit aucunement de refroidir tout enthousiasme, surtout à votre âge. S'il est bon de se laisser aller à cet état agréable, il convient simplement de ne pas se laisser envahir, déborder par trop d'illusion, de garder un peu de détachement, de regarder, de temps en temps, la situation avec quelque distance et un tout petit peu plus froidement avant d'y replonger avec joie ou de ressortir, séché, du bain.

B – Soit une émotion collective soudaine et brutale, le plus souvent préparée et manipulée ; l'émotion positive de tous (enthousiasme ou compassion excessive) ou négative (fureur aveugle confinant à l'hystérie) résultant souvent du froid calcul de quelques-uns.

Elle aboutit aux mêmes résultats qu'au point précédent mais alors avec des conséquences sociologiques infiniment plus importantes et qui peuvent se révéler humainement néfastes et même extrêmement graves et coupables.

C – Soit enfin, la soumission habituelle et aveugle à l'émotion que privilégient systématiquement les médias afin de fournir à chacun une *bonne conscience* à bon marché. Son résultat, sinon son intention, étant de brouiller le sens, d'empêcher toute analyse, toute pondération, toute comparaison, tout raisonnement et de fabriquer ainsi des fournées de *gogos* quotidiennement étourdis d'indignation abusive ou d'apitoiement sans frais sur n'importe qui, n'importe quoi, n'importe où, n'importe quand, n'importe comment, c'est-à-dire les meilleurs esclaves toujours disponibles aux prochaines manipulations.

Chacun a sa coutume, sa procédure inconsciente, pour se garder d'un excès d'émotion (de type A). J'utilise un événement infiniment triste, d'hier alors que j'écris, pour vous indiquer non pas la mienne mais comment je réagis. La méthode vaut ce qu'elle vaut, je n'ai jamais rien choisi ni décidé là, simplement j'agis ainsi et chez moi ça fonctionne.

J'ai perdu, il y a trois ans, un vieil ami que j'aimais beaucoup, victime d'une sauvage agression. Un compagnon délicieux de déjeuner, promenade, rires et conversation. La tristesse était là certes, et est restée, mais elle a été atténuée, masquée par la colère froide, la collaboration, que j'ai apportée à la police pour coincer la crapule – qu'évidemment notre société larmoyante relâchera dans peu d'années. Je me suis réfugié de suite dans cette action, sachant que je descendrais dans la tristesse après, dans les jours suivants, tristesse moins envahissante sans doute, mais plus vraie, plus épurée, parce que moins immédiatement émotionnelle. La police a trouvé les petits voyous (ils s'y sont mis à deux) qui ont massacré ce vieil homme. Ma piste était la bonne. Mais l'enseignement pour vous est avant cette dernière phrase : une méthode pour réduire l'excès d'émotion paralysante, l'action (raisonnée, surtout pas n'importe quoi) ; mieux est d'être acteur – on a tout le temps de pleurer après.

Avant de conclure avec cette question d'émotion, très actuelle, et à titre d'exemple des points B et C, je souhaite que personne de votre entourage n'ait un jour affaire avec une administration de la justice fonctionnant à l'émotion – dans quelque sens que ce soit. Il y a de véritables délires médiatiques qui conduisent à de véritables lynchages officiels et légaux !

Je pourrais citer plusieurs exemples connus (combien d'inconnus ?) certains heureusement rectifiés à posteriori ; après déshonneur des malheureux, incidences familiales et professionnelles catastrophiques..., un seul, le procès dit d'Outreau en 2004, 2005. Croire aveuglément à la parole des enfants, notamment, comme à n'importe quelle parole d'ailleurs, c'est abdiquer la faculté de discernement qui devrait être celle d'un adulte et encore plus celle d'un magistrat. La sincérité apparente n'est pas gage de vérité (voir la remarque à la rubrique sur les Initiatives).

Rappel du mot de Sénèque déjà cité : « *La preuve du pire c'est la foule* » – surtout quand elle est excitée par les moyens actuels et leur corollaire, l'exhibitionnisme. Elle n'a même plus besoin d'être rassemblée pour se livrer à ses pires instincts, les médias (dont j'ai déjà dit que le fond de commerce était la création et la diffusion de l'émotion) parlent pour elle. Cette émotion collective, l'emballement de la déraison, est du diable.

Si le *gogo* ne sait pas, ou plutôt ne veut pas savoir, ce qu'il fait, ou plutôt ce qu'on lui fait faire, ce qu'on lui fait applaudir ou siffler, le Malin (le diable), appelé aussi le *prince de ce monde,* lui, le sait très bien.

Écartez-vous aussi des personnes qui abusent systématiquement de l'émotion, c'est-à-dire qui dramatisent tout pour caresser un peu trop leur petit *moi* si délicat. Quand ce ne serait pas à des fins peu avouables, elles ne vous apporteront rien et, au contraire, chargeront votre esprit d'inutilités avant de le pervertir, vous insécuriseront sans répit.

Pour atténuer raisonnablement cette partie sur l'émotion, revoyez ce que j'ai dit de l'apport de certaines émotions – saines, justifiées et contrôlées – à la fin de la rubrique sur l'Estime de soi, à la note n° 8. De même que l'émotion positive liée à l'amour est à la fois source et conséquence du *Merveilleux,* et que nul Être qui ne veut pas ressembler à un cadavre encore sur deux pattes ne saurait écarter cette étrangeté.

Dans tous les cas, la primauté finale, même éventuellement légèrement différée, devant simplement rester à la raison – tout au moins à partir d'un certain âge qui n'est peut-être pas encore le vôtre. Elle seule vous maintiendra debout. Elle seule vous permettra de communiquer valablement avec vos semblables et honnêtement avec vous-même. Elle seule maintiendra la civilisation (et cela est du rôle de chacun).

***

Tout au long de ce document j'ai assez insisté pour que vous ne tombiez pas dans trop de naïveté existentielle, pour que vous vous sentiez et conduisiez dans le monde comme assuré, solide et résistant, pour me permettre de vous dire ce qui suit, qu'il vous sera sans doute salutaire de vous rappeler dans les occasions qui surgiront tout au long de votre vie.

Au soir de celle-ci, et même avant, et ce temps qui vous semble si lointain viendra.

A – Vous souvenir des actes de bonté, de générosité, d'ouverture, d'attention, de soutien que vous aurez pu accomplir (par action ou parfois par abstention), qu'ils aient été connus, reconnus ou non, vous sera une joie, une source légitime de satisfaction et de fierté.

Je parle là d'actes concrets pour votre entourage ou dans votre proximité, pas de vagues soucis aussi fumeux que gratuits pour l'ensemble de l'humanité relevant de la sensiblerie conformiste suivant les pleurnicheries hypocrites à la mode. Chacun a à balayer devant sa porte, pas devant celle d'innombrables voisins du bout du monde. Le travail ici est déjà assez important.

Rappelez-vous la phrase de la rubrique sur les Initiatives : ...quand il ne faudra ni remettre... et que la question relèvera de l'affectivité prise dans le bon sens, Celui... saura parfaitement vous le faire savoir... – ainsi que celle de la rubrique sur l'Amitié et l'Amour : ... sur la primauté à accorder à vos intérêts en sachant bien qu'un acte de dévouement constitue pour son auteur une récompense en soi.

B – Ceux que vous auriez pu faire et à côté desquels vous seriez passé, même consciemment, ne devront pas vous être d'une trop grande gêne ni entraîner trop de regrets. Nous sommes bien loin d'être parfaits. Il faut s'y faire sans cependant abuser de cet alibi.

C – Par contre, le rappel d'actes ou d'attitudes (souvent plus par omission que par action) non engendrés par une vraie méchanceté (c'est rare) mais issus de positions telles que : longue négligence d'autrui, fermeture cadenassée, oubli de quelqu'un (surtout s'il s'agissait d'un proche), refus d'aide à votre portée ou de simples encouragements (ne raisonnez pas sous l'angle matériel dans ces paragraphes), ingratitude caractérisée et prolongée, refus de comprendre certaines situations (déni de la réalité), agressivité injustifiée... surgirait parfois en vous à l'improviste comme un vieux compagnon importun et vous pèserait alors désagréablement, sans sentiment de culpabilité ni honte (l'horreur !), mais avec un goût amer, une impression pénible de gâchis, des regrets tout simples ; simplement ceux de n'avoir rien voulu ou su voir ou entendre[6].

Si ces derniers rappels vous devenaient trop pesants, sachez que la guérison, ou au moins le pansement, le pardon à soi-même (le plus difficile), ne se trouve guère dans ce monde, les psy savent mal, et beaucoup ne veulent pas, soigner cette forme de mal-être, de regrets (une fois de plus cette remarque, comme la suivante, n'exprime que mon opinion).

Pour beaucoup, la clef de l'apaisement se trouve suggérée à la rubrique précédente traitant de la religiosité... ou de la philosophie, les deux valant appui et prise de distance par rapport à soi-même, donc conquête de liberté – comme aussi à la rubrique Regardez devant.

Ainsi, quand ces vieux et pénibles compagnons de route surviendraient au débotté vous vous contenteriez de hausser les épaules pour vous en débarrasser et de vous traiter, aimablement et sans vous attarder, d'imbécile alors. C'est un remède efficace à ces injonctions surprenantes et déplaisantes mais qui ne sont pas graves et s'avèrent tout à fait supportables. Même s'il subsisterait, et s'il doit subsister pour l'équilibre du monde, quelque insatisfaction profonde, et pour soi des blessures qu'il convient de traiter comme des égratignures.

On peut aussi utiliser une vieille recette en se disant que c'est quelqu'un d'autre qui a vécu cela. Et, au fond, ce n'est pas totalement faux. Si je sais, à peu près, qui je suis maintenant, qui étais-je il y a dix, vingt, trente ans ?

*« Le temps du repentir et celui de la faute, le temps de nos corruptions et celui de nos innocences… ne sont pas les mêmes. »* ( ?)

Même ceux qu'on peut appeler des saints subissent – et acceptent avant de les chasser – ces accès temporaires de tristesse à l'irruption de certains souvenirs déplaisants (peut-être était-ce ce que saint Paul entendait quand il évoquait « *l'écharde* » plantée dans sa chair).

À un moment, tardif, de leur vie tous les humains sont passés, passent et passeront par ces remémorations dont il ne faut jamais faire un sommet glorieux en positif ni un abîme en négatif. Ce n'est pas là regarder en arrière, c'est le passé qui nous fait des clins d'œil (là plutôt des crocs-en-jambe) dans notre dos – bien malgré nous. La bonne réponse à lui faire étant : *D'accord, et alors !* et de passer à autre chose[7].

Ce n'est pas un bilan, un défilé fastidieux obsédant, un recensement comptable des Plus et des Moins. Mais, de fait, ces rappels, ces piqûres, viennent d'eux-mêmes un jour, sans être sollicités et on vit avec, mais d'autant plus confortablement en et avec soi qu'on y trouve plus de pleins que de creux, de réussites que d'échecs. C'est aussi cela une vie d'homme ou de femme. Vous devez le pressentir.

Un jour, dans bien longtemps, ce qui vous restera d'agréable, de confortable, sera l'affection ou la simple attention que vous aurez pu donner tout au long de votre vie, soit les actes et conduites du premier type (A). Mais pour tout, *tout sera bien*, le grand Georges Bernanos termine son livre le plus tourmenté par « *Tout est grâce* ». Sorti de sa connotation religieuse, le terme dit que tout était peut-être nécessaire dans le parcours du temps, le grand maître.

La promesse scoute comporte un engagement éloquent. Le postulant s'y engage à laisser ce monde un peu meilleur que celui qu'il a trouvé quand il y est apparu (à sa naissance). N'ayant pas fait de promesse scoute, je ne suis pas parjure. Souvenez-vous aussi que l'Histoire ne repasse pas les plats, soit que les occasions ne reviennent pas ou si rarement.

L'énumération précédente, en trois points, dépasse même nos personnes. On dit qu'un battement d'ailes de papillon au fond d'un hémisphère peut déclencher des tornades ou une vague de canicule à l'autre extrémité de la terre.

Ce que résumait joliment un poète : « *Qui cueille une fleur dérange une étoile.* » Malgré cela les petites filles, et les grandes – les garçons aussi – gardent le droit de cueillir des fleurs.

Pourquoi de telles répercussions n'existeraient-elles pas pour les actes, ou omissions, des humains ? Le philosophe grec Anaxagore prétendait bien que « *les conséquences de nos actes se manifestent éternellement à travers l'espace et le temps* ». En Église, on nomme ces incidences inconnues la *Communion des saints* pour les actions bénéfiques. On ne parle guère du complot des démons pour les actions malfaisantes, mais c'est sans doute pour ne pas contribuer à multiplier leur écho.

J'ai beaucoup parlé du mal dans la deuxième partie de ce document et du sens un peu partout. Les deux notions sont interdépendantes.

« *C'est au non-sens qu'il faut assimiler le mal… Le contraire du mal n'est pas le bien mais le sens.* » (Lytta Basset, philosophe, citée par J.-C. Guillebaud).

Il existe un critère simple de discernement du Bien et du Mal : la pratique du premier est une liaison, une création, celle du second une déliaison, une décréation ; l'un entraîne union, réunion, l'autre séparation, dislocation. On peut considérer leur potentiel de propagation, évidemment très différent.

« *Le bien est lent, il monte ; le mal est rapide, il descend ; comment s'étonner qu'il fasse beaucoup de chemin en peu de temps.* » (Mme Swetchine)

On peut aussi considérer leur retentissement, suivant un vieux dicton : « *Une forêt qui pousse le fait en silence, un arbre qu'on abat fait du bruit.* »

***

Où que vous soyez (famille, amis…), où que vous alliez (groupes…), apportez le calme. On vous appréciera et on vous louera pour cela.

J'ai assez dit qu'il ne convenait pas d'être creux, vide, pour ne pas y revenir. Cependant préférez les valeurs de consentement aux arguments de choc. Soit, dans l'incertitude, préférez l'esprit d'assentiment à la volonté de contradiction. Donc ne mettez pas le feu à la maison ; c'est un comportement infantile et destructeur pour soi-même.

Un dicton toujours : « *Qui sème le vent récolte la tempête* » – et récolte en plus comme un certain goût de gueule de bois. Je me suis procuré suffisamment d'occasions de le vérifier pour ne pas vous mettre en garde.

Enfin, sur cet ultime sujet de la conduite avec autrui, rappelez-vous toujours ce qui est dit à la rubrique traitant de l'Amitié et de l'Amour. Le souci et le soin de vous-même doivent rester vos premières préoccupations. C'est là un impératif primordial pour vous et qui vous permettra de gérer correctement, au mieux, vos rapports avec autrui et réciproquement[8].

En effet, si on se préoccupe légitimement de soi, si on en a une certaine idée, on ne peut pas agir n'importe comment avec autrui. Quelqu'un de fier (rubrique sur l'Ambition), qui veut garder l'estime qu'il se porte, ne peut pas faire n'importe quoi.

La séquence correcte de raisonnement, d'action et même d'affection est : moi et l'autre de suite après, mais seulement ensuite – sauf situations particulières qu'il faut savoir voir et auxquelles il faut consentir.

Inverser systématiquement l'ordre des termes (soit se livrer à un altruisme qui n'est qu'une forme d'idéalisme triomphaliste, et parfois impérialiste, c'est-à-dire de fausse image de soi) vous mènerait à de graves mécomptes existentiels à court terme et même moraux à plus long terme. En plus des mécomptes existentiels (je suis là dans l'ordre matériel), vous vous dirigeriez inéluctablement vers une chute terrible de votre estime pour vous-même.

Cependant la faculté que recouvre le mot d'affection utilisé plus haut présente une caractéristique particulière : en donner ne nous enlève rien, ressource inépuisable en quelque sorte, comme il en va pareillement, sur un autre plan, celui de la connaissance que l'on peut transférer sans en perdre une parcelle.

Mais c'est d'abord la considération accordée à nous-même qui nous permet d'aimer les autres – ce qui est un des buts et une des satisfactions de l'existence – dans le bon ordre (en cercles concentriques) : les très proches, les proches, les voisins, les inconnus rencontrés… et s'il vous reste encore quelques réserves, l'humanité située aux antipodes.

***

NOTES

[1] « *Ils ne cherchaient pas Dieu quand ils L'ont trouvé.* » (du prophète Isaïe)

[2] Deux exemples actuels : seul le moteur Diesel (inventé vers 1900) permet l'envergure du commerce maritime (85% du commerce mondial), sans celui-ci pas de mondialisation ; sans les gros porteurs aériens et les tarifs qu'ils permettent, pas d'immigration massive.

Dans les deux cas, savoir ce qui s'ensuit sur les civilisations (sans jugements de valeur). « *Donnez-moi la force humaine et vous obtiendrez une société d'esclavage, le moulin à eau et vous obtiendrez une société féodale, la machine à vapeur et vous aurez une société capitaliste* » (K. Marx, cité approximativement, distinguant l'essentiel, la structure technique, de ce qu'elle conditionne, la forme sociale).

[3] En écoutant, en regardant comme en lisant, détachez-vous de ce qu'on appelle la *lettre* (la forme, les termes utilisés, le moment choisi…) pour prêter attention à *l'esprit* sous-jacent (ce qui est vraiment voulu, montré, signifié…). Voir la note n° 4 à la rubrique sur les Initiatives.

[4] « *Il est très rassurant de ne devoir s'occuper que de ses affaires privées… Il est très fatigant, très mauvais pour l'esprit et le caractère de devoir s'adapter chaque année ou chaque mois à des façons d'être ou de penser inconnues précédemment, de honnir tout à coup ce qu'on était tenu d'acclamer la veille, de se contraindre sans relâche à marcher avec son temps.* » (J. Dutourd)

Le besoin de stabilité, besoin essentiel de l'homme et de toute civilisation, n'est plus admis – le prix à payer est la diffusion de la fatigue psychique, du stress et de l'angoisse.

[5] C'est ce que je fais dans ce document car il m'est impossible de faire autrement.

[6] Ces rappels déplaisants peuvent même parfois concerner encore plus simplement « *des choses qui n'ont pas été à leur place : méprises, incertitudes, compréhensions tardives, remords inutiles, souvenirs peut-être trompeurs, erreurs stupides et irrémédiables…* » comme le dit un auteur italien, Antonio Tabucchi. Nous défaillons bien moins souvent par action que par omission.

Plus haut j'ai cité le terme de lucidité : là, il signifie conscience de ce qui est à faire à un moment. C'est pourquoi, en plus de son efficacité existentielle et immédiate pour soi-même, j'ai jugé nécessaire d'insister à la section finale de la rubrique sur la Suractivité et la Dispersion : se ménager des plages de temps…laisser flotter son esprit… flâner… savoir échapper à l'agitation quotidienne, externe et mentale… afin de laisser survenir ce qui est à faire – ou à éviter.

[7] Dans un registre dramatique (bien éloigné de ma pensée en écrivant ces lignes), à un émeutier occasionnel qui se torturait au souvenir du fait qu'il avait tué un enfant dans un accès de fureur collective, Gandhi répondit simplement ce qu'aurait dit tout religieux : « *Va, recueille un autre enfant, occupe-t-en et aime-le* ».

Il n'y a rien à faire quant au passé, sauf parfois à rattraper symboliquement de lointaines fautes. Si on ne peut que rester dans le domaine du symbolique celui-ci a cependant son importance pour soi et pour la marche du monde.

[8] Le commandement divin « *Aimer les autres comme soi-même* » implique d'abord que l'on s'aime soi-même.

# ÉPILOGUE

En finale, veuillez m'excuser de l'argumentation personnelle qui suit. En effet, je sais approcher là de la limite de ce que j'ai appelé le *montrable.*

Si certaines ont cru ressentir dans ce texte des traces de misogynie, je puis leur assurer qu'elles imaginent. J'ai voulu, au contraire, honorer leur différence et leur apport – même si mon approche est masculine (dois-je de nos jours m'en excuser ?). Deux constatations me rachèteraient si besoin : tout homme finit par découvrir que rien n'est plus impressionnant que le dévouement féminin ou plus émouvant qu'un chagrin féminin.

Si on a pu sentir dans ce texte quelque tendance à ce que certains appelleraient hâtivement du pessimisme, on se trompera également. Ce positionnement ne provient en fait que d'un réalisme distancé normal à mon âge.

*« Vieillir, c'est se retirer progressivement du monde des apparences. »* (Goethe) C'est être assuré qu'on va dans la bonne direction, savoir enfin que tout est bien. Sachez que (vous pourrez comparer bien plus tard), ce dernier sentiment, qu'on l'appelle pessimisme, ou scepticisme, est négligeable chez moi et surtout que, si j'ai absolument voulu rester naturel, comme on doit l'être, je n'ai pas voulu vous l'inculquer. Mais je suis fort tranquille quant à cette dernière préoccupation, votre âge à vous vous met à l'abri de cette vision sur les gens, les choses et le monde. En effet : *« À l'adolescence on ne pense pas de la vie, on désire ceci ou cela c'est tout »* (G. Bernanos) et c'est très bien ainsi.

Sans vous vieillir, je ne peux que vous rappeler que la distance (intellectuelle) vis-à-vis des choses comme des événements engendre une confortable légèreté. Mais je rejette le discours actuel de l'angoisse, le catastrophisme ambiant, la pensée-grognon, si vous pouvez trouver quelques relents de ces attitudes, elles sont plus ironiques que maussades.

Vous avez pu constater que je ne ménageais guère mes critiques envers la société de mon temps et de mon pays et même envers mon Église. Qu'est-ce que signifie le côté positif de cette attitude, sinon une appartenance, des attachements, des fidélités ? Qu'est-ce qu'implique son côté négatif : un peu de solitude parfois mais beaucoup de liberté et au fond d'indulgence qu'il faut percevoir. Un indifférent ne critique pas. Il se tait car il ne se sent pas concerné par ce qui n'est pas lui et finalement il n'est et ne devient que lui – tel Narcisse. Critiquer, c'est aussi indirectement reconnaître l'existence des autres, d'autres conceptions.

Je ne serais pas catholique si je refusais sans nuances ce qu'on appelle la modernité ; l'évolution, le changement des gens, des choses, de notre environnement... En clair je n'aurais pas foi en l'homme, donc pas plus en moi-même. Simplement, je sais sa capacité d'adaptation lente et toujours pénible.

Donc, j'ai méfiance envers un rythme débridé de prétendus *progrès* qui laisse ceux qui le subissent haletants, déboussolés, privés de tout repère, vite perdus (j'ai la conviction que cette course, non interruptible certes, mais qui devrait être menée plus raisonnablement explique les dépressions qui saturent le monde occidental).

Par bien des points, j'ai pu vous sembler un monument de raideur. Il s'agit d'une apparence que je me connais bien (voir exemple à la rubrique sur les Initiatives : dans le petit café déjà cité...) bien plus que d'une réalité, de la forme et non du fond. Je me permets de reprendre une phrase de l'introduction : croyez bien, en dépit d'un ton que je ne peux éviter, que je ne donne pas de leçons, que je n'ai pas suivi, et de fort loin, toutes les recommandations que j'énonce tranquillement à 76 ans ! C'est d'ailleurs parce que je n'en ai pas suivi beaucoup – et donc que j'ai dû régler la note – que je me suis permis de vous les soumettre. Je serais faux si je ne savais mon lot d'erreurs, d'omissions... Elles ne regardent personne d'autre que moi. Je viens de dire à la rubrique précédente comment on peut les traiter – sur le tard.

Si la compassion obligatoire me déplaît fort, c'est parce que cette dictature est imposée, hypocritement téléguidée (médias) – et souvent par des personnages eux-mêmes discutables. L'indulgence, elle, est une attitude personnelle, choisie et non dictée, comme toute vertu. Respect de la faiblesse d'autrui, elle est aveu de la nôtre. Voir à la rubrique sur l'Amitié et l'Amour : Durand et Dupont,... ne préjugez pas de l'âme humaine...

Sur le point particulier de la démocratie : Platon disait que « *la démocratie supposait la vertu* ». Peut-être en Grèce en son temps. Mais même là et alors cela ne devait pas aller de soi puisqu'il éprouvait le besoin de l'affirmer.

Aujourd'hui on prétend garder le premier terme (du moins son apparence) après avoir tout fait pour détruire ce que recouvrait le deuxième. Et on fait semblant d'être surpris que cela ne fonctionne pas.

Malgré tout ce que j'ai pu dire, par ci et par là, vous trouverez des joyaux dans la solidarité humaine – au moins passé l'âge des combats légitimes de la jeunesse[1]. Ceci même si l'homme naît seul et s'il meurt seul – et en ce sens vous découvrirez, bien plus tard, que le plus médiocre, le plus misérable d'entre nous, est un héros.

Ce texte peut aussi vous apparaître comme très froid ; suite d'avis sans trop de fantaisie. Par distance, par discrétion et pour rester sur un sol stable, je n'ai principalement abordé que le côté rationnel de l'existence.

***

Je vous souhaite d'être heureux et vous le serez si vous acceptez avec légèreté les épines qui surgiront. Elles sont la contrepartie des roses que vous cueillerez si vous savez les voir, et les saisir. Ces avis n'ont pas l'ambition de vous rendre tel, puissent-ils vous éviter à l'occasion quelques écueils, de très inégale importance assurément.

N'oubliez pas non plus ce sur quoi j'ai insisté au début : je n'écris pas que pour vos dix-huit, vingt ans. Ne vous tourmentez pas pour ce qui ne vous est pas d'actualité, sur ce qui pourrait, aujourd'hui, vous sembler hors de vos préoccupations, *mettez en conserve.* On avance pas à pas. Ce qui peut être utile un jour à l'un ou à l'une d'entre vous, lui reviendra.

Comme je l'ai écrit au début, j'ai éprouvé un grand plaisir à vous dire ce que la vie m'avait appris – le plus souvent en me bousculant – et je vous suis reconnaissant d'avoir eu la patience de lire même donc ce qui anticipait, parfois amplement, sur votre âge et vos préoccupations présentes ou ce qui, tout simplement, ne vous convenait pas et ne vous conviendra jamais (autant que vous puissiez le savoir maintenant !).

Je n'ai pas essayé de vous faire rêver, de vous dorloter, de vous décrire un monde artificiel. J'ai voulu m'adresser à des adultes, peut-être un peu tôt. Je suis sûr que vous le comprendrez, au moins demain.

Ma vision n'est que la mienne, elle est celle du *Je, ici et maintenant*, vision que je recommande. Vous pourrez aussi remarquer que je n'ai pas hésité dans quelques paragraphes à me faire directement plaisir à moi-même, conformément à ma doctrine : prendre soin de soi.

– Un souhait subjectif, pour maintenant et demain : qu'un jour nul n'ait à me reprocher quelque idée émise dans ce document.

– Un autre souhait, vital et objectif, pour après-demain : qu'un jour vous puissiez avoir la certitude que vous avez aimé et avez été aimé : de femmes, d'hommes, d'amis, de collègues, de membres de groupes fréquentés, de personnes de rencontre ici ou là…

***

Grosso modo, j'ai commencé ce document en montant, à l'Est, au Levant, et par le rude côté Nord, soit par le personnel, l'existentiel et donc l'essentiel pour des jeunes gens. J'ai continué (à partir de la rubrique sur la Suractivité) par des considérations plus neutres – du tout-venant comportemental. J'ai terminé en redescendant à l'Ouest, au Couchant, par le côté Sud plus collectif, plus mental, plus intellectuel, espéré plus détaché. C'est dans ce sens qu'on visite une basilique, une église, un monument.

J'ai essayé de progresser au fil de vos besoins, de la maturité que vous vous construirez. Si les rubriques du dernier versant (à partir de celle sur l'Exception) sont plus étoffées, c'est parce qu'il y a là plus à réfléchir et à dire, alors qu'au Levant et au Midi il y a tout simplement plus à faire. En quelque sorte, j'ai à peu près respecté la chronologie qui m'est venue naturellement, des souliers au bonnet. Respectez-la vous aussi. Chaussez d'abord vos souliers. Votre place est au Levant, tenez-la[2].

Et ne traînez pas pour commencer à la tenir. Le temps ne vous attendra pas, les autres non plus. Tout s'apprend. Ne bousculez pas *l'apprendre à être, l'apprendre à faire,* ce que j'ai appelé *l'apprendre à voir.*

*« Si l'idée agrandit, c'est l'action qui vivifie. »* (Goethe)

Il faut bien longtemps pour être enfin content de ce qu'on est. Comme dit le vieux Chinois dans un livre d'André Malraux : *« il ne faut pas neuf mois pour faire un homme, mais soixante-dix-sept ans. »* (*Les Conquérants)* Mais si, en cours et fin d'adolescence, vous êtes resté sur place, vous n'avez rien appris et rien oublié, durant un ou deux ans : alerte, remuez-vous vite.

S'il vous venait à l'idée de relire quelques lignes de ce document, je vous suggérerais :

– le petit paragraphe qui suit mon exemple à la rubrique sur l'Isolement.

– la dernière section (après les notes) de la rubrique sur la Culture.

Non que mes exemples présentent quelque intérêt extraordinaire, mais parce que leur souvenir m'a dicté l'initiative de transmettre et que la transmission est une nécessité.

***

La connaissance, l'expérience, la maturité ne s'élaborent que par des allers et retours constants entre la théorie et la pratique.

*« Nous n'adhérerions qu'à des vérités que nous avons créées nous-mêmes »*. S. Kierkegaard voulait dire expérimentées. Sans pratique la théorie reste irréelle, vaine, creuse, inutile, trompeuse – sans théorie la pratique risque de rester brouillée, fumeuse, incohérente, injustifiée et l'expérience de demeurer nulle et stérile. Il n'y a pas de divorce entre le savoir et la vie. Les deux s'autoalimentent.

Allons-y pour une définition de la maturité, généralement admise. Ce serait quand on serait devenu capable de se comporter avec ses parents comme avec des étrangers, très proches, attentionnés et vigilants, dévoués, aimants – en fait comme avec des amis, des amis très proches (avec un plus non dit, un petit autrement, quand même). J'ai plaisir à dire que mes enfants y sont tous parvenus rapidement. Leur attitude m'a bien simplifié la vie.

Même en extrême fin d'adolescence, cela n'a jamais été un état pour personne. Plus tard… vous pourrez vous tester, et si cette définition ne vous convient pas, vous en prendrez une autre qui fasse mieux votre affaire. D'ici là, dans la vie courante, vous pourrez estimer la maturité de quelqu'un dans son détachement, sa cohérence, son indépendance d'esprit et surtout dans sa faculté d'être lui-même, sans artifices et quoi que puisse en penser autrui.

On ne mène pas tout à fait exactement sa vie comme on veut, même s'il faut essayer d'y parvenir, mais plus souvent comme on peut. C'est ensuite qu'on se rend compte que ce n'était pas si mal. À dix-huit, vingt ans on envie le monde alors que c'est lui qui vous envie, mais on ne le sait pas, et c'est bien ainsi. Heureux serez-vous si, de temps en temps, comme le poète, vous parvenez à retrouver *« le premier soleil sur le premier matin »*. Amusez-vous, profitez de la vie, en vous rappelant toujours qu'il ne s'agit pas là de quelque chose de trop sérieux. Le monde est un spectacle, une sorte de jardin d'images incohérentes. *« Ce qu'il y a de plus grand chez les hommes surgit de leurs limites. Il y a du bien parce qu'il y a du mal. C'est parce que l'erreur est possible que la vérité vaut d'être poursuivie. »* ( ?)

Si vous avez des frères, des sœurs, des cousins, des cousines… essayez de ne jamais trop vous perdre de vue, et si cela arrive essayez de vous retrouver (ce sera, très probablement, un bain de plaisir).

Aimez vos parents et, surtout bien plus tard, prenez soin d'eux. Ils deviendront fragiles. Là, sans déprécier les garçons (chacun son rôle), on peut louer les filles.

*« Je suis entré dans ce monde – sans l'avoir demandé – et j'en ai fait partie. C'est une chance inouïe… »* (J. d'Ormesson)

***

NOTES

[1] On trouve beaucoup plus de bienveillance, discrète dans ce monde que certaines de mes remarques acerbes (mais cependant nécessaires) pourraient vous le laisser croire. La beauté humaine est dans des détails de tous les jours. Elle s'apprend et se comprend peu à peu. On la rencontre chez ceux qui ont pris au sérieux leur rôle dans ce monde et pris le temps de se poser et de se demander : *Que puis-je faire ? – Que dois-je faire là ?* au jour le jour.

J'aimerais que vous restiez sur cette note positive.

Trois tout petits exemples ; j'en ai cité d'autres au fil du texte.

Quand une de mes connaissances a quitté la multinationale auvergnate de pneumatiques qui l'employait pour entrer dans une communauté religieuse alors non reconnue, je sais que le directeur du service de relations humaines de celle-là a pris la peine de se renseigner pour savoir s'il ne s'agissait pas d'une secte plus ou moins douteuse. Qu'on ne pense pas qu'il s'agissait de le garder à tout prix, de le brider, de l'espionner… et puis quoi encore… Mon ami était encore très jeune, la préoccupation désintéressée de son employeur était simplement de l'avertir et de le préserver si besoin.

Quand un de mes collègues a eu des ennuis conjugaux graves et a frôlé la déprime, un de nos patrons d'un niveau certain, sachant que j'étais très lié avec ce collègue, s'est bougé et est venu me trouver (il ne m'a pas convoqué) pour simplement me demander ce qui pouvait être fait, discrètement, pour lui – en se cantonnant au domaine professionnel bien sûr, mais même un aveugle-sourd-muet aurait compris l'au-delà de son intention. Et sa préoccupation était parfaitement gratuite – il ne songeait pas à l'intérêt de l'entreprise.

Une relation m'a confié qu'enfant de la DASS, battu par son beau-père, s'étant sauvé à quinze ans, à la rue, faisant la manche sur le trottoir… une dame lui a écrit une adresse sur un morceau de papier (celle des « compagnons du devoir ») – sauvetage, mais réussi aussi parce qu'ensuite il a dû certainement s'accrocher et en vouloir ; il n'y a rien pour rien.

Il n'a pas oublié le bout de papier de cette inconnue s'arrêtant dans la grisaille.

[2] Une ultime suggestion – sachant que l'on fait comme on peut !

Essayez plutôt de commencer à établir vos relations un peu suivies par le haut – par l'élite, sachant qu'on rencontre des gens de cette espèce dans tous les milieux. L'apport pour vous sera plus grand. Après, vous pourrez, et même devrez, fréquenter l'humanité courante. Et alors vous l'apprécierez, et même l'aimerez, sans excès d'illusion sur elle pas plus que sur vous-même – afin de rire ensemble.

# JEUX

Pour terminer quelques petits JEUX.

*A* – On interroge sur leur activité trois hommes portant une énorme pierre, très lourde.

Le premier se plaint, peste, récrimine, menace de sa vengeance, de toutes les foudres syndicales…

Le second répond calmement, avec détachement, qu'il construit un mur.

Le troisième s'exclame qu'il édifie une cathédrale.

Il ne s'agit pas de démolir le râleur, de vanter l'équilibré, d'exalter celui qui positive à l'extrême, ou l'inverse. Il s'agit seulement d'évaluer des attitudes, des positionnements devant le monde, les événements, et surtout face à ceux qui sont pénibles.

***

*B* – Ensuite, et dans un but plus opérationnel, un questionnaire tout simple.

– Est-ce que j'aime ce que je suis ? Oui = 1
– Est-ce que j'aime ce que je fais ? Oui = 1
– Est-ce que j'aime ceux avec qui je vis ? Oui = 1
– Est-ce que j'aime l'endroit où je vis ? Oui = 1

Arrivé(e) à 4, vous êtes le plus heureux des hommes ou des femmes. N'en cherchez pas plus.

Si un seul point s'avère insatisfaisant considérez-vous encore comme chanceux. Voyez alors ce qui peut être fait, et d'abord ce que vous pouvez faire vous-même, pour remonter sa note sans forcément devoir tout casser pour cela ; attention à ne pas remettre d'autres facteurs à zéro par une action brutale et irréfléchie pour obtenir une note positive sur le point qui semble insatisfaisant.

Veillez à ne pas saccager l'acquis. Évitez les soubresauts répétitifs. Sinon d'autres points pourraient redescendre brutalement et alors dures pentes à remonter.

Veillez à ne pas répondre à un problème comme le fait trop souvent le monde actuel : par des mesures qui détruiraient un fragile équilibre péniblement atteint.

Car et pour en terminer avec ma manie des proverbes : « *Pierre qui roule n'amasse pas mousse* ». Ce qui signifie qu'on n'amasse rien, ne réussit rien à trop vouloir changer, bouger, s'agiter…

***

*C* – Si vous vous trouvez compliqué (ce que je ne vous souhaite pas), préférons dire : riche en potentialités, pensez à l'évidence, largement méconnue, de ce qui suit.

Chacun de nous est le résultat de milliers, millions de personnes et encore plus (nos gênes résultent d'un mélange inextricable même si ceux qui proviennent de chacun de nos ascendants subsistent à des proportions infinitésimales plus on remonte le temps).

Vous avez 2 parents qui en avaient 2 chacun, qui… suite des puissances de deux. Considérons 4 générations par siècle : reproduction à l'âge parental de 25 ans. C'est aujourd'hui plutôt 3 générations par siècle, mais cette évolution est si récente que je peux la négliger pour simplifier mon raisonnement, d'autant plus que jadis c'était souvent plus de 4 générations par siècle.

– Il y a 2 siècles (moins de 3 vies d'hommes), sous Napoléon Ier, vos ancêtres, vos géniteurs lointains, se comptent déjà au nombre respectable de 256 x 2 = 512, moins 2 très exactement = 510.

– Vers 1500, à la Renaissance (début ici de ce qu'on appelle l'ère moderne), ils se comptent pour 1.048.576 x 2 = 2.097.150 (toujours moins 2 !), nombre à sept chiffres ; plus de 2 millions.

– Vers 1150, sous Louis VI dit le Gros (fin de la vraie féodalité et début du royaume de France), on approche le chiffre, irréel mais exact, de 8 milliards x 2 = 16 milliards, soit plus du double des habitants actuels de notre pauvre planète…

Surprenant ! et je ne suis pas remonté aux Romains, à l'Antiquité, à la Préhistoire… Mathématiquement, cela ne vous dépasserait peut-être pas, mais moi si (quant à l'imaginer, le réaliser !).

Remercions tous ces inconnus. Chateaubriand, reprenant saint Augustin, sentait bien quand il constatait : « *Nous marchons sur un tapis de feuilles mortes* ».

En fait ce calcul est mathématiquement exact (au moins j'espère), mais nous n'avons pas reçu autant de gênes fondamentalement distincts pour des raisons de consanguinité éloignée. Il est bien évident par exemple que notre arrière-grand-mère située au niveau –9 pouvait descendre pour partie d'un arrière-grand-père ou d'une arrière-grand-mère située au niveau –17… ce surtout dans des sociétés restées villageoises et statiques jusqu'à une époque très récente (quand je remonte de 5 niveaux dans ma propre généalogie je ne me trouve aucun ascendant qui se soit marié avec une personne native d'une distance de guère plus de 20 km, ce dans une semi-campagne peu peuplée, 25.000 habitants au maximum et certainement moins jadis).

Il serait plus exact de dire que nous descendons simplement de 256, 1 million, 8 milliards… d'unions procréantes, mais cependant chacune avec des combinaisons génétiques alors distinctes même si très partiellement héritées de lointains ancêtres dans les périodes antérieures.

Remarquez incidemment que la pyramide peut aussi bien s'inverser. J'ai imaginé ci-dessus une pyramide à l'envers, dont la pointe (vous) était en bas. Si on redresse l'édifice dans son sens architectural normal et si aujourd'hui est toujours en bas, sa base représente tout aussi valablement l'ensemble de l'humanité comme issu à son sommet d'un couple unique, d'une seule union procréante, ce que racontent la plupart des religions et des mythes et justifie l'expression : nous sommes tous frères ou sœurs.

Note pour fixer les idées sur les grands nombres, sur les nombres par milliards et sauf erreur de ma part. Qu'est-ce qu'une seconde, délai fort bref. Or, depuis que je suis né je n'ai *senti* s'écouler que quelque 2 milliards 370 millions de secondes (et pourtant elles commencent à peser).

À titre de devoir (mais je pense que vous ferez celui-ci) je vous laisse à vos calculs personnels.

D'ailleurs, à l'équateur, le tour de la terre ne mesure que 4 milliards de centimètres ! Je renonce à affronter des M… d'années-lumière, ou ce sera pour plus tard avec une autre calculette.

Sans une bonne idée de l'ordre de grandeur des nombres (voir remarque à la rubrique sur le Prêt-à-Penser) on est dépourvu de repère et on gobe tout.

***

*D* – Autre exercice, sur la relativité du temps (sans ambition de compétition avec Einstein) que votre âge vous permet difficilement de saisir.

Vous conviendrez que la transmission directe des événements peut parfaitement s'effectuer entre une personne de 75 ans et son descendant, ou tout autre, âgé de 15 ans, soit écart = 60 années (regardons derrière, mais exceptionnellement et furtivement).

– Les souvenirs, les racontars ou les vantardises de moins de 4 personnes imaginairement alignées à la file et se chuchotant à l'oreille de l'une à l'autre vous permettent d'assister en quasi-direct à la Revolution française de 1789.

– Vous n'en rajoutez même pas 2 et vous paradez à Versailles avec Louis XIV et ses courtisanes préférées (conduite peut-être délicate, là que les garçons refrènent leurs pulsions s'ils veulent assouvir tranquillement l'ambition que je recommande).

– Vous n'avez à en aligner que quelque 34 pour recueillir les souvenirs d'un des bergers présents autour de la grotte de Bethléem, soit pour assister à la naissance de Jésus, début du décompte de notre ère.

Assez surprenant aussi !

Né en 1933, si, partant de cette date, je projette aujourd'hui la durée de mon existence à rebours j'atteins l'année 1857, soit en plein dans la partie glorieuse (économiquement) du règne de Napoléon III, treize ans avant la guerre oubliée de 1870, au tout début des chemins de fer, bien avant que l'électricité (seulement théoriquement connue alors), l'eau courante, le téléphone, la radio n'atteignent nos maisons, sans parler de l'automobile, de l'aviation et même de la bicyclette. Vous pourrez vous amuser à faire la même projection pour vous-même – quand vous aurez atteint un âge nettement plus avancé. J'espère qu'elle ira aussi du moins au plus (au moins sur certains plans).

Ce qu'on appelle civilisation : compréhension de la nature, outils et maîtrise progressive de l'environnement (sans le vicier comme on le fait de nos jours), embryon de culture ne date que de quelques milliers d'années alors que l'hominisation a débuté il y a des centaines de milliers d'années – ou des millions, quant à la vie !

Le temps peut être à la fois si court et si long, et l'humanité si fragile.

# TABLE DES MATIERES

Achevé d'imprimer
le 21 avril 2011
en la fête de saint Anselme

par la Société Pulsio
pour le compte des Éditions

VIA ROMANA

Dépôt légal à parution
*Imprimé en Bulgarie*